포스트드라마 연극의 지각방식과 관객의 역할

— 수행적인 것의 미학의 성과와 한계

김형기 金亨起

연세대학교 및 동 대학원 독문학과(M. A.)를 졸업하고, 독일 아헨대에서 연극이론으로 문학박사(Dr. phil.) 학위를 취득하였다. 독일 뮌헨대 연극학과 연구교수(독일 훔볼트 재단 Research Fellow), 한국브레히트학회 부회장, 한국연극평론가협회 회장을 역임하고, 현재 순천향대학교 연극무용학과 교수, 연극평론가, 한국연극학회 이사 등으로 활동하고 있다.

저서로 『놋쇠매입』과 〈연극을 위한 작은 지침서〉에 나타난 브레히트의 연극이론에 관한 비교연구』(독문) 외에 『브레히트의 서사극』 『하이너 뮐러 연구』 『도이치문학 용어사전』 『탈식민주의와 연극』 『가면과 욕망』 『동시대 연극비평의 방법론과 실제』 『한국현대연극 100년. 공연사 II(1945~2008)』 『An Overview of Korean Performing Arts. Theatre in Korea』 『90년대 이후 한국 연극의 미학적 경향』 『포스트드라마 연극의 미학』 『수행성과 매체성. 21세기 인문학의 쟁점』 등의 공저가 있으며, 역서로 『보토 슈트라우스: 〈시간과 방〉』 『브레히트 선집 3권(희곡): 〈코카서스의 백묵원〉』 『Die Suche nach den verlorenen Worten』(이청준 작: 잃어버린 말을 찾아서, 독역) 등이 있다. 그 밖에 다수의 학술논문과 연극 및 무용 비평이 있다.

포스트드라마 연극의 지각방식과 관객의 역할

1판 1쇄 발행 · 2014년 12월 5일
1판 2쇄 발행 · 2015년 8월 30일

지은이 · 김형기
펴낸이 · 한봉숙
펴낸곳 · 푸른사상사

주간 · 맹문재 | 편집 · 지순이, 김선도 | 교정 · 김수란
등록 · 1999년 7월 8일 제2-2876호
주소 · 서울시 중구 충무로 29(초동) 아시아미디어타워 502호
대표전화 · 02) 2268-8706(7) | 팩시밀리 · 02) 2268-8708
이메일 · prun21c@hanmail.net
홈페이지 · http://www.prun21c.com

ⓒ 김형기, 2014

ISBN 979-11-308-0307-4 93680

값 32,000원

푸른사상 학술총서 28

포스트드라마 연극의 지각방식과 관객의 역할

■ 수행적인 것의 미학의 성과와 한계

김형기

The Modus of Perception and the Role of the
Audience in the Postdramatic Theatre
— focused on the Aesthetics of the Performative

푸른사상
PRUNSASANG

머리말

  동시대 세계 연극에 관심을 가지고 이론적 담론을 본격적으로 연구하기 시작한 것은 저자가 독일 훔볼트 재단(Alexander von Humboldt Foundation) 의 초청을 받아 독일 뮌헨대 연극학연구소에서 연구교수로 활동하던 1999 년의 일이다. 이때는 마침 프랑크푸르트 대학의 연극학자인 한스-티스 레만 교수가 『포스트드라마 연극』이라는 저서를 출간함에 따라 독일의 연극학계에서 이 책이 제기한 많은 동시대 연극의 미학적 특징들에 주목하며 활발한 학문적 담론을 펼쳐가기 시작하던 시기였다. 이같이 20세기 서구의 연극미학에 관한 논의의 중심 현장에 저자가 머무르며 얻을 수 있던 크고 작은 학문적 자극과 새로운 연구경험이 오늘의 이 연구서를 집필하게 된 원동력이 되었다.

  이 저술에서 저자가 중점적으로 탐구하고자 한 내용은 20세기 후반부터 활발히 진행되어온 이른바 '포스트드라마 연극'에서 고유하게 드러나는 지각방식의 변화와 그에 따른 관객의 위상과 역할이다. 특히 타 매체 예술들과의 경쟁에서 오늘의 연극이 살아남기 위한 전략으로 택한 신체적 현존(현전성), 물질성(일시성), 사건성(미적 경험) 등으로 집약되는 '수행성' 의 미학과, 그것이 종래의 드라마 연극의 미학적 작용방식과 갖는 차이점, 그리고 이러한 수행적 미학이 구현된 공연에서 관객에게 부여되는 새로운 가치와 의미 등을 연구하는 데 초점을 맞추었다.

책의 구성을 보면, 제1장에서는 포스트드라마 연극의 이론적 배경을 문화사적, 정신사적 맥락에서 다루고 있다. 포스트드라마 연극은 무엇보다도 연극을 '종합감각'의 경험 공간으로 파악하는 점에서 기존의 미학보다는 지각과 지각방식에 관한 이론으로서의 '지각학' 내지 '분위기' 이론의 관점에서 접근할 때 그 실체 규명에 더 가까이 다가갈 수 있다. 제2장에서는 포스트드라마 연극의 특징을 이해하는 데 긴요한 연극성, 기호학적·현상학적 몸(성), 수행성의 개념과 그것의 토대를 이루는 '퍼포먼스'의 개념에 관해 고찰하고 있다. 제3장에서는 포스트드라마 연극이 실천되어 나타난 수행적 미학의 양상과 그 특징을 전형적인 포스트드라마 양식에 속하는 몸 중심의 연극, 춤연극, 이미지 연극, 매체연극, 서술연극, 뉴 다큐멘터리 연극 등의 각 작품들에 대한 공연 분석을 통하여 구체적으로 규명한다. 제4장에서는 20세기 후반에 시도되기 시작한 이 같은 수행적인 연극의 미학을 후기구조주의의 미학적 입장(리오타르)과의 연관성 속에서 조명한다. 마지막 제5장에서는 포스트드라마 연극의 수행적 미학이 거둔 성과와 의의, 그리고 그 한계를 논한다.

모름지기 공연에 관한 새로운 이론은 주어진 연극이론들과는 양립할 수 없는 연극 내의 새로운 변화와 발전에 기인한다. 포스트드라마 연극이 추구하는 '수행적인 것의 미학'의 이론은 지난 반세기에 걸쳐 지속적이고 반복적으로 일어난 변화, 즉 의도된 연기가 빚어내는 허구적 환영(illusion)과 탈(脫)연기로서의 수행적 실천 행위(praxis) 사이의 충돌과 갈등을 원활히 해결한다는 점에서 종래의 드라마 연극이론보다 한 단계 진일보한 이론(레만)이라는 평가이다.

제3장에서 집중적인 분석의 대상으로 삼고 있는 공연작품들은 모두 지난 십여 년의 기간 동안 서울에서 초청공연을 가진 외국 연출가들의 작품

이다. 이는 연극을 공부하고 연구하는 국내 학생들이나 학자들이 좀 더 수월하게 포스트드라마 연극의 형식과 내용을 파악할 수 있게 하기 위한 차선의 선택이었음을 밝힌다. 국내 공연 가운데서 포스트드라마의 특징을 구현하는 작품이 한 편도 포함되지 않은 것은 전적으로 저자가 불비한 탓이다.

한 권의 저서로 내놓기에는 미흡한 구석이 많은 것이 사실이다. 하지만 '수행적 전환' 이후로 일상과 퍼포먼스(연극)의 경계 구분이 모호해짐에 따라 더욱 더 변화무쌍하고 다양한 스펙트럼을 보이는 동시대 연극의 특징을 이해하고 미래 연극의 지형도를 파악하는 데 이 책이 조금이라도 도움이 될 수 있다면 저자에게는 보람과 기쁨이 될 것이다.

끝으로 저자가 뮌헨에 체류할 때마다 학문적 대화로 늘 조언과 격려를 아끼지 않으신 뮌헨대학의 한스-페터 바이어되르퍼(Hans-Peter Bayerdörfer) 교수님과, 한국에서 왕성한 연구활동을 펼치며 학문적 자극을 주신 파트리스 파비스(Patrice Pavis) 교수님께 감사의 마음을 표하고자 한다. 아울러 이 연구의 시작과 끝을 가능하게 해준 독일 훔볼트 재단과 한국연구재단의 지원에 감사하며, 어려운 시기에 이론서적의 출판을 흔쾌히 결정하신 도서출판 푸른사상의 한봉숙 사장님과 임직원 여러분께 고마움을 표한다.

2014년 11월
김형기

차례

▪▪▪ 일러두기

1. 본 저서에 수록된 논문들은 한국연구재단의 2010년 인문저술지원사업(2010. 5~ 2013. 4)의 지원기간 동안 연구되고 집필되었으며, 기 발표된 아래의 글들은 저서의 체제에 맞게 수정·보완하여 일부 혹은 전체를 사용하였음을 밝힌다.

   – 다중매체시대의 "포스트드라마 연극" – 브레히트 이후의 "탈인간 중심적 연극": 로버트 윌슨을 중심으로, 『브레히트와 현대연극』, 8(2000).
   – "연극성" 개념의 변형과 확장, 『한국연극학』, 23(2004).
   – 독일의 현대 '춤연극' 연구. – 피나 바우쉬를 중심으로, 『헤세연구』, 13(2005).
   – 동시대 무용의 두 모습: 이미지의 범람 대(對) 미니멀리즘, 『연극평론』, 통권 37 (2005, 여름).
   – "이야기 연극", 성찰의 연극 – 〈형제자매들〉, 『연극평론』, 통권 42(2006, 가을).
   – 서술과 기억공간으로서의 연극 – 얀 라우어스의 연극철학, 『연극평론』, 통권 46 (2007, 가을).
   – 다매체 시대 연극의 탈영토화: 연출가 연극–춤연극–매체연극, 『한국연극학』, 34 (2008).

2. 본 저서는 2010년도 정부재원(교육부 학술연구조성사업비)으로 한국연구재단의 지원을 받아 연구되었음(NRF-2010-812-G00015).

서론

연극을 둘러싼 환경의 변화와 지각방식의 다변화

연극을 둘러싼 환경의 변화와
지각방식의 다변화

▨▨■

　20세기 서양 연극의 흐름은 고대 그리스 비극 시대 이래로 굳건히 지속되어온 사실주의적, 환영주의적 문학연극의 전통에 맞서 "연극의 재연극화"(게오르크 푹스)를 주장한 역사적 아방가르드(historische Avantgarde, 1900~1935)의 연극, 그리고 이들의 개혁정신을 계승한 1960년대 이후의 네오아방가르드 연극인들에 의한 "포스트드라마 연극(Postdramatisches Theater)"으로 대별될 수 있다. 지난 세기 초부터 시작된 이 같은 변화의 조류는 관객에게 미치는 '미학적 영향'의 방식이 변화한 데서 기인한다. 이 변화는 일차적으로 연극인들이 예술로서의 연극의 목적과 기능에 대하여 가지는 의식 있는 태도에서 비롯하며, 더 나아가 제도와 기관으로서의 연극과 극장에 대해 사회와 시대정신이 그때마다 요구하는 바와의 긴장관계 속에서 진행되었다.

　일찍이 19세기 말 20세기 초에 상징주의와 표현주의, 다다이즘, 미래주의를 포괄하는 연극 개혁 운동가들은 언어로 다 표현할 수 없는 인간의 세계를 묘사하기에 적합한 매체들을 찾는 데 주력하였다. 즉 세기 전환기에 접어들면서 사회적 존재로서 인간의 현실과 실존은 점점 더 불가해하고 모호하며 불확실해져가는 반면에, 연극무대에서는 무의식의 세계, 수수께끼 같은 영혼, 파악할 수 없는 꿈 같은 내면세계를 표현하고 또 지각하기 위한 연극미학의 출현이 오랜 동안 더디어져왔다. 독일의 철학자이자 문학이론가인 페터 스촌디(Peter Szondi)는 이를 가리켜 세기말에 도래한 "드라마의 위기"[1]라고 말한 바 있다. 즉 종래의 단선적이고, 환영(幻影)의 생산을 목표로 하는 언어 중심의 사실주의적 재현의 연극은 그 드라마의 '닫힌 형식'으로 인하여, 복합적이고 다원화된 사회구조와 그 안의 인간 존재를 더 이상 묘사할 수가 없다는 것이다. 그 결과 '열린 형식'의 드라마가 출현하게 되었고, 그때까지 연극에서 무소불위의 권좌를 누려오던 언어도 인간의 몸, 공간, 음악, 조명, 색상 등과 같은 비언어적 표현수단에 부분적으로나마 자리를 내주게 된다.[2] 스촌디가 진단한 "드라마의 위기"에 뒤이어 나온 새로운 텍스트 형태는 다름 아닌 베르톨트 브레히트(1898~1956)에 의한 드라마(희곡)의 서사화였다. 하지만 브레히트의 극작과 연출은 게스투스(Gestus)와 서사적 장치를 강조하여 희곡적 재현형식의 전통을 탈피하고자 한 점에서는 혁신적이지만, 통일된 사건 진행, 성격 혹은 등장인물의 대화와 모방으로 전개되는 이야기 등과 같은 드라마적 연극의 기본 틀을 여전히 유지하고 있다는 점에서 전래하는 고전적 연극과의 완전한 단절은 아니다.

브레히트 이후(post−Brecht)의 새로운 연극의 실재는 드라마, 사건 진

---

1 페터 스촌디, 『현대 드라마의 이론(1880~1950)』, 송동준 역, (서울: 탐구당, 1983), 19쪽.

2 Volker Klotz, *Geschlossene und offene Form im Drama*, (München: Carl Hanser, 1980) 참조.

행 그리고 모방이라는 삼각체제의 해체로부터 시작한다. 그 결과 이미지 연극, 춤연극, 공간연극, 구체연극, 스펙터클 연극, 미디어 연극 등이 서양 무대에서 각기 독자적으로 혹은 혼합된 형태로 등장하였다. 특히 디지털멀티미디어 시대에 접어들면서 점점 더 현존과 부재, 실재와 가상 간의 구분이 무의미해지고 시뮬라크르가 지배하게 됨에 따라 고전 텍스트의 권위나 전통과 의미가 손상되면서 '드라마 이후의 연극', 아니면 '드라마 없는 연극'이 존재하는가 하는 물음이 연극계의 중요한 화두로 대두하였다. 그리하여 현란하게 움직이는 이미지들의 순환 앞에서 무겁고 복잡한 연극은 마침내 대중매체라는 종래의 위상을 상실할 위기에 처하게 되었다.

우리 시대는 인터넷과 텔레비전 외에 각종 미디어가 압도적으로 지배하는 세상이다. 우리는 대중매체가 쏟아내는 정보와 이미지의 홍수, 다시 말해 범람하는 시뮬라크르 속에 갇혀 실제의 사람들과 세상을 직접 바라보고 경험하는 방법을 잘 알지 못한다. 이러한 시대적, 매체적 환경 속에서 우리의 관심은 단연코 연극이 어떻게 관객들의 지각과 경험에 작용해야 하며, 어떤 방식으로 존재해야 하는 것인가 하는 물음에 집중되지 않을 수가 없다. 포스트드라마 연극과 그것의 미학은 오늘의 사회와 시대정신이 던지는 이와 같은 미학적이면서 동시에 정치·사회적이고 윤리적인 물음에 대한 답변에 다름 아니다.

본 연구에서 저자는 1960년대 이후로 새로운 환경에 처해 있는 연극예술이 구체적으로 겪고 있는 자기 변화의 양상을 '포스트드라마 연극'이라는 상위개념하에서 고찰하고, 그것이 갖는 '새로운' 영향미학(Wirkungsäs-thetik, aesthetics of effect)의 특징들을 통시적·공시적 관점에서 서술하고자 한다. 여기서 말하는 '영향미학'이란 "수용을 활성화하고 조종하며 제한하는 텍스트 요소와 구조들의 총합으로서, 수용과 관련한 영향 잠재력"[3] 을 가리킨다. 다시 말해서 예술작품을 매개로 한 창조자와 수용자 간의 소통 과정에서 그때마다 각기 동원되어 사용되는 특수한 '미학적' 수단들과 방식들을 지칭하며, 독자 내지 관객에 대한 영향의 가능성과 종류는 바로 이들에 의해 좌우된다.[4]

특정 목표에 도달하는 최선의 길이 '미적 경험'이라고 파악하는 영향미학자들에게 있어서 중요한 것은 관객들의 '변형'(transformation)이다. 그렇다면 포스트드라마 연극이 관객들의 '미적 경험'을 활성화하기 위하여 택하는 차별화된 미학적 영향 전략들이란 과연 무엇인가를 밝히는 것이 본 연구의 핵심 연구내용이 될 것이다.[5] 이를 위해서는 먼저 포스트드라마 연극의 개념과 범위를 역사적 아방가르드와 네오아방가르드 연극의 문맥 안에서 명확히 살펴보는 일이 필요하다.

---

3 Andreas Böhn, *Reallexikon der deutschen Literaturwissenschaft. Neubearbeitung des Reallexikons der deutschen Literaturgeschichte*, hrsg. v. Jan Dirk Müller, Bd. III: P–Z, (Berlin, New York: de Gruyter, 2003), 851~854쪽 중 852쪽.

4 Erika Fischer-Lichte, *Theaterwissenschaft*, (Tübingen u. Basel: Francke, 2010), 230쪽.

5 포스트드라마 연극의 미학에 관해 발표된 국내 연구 논저로는 김형기, 「다중매체 시대의 "포스트드라마 연극" — 브레히트 이후의 "탈인간 중심적 연극": 로버트 윌슨을 중심으로」, 『브레히트와 현대연극』, 8(2000), 한국브레히트학회, 5~29쪽; 이경미, 「현대연극에 나타난 포스트아방가르드적 전환 및 관객의 미적 경험」, 『한국연극학』, 37(2009), 한국연극학회, 205~244쪽; 심재민, 「'몸의 연극'에서의 수행적인 것의 가능성과 한계」, 『드라마 연구』, 30(2009), 한국드라마학회, 35~55쪽; 김형기 외, 『포스트드라마 연극의 미학』, (서울: 푸른사상, 2011); 유봉근, 「레만의 포스트드라마 연극론에서 수행성과 매체성의 문제」, 파트리스 파비스 외, 『수행성과 매체성: 21세기 인문학의 쟁점』, (서울: 푸른사상, 2012), 85~114쪽 등이 있다.

제1장

디지털 매체기술 시대의 '포스트'-예술 증후군

디지털 매체기술 시대의 '포스트'—예술 증후군

■ ■ ■

1. '포스트'—예술의 정신사적 흐름: 니체, 데리다, 들뢰즈 그리고 리오타르

새로운 공연예술의 출현은 전통적인 주체 개념이 해체되는 시점과 맞물려 있다. 전통적인 의미의 주체가 이성 및 의식적인 것에 기초하였다면, 20세기에 접어들면서부터 '욕망의 주체', '몸의 주체'라는 새로운 주체 개념이 대두하기 시작한다.[1] 새로운 주체 개념의 진원지는 무엇보다 니체 철학이다. 프리드리히 니체는 몸에서 종래의 주체 개념에 대한 대안을 찾는다. 몸과 정신에 대한 니체의 새로운 관계 정립은 서구 형이상학에 뿌리를

---

1 에리카 피셔—리히테, 「기호학적 차이, 연극에서의 몸과 언어—아방가르드에서 포스트모던으로」, 심재민 역, 『연극평론』, 통권 37(2005 여름), 한국연극평론가협회, 238~258쪽 참조.

둔 이분법적 사고의 해체에서 비롯한다. 또한 니체가 내세우는 '생성' 개념 역시 모더니즘 세계의 총체성을 거부하고 새로이 부상하기 시작한 '해체'의 개념의 토대가 된다. 니체에 의하면 '삶 자체'는 본질적으로 '권력에의 의지'(Wille zur Macht)이다. 삶은 근본적으로 성장, 지속, 힘들(Kräfte)의 축적, 권력(Macht)에 대한 본능으로 되어 있다. 삶의 세계의 의미를 강조하는 니체의 입장은 플라톤주의로부터의 해방과 동시에 디오니소스 철학의 등장을 뜻한다. 몸은 니체에게서 단순한 생물학적 의미로 파악되지 않는다. 몸은 생리학적, 심리학적 현상일 뿐만 아니라, 사유, 느낌, 욕구의 역동적 복합성이다. 니체가 형이상학적 주체의 해체, 즉 순수사유에 의해 구성된 추상적인 자아의 해체를 통해 논증하고자 했던 바는 살아 있는 몸을 통한 실천적 자아의 구체화였다. 그렇기에 하나의 유기적 세포처럼 활동하는 자아는 고정된 실체적 존재가 아닌, '생성하는 무엇'(etwas Werdendes)이다.[2] 이러한 니체의 사상의 영향을 직접적으로 받은 것이 포스트모더니즘과 포스트구조주의(해체주의) 철학이다.

2차 대전 이후 포스트구조주의의 담론을 주도한 철학자에 속하는 자크 데리다(Jacques Derrida) 역시 논리, 이성, 존재 중심적 사고로 대변되는 서구의 전통적 형이상학을 벗어나고자 노력한다. 그의 철학의 핵심은 의미가 결코 완결된 형태로 현존하지 않으며 언제나 지연되고 상이한 궤도들에 흩어져 있다는 점이다. 바로 여기서 데리다의 차연(差延, différance)과

---

2 Friedrich Nietzsche, *Kritische Studienausgabe in 15 Bänden*(KSA), Bd. 10,(München : dtv, de Gruyter, 1980), 14쪽; 김정현, 『니체의 몸 철학』, (서울: 문학과현실사, 2000), 169~185쪽, 특히 172쪽: "니체는 몸성과 충동구조의 현상 속에서 인간본성의 텍스트를 읽는다. '커다란 이성'으로서의 몸은 '몸의 참된 본성'에 대한 이론적 응시뿐만 아니라 전체적 삶의 느낌의 표현을 함축한다. 우리가 일상적으로 '이성'이라고 불렀던 '작은 이성'으로서의 정신은 니체에게서 '커다란 이성'으로서의 몸에 속한다."

산종(散種, dissémination)의 개념이 부상하는바, 이는 또한 그의 진리 개념과 맥을 같이한다. 데리다는 전통 형이상학의 사유에서 벗어나기 위해 단호한 다원화의 전략이 필요하다는 것을 깨닫고, 여러 언어들을 동시에 말하고 여러 텍스트들을 동시에 생산하는 새로운 글쓰기를 주창한다. 이런 맥락에서 그의 차연 및 산종 개념의 움직임은 의미 정지가 아니라 의미구성의 방법이라는 것이 드러난다. 새로운 연극의 도래와 관련해서 볼 때 데리다의 비형이상학적 글쓰기의 전략은 전통적인 의미 전달 중심의 연극, 즉 텍스트 중심의 연극의 파괴에 대한 이론적 뒷받침이 된다. 또한 소위 '연극 사건'(Theaterereignis)이라는 새로운 연극의 특징을 이루는 '과정성', '예측불가능성' 그리고 '수행적 행위' 등도 역시 의미의 완결된 현재성과 진리 개념을 부정하는 데리다의 사상적 맥락에서 이해할 수 있다.[3]

질 들뢰즈(Gilles Deleuze)는 차이 개념에 대한 새로운 이해를 시도한다. 그는 동일성(identity)과 부정(negation)의 마력에서부터 차이를 해방시키고자 '자유로운 차이'의 개념을 고안해낸다. 그는 차이에 관한 이러한 사유를 "리좀"(Rhyzom)이라는 메타포를 통해서 설명한다. 모든 차이들을 서열적으로 포괄하는 고전적인 뿌리식물과는 달리 리좀은 근경(根莖)식물로서 뿌리와 줄기가 구별되지 않으며, 자신의 주변환경과 계속적인 교환을 통해서 존재한다. 들뢰즈는 이러한 리좀이 바로 오늘의 현실에 대한 범례를 형성한다고 보았다. 리좀은 낯선 진화의 고리 속으로 들어가 상이한 노선들 사이에서 횡적인 결합을 이룬다. 리좀은 그러므로 바로 '유목민적인'(nomadic) 것이며, 비체계적이고 예상하지 못한 차이들을 생산한다. 이

---

3 김욱동, 「서론: 포스트모더니즘과 포스트구조주의」, 『포스트모더니즘과 포스트구조주의』, (서울: 현암사, 1991), 11~55쪽 참조.

처럼 리좀에 근거한 탈중심화된 차이는 장르의 탈영토화, 혼종화, 탈경계화라는 포스트모더니즘적 사유의 전형을 보여준다.[4]

장 프랑수아 리오타르(Jean-François Lyotard)의 사유는 근본적인 의미에서 미학적이다. 특히 그의 연구작업은 오늘의 미학적 논의 전반을 다루고 있다는 점에서 주목을 끈다. 먼저 그의 미학 컨셉트를 살펴보자. 리오타르가 미학적 사상가로 불리게 된 것은 그의 첫 번째 저서인『Discours, figure』(1971)가 나온 이후부터 분명해졌다. 그의 후기 저술들에서 리오타르는 마르셀 뒤샹(M. Duchamp)이라든가 바넷 뉴먼(Barnett Newman) 등과 같은 몇몇 예술가들을 상세히 다루었는데, 이때 추상화에 대한 논의가 일종의 시발점을 이룬다. 그에 의하면 넓은 의미에서 "아방가르드"라고 불리는 모던 예술에서 결정적인 것은 "온갖 가능한 표현(Darstellung) 바깥에 있는" 어떤 것의 "현존"(Präsenz)이다. 이 "현존"이란 단어로 그가 말하고자 하는 바는 신(神)과 같은 선험적이고 어떤 초감각적 피안이 아니라, 오히려 모던 예술에서 형식이 물러나기 시작하는 예술 내재적인(kunstimmanent) 과정을 말한다. 리오타르가 보기에 "표현"의 본질은 전통적인 미학에 따르자면 "질료에 형식을 부여하는 것"에 있었다. 그러나 모던 예술에 와서는 "형식의 지배가 더 이상 우선 과제가 아니다". 모던 예술은 오히려 전승된 예술의 구성요소들을 가지고 실험을 한다. 모던 예술은 형식을 멀리하고 그리고 표현할 수 없는 질료에 접근하고자 애쓴다. 아방가르드예술의 "본질적인 시작"은 "가시적인 것 속에 비가시적인 것이 존재한다는 사실을 보게

---

4 김상구,「들뢰즈의 차이의 개념에 의한 존 바드의「선원 어떤 이의 마지막 항해」 해석」, 정정호 편,『들뢰즈 철학과 영미문학 읽기』, (서울: 동인, 2003), 355~374쪽; 이정호,「휘트먼의 근경적 글쓰기−들뢰즈/가타리의 정신분열증 분석학 이론으로 읽은 휘트먼」, 정정호 편, 앞의 책, 229~272쪽 참조.

끔 하는 데 있다".[5]

'주어져 있는 것'의 근원을 물음으로써 예술은 미학 자체의 단초(Ansatz)를 의문시한다. 리오타르는 전통적인 미학을 "예측할 수 없는 물질적 현존의 미학"으로 확장하고자 노력한다.

이때 무엇보다 중요한 것은 리오타르가 미학적인 것을 의식적으로 다시금 오래된 그리고 넓은 의미의 '종합감각'(aisthesis)으로 이해한다는 점이다. 이는 미학을 예술에 국한해오던 근대 미학에 반대하는 것이다. 이와 같은 미학의 확장은 오늘날 미학적인 것의 중요성을 특징적으로 나타내는 것으로, 리오타르의 경우에는 예술 자체에 대한 관점에도 해당된다. 즉 예술이 표현할 수 없는 것을 향하기 때문에, 예술이 주제로 삼는 것은 다름 아닌 지각이다. 예술은 특별히 그것의 기본 전제인 "공간과 시간의 조건들"을 가지고 작업한다.[6] 한편, 리오타르는 지각과 관련한 광의의 미학 개념과 공간 및 시간의 문제의 맥락 속에서 뉴 테크놀로지도 새로이 주제화하고 있다. "비물질주의자들"(파리, 1985)이라는 전시회의 조직자로서 그는 한편으로 뉴 테크놀로지를 '예술적으로' 비옥하게 만들려고 하고 또 우리의 지각의 영역을 기술공학적으로 확장하는 것에 대해 성찰하고자 시도하였다.[7]

20세기 후반에 등장한 이상과 같은 포스트모더니즘과 포스트구조주의의 사상적 배경에 힘입어 연극무대에서도 이제 거의 모든 경계와 금기가

---

5 장 프랑수아 리오타르, 「'포스트모던이란 무엇인가?'에 대한 답변」, 박상선 편역, 『포스트모던의 예술과 철학』, (서울: 흙과 생기, 2011), 215~229쪽 참조.

6 Wolfgang Welsch, Christine Pries, "Einleitung", *Ästhetik im Widerstreit. Interpretationen zum Werk von Jean-François Lyotard*, hrsg. v. Wolfgang Welsch u. Christine Pries, (Weinheim: Acta humaniora, 1991), 1~23쪽, 8쪽 이하.

7 Welsch 1991, 10쪽.

무너지고, 무엇이든 가능하게 되기 시작하였다. 그 결과 형이상학적 주체, 즉 순수사유에 의해 구성된 추상적 자아 대신 살아 있는 몸을 통한 실천적 자아, 다시 말해 '생성하는 무엇'으로서의 자아와 삶 자체에 관심을 집중하기 시작하였다. 말하자면 연극의 언어가 텍스트(이성, logos)의 좁은 틀에서 벗어나 다원화, 탈위계화됨으로써 의미의 해석이나 전달이 아닌, 예측할 수 없고 말할 수 없는 '물질적 현존의 미학'이 부상하면서 연극예술이 지각(perception) 자체를 주제로 삼기에 이른다. 오늘의 연극은 한마디로 포스트모더니즘이라는 "시대흐름이 내주는 온갖 형식들과 주제 그리고 기질에 관한 것을 모조리 빨아들이는 거대한 해면(海綿)처럼 작용"하고 있다.[8]

2. 포스트드라마 연극의 예술사적 계보[9]

2.1. '포스트드라마 연극'의 개념 및 용어의 연원

'포스트드라마'라고 표기한 연극의 형태들이 연극학 관련 출판 분야나 대중언론의 문화란에서 자리를 잡아가기 시작한 것은 1990년대부터이다. 원래 리처드 셰크너가 해프닝의 특징을 드러내기 위해 도입한 '포스트드라마적'(post-dramatic)[10]이라는 용어는, 이것과 서로 범주를 구분하기 어

---

8 Peter von Becker, *Das Jahrhundert des Theaters. Das Buch zur Fernsehserie*, hrsg. v. Wolfgang Bergmann, (Köln: Dumont, 2002), 238쪽.

9 김형기, 「'포스트드라마 연극'의 개념과 영향미학 – 퍼포먼스와 '수행적인 것'을 중심으로」, 『브레히트와 현대연극』 24 (2011), 113~125쪽 참조.

10 Richard Schechner, *Performance Theory*, (New York: Routledge, 1988), 21쪽.

려운 "퍼포먼스"라는 예술형식까지도 수렴하여 오늘날까지 다층적인 미학의 특징을 총괄적으로 표현하는 말로 사용되고 있다. 동시대 연극형태의 특징을 설명하기 위한 이 '포스트드라마적'이라는 표기를 일찍이 이론적으로 정립하여 그 성과가 연극 연구와 실천의 분야에서 활발히 사용되고 있는 곳은 단연 독일어권의 연극학계이다. 그 가운데서도 이 명칭을 처음으로 사용한 사람은 기센대학의 연극학자 안드르제이 비르트(Andrzej Wirth)이다. 그는 『기센대학 학보』에 기고한 「미학적 유토피아로서의 연극무대 위의 실재: 또는 미디어 환경 속 연극의 변천」(1987)이라는 글에서 대사연극(화술연극)이 "포스트-드라마적 형태의 소리 콜라주, 구변 오페라, 춤연극 등으로 인하여" 자신의 독점적 위치를 상실하였다고 서술한다.[11] 뿐만 아니라 그는 1980년에 벌써 브레히트의 이후의 연극이 대화적인 것에서 탈피해 담론적인 것으로 나아가는 경향이 있음을 인정하는 글을 발표하고, 드라마(희곡) 대(對) 연극이라는 이분법을 해체하려는 변화가 이미 오래전부터 일어났다고 언급하고 있다. 예컨대 초기의 로버트 윌슨, 피나 바우쉬, 리처드 포먼과 조지 타보리 등의 실험적인 연출에는 그 근저에 어떤 드라마 텍스트도 없었으며, 이들의 연극적 논리 역시 익숙한 드라마 투르기와는 근본적으로 다른 법칙성을 따랐다고 밝힌다.[12] 이 같은 연극의 현상을 가리켜 비르트는 '포스트드라마적'이라고 지칭한 것이다.

---

11 Christel Weiler, "Postdramatisches Theater", *Metzler Lexikon. Theatertheorie*, hrsg. v. Erika Fischer-Lichte, Doris Kolesch, Matthias Warstat, (Stuttgart, Weimar: Metzler, 2005), 245~248쪽 중 245쪽에서 재인용.

12 이들은 자신들의 영감의 원천을 예컨대 윌슨의 경우 사진이나 혹은 자폐증을 앓는 사람들과의 소통가능성에 대한 질문에서, 피나 바우쉬의 경우에는 은유적 말하기에다 다시 몸을 부여하는 시도에서, 그리고 포먼과 타보리의 경우는 연극과 춤 사이의 경계를 없애는 데서 발견하였다.

같은 기센대학의 연극학자 헬가 핀터(Helga Finter) 역시 1985년에 '포스트드라마적'이라는 개념은 사용하지 않았지만, 동시대 연극의 특징은 더 이상 텍스트의 우위 아래 발전해오지 않았으며 일종의 중심 이동이 일어났다고 주장하고 있다. 그녀의 이해에 따르면 이로써 포스트모던 연극은 개개의 기호체계와 그것의 인습적인 공동유희를 해체하기 위해 텍스트 연극 혹은 줄거리 연극의 틀을 파괴하였다. 그 대신 동시성, 부가(附加), 몽타주 등을 통해서 "탈중심화된 주체성"의 모델을 가리키는 새로운 시간, 공간, 인물 등이 생성되었다.

그러나 포스트드라마 연극에 관해 본격적으로, 심도 있게 학문적 논의가 시작된 것은 이로부터 10년 이상이 지나 한스-티스 레만(Hans-Thies Lehmann)의 단행본『포스트드라마 연극』(1999)이 출간되면서부터이다.[13] 여기서 저자는 게르다 포슈만이 개발한 '드라마 이후의 연극'(nachdramatisches Theater) 이론[14]에 따라서 포스트모던 시대에 출현한 포스트드라마 연극의 현상을 그것의 생성에서부터 설명할 뿐만 아니라, '포스트드라마'라는 용어가 커버할 수 있는 유효한 범위도 서술하고자 시도하고 있다. 연극에 관한 이론서라기보다 철학서에 더 가까운 레만의 이 책은 오늘날 20세기 말엽의 연극을 말할 때 '포스트드라마 연극'이라는 개념 없이는 더 이상 논의가 불가능할 정도로 중요한 학문적 담론의 위치를 차지하고 있다.

---

13 Hans-Thies Lehmann, *Postdramatisches Theater,* (Frankfurt a. M.: Verlag der Autoren, 1999).

14 게르다 포쉬만은 다중관점에 입각한 연극 텍스트 내에서의 공간과 시간 그리고 서사와 개인의 지양(止揚), 몸의 탈의미화, 의미의 규명 불가능 등이 '포스트드라마적인 것'의 특징이라고 설명한다. Gerda Poschmann, *Der nicht mehr dramatische Theatertext. Aktuelle Bühnenkunst und ihre dramaturgische Analyse*, (Tübingen: Niemeyer, 1997). 특히 이 책의 296, 309, 292쪽 참조.

2.2. 포스트모던 연극과 포스트드라마 연극의 개념 구분

그렇다면 이런 새로운 양상의 연극이 포스트모던 시대를 배경으로 하여 활발히 전개되어왔음에도 불구하고 포스트모던 연극이란 용어 대신에 구태여 '포스트드라마 연극'이란 용어를 사용하는 이유는 무엇인가? 연극사적으로 볼 때 1970년대부터 1990년대에 이르는 시기의 연극에 대해서 '포스트모던 연극'이라는 개념이 널리 통용되어온 것이 사실이다. 이합 하싼은 포스트모던 예술을 지칭하기 위한 매개변수들로 불확정성, 단편화(斷片化)현상, 탈정전화, 자아와 깊이의 상실, 묘사와 재현 불가능성, 아이러니, 혼성 모방 혹은 패러디, 카니발화, 퍼포먼스(행위, 참여), 구성주의, 보편내재성 등을 예시하고 있다.[15] 이에 따르면 포스트모던 연극은 해체의 연극, 다중매체 연극, 게스투스와 움직임의 연극 등으로 분류될 수 있는데, 그 특징을 요약하자면, 모호성, 비연속성, 이질성, 비(非)텍스트성, 다원주의, 여러 가지의 약호, 전복, 도착, 주제 및 주인공으로서의 행위자, 데포르마시옹, 재료로서의 텍스트, 해체, 드라마와 연극 '사이'에 있는 제3자로서의 퍼포먼스, 반(反)미메시스 등을 들 수 있다. 포스트모던 연극은 담론이 없이 존재하며, 그 대신 명상, 리듬, 음조 등이 지배한다.

그러나 방금 위에서 열거한 표제어들은 새로운 연극의 실상을 적확하게 표현하고 있긴 하지만, 지나치게 도식적인 데다 또 그 이전의 연극형식들에 해당되는 점들도 없지 않다. 우리가 포스트모던이라고 부르는 실제 연극의 많은 특질들은 드라마 형식의 전통으로부터의 탈피를 나타낸다. 그

---

15 Ihab Hassan, *An Intorduction to Postmodernism. Essays in Postmodern Theory and Culture*, 「포스트모더니즘 개론」, 『현대문화와 문학이론』, 정정호 · 이소영 편/역, (서울: 한신문화사, 1991), 311~321쪽 참조.

점에서 "포스트드라마적"이라는 개념과 상통하는데, 여기서 중요한 것은 변화된 연극 관념을 파악하고 분석하는 일이다.

물론 포스트드라마 예술작품들이 포스트모더니즘과 일치하는 공통분모도 분명히 존재한다. 포스트드라마 연극의 특징이라면 "재현보다 현존, 경험의 전달보다 공유, 결과보다 과정, 의미화보다 현시(顯示), 정보보다 에너지역학"[16]에 더 많은 비중을 두는 것이다. 이런 점에서 포스트드라마 연극은 "현전의 연극"(Theater des Präsens)이다. 레만은 문학학자 칼 하인츠 보러의 "절대적 현전"(absolutes Präsens)의 컨셉트에 빗대어 자신의 연극과 예술에 관한 관점을 다음과 같이 피력한다.

> 연극은 객체일 수도 실체일 수도 없고, 상상력과 이해력을 통해 성취한 종합(Synthesis)이란 의미에서 사유하는 인식의 대상일 수도 없다. 우리는 이러한 현재(Gegenwart)를 일어나는 어떤 것으로 이해하며, 따라서 인식론적이고—심지어 윤리적인—범주를 미적 영역에 특징적인 것으로서 요구한다. [⋯] 예술은 현실적인 것, 인간적인 것, 성스러운 것 혹은 절대적인 것의 매개자가 아니다. 예술은 [⋯] 엄격하게 내용이 비어 있는 "타자"이다. 즉 예술작품의 현존 속에서 "바로 이 순간에 창조된 것이다. 미적인 성령강림으로서가 아니라, 유일무이한 현현(顯現, Epiphanie)으로서.[17]

여기서 레만은 한스 울리히 굼브레히트(Hans Ulrich Gumbrecht)가 발전시킨 현존의 철학에 동조한다. 굼브레히트는 자신의 저서 『현존의 생산』(2004)에서 해석의 문화, 다시 말해서 의미를 규명하는 것의 문화를 해석학적인 것의 바깥에 머무는 몸의 실체적 물질성으로 대체할 것을 주장한

---

16 Lehmann 1999, 146쪽.

17 Lehmann 1999, 259쪽

다. (연극)유희의 허구성이 그 안에서는 모든 의미가 중지되는 짧은 카니발적 시간으로 대체되어야 한다는 것이다.[18]

구체적인 것의 소실점에 대한 포스트모던적 관념을 수용함으로써 형상을 결코 확정짓게 하지 않는다는 사실, 그리하여 형상이 언제나 흐름 속에 있고 항시 변한다는 사실이 포스트드라마 연극(Postdramatik)의 특징이다. 이로써 포스트드라마적인 "진행 중인 작품"(work in progress)은 결코 실현될 수 없는 불확정적인 것으로, 즉 표현할 수 없는 것으로 탈바꿈된다.[19] 포스트드라마 연극은 포스트모던 방식으로 단편화에 몰두하는데, 이는 통일성을 형성하는 일체의 거대구조를 부정하기 때문이다.

이에 따라 음악, 연기, 발레, 오페라 등을 영화, 컴퓨터그래픽의 시각적 표현형태들과 결합하는 것이 포스트드라마 연극의 징표가 된다. 모든 것이 다른 모든 것들과 결합될 수 있다.

레만에 의하면 포스트드라마 연극은 무엇보다도 "포스트-브레히트적" 연극이다. 이것은 연속적인 서사(narrative)가 아닌 단절의 미학이 중요하다는 사실을 뜻한다. 그에 의하면 브레히트는 이야기(fable)를 중시함에 따라 드라마 텍스트 전통을 지키고자 하는 수동적 대리인의 위치를 벗어나지 못했다는 것이다.[20] 레만은 줄거리가 아니라, 신체적 상태가 포스트드라마 연극의 특징을 나타낸다고 강조한다.

---

18 Hans Ulrich Gumbrecht, *Production of Presence. What Meaning Cannot Convey*, (Stanford University Press, 2004) 참조.

19 Lehmann 1999, 443쪽 이하 참조.

20 레만은 포스트드라마 연극이 관객과 소통하고 중계하는 방식은 이성적 차원을 경유해서가 아닌, 일종의 호흡, 리듬, 몸의 에너지 전이를 통해서다(Lehmann 1999, 262쪽)라고 주장하면서 브레히트를 혁신자가 아닌 드라마적 전통의 보수적 대리인으로 폄하한다. 그러나 이러한 시각은 공정하다고 볼 수만은 없다. 주지하듯이 브레히트는 이야기를

고통과 쾌락의 상태에서 그 자체로 이미 "탈의미화하는" 몸의 현실이 […] 자기지시적으로 연극의 테마로 선택될 때, 무엇이 생기겠는가? 바로 이런 것이 포스트드라마 연극에서는 발생한다. 포스트드라마 연극은 몸 자체, 그리고 몸을 관찰하는 행위와 과정을 연극미학적 대상으로 삼는다.[21]

담론과 진실을 해체하는 것에서 포스트드라마 연극은 데리다, 푸코, 리오타르와 더불어 산업사회의 완고하고 경직된 각질 상태에 맞서 반란을 일으킨다. 포스트드라마 연극의 특징은 진실을 유예하고, 위계구조를 해체하며, 진실을 비담론적 신체유희로 대체하는 것이다. 포스드라마 연극은 그러므로 담론적 진술을 표현대상의 밀도(density)로 대체한다.

레만은 이러한 새로운 연극에 대해 '포스트모던'이라는 용어를 사용하는 것에서부터 확연히 거리를 취한다. '포스트모던'이라는 용어에서 그가 이해하는 것은 "시기적인 범주"이다. 이 범주는 과정의 성격과 다원성의 강조, 또 해체, 데포르마시옹, 단편화 등의 의도에서와 같은 서로 다른 예술방식과 컨셉트 면에서 무엇보다도 모더니즘(Moderne)과의 결별을 보여준다. 그러나 정작 포스트드라마 연극의 미학을 전개하는 과정에서 레

연극의 핵심으로 파악하고, 변증법적으로 잘 짜여진 이야기를 통하여 관객의 의식과 태도 변화를 유도하는 정치적이고 이성적 연극을 추구하였다. 물론 이 같은 이념적 도그마화의 경향이라든가 합리성의 강조가 포스트드라마 연극에서는 부각되지 않는다. 그러나 브레히트는 관객에게 있어서 늘 감정과 이성의 공동작용을 목표로 하였다. 그는 몽타주 기법을 도입하여 비약적 종결을 강조하고 열린 형식으로 에피소드를 구성함으로써 관객이 무대 사건에 능동적으로 참여하게 유도하였다. 뿐만 아니라 브레히트의 서사적-변증법적 연극과 특히 그것의 극단적 형태이자 포스트-서사적(post-epic) 연극인 학습극 연극(Lehrstücktheater, learning play)은 궁극적으로 구체적인 정치상황에 놓인 인간들의 수행적 '행동'(learning by doing)에 기반을 두고 있다는 점을 감안한다면, 브레히트를 드라마 전통의 수동적 대리인으로 평가하는 레만의 관점은 지나치게 단순하고 편협하다.

21 Lehmann 1999, 366쪽.

만에게 중요한 것은 모더니즘의 거부가 아니라, 오히려 "드라마적 형식의 전통으로부터 방향을 돌리는"데서 빚어지는 "구체적인 미학적 문제제기"[22] 이다.

이런 관점에서 레만은 '포스트드라마 연극'의 미학적 연원을 20세기 초로 거슬러 올라가 극문학으로부터 연극의 분리와 이를 통한 연극의 자율성 회복, 또 그에 따른 연극 고유의 수단들을 포함한 연극이라는 예술매체 자체에 대한 자기성찰 등을 핵심으로 하는 역사적 아방가르드에서 찾는다. 레만이 '포스트드라마 연극'을 자신의 저서에서 "브레히트 이후의 연극", "네오아방가르드 연극"(Theater der Neo-Avantgarde)이라는 또 다른 이름으로 부르는 것도 역사적 아방가르드 연극에서 시작되었으나 완성될 수 없던 것을 네오아방가르드 연극이 계승하고 더욱 더 극단화하여 전개하고 있다는 인식에서 비롯한다.[23]

2.3. 역사적 아방가르드, 네오아방가르드 연극과의 관계

그렇다면 20세기 초의 역사적 아방가르드 연극운동의 중심 관심사는 어디에 있는가? 그것은 공연에서 무엇보다도 관객의 지각(知覺, perception)

---

22 Lehmann 1999, 29쪽.

23 이러한 서술관점은 에리카 피셔-리히테; 게르다 포쉬만 등에서도 확인할 수 있다. Erika Fischer-Lichte, "Grenzgänge und Tauschhandel. Auf dem Wege zu einer performativen Kultur", Erika Fischer-Lichte/Friedemann Kreuder/Isabel Pflug(Hrsg.), *Theater seit den 60er Jahren. Grenzgänge der Neo-Avantgarde*, (Tübingen u. Basel, 1998), 1~20쪽; Erika Fischer-Lichte, "Verwandlung als ästhetische Kategorie. Zur Entwicklung einer neuen Ästhetik des Performativen", Erika Fischer-Lichte/Friedemann Kreuder/Isabel Pflug(Hrsg.), 앞의 책, 21~91쪽; Poschmann, 53쪽.

방식, 경험방식들을 급진적으로 새롭게 구조화하는 데서 찾을 수 있다. 이들 아방가르드주의자들은 새로운 지각으로 관객에게 효과를 불러일으키고자 했다. 그 결과 프로시니엄 무대의 극장이 배척되고, '제4의 벽'이 있는 시민연극에서와 같은 연극 '보기'와 '듣기'가 여기서 사라지게 되었다. 뿐만 아니라 연극 아방가르드주의자들은 문학에 종속되어온 연극을 그것의 매체적 특수성에 입각하여 "재연극화"(re-theatricalization)하려고 했다. 따라서 이들의 관심은 심리적, 상징적, 대화적이고 기호적인 것에서부터 무대에서의 신체[물질]적이고 수행적인 것의 지각과 소통방식으로 옮겨오게 되었다. 무대 위 배우들의 비재현적, 비지시적 움직임을 강조하는 이런 연출방식으로 관객들은 종래의 수동적 태도에서 창조적이고 능동적인 태도로 옮겨가게 되었다. 연극 아방가르드주의자들이 이처럼 무대공간과 연극기호를 가지고 벌인 실험은 '문화 위기'에 빠진 20세기 초 유럽의 관객들에게 새로운 지각의 성취를 요구하여 궁극적으로 이들을 '새로운' 인간으로 변모시키기 위한 목표에서 비롯된 것이었다. 하지만 예술과 삶을 일치시키려고 한 아방가르드 연극인들의 시도는 30년대 초에 유럽에 들이닥친 파시즘과 스탈린주의로 인하여 급격히 중단되고 좌절될 수밖에 없었으며, 1960년대에 이르러서 네오아방가르드주의자들에 의해 그 맥이 다시 이어지게 되었다. 이때 새로운 주도적 움직임이 1950년대 이후 특히 미국과 유럽에서 관찰되기 시작하였는데, 리빙 시어터의 줄리앙 벡과 주디스 말리나, 퍼포먼스 그룹의 리처드 셰크너, 플럭서스(fluxus)의 백남준, 요제프 보이스, 빈 행동주의의 볼프 포스텔, 그리고 로버트 윌슨과 퍼포먼스 그룹의 리처드 포먼 등이 새로운 길을 개척한 인물들이다. 이들은 역사적 아방가르드주의자들과 마찬가지로 텍스트의 역할을 의문시하고 또 배우와 표현되는 인물들 간의 관계를 탈(脫)심리적으로 규정하며, 행위자와 관객들 간의 현상학

적 영향관계를 탐구하는 방식으로 새로운 길을 열어갔다.[24]

이런 점에서 역사적 아방가르드와 네오아방가르드 연극은 연출 과정과 공연에서 의미 생산을 조종하는 문학 텍스트로부터의 탈피, 그동안 텍스트의 의미기호에 가려져 있던 물질성, 몸, 수행적인 것, 수행성 등을 부각시키면서 관객과의 소통에서 벌이는 다양한 지각실험, 그 결과 관객이 "공동 생산자" 내지 "공동창조자"로 부상하는 것 등에서 공통점을 찾을 수 있다.

하지만 역사적 아방가르드와 네오아방가르드 사이에 존재하는 유사성과 나란히 원칙적인 차이점에도 주목할 필요가 있다. 그것은 네오아방가르드 연극이 1960년대 이후 무엇보다도 인간의 자율성의 종말, 주체적 자아의 폐위, 자의식을 지닌 개체의 종말 등으로 특징지어지는 포스트모더니즘의 지적, 사상적 배경에서 문화를 '퍼포먼스'로 이해하는 소위 "수행적 전환"(performative turn)이 일어나면서 전개되었다는 것이다.[25] 게다가 네오아방가르드는 대부분 비유럽의 연극형태나 또는 다른 장르 출신의 동시대 예술가들의 작업에 더 많은 관심을 기울였다는 점이다.[26] 그리하여

---

24 Arnold Aronson, *American Avant-grade Theatre. A history*, (London & New York: Routledge, 2000), 7쪽 이하 참조. 같은 시기에 유럽에서 활동하기 시작한 동료들, 예컨대 아리안 므누슈킨, 예르지 그로토프스키, 유제니오 바르바, 또는 피터 브룩 등의 네오아방가르드 연극 실천 작업들은 역사적 아방가르드의 프로젝트를 더욱 발전시키고 극단화한 것으로 볼 수 있다.

25 Doris Bachmann-Medick, *Cultural Turns. Neuorientierungen in den Kulturwissenschaften*, (Reinbek: Rowohlt, 2006), 104~143쪽 참조.

26 네오아방가르드 연극 운동에 중요한 자극과 충동을 준 예술가들은 미국 블랙마운틴 칼리지 주변 출신의 존 케이지, 머스 커닝햄 혹은 앨런 캐프로우 등과, 또 부상하는 퍼포먼스 아트, 해프닝 혹은 행동주의를 대표하는 인물들이었다. 조형예술에서 건너온 이들은 '수행적 미학'(수행성)으로써 종래의 작품(work) 개념뿐만 아니라 당시의 '연극'에 대해서도 반대 입장을 취하였다.

해프닝과 플럭서스는 단순히 미학적 형식실험에 그치고 말았던 다다의 새로운 버전이 아니었다. 오히려 보이스는 무엇보다도 행위(Aktion)가 동반되지 않는 모든 반(反)예술-개념에 저항하였다. 그가 "나는 그[뒤샹]를 매우 존경했지만, 그의 침묵은 거부하지 않을 수 없다"라고 말한 데서 알 수 있듯이, 네오아방가르드 연극은 기성의 [시민]'예술에 대한 부정적 예술'(negative 'Kunst über [bourgeois] Kunst)이라는, 좌절한 역사적 아방가르드의 자기이해를 극복하고자 시도한 탈바꿈의 과정이라 할 수 있다.[27]

바로 이 지점에서 20세기 초엽의 역사적 아방가르드와 20세기 후반의 포스트모더니즘에 기반을 둔 네오아방가르드 간의 차이가 드러난다. 역사적 아방가르드는 그 개혁의 가치를 아무리 높이 평가하더라도, 전통적인 드라마 연극이 기울이는 논리 중심, 텍스트 중심, 이야기 중심, 인물 중심의 노력에 새로운 활력과 자극을 부여했을 뿐이다. 말하자면 역사적 아방가르드 연극은 관객을 '새로운' 인간으로 변화시키기 위한 목표 아래 소통을 위한 여러 연극적 전략을 수정하거나 새로이 세운 반면, 포스트모던 시대의 네오아방가르드 연극은 관객을 가능한 기호현상들에 대한 무한정의 지배자로 만들 뿐, '새로운' 인간으로의 변화나 세상의 개혁과 같은 어떤 다른 유토피아적 혹은 진보적 목표도 추구하지 않는다. 로버트 윌슨이나 얀 파브르, 클라우스-미하엘 그뤼버, 프랑크 카스토르프 혹은 크리스토프 마탈러 등과 같은 작가와 연출가들은 대화, 갈등, 해결, 형식의 추상화 등의 변증법을 담보하는 드라마를 포기한다. 이들이 이 변증법을 거부하는 이유는 드라마를 일종의 세계의 모델로서 보는 것에 대한 믿음이 사라진

---

27 Dieter Mersch, "Life-Acts. Die Kunst des Performativen und die Performativität der Künste", Gabriele Klein, Wolfgang Sting(Hg.), *Performance. Positionen zur zeitgenössischen szenischen Kunst*, 33~50쪽 중 36쪽에서 재인용.

까닭이다. 이들은 "드라마와 논리, 그리고 드라마와 변증법의 공범관계"의 전통에서 이탈한다. 왜냐하면 세계모델로서의 드라마는 실재로부터 추상화되고 멀어지면서 종료되었고 또 드라마의 이러한 특성이 매체 발달의 역사상 오래전에 폐지되었기 때문이다. 이 때문에 이들의 작품에서는 세계의 모델로서의 드라마 대신에 시간과 공간의 물질성, 그리고 행위자들의 몸성과 물질성이 강하게 부각되는 것이다.[28]

요약하자면, 역사적 아방가르드의 연극이 관객에게 직접적인 영향을 미칠 수 있다고 여겨지는 연극 기호와 요소들의 스펙트럼을 확장하였다면, 포스트모던 시대의 네오아방가르드 연극은 관객에게 모든 임의의 기호현상을 무제한 실행하거나 혹은 의미의 지시를 포기하고, 제시된 형태들을 단순히 그 구체적, 물질적, 현상적 존재 형태로 경험할 자유를 부여한다.[29] 다만 연극학에서 네오아방가르드 개념은 상대적으로 종속된 역할을 하고 있다. 말하자면 '수행적 전환'과 '포스트드라마 연극'이라는 두 범주가 지난 수십 년 동안 진행되어온 기호성에서 수행성으로의 패러다임 전환을 정의하고 기술(記述)하는 데 있어서 네오아방가르드나 포스트모더니즘의 개념보다 훨씬 더 생산적인 개념으로서 연극학적 담론을 주도해온 것이다. 결국 2차 세계대전 후에 형성되기 시작한 네오아방가르드 연극으로서의 포스트드라마 연극은 '탈드라마적인 것'과 '수행적인 것'의 미학으로 패러다임을 전환하도록 하는 데 결정적인 자극과 영향을 끼친 점에서 역사적 아방가르드 연극의 연장선상에 있으면서 동시에 이를 극복하고 더욱 극단화하고 있다고 할 수 있다.

---

28 Andreas Kotte, *Theaterwissenschaft*, (Köln · Weimar · Wien: Bählau, 2005), 111쪽 참조.

29 Erika Fischer-Lichte, *Die Entdeckung des Zuschauers. Paradigmenwechsel auf dem Theater des 20. Jahrhunderts*, (Tübingen u. Basel: Francke, 1997), 35쪽.

3. 매체와 지각의 변화: 미학에서 지각학으로

게르노트 뵈메(Gernot Böhme)는 오늘날 예술에 대한 논의가 더 이상 미학(aesthetics)의 영역이 아니라, 지각학(Aisthetik)의 영역에 속한다고 주장한다.[30] 이성에 대한 절대적 믿음이 붕괴된 상황에서, 예술도 더 이상 아름다운 가상으로서 유토피아적 전망과 화해의 메시지로 현실의 모순을 위장할 수 없게 되었다. 오랜 동안 인문학이 스스로에게 부여한 과제는 항상 기호로서의 텍스트가 어떤 의미를 갖는지, 혹은 어떤 의미들을 그 텍스트에게 부여할 수 있는가 하는 등의 해석학(Hermeneutik)적인 것이었다.

그러나 이제 우리는 예술을 더 이상 형이상학적 진리를 실천하는 것으로 이해할 수 없는 상황에 도달했다. 다시 말해 단일성과 전체성에 입각해 모든 것을 하나의 원천에서부터 도출해내고 또 그곳으로 다시 환원시키는 근대의 이상주의 미학(idealistische Ästhetik)의 방식으로 예술을 논할 수 없는 새로운 인식론적 패러다임(포스트모더니즘)의 전환을 맞은 것이다. 예컨대 미국의 문학비평가인 수잔 손탁이 "예술은 무언가에 관한 것만이 아니다. 예술은 그 자체로 무언가"이기도 하다. 예술은 세상 속에 있는 어떤 것이지, 그저 세상에 관해 말해주는 텍스트나 논평은 아니다"[31]라고 설파한 것은 해석의 행위야말로 예술작품에 가하는 "반동적이고 뻔뻔스럽고 비열하고 숨통을 조이는 훼방"[32]임을 강조하는 말이다.

이제 해석과 종합(synthesis)이라는 근대 형이상학(헤겔 미학)의 굴레에

---

30 Gernot Böhme, *Aisthetik. Vorlesungen über Ästhetik als allgemeine Wahrnehmungslehre*, (München: Fink, 2001).

31 수잔 손탁, 『해석에 반대한다』, 이민아 옮김, (서울: 이후, 2002), 39쪽.

32 손탁, 25쪽; Lehmann 1999, 254~260쪽 참조.

서 벗어난 예술은 오히려 유희, 예외적인 것에 대한 실험, 그리고 한때 구조주의적 체계 속에서 약속되곤 하던 기의로부터 벗어난 기표들이 서로에게 빚어내는 틈새들 및 거기에서 끊임없이 새로운 것을 드러내는 과정이자 그것을 경험하는 과정 자체로 이해된다.

한스-티스 레만의 포스트드라마 연극에 관한 철학적 담론의 출발점도 해석의 대상으로서의 전통적인 '드라마 연극'으로부터 등을 돌리면서 특히 텍스트와 연극을 "탈위계화, 탈중심화"[33]하는 데에 있다. 그가 내세우는 포스트드라마 연극의 양식적 특질은 "종합의 중지", "꿈의 이미지", "공감각", "퍼포먼스 텍스트" 등이다.[34] 이에 관해 부연하자면 다음과 같다. 첫째, "종합의 중지"(Entzug der Synthesis)란 사건 진행의 총체적인 구조가 포기되는 것을 말한다. 즉, 결합하고 완결시키는 지각 대신에, 개방적이고 단편화(斷片化)된 지각을 통하여 연극은 극단적으로 발생하는 사건과 같은 예술형식으로 나타난다.

둘째, "꿈의 이미지"(Traumbilder)는 이미지, 움직임, 단어들과 같은 연극기호들 사이에 위계구조가 무너지며, 콜라주, 몽타주, 단편화 등의 기법에 의해 의미가 제거된 몽환적인 세계의 구조가 들어선다는 것을 말한다.

셋째, "공감각"(Synästhesie)과 관련해 설명하자면, 논리적이고 유기적으로 구축된 구조에 대한 반감, 타 장르의 표현양식과 주제에 대한 개방성 등으로 인해 장면적 사건에 연속성 대신 이질성이 부각된다. 이때 관객의 감각기관은 연관성이 제거되면 이를 참지 못하고 상상력을 활성화시켜 유사성, 관련성, 상응하는 것 등을 추구한다. 이런 의미에서 장면적 사건에

---

33 Miriam Drewes, *Theater als Ort der Utopie. Zur Ästhetik von Ereignis und Präsenz*, (Bielefeld: transcript, 2010), 15쪽.

34 Lehmann 1999, 139~146쪽 참조.

내재하는 공감각은 관객과의 소통 과정에서 중요한 핵심이 된다.

넷째, 연극의 공연은 언어 텍스트나 연출 텍스트의 반복 가능한 상연이 아니라, 신체적·물질적 수행의 과정으로서 '사건'이 된다. 따라서 "퍼포 먼스 텍스트"(Performance text)는 공연과 관객이 관계 맺는 방식, 시간과 공간적 상황, 사회적 차원에서 공연이 행해지는 장소와 공연의 진행 과정 등으로 구성된다.

레만이 이 같은 개념들로써 추구하는 것은 기존의 드라마 연극이 지향하는 재현(Repräsentation)이 아닌, 포스트드라마 연극 특유의 현존(Präsenz)이다. 이러한 관점에서 볼 때 레만의 포스트드라마 연극에서는 드라마 텍스트 기호의 의미가 아니라, 현존성 그 자체가 강하게 부각된다. 그에 의하면 이 현존성은 다름 아닌 배우와 관객 간에 현상학적 몸을 매개로 하여 일어나는 수행성(Performativität)과 사건성(Ereignishaftigkeit)에 의해 활성화되고 체험될 수 있다.

최근 진행되고 있는 매체의 발달과 지각 습관의 변화는 예술의 생산뿐 아니라 수용 방식에도 변화를 일으키고 있다. 포스트드라마 연극을 비롯한 현대 예술은 전통적인 재현의 연극을 거부하고 20세기 말 이후 포스트모던 사회에 조응하는 새로운 표현방식을 모색하고 있다. 그 결과 전통적인 작품미학(Werkästhetik)의 범주로 파악되지 않는 새로운 특징들이 발견되는데, '수행성', '사건성', '사물의 황홀경', '분위기' 등의 개념 등이 그것이다. 예술의 생산 차원에서 일어나고 있는 이러한 변화는 동시에 관객과 어떻게 소통할 것인가 하는 예술 수용의 문제도 함께 제기한다.[35] 인식이

---

35 이경미, 「현대연극에 나타난 포스트아방가르드적 전환 및 관객의 미적 경험」, 『한국연극학』, 37(2009), 한국연극학회, 205~244쪽 참조.

아닌 지각 내지 감응(affect, induktion)이 예술적 소통의 새 매체로 부상하면서, 지각학이 기존의 전통적 미학의 범주로부터 분리되어 적극 논의되는 것도 이 때문이다.

이 장에서는 포스트드라마 연극이 활발히 시도되고 있는 20세기 후반부터 미학에서부터 지각학으로의 중심 이동이 일어난 배경을 살펴보고 미학과 지각학의 차이는 무엇이며, 또 우리 시대의 포스트드라마 공연이 지각학과 어떤 연관성을 갖는지 구체적으로 규명하고자 한다.

3.1. 미학 개념의 변화와 확장

미학이라는 개념은 오늘날 크게 두 가지의 서로 구분되는 의미로 사용된다. 그 하나는 예술과 아름다운 것을 다루는 미학으로서 서구에서 1750년 이후로 철학이라는 분과학문의 일부로 여겨진다. 여기서 미학은 예술과 그리고 자연미 및 인공미에 관한 이론으로 이해된다. 예술의 여러 현상들 및 이와 관련된 철학적 · 예술학적 혹은 예술적 관점에서의 이론적 숙고와 성찰이 미학의 대상에 속한다. 또 다른 하나의 미학은 특별히 1970년대 이후로 어원적 의미에서의 종합감각(Aisthesis), 즉 감각적 지각과 인식으로서 재개념화된 미학이다. 이것은 감각적으로 전달되는 지각이라는 그리스어 Aisthesis의 원초적인 의미로 다시 돌아가자는 운동과 또 20세기에 기록될 수 있는 일상세계의 광범위한 미학화(심미화) 현상에 기인한 것이다.

20세기 후반과 21세기 초에 접어들어 이처럼 미학에 관한 담론이 활성화되고 미학을 지각학으로 확장할 것을 요구하는 상황이 전개되기 시작한 이유를 독일의 문화학자 게르노트 뵈메는 다음의 세 가지 요인으로 압축한다. 첫째, 심오한 정치적, 사회적 그리고 문화적 변화가 현대 서구 사회에서 일어난 점[36], 둘째, 지난 150년간에 걸쳐 일어난 앞선 미디어 기술의 급격한 발전과 확산, 셋째, 20세기 초의 역사적 아방가르드와 1960년대 이후의 네오아방가르드 이후로 예술 자체 내에서 발생한 급진적인 변화 등이 그것이다. 한마디로 포스트모더니즘을 배경으로 한 몸의 재발견과 감각의 복권, 미디어 기술의 폭발적 혁명, 현대 예술 자체 내에서의 엄청난 변화 등이 그 원인이라는 것이다.

지금까지의 미학은 본질적으로 판단미학이라 할 수 있다. 말하자면 기존의 미학은 감각적 경험을 거의 중요하게 여기지 않고 우리의 일상세계에서 일어나는 "실제적인 것의 미학화"를 지나쳐 버린다.[37] 이 장에서는 미학에서 지각학으로의 변화와 혁신을 탄생시킨 이러한 상황을 특히 게르노트 뵈메의 이론을 토대로 1) 삶의 미학화, 2) 현대 예술의 변혁, 그리고 3) 미디어에 의한 가상의 지배에 초점을 맞춰 설명하고자 한다.

3.1.1. 삶의 미학화[38]

생활세계의 미학화 내지 심미화는 우선 현실 정치 속에서 일어난다. 일찍이 발터 벤야민과 브레히트는 1920~30년대에 '정치의 예술화(미학화)'를 언급하며 파시즘의 대두를 비판한 바 있다. 그러나 정치의 미학화 현상은 민주주의 사회에서도 새로운 매스미디어와 결합된 '연출'을 통하여 점

---

36 뵈메에 의하면 이러한 변화는 사람들 사이의 소통과 상호작용 그리고 전통적 규범과 가치 및 이와 결부된 정체성, 공동체, 성 역할, 사회적 위상 등의 관념뿐 아니라 노동과 여가의 태도도 마침내 흔들어놓게 되었다.

37 Sabine Schouten, *Sinnliches Spüren. Wahrnehmung und Erzeugung von Atmosphären im Theater*, (Berlin: Theater der Zeit, 2007), 25쪽.

38 G. Böhme 2001, 19~22쪽 참조.

점 더 가속화되고 교묘하게 이루어지고 있다. 이처럼 우리의 생활세계가 점점 더 미학화(심미화)되어 감에 따라 사물에 대한 변화된 지각과 체험의 질을 기술하고 또 분석할 수 있는 새로운 문화이론적 방법이 필요하게 되었다는 것이 뵈메의 테제이다.

이미 1970년대에 볼프강 프리츠 하우크가 『상품미학』(*Warenästhetik*)이라는 저서에서 밝힌 바와 같이, 상품의 사용가치(Gebrauchswert)는 물물교환의 시대를 지나 자본주의가 발전하면서 교환가치(Tauschwert)에 의해 대체되었다. 말하자면 상품의 실질적 사용가치가 아니라, 그것의 순수한 소유 여부가 소비자의 욕구를 충족시키고 또 지위의 상징이 되는 상황이 벌어지면서 상품의 교환가치가 지배적이 되었다는 것이다. 그러나 뵈메는 이러한 분석이 그 사이 한계를 드러냈다고 보고 여기에 이른바 "연출가치"(Inszenierungswert)를 추가한다. 즉 구입 후에도 상품을 사용하지 않고, 어떤 의미에서 전시용(展示用)으로 남겨두는 물건들이 점점 더 많이 우리의 주위를 에워싸고 있는데, 이런 전시용 상품의 사용가치는 어떤 특정한 생활양식(life style)을 '연출'해 보여주는 데 있다는 것이다. 바로 여기서 뵈메는 새로운 가치유형으로서 "연출가치"라는 용어를 고안해낸다. 그는 이 용어를 사용하여 정치, 경제, 사회 등의 전 분야에서 활발히 진행 중인 "삶의 미학화"(Ästhetisierung des Lebens)를 명쾌하게 설명한다.[39] 그에 의하면 삶의 미학화는 기본적으로 우리의 삶을 둘러싸고 있는 것 전부를 "전시"하고 "연출"한다. 즉 디자인, 건축 혹은 유행 등에서 보듯 지각하는 자에게 지성적 인식이 아니라, 정서적으로 영향을 미치는 것을 목표로 한다. 뵈메가 오늘의 자본주의 사회를 특별히 "미학적 경제"(ästhetische Ökonomie)라

---

39 G. Böhme 2001, 21쪽.

는 용어를 사용하여 지칭하는 것도, 소위 "연출가치"가 다름 아닌 "경제적 전략"으로서 작동하는 상황을 가리키는 것에 다름 아니다.[40]

이 "미학적 경제"의 특징은 한마디로 말해서 사회적으로 진행되는 노동이 더 이상 상품의 사용가치를 생산하는 데 기여하지 않고, 광고, 디자인혹은 이미지 캠페인 등을 통한 연출에, 그리고 분위기와 생활감정의 생산에 이바지한다는 것이다. 오늘날 미학이 (고급) 예술에 대한 평가와 판단미학이 아니라, "보편적 지각이론"으로서의 미학, 즉 종합감각으로서의 지각학으로 확장되고 변화되어야 하는 이유도 바로 삶의 전반에서 미학화가일어나고 있기 때문이다.

3.1.2. 현대 예술의 변혁

뵈메는 미학에서 지각학으로의 중심 이동이 일어난 또 다른 배경을 20세기 이후 현대 예술의 변화에서 찾는다. 현대 예술은 지속적으로 경계(境界)를 넘고 금기를 위반하며 작업하고, 의미로 환원될 수 없는 구체적인물질성과 몸성을 전시(展示)한다.

오늘날과 같은 예술의 변혁과 '새로운' 미학의 물결은 무엇보다도 포스트모더니즘 선언과 더불어 리오타르에 의해 시작되었다. 리오타르는 포스트모던의 조건에 관한 자신의 연설에서 우리 시대의 문화적 상황의 특징은 "대서사"(grand discourse)의 종말 이후에, 다시 말해서 근본 이념이 구

---

40 G. Böhme 2001, 22쪽; Wolfgang Welsch, "Das Ästhetische – Eine Schlüsselkategorie unserer Zeit?" Ders.(Hrsg.), *Die Aktualität des Ästhetischen*, (München: Wilhelm Fink, 1993), 13~47쪽; Wolfgang Welsch, Grenzgänge der Ästhetik, 『미학의 경계를 넘어-현대 미학의 새로운 시나리오, 진단, 전망』, 심혜련 옮김, (서울: 향연, 2005), 19~34쪽 참조.

속성을 상실한 이후에 다원성과 자유주의로 대변될 수 있다고 진단하였다.[41] 이로써 포스트모더니즘에서 출발하여 모던 미학에 비판적 입장을 견지한 리오타르는 형이상학 이후(post-metaphysics)의 시대가 처하게 된 당혹감을 "현존"의 미학이라는 긍정적인 것으로 승화시키고 일종의 유쾌한 허무주의의 개시를 알리고자 하였다.[42] 이 같은 현존의 사유는 일차적으로 감각적인 것으로부터 촉발되지만 체험을 통하여 감각적인 것의 다른 차원, 즉 신비한 종교체험과 같은 차원으로 넘어간다. 그렇기에 현존은 숭고하고 신성하며, 결과적으로 관조적인 미학의 성격을 지닌다.[43]

먼저 조형예술에서의 변혁을 예로 들면, 우리들은 아무것도 표현하지 않고, 어떤 것도 말하지 않으며 아무것도 의미하지 않는 그림들과 관계한다.[44] 예컨대 바넷 뉴먼의 그림들은 '말할 수 없는 것'의 현존을 표현하는데, 이로써 예술작품은 실제적인 지각 속에서만 존재하는 것이 된다. 예술작품은 '여기, 지금' 존재하면서 사건처럼 일어난다는 이러한 경험을 뵈메는 기존의 판단미학과 차별화를 꾀하는 자신의 '새로운 미학'에서 "분위기"(Atmosphäre)라는 개념을 써서 분석하고 설명하고자 시도한다.

이 같은 예술의 혁신은 음악에서도 확인할 수 있다. 12음기법의 창시자인 아놀트 쇤베르크 이후로 새로운 음악에서는 기존의 정전화된 형식을 해체하거나 확장하고 다원화하는 현상이 지속적으로 일어났다. 멜로디라

---

41 장 프랑수아 리오타르, 『포스트모던의 조건』, 유정완, 이삼출, 민승기 옮김, (서울: 민음사, 1992), 33쪽 이하.

42 이에 관해서는 이주영, 『현대예술론 특강』, (서울: 미술문화, 2007), 185~196쪽 참조.

43 리오타르의 "현존"의 미학에 관한 테제는 아래의 제1장 3.2.에서 살펴볼 게르노트 뵈메의 "지각학"으로서의 미학, 다시 말해 그의 "생태학적 자연미학"에 관한 테제와 상당 부분 일치한다.

44 Gernot Böhme, *Atmosphäre*, (Frankfurt a. M.: Suhrkamp, 1995), 8쪽.

든가 음의 조화 대신에 공간에 떠도는 다양한 소리(이를테면 자연과 계절의 소리, 동물과 도시의 소리, 인간의 소리 등)가 전면에 부각되면서 음악에서 물질적인 것(materiality)이 비중을 얻게 되었다. 이처럼 음악이 공간적인 현상이자 감정의 언어로 파악되면서 음악 역시 조형예술과 마찬가지로 분위기라는 키워드 아래서 발생하고 경험할 수 있는 일이 되었다.[45]

음악이 해체주의를 통해서 형식이라는 범주의 종말을 맞이했다면, 문학에서는 의미라는 범주의 종말을 말할 수가 있다. 말하자면 의미가 해체주의에 의해서 거의 무한한 의미 다양성 속으로 용해되었다.[46] 이리하여 데리다에게 결정적으로 중요한 사실은, 의미는 결코 현전하지 않으며 언제나 지연(遲延)되어 있고 서로 다른 궤도에 산재되어 있다는 점이다. 의미는 차연과 산종이라는 의미 구성의 방식에 의해, 즉 차이의 운동을 통해서 흔적(trace)으로만 주어진다. 다원성과 차이는 데리다에 의해서도 포스트모던의 근본 현상으로 파악된 것이다.

3.1.3. 매체에 의한 직접성의 차단과 가상(Schein)의 지배

현대 미학의 마지막 중요한 논점은 보드리야르, 빌렘 플루서 등의 새로운 미디어의 이론을 들 수 있다. 이들은 실재의 미학화라는 중요한 차원과 또 우리가 인간의 삶의 현실이라고 부를 수 있는 것의 변화를 정확히 파악하고 분석하고자 하였다. 장 보드리야르는 오늘날 허구적인 것의 세상이 이미 실재의 세상을 지배한다고 말한다. 예를 들어 경제의 세계에서 광고가 제품을 압도한다거나 혹은 정치의 세계에서 텔레비전이 정치의 본래

---

45 G. Böhme 1995, 8쪽 이하.

46 이 책의 제1장 1. 참조.

장면을 보여준다는 생각은 이제 부인할 수 없는 현실이 되었다. 이리하여 우리는 사물의 존재보다 표면과 포장, 이미지, 표현의 우세와 관계하고 있는 것이다. 이와 같은 표현의 우세는 온갖 설명과 제시에도 불구하고 실제적인 것의 추방을 뜻한다. 동시에 실제적인 것의 미학화, 심미화는 실제적인 것을 억압하는 과정이기도 하다. 따라서 뵈메는 우리가 "연극적인 시대에, 새로운 바로크 시기"에 살고 있다고 말한다.[47]

그러나 골프만 전쟁이 일어나는 오늘과 같은 미디어 시대에 비록 그 사건이 우리에게는 카메라 앞에서 유희(시물라시옹)의 형태로 벌어진다고 하더라도, 실재는 가상의 저편에 정말로 존재한다. 실재는 물리적이며 또 신체적인 것이 결정적인 것이라는 사실을 우리는 터득하게 된다.[48] 바로 이 때문에 뵈메는 소위 '분위기'의 미학의 발전과 또 '종합감각'이라는 광범위한 개념의 재획득이 필요하며, 이 두 개념을 통해 새로운 미디어 이론으로서의 미학이 보완될 수 있다고 말한다. 그가 "사이버 공간(Cyber space)과 새로운 감각성이야말로 기술문명 시대에 문화 발전의 양 측면"이라고 하는 이유가 여기에 있다.[49]

이러한 현상은 한편으로 기존의 미학의 개념을 분산시키는 결과를 가져왔으며, 다른 한편으로 미학과 미학적 사유에 관한 근본적인 새로운 방향 설정이 일어나도록 영향을 미치고 있다.

---

47 G. Böhme 1995, 14쪽. 17세기 바로크 시대에는 '세상이 연극'(theatrum mundi)이라는 관념이 지배적이었다. 당시 사람들은 인간이 이 세상극의 배우이고, 신이 곧 연출자라고 생각했다.

48 G. Böhme 1995, 13쪽.

49 G. Böhme 1995, 11쪽.

3.2. 새로운 미학으로서의 지각학(Aisthetik) — 혹은 생태학적 자연미학

매스미디어에 의해 결정되는 이른바 '연출사회' 내에서 우리의 삶 전체가 미학화됨에 따라 새로운 종류의 지각 형태와 스타일 등은 지금까지 존속되어온 미학의 개념으로는 통합이 불가능하게 되었다. 즉, 예술 자체 내에서의 급격한 변화를 파악하기에도, 실재의 모든 영역(일상, 정치, 경제, 노동계, 여가 시간 등)에서 일어나는 점진적 미학화의 형태와 기능을 파악하기에도, 게다가 심각해지는 환경문제로 인해 강요된 인간과 자연 간에 변화된 관계에 대한 문제를 성찰하기에도 기존의 미학은 불충분한 것으로 드러났다. 이러한 배경에서 미학은 이제 지각과 지각방식에 관한 이론으로 탈바꿈하며 종합감각으로서 현실화되고 자기반성적이 되기에 이르렀다.[50]

이제 더 이상 아름다운 것에 관한 이론이라든가 철학적인 예술이론이 아니라, 종합감각(Aisthesis)으로서의 미학이 감각적 지각과 인식에 관한 학설로서 전경화된다. 여기서는 가장 주목받는 새로운 미학이론을 제시한 게르노트 뵈메의 자연미학(Naturästhetik)을 중심으로 지각학으로서의 미학과 그것이 동시대의 포스트드라마 연극과 가지는 연관성에 대하여 서술하고자 한다.

3.2.1. 생태학적 자연미학의 대두: 환경문제와 신체성

예술과 아름다움에 관한 이론으로 간주되어온 미학은 그 학문적 창시자

---

50 Doris Kolesch, "Ästhetik", *Metzler Lexikon Theatertheorie*, hrsg. v. Erika Fischer-Lichte, Doris Kolesch u. Matthias Warstat, (Stuttgart/Weimar: Metzler, 2005), 6~13쪽 중 6, 9쪽.

인 바움가르텐 이후 칸트와 헤겔을 거쳐 아도르노에 이르기까지 감각과 미적 경험을 상대적으로 폄하하는 입장을 취해왔다. 말하자면, 감각은 기껏해야 지성적 인식을 위한 기본 자료를 제공하는 능력으로 여겨지거나, 미를 판정할 수 있는 능력으로 간주되었다.[51] 그러나 환경오염 문제로 인하여 인간은 지난 수십 년 동안 새로운 방식으로 자신의 신체성(Leiblich-keit)과 직면하게 되었다. 즉 인간은 지구, 물, 공기와 같은 자연 매개물의 파괴에 의해서 즉각 신체적으로 타격을 입고 있다. 그 결과 데카르트 이래로 각인된 인간의 자기이해, 즉 이성과 오성의 존재로서의 자기이해는 여기서 인간의 삶이 자연을 이루는 일부라는 경험을 통하여 흔들리게 되었다.[52]

이러한 환경문제가 통상 자연과학적으로 연구되어왔다면, 뵈메는 이제 미학적 관찰도 필요하다고 주장한다. 그 이유는 우리가 환경 속에서 어떻게 살아갈 것인가의 문제는 결국 우리가 지금 어떠한 상태에 처해 있고, 어떻게 느끼고 있는지, 즉 우리가 우리의 환경을 감각적으로 어떻게 경험하고 있는가의 문제이기 때문이다. 그러므로 생태학에서 출발하여 주위 환경에 "처해 있음"(Befindlichkeit)에 대해 질문하는 것은 미학적 질문이기도 하다. 이처럼 미학적 질문제기와 자연경험을 한데 묶음으로써 뵈메는 예술이 미학의 유일한 현상도 또 가장 중요한 현상도 아니라는 사실을 분

---

51 최준호, 「미학에서 지각학으로의 전환과 그 함의」, 파트리스 파비스 외, 『수행성과 매체성: 21세기 인문학의 쟁점』, 49~82쪽 중, 54쪽 참조.

52 이런 점에서 자연미학의 태동은 무엇보다도 인간중심주의, 자연의 탈도덕화, 기술의 탈목적화 등으로 대변되는 "인간의 근대적 자기이해"를 극복하는 데서 시작된다. Gernot Böhme, *Für eine ökologische Naturästhetik*, (Frankfurt a. M.,: Suhrkamp, 1989), 33쪽; 최준호, 앞의 논문, 70쪽 이하; 이진우, 「기술 시대의 환경윤리」, 『인간과 자연』, 계명대학교 철학연구소 편, (서울: 서광사, 1995), 229~254쪽 참조.

명히 밝힌다.[53]

> [···] 예술이 − 고급 예술이 결코 아니다 − 미학의 유일한 현상도 또 가
> 장 중요한 현상도 아니라는 사실은 분명하다. [···] 중요한 것은 주위세계의
> 모든 형상화, 세계 표면의 온갖 형체화가 우리의 처해 있는 상태(Befinden)
> 에 관여한다는 점이다. 우리가 처해 있는 각각의 모든 공간, 각각의 꽃무
> 늬 벽지, 개개의 모든 전철의 형태화, 매장 내의 각각의 분위기 등등이 미
> 학이다.[54]

이런 점에서 뵈메는 "생태학적 자연미학이 우선 우리가 미학 안으로 들
어가는 일종의 독특한 길"[55]이라고 말한다. 뵈메에 의하면 일상의 디자인
에서도 현대의 예술에서도 대상을 순수하게 기능적으로 이용하거나 지적
으로 해독하기보다는 오히려 직접적이고 감각적으로 영향을 미치는 것,
즉 감각적 인식이 더욱 더 중요하다.

> 우리가 조형예술에서 아무것도 표현하지 않는 그림들을, 또 문학에서
> 아무 의미도 갖지 않는 텍스트들을 고려해야만 할 때, 기호학과 해석학은
> 미학의 전체적인 것일 수 없다. **언제나 예술에 속했으나 형태와 의미의 관**
> **점에서 밀려났던 어떤 차원**이 설치미술, 퍼포먼스 그리고 해프닝에서 등
> 장한다.[56]

이것이 바로 새로운 미학으로서의 생태학적 자연미학 내지 지각학에 관

---

53 G. Böhme 1995, 14쪽 이하.
54 Schouten, 27쪽에서 재인용.
55 G. Böhme 1995, 14쪽.
56 Schouten, 27쪽에서 재인용(진한 글씨체는 필자에 의한 강조임).

한 뵈메의 구상의 핵심을 이루는 '분위기' 이론이다. 뵈메는 분위기적인 것을 사물들로부터 공간상으로 발산되는 어떤 것, 그래서 인간을 사로잡고 또 인간에 의해 지각되는 어떤 것으로 이해한다. 그는 기호학이나 해석학으로 분석할 수 없는 미적 경험의 감각성과 신체적 현상에 대한 관찰을 통하여 '분위기'가 단순히 주체의 미적 지각을 기술하는 도구일 뿐 아니라, 미적 지각의 객체(인식 대상)이며 또한 지각하는 주체의 신체와 정서에도 영향을 미친다는 점을 강조한다.

3.2.2. 생태학적 자연미학(지각학)으로서의 '분위기' 이론과 포스트드라마 연극

기존의 미학과 달리 뵈메의 생태학적 자연미학이 신체성에 주목하는 것 외에 지니는 또 다른 특징적 요소는 미학에서 취미 판단(Geschmacksurteil)을 우선적으로 중요시하지 않는다는 점이다. 미학은 18세기 이후로 지성과 판단의 문제이지, 감성(Empfinden)의 문제가 아니었다. 반면에 환경의 관점에서 미학을 바라볼 때 중요한 것은 종합감각, 즉 감각적 지각이다. 전통적인 미학에서의 감각성 개념이 판단을 위한 사실들(Daten)을 산출하고 확인하는 것이었다면, 자연미학은 감각성을 "신체적 현전"(leibliche Anwesenheit)[57] 으로 이해한다. 여기서 감각성은 두 가지 측면을 함축하는데, 하나는 우리가 '처해 있음(Befindlichkeit) 속에서 환경을 감지한다'는 것이고, 다른 하나는 '우리가 우리의 환경 속에서 어떤 분위기를 확장시킨다'는 것이다.[58] 인간은 어떤 환경에 접하게 되었을 때 자신의 신체를 통

---

57 G. Böhme 1989, 34쪽.

58 G. Böhme 1989, 34쪽.

해서 환경에 반응할 뿐만 아니라, 어떤 특정한 분위기를 창출함으로써 그 환경에 관여한다. 다시 말하면 내가 어떤 공간 속으로 들어갈 때, 내 기분은 어떤 방식으로든 이 공간의 영향을 받게 된다. 예컨대 내가 어떤 정원에 들어서서 상쾌하다고 말한다면, 그것은 그 정원이 내뿜는 분위기가 상쾌하고 또 그 분위기가 나를 상쾌한 기분으로 만들어주기 때문인 것이다. 따라서 신체적 감각성은 단순히 그와 같은 행위의 사실("상쾌하다")을 확인하는 데 그치는 것이 아니고, 지각하는 자가 특정한 상황에 처해 있다는 것을 직접적으로 의미한다.

이런 관점에서 볼 때 감각성의 우선적인 테마는 우리가 지각하는 사물들이 아니라, 우리가 느끼는 것, 즉 '분위기'이다.[59] 우리가 주변에서, 사물이나 사람들에게서도 느끼게 되는 것과 같은 '분위기'가 뵈메의 새로운 자연미학의 중심 테마이다.

분위기는 '환경의 특성들'과 '인간의 처해 있음'을 연결해주는 어떤 것이다.[60] 분위기는 주관적인 것도, 객관적인 것도 아니며 "지각하는 자와 지각된 것의 공동의 현실"[61]이다. 따라서 지각학으로서의 자연미학은 객관적으로 확인 가능한 주위 환경 속의 어떤 특성들이 어떻게 우리의 처해 있음(존재 상태)에 변화를 일으킬 수 있는가를 묻는다. '분위기의 연출'이 중요해지는 이유가 여기에 있다.

이러한 맥락에서 예술의 의미는 뵈메가 보기에 더 이상 미학의 우선적인 테마가 아니고 미학적 작업의 한 특별한 형태일 뿐이다. 늦어도 18세기 이후에 예술은 자율성을 지니기 시작한다. 즉 예술은 새로이 부상한 시민

---

59 G. Böhme 1995, 15쪽.
60 G. Böhme 1995, 23쪽.
61 G. Böhme 1995, 34쪽.

계급이 자기이해의 표현으로서 예술활동을 전개하면서 그 사용 목적에 있어서 사회의 특정 과제나 기능으로부터 면제되었다.[62] 그러나 자율성이라는 것이 사회 일반과의 무(無)관련성을 뜻하는 것은 아니다. 오히려 예술의 자율성조차도 사회적 기능을 가진다. 뵈메에 따르면, 우리가 백화점 안으로 들어갈 때 자연스럽게 분위기도 경험한다. 개개인의 마음을 올바른 구매 자세로 인도하고자 하는 이 분위기는 미학적 작업의 결과로 생산된 것으로, 우리가 무엇인가를 구매할 것인가 말 것인가를 정하는 데 결정적으로 작용한다. 그렇다면 우리는 행동의 짐에서 완전히 벗어난 것이 아니다 라는 것이다.

이처럼 건물이나 공간은 중립적으로 존재하는 것이 아니라, 여기에 접근하거나 발을 들여놓는 사람들의 처해 있음(존재 상태 Befindlichkeit)에 개입하여 영향을 미치게 마련이다. 예를 들면 교회 건축물은 거룩함 혹은 겸손함의 분위기를 창조해왔고, 법원 건물과 성(城)들은 사회적 위계구조를 감각적으로 드러내는 건축물이다.[63]

우리는 어떤 형태로든 공간과 색상을 인지한다. 여기에 전폭적인 감각성이 있다. 그러나 환경 속에서의 이러한 존재 상태(Befinden)는 사람들을 무의식적으로 사로잡고 규정한다. 사람들은 무언가가 우리의 존재 상태(처해있음) 속으로 들어온다고 눈치 채지만, 어디서 오는지 알지 못한다. 바로 이 때문에 예술은 인간에게 이러한 감각성, '감각의식'(Sinnenbewußtsein)을 되돌려줄 과제를 안고 있다는 것이 뵈메의 자연미학의 중심 테제이다.

---

62 페터 뷔르거, 『아방가르드의 이론』, 최성만 옮김, (서울: 지식을만드는지식, 2009), 69~104쪽.

63 G. Böhme 1995, 19쪽 참조.

오늘날 우리는 대상을 결코 직접적으로 지각하는 것이 아니라, 단지 신호들을 지각할 뿐이다. 뿐만 아니라 우리는 상품을 그것의 미학적 형상으로 지각하는 것이 아니라, 그 상품 위에 붙어 있는 표식, 신호를 지각함으로써 실재를 억압하고 추방하고 있다. 우리는 우리의 생활세계에서 정말로 감각적인 인간으로서 온전히 존재하기가 어렵다.[64]

그러나 예술은 고유한 자율성으로 인하여 행동의 짐을 벗은 공간에서 활동하기 때문에 이러한 개개의 인간에게 충만한 감각성을 회복시켜줄 수 있다고 본다. 말하자면 예술은 우리가 어떤 공간 안에서 어떤 행동의 문맥에 있지 않고서도 '분위기'를 경험할 수 있게 해준다. 우리는 분위기를 그러한 것으로서 인지하고 배울 수 있으며 다룰 수 있다. 그러므로 생태학적 자연미학의 관점에서 볼 때 예술은 인간의 감각성을 전체적으로 증진시킬 과제를 가진다고 볼 수 있다.[65]

한편 지난 수 년 동안 행위와 지각의 과정을 목표로 한 연극 실천으로 인하여 연극학은 그 고찰의 범위와 초점을 확장해왔다. 관객의 정서적 수행이 연극 사건의 본질적인 구성 부분으로 주목받게 되고, 이와 더불어 의미를 뛰어넘는 분위기(Atmosphäre)에 대한 미학적, 연극학적 연구가 활발해지기 시작하였다. 피셔-리히테는 연극학의 고찰 대상이 되기 시작한 분위기에 대해 다음과 같이 설명한다.

> 공간과 사물들이 발산하는 것으로 보이는 분위기 속에서 사물들은 공간에 발을 들여놓는 주체에게 강조된 의미에서 현재(gegenwärtig)하게 된다. […] 공간과 사물들은 지각하는 주체의 신체에 분위기 속에서도 특정한 방

---

64 G. Böhme 1995, 17, 18쪽.
65 G. Böhme 1995, 16쪽.

식으로 다가오고, 그야말로 신체 속으로 밀고 들어온다. 그 이유는 주체가 분위기에 맞서서, 분위기에 거리를 두고서 나타나는 것이 아니라, 분위기에 포위되고 둘러싸이게 되며 분위기 속으로 잠기기 때문이다.[66]

이 같은 분위기 지각에 대한 연구는 공간성(Räumlichkeit), 감각성(Sinnlichkeit) 그리고 정서(Emotion) 등과 같은 분위기의 특징에 초점이 맞춰지는데, 이는 무엇보다도 포스트드라마 연극 작업과 긴밀한 연관성을 갖는다. 그 이유는 포스트드라마 연극에서는 연극적 수단들이 텍스트 내지 서사(내러티브)의 차원에 위계적으로 종속되지 않으므로 분위기적인 것이 공연의 미적이고 드라마투르기적 기능들을 주도적으로 담당하기 때문이다. 다시 말하면 20세기 초의 역사적 아방가르드 운동 이후로 드라마 텍스트의 심리적–사실주의적 연기가 점차 지양됨에 따라 주의력이 점점 더 연극적 형상화 수단과 또 이로써 몸, 공간, 음성, 빛 혹은 소리성 등과 같은 분위기적 요인들 자체로 쏠리게 된 때문이다.[67]

이런 맥락에서 볼 때 뵈메의 생태학적 자연미학과 20세기 후반부터 활발히 전개되어온 포스트드라마 연극의 다양한 지각 실험들이 지향하는 목표는 서로 일맥상통한다고 볼 수 있다. 즉 예술가들이 수용자(관객)의

---

66 Schouten, 14쪽에서 재인용.

67 그렇다고 분위기의 정서적 효과가 포스트드라마 공연에만 한정되는 것은 아니다. 어떤 장면이 갖는 분위기는 액자무대 연극에서도 가상('as… if')의 상황에서 뿐 아니라, 분위기의 현존하는 기운(präsente Anmutung)에서도 늘 동시에 감지된다. 그러므로 수행적인 것의 현상으로서 공간적으로 확산되는 분위기는 문학연극에서도 멈추지 않으며, 분위기의 연출도 연극의 공간에 국한되지 않는다. 또한 분위기가 환영(幻影)을 위한 목적에 복무하거나, 혹은 극장 밖에서 일어나는 분위기 연출의 조작을 우리가 지각하지 못하는 곳에서도 분위기는 우리의 고유한 육감에 영향을 미친다. Schouten, 19쪽 참조.

미적 지각능력을 신장시키기 위한 노력을 기울이면 기울일수록, 관객은 새롭고 다양한 예술 실험들에 의해 빚어지는 인위적이고 낯선 세계를 그 고유법칙성 속에서 관찰하고 숙고하도록 훈련을 받게 된다. 이 과정에서 관객들은 보편적 지각의 감수성이 풍부해지고 '감각의식'이 상승하는 것을 체험하게 된다. 그리고 이 지각의 감수성은 도로 관객에게 작용하여 일상적인 삶(실재)에 대하여 다른 인식과 관계를 갖게 하는 토대로 작용한다.[68]

4. 연극에서 실재(reality)와 진정성(authenticity)

문화는 행동하면서, 서로 행동을 실행하는 가운데 만들어진다는 '수행적 전환'에 관한 담론이 활성화되면서 최근 연극학과 문화학에서 '실제의 난입'과 더불어 '마치 …인 양'(as… if)의 인습과의 단절 등에 대한 관심이 고조되기 시작하였다.

온갖 생활영역에서 각종 체험 문화와 스펙터클 문화가 만들어지고 있는 가운데 확산되어가고 있는 연출 행위, 즉 의식(意識)적인 퍼포먼스의 예들은 도시 건축 디자인(광화문광장)에서부터 체험 쇼핑(〈만원의 행복〉), 리얼리티 쇼(〈우리 결혼했어요〉, 〈1박2일〉 등)의 방송 프로그램 등을 거쳐 몸짱, 얼짱 신드롬에 의해 활성화된 성형의 풍조를 일별하는 것으로 이미 충분하다. 에리카 피셔-리히테는 "현실은 점점 더 표현으로서 또 연출로서 체험"되고, 실재와 허구 사이의 경계는 점차 허물어져간다고 단언한

---

68 이에 관해서는 포스트드라마 연극의 형태로 각색되어 무대화된 〈수궁가〉에 대한 설명 부분(이 책의 제3장 3.2.) 참조.

54   포스트드라마 연극의 지각방식과 관객의 역할

다.[69] 이러한 배경에서 그녀는 문화학적으로 방향이 설정된 확장된 연극 개념을 다음과 같이 정리한다.

> 어떤 행위자가 특별한 장소에서 특정한 시간에 어떤 다른 사람 혹은 무엇을 다른 사람들(관객들)이 보는 앞에서 표현하거나 보여주는 상황이 현실(연극)로서 경험된다. 현실은 이런 의미에서 원칙적으로 연극적 현실로서 나타난다.[70]

이와 같은 정의는 연극의 개념을 확장할 뿐 아니라, 사회 현실과 연극을 구분할 수 없게 만들기도 하는 등의 문제점을 안고 있다. 그러나 우리에게 중요한 것은 이와 같이 명명된 문화의 수행적 전환이 예술, 그것도 특히 연극에서 어떠한 변화를 가져오고 있는지 하는 사실이다.

연극 공연은 언제나 두 가지 차원에서 의미를 생산한다. 하나는 지시적(표현적, 가리키는 '마치 …인 양'의) 차원이고, 다른 하나는 수행적(행위자의 구체적인 실행과 관계된) 차원이다. 지시적 기능은 '무엇이' 내지는 '누가' 표현되는가 하는 것에 관심을 기울이는 데 반해, 수행적 기능은 '어떻게' 행위자가 이러한 표현에 구체적으로 도달하는가, 예컨대 어떻게 그가 자신의 음성과 몸을 재료로서 사용하는가에 관계한다.[71]

이러한 양대 기능의 관계에서 1960년대 이후의 연극에서는 수행적인 것, 그러니까 구체적인('실제의') 행동실행으로의 전이를 관찰할 수 있다. 무대 위에서의 오브제와 행동들은 존재하는 그것 자체로 간주된다. 이들

---

69 Fischer-Lichte 1998, 14쪽.

70 Fischer-Lichte 1998, 14쪽.

71 Fischer-Lichte 1998, 2쪽 이하.

은 단지 '무엇'을 지시할 뿐만 아니라, 자기 자신을 가리키기도 하고 또 동시에 무대 현실을 구성하기도 한다.

연극과 퍼포먼스의 이와 같은 근접성에 대하여는 한스-티스 레만도 자신의 저서에서 연극적 허구 속으로 "실제적인 것이 난입"(Einbruch des Realen)한 것이라고 말한다.[72]

연극 속으로 실제적인 것이 들이닥친 것에 대한 기본 전제는 연극이 언제나 이미 실제적인 재료, 실제적인 사람들을 다루고 있으며, 허구 '안'에 실제적인 것이 내포되어 있고, 미학적인 것 '안'에 비(非)미학적인 것이 내포되어 있다는 사실이다. 허구적인 것, 즉 '마치 …인 양'에 대한 재료의 이와 같은 현상학적 특질을 들춰내고 강조하는 것이야말로 포스트드라마적인 것이고, 퍼포먼스를 지향하는 연극에서 실제적인 것을 다루는 것의 본질적인 기능이다. 이것으로써 모든 연기의 기본적인 제작원리, 즉 연기되는 대상(지시 대상)과 연기 과정(수행적 행위)의 이중성이 주제화된다. '마치 …인 양'과 실질적인 행동 실행, 다시 말해 지시적인 의미와 수행적 의미는 그러므로 언제나 이미 서로 교차해 있다.[73] 이는 피셔-리히테가 기호학적 몸과 현상학적 몸, 지시적 기능과 수행적 기능이 연극에서 언제나 동시에 작동한다는 주장과도 일치하는 것이다.

그러므로 레만에 따르면, 중요한 것은 '실제적인 것'을 그러한 것으로서 사용하고 제시하는 것이 아니라, 연극적인 과정 속으로 실제적인 것

---

72 Lehmann 1999, 176쪽.

73 Ulrike Hentschel, "Das so genannte Reale. Realitätsspiele im Theater und inder Theaterpädagogik", Gabriele Klein, Wolfgang Sing(Hg.), *Performance. Positionen zur zeitgenössischen szenischen Kunst*, (Bielefeld: transcript, 2005), 131~146쪽 중 140쪽.

이 난입함으로써 실제와 허구 사이의 경계를 가지고 유희하는 것이며, 또 그를 통하여 이 유희에 관여해 있는 사람들의 지각을 불안정하게 하고, 이들의 미학적 거리를 뒤흔든다는 것이다. "이러한 의미에서 포스트드라마 연극은 (허구적이고 가상적인 것이 아닌) 실제적인 것의 연극을 의미한다."[74]

---

74 Lehmann 1999, 176쪽.

제 2장

연극의 매체적 특성: 연극성과 수행성

연극의 매체적 특성: 연극성과 수행성

■■■

1. 연극성 개념[1]

공연예술로서 연극이 갖는 특성을 가리키는 '연극적인 것(theatrical)', '연극성'(theatricality, Theatralität)에 관한 이론적 성찰을 최초로 시도한 사람은 플라톤이다. 그에 의하면 절대 불변의 실체이자 진리인 이데아의 그림자가 우리의 현실 세계이며, 이러한 현실 세계를 모방하고 흉내낸 것이 바로 연극이다. 따라서 연극의 세계는 진리로부터 멀리 떨어진 가상과 허구의 세계이다. 연극은 이처럼 진리를 추구하는 대신에 허구와 환영만을 추구하기 때문에 플라톤은 연극을 그의 이상국가로부터 영원히 추방해야 한다고 주장하였다. 이 같은 반(反)연극적 태도에 정면으로 반박을 가한 인

---

[1] 연극성 개념에 관한 이 부분은 김형기, 「"연극성" 개념의 변형과 확장」, 『한국연극학』, 23(2004), 269~295쪽 참조.

물은 아리스토텔레스이다. 그는 행동하는 인간에 관한 모방(mimesis)의 예술로서 연극은 관객에게 공포와 연민을 불러일으킴으로써 도덕적 정화작용을 할 수 있다고 보고 연극을 옹호하였다. 그러다가 후기 르네상스와 17세기 바로크 시대에 이르러서는 '세상극'(theatrum mundi)이라는 관념이 지배하게 되었다. 인생의 무상함과 연극이 갖고 있는 환영성이 바로크적 세계관의 중심 개념으로, 여기서는 인간의 삶 자체가 하나의 연극이요 연기로 파악된다. 이 같은 우주적 연극 관념은 17세기 절대주의 시대에 "생활의 연극화"와 일치하는데, 귀족들이 궁정 축제를 통하여 자신들의 권력을 연극적으로 묘사하고 과시하고자 한 것이 그 일례다.[2]

19세기 말에 유럽에서 연극 개혁 운동이 일어나기 전까지 연극은 본질적으로 무대 위에서 드라마 텍스트의 충실한 재현으로 이해되어왔다. 그러나 20세기에 들어서면서 주체의 위기, 그리고 드라마를 구성하는 기본적인 범주들(정체성, 인격, 개체성 등)에 대한 의문, 게다가 기술화되고 기계화된, 매체상으로 조작된 대중사회에 의한 인지구조와 경험구조의 변화와 더불어 연극과 연극성에 대한 관념들도 변화하기 시작하였다. 따라서 연극과 연극성에 관한 논의 역시 더 이상 연극학적 범주에만 머물 수 없게 되었다. 연극과 연극성은 이제 문화학, 매체이론, 사회학의 제 관점에서 조명해야 할 통합적 연구 대상이 된 것이다.

이 장에서 연구자는 "연극성"의 개념이 시대와 사회가 바뀜에 따라 변형되고 또 다른 매체 및 기술과 상호작용을 가지면서 그 외연이 확장되어왔음을 구명하고자 한다. 이를 위해 연극성에 관한 담론을 다음과 같이 크게

---

2 Erika Fischer-Lichte(Hrsg.), "Einleitung", *Theatralität und die Krisen der Repräsentation*, (Stuttgart, Weimar: J. B. Metzler, 2001), 1~19쪽 중 9~12쪽 참조; 뷔르거, 91쪽 이하 참조.

네 가지 범주로 나누어 논의를 진행하고자 한다. 첫째, 연극학적 범주로서의 '연극성'을 기호학적으로 살펴보고자 한다. 이는 기호학적 고찰을 통해 미학적 차원의 연극성을 밝혀내기 위함이다. 둘째, 연극을 현실로 옮겨놓으려고 한 역사적 아방가르드 운동(1900~1935)이 출현시킨 다양한 형태의 "문화적 퍼포먼스"(cultural performance)[3]에 내재해 있는 수행적이고 연출적인 기본특질로서의 연극성을 문화학의 범주 안에서 고찰하려고 한다. 이는 20세기에 들어 연극형식이 다양화되고 개방적 형태를 띠게 되면서 '연극적인 것'이 연극학의 좁은 범위를 넘어서 문화적 제반 현상 속으로 깊숙이 침투해옴으로써 발생한 연극의 탈경계화 경향과 관련이 있다. 셋째, 더 나아가 인간의 온갖 상호작용을 연극적 관계로 파악한 사회학자 어빙 고프만(Erving Goffman)의 사유체계에 의하면 연극성은 모든 문화적 체계 일반을 이해하기 위한 모델이 된다는 점에서 사회학적 범주의 하나로 파악하고자 한다. 사회학적 차원에서의 연극성에 관한 고찰은 일상의 연극성과 무대 위의 연극성이 서로 구분될 수 있고 또 되어야 함을 말해준다. 넷째, 1990년대 이후 급격히 가속화된 디지털 매체기술의 발달로 인해 드라마 텍스트를 연기자가 라이브로 재현한다는 종래의 문자 문화의 연극과 연극성에 대한 관념을 획기적으로 바꾸어놓은 새로운 "디지털 연극성"을 매체이론의 관점에서 살펴보고자 한다.

일상에서 각양각색의 다채로운 문화행사가 펼쳐지고 디지털 매체 문화

---

3 Fischer-Lichte 2001, 1쪽의 각주 1 참조. 밀턴 싱어는 '문화적 퍼포먼스'를 어떤 문화적 구조의 가장 구체적이고 관찰 가능한 단위들로 정의한다. 이 단위들에 들어 있는 공통점은 다음과 같다고 한다: "각각의 퍼포먼스에는 명확히 한정된 시간의 양, 시작과 끝, 조직된 행동의 프로그램, 일련의 행위자들, 관객 그리고 퍼포먼스의 장소와 때가 들어 있다."

가 지배하고 있는 오늘날, 연극은 다른 매체들과의 경쟁관계 속에서 과연 흘러간 과거의 유물로 남아 있을 것인가, 아니면 생존전략의 차원에서 연극예술 고유의 정체성을 살려 더욱 발전시켜가야 할 것인가가 첨예한 문제로 대두한다. 연극성의 개념에 관한 연구 작업은 우리 시대의 연극이 당면한 이 같은 긴박한 문제에 대한 성찰과 그 해결을 찾기 위한 첫 걸음이라 할 수 있다. 우리가 전통적으로 이해하고 있는 연극에 대한 기본적 관념과 연극성의 개념은 무엇이고, 기계 및 기술의 발전과 사회의 다변화 현상이 연극과 연극성의 개념 형성과 변형에 미치는 영향은 어떻게 나타났는지를 명확히 인식할 때 비로소 연극이 처해 있는 위기의 현 단계를 극복할 수 있는 방안이 도출될 수 있을 것이다. 연극성 개념에 대한 사적 고찰을 수행하는 이 연구는 그런 의미에서 미래 연극의 연극성을 탐구하는 것이면서 동시에 연극의 미래를 위한 준비 작업이기도 하다.

1.1. 연극학적 범주로서의 연극성: 연극의 미학적 차원

연극이 자율성을 띤 독자적 예술이라는 것은 그것 나름의 고유한 미학적 체계와 기능을 갖추고 있음을 뜻한다. 문학의 특수성을 '문학성'이라 칭하듯, 우리는 연극의 특수성을 가리켜 '연극성'(theatricality)이라 부른다. '연극성'의 개념은 이미 역사적 연극 아방가르드의 선언문과 포고문에서 두드러진 역할을 하고 있다. 그 가운데 먼저 독일의 연출가 게오르크 푹스 (Georg Fuchs)가 자신의 『연극의 혁명』(1909)에서 주장한 "연극의 재연극화"(Retheatralisierung des Theaters)에 대한 요구는 순수하게 미학적 연극 개념과 긴밀히 연관되어 있다. 그 까닭은 이 표현으로 그는 연극이 하나의 특별한 예술형식으로서 여타의 모든 예술형식들과 구분될 수 있는 명확한 기준을 제시하고자 했기 때문이다. 이에 따르자면 "연극의 재연극화"라는 표현이 함의하는 입장은 연극성을 온갖 재료들 내지 기호체계들—이를테면 신체 움직임, 리듬, 음성, 소리, 음조, 빛, 색상 등등—의 총합으로서 이해하는 것이다.[4]

그러나 연극예술이 갖는 변별적 특성에 대한 더 정확한 설명은 연극학자 아르노 파울(Arno Paul)과 한스-티스 레만이 내리고 있는 '연극적인 것'과 '연극성'에 대한 규정에서 찾을 수 있다. 레만에 따르면 연극성은 한편으로 "빛, 소리, 신체성, 공간 […] 등과 같은 차이 나는 기호체계들을 다양하게 **결합한 것**"을 뜻하며, 또 다른 한편으로는 "연극에만 유일하게 본질적인 것으로, 지금 여기서 일어나는 공연에서 기호의 방출과 수용이 **시공간적 통일**을 이루는 것 […] 또 연극 사건과 관객 사이에 특수하게 형성되는 **상호작용**"[5]을 의미한다.

또한 아르노 파울은 연극적인 것을 상징적 상호작용주의에 입각해 다음과 같이 설명한다.

> 연극을 하나의 특수하고 사회적이며 미학적인 표명으로서 구성하는 것은, **시공간적**으로 결정된 어떤 테두리 안에서 행위자와 관객 간에 직접적

---

4 그러나 이러한 요구는 비단 예술의 '총합'을 의미할 뿐만 아니라, 또한 민중문화의 형식과 장르 그리고 그 당시 막 형성되기 시작한 대중문화를 끌어들이는 것을 의미하기도 하였다. 이에 관해서는 Erika Fischer-Lichte, *Kurze Geschichte des deutschen Theaters*, (Tübingen, Basel: Francke, 1993), 263쪽 이하 참조;「연극성」에 대한 롤랑 바르트의 개념 규정,('연극성=연극-텍스트')(이인성 엮음/피에르 라르토마 외,『연극의 이론』, 서울: 청하 1988, 27쪽 재인용)도 참조.

5 Hans-Thies Lehmann, "Theatralität", Manfred Brauneck, Gérard Schneilin(Hrsg.), Theaterlexikon. *Begriffe und Epochen, Bühnen und Ensembles*, (Reinbek bei Hamburg: Rowohlt, 1986), 986쪽 이하(진한 글씨체는 필자에 의한 강조임).

이고 교류적이며 **상징적인 상호작용**이 있을 때이다. 그런데 이때의 상징적 상호작용은 **마치 …인** 행동의 제시적인 생산과 수용을 토대로 하고 있고 또 문화적 실행을 통해서 전개되는 의미 연관망 안에서 움직인다.[6]

연극학적, 미학적 범주로서의 연극성 내지 연극적인 것은 크게 아래와 같은 다섯 가지 전제들에 기초해 있는데, 연극(이라는 예술형태)의 특수성을 창조하는 것도 바로 이 전제들이다.[7]

첫째, 연극의 생산과 수용은 행위자와 관객 간에 시·공간적 동시성을 띠고 전개된다. 연기자와 관객이 신체적·정서적으로 현재한다는 사실이 연극에 고유한 쌍방향 소통을 가능하게 한다. 연기예술이 갖는 특별한 매력은 생산자들이 '몸으로' 현존한다는 사실에 있으며, 또 행위자들끼리의 소통뿐 아니라 행위자들과 관객 사이의 살아 있는 소통에 있다. 연극은 그러므로 신체적인 직접성, 연기와 관극의 시간적·공간적 일치, 생산과 수용의 동시 병존에 기초해 있다. 뿐만 아니라 생산자(창조자)를 그의 생산물(창조물)로부터 분리할 수 없다는 것과, 그리고 공연이라는 사건이 지니는 시공간적 상황은 연기예술의 현재성뿐만 아니라 또한 일시적 통과의 성격도 규정한다. 공연은 단지 생산의 순간에만 존재하기 때문이다.

둘째, 생산자와 수용자 양측은 사건의 허구적 성격에 대해 약속을 해야만 한다. 이러한 약속에서 연극의 이중(二重, double)성격은 가능하게 된다.

---

6 Arno Paul, "Theater als Kommunikationsprozess. Medienspezifische Erörterungen zur Entwöhnung vom Literaturtheater", Helmar Klier(Hrsg.), *Theaterwissenschaft im deutschsprachigen Raum: Texte zum Selbstverständnis*, (Darmstadt: Wissenschaftliche Buchgesellschaft, 1981), 238~289쪽 중 239쪽(진한 글씨체는 필자에 의한 강조임).

7 Jürgen Weintz, *Theaterpädagogik und Schauspielkunst. Ästhetische und psychosoziale Erfahrung durch Rollenarbeit*, (Berlin: Afra, 2003), 135~138쪽 참조

즉 연극은 현실에 의해 주조되지만 현실로부터 벗어나 있으며, 이로써 실재에 정반대의 태도를 취하는 가공적 세계의 이미지들을 만들 수가 있다. 이러한 연극의 양가(兩價)적 근본 특질에는 연기자 및 관객의 이중성도 부응한다. 연기자 자신의 몸과, 실제의 대상 세계에서 나오는 여러 요소들이 어떤 꾸며진 사건 진행을 위한 재료이자 기호로서 기능하기 때문에, 연극은 다른 예술들과 비교할 때 현실에 대해 특별히 '양가적인' 관계에 있다.[8]

셋째, 연극의 이중성격은 실재와 허구 사이를 오가는 연기자의 이중에서 집중적으로 나타난다. 연기자는 현실과 허구세계, 고유한 자신과 낯선 인물, 자아정체성과 배역상의 자아 사이를 왕래한다. 연기의 과정은 연기자들이 인물과 동일시하거나 또는 제시하는 연기방식을 통하여 전개된다.

관객의 수용 활동도 상이한 현실의 양가성에 의해 규정된다. 즉 관객은 사건을 관찰할 때 연기자와 가공의 인물 사이를 왕래할 뿐만 아니라, 자신의 고유한 상상을 통해 그 허구적 '현실'을 보완하고 또 변이시키기도 한다.

넷째, 연극은 담론적이고 텍스트적인 요소들과 나란히 감각적이고 체현적인 상징들(신체적 행동과 시각적/청각적 기호들)을 사용하는 어떤 특수한 기호언어에 근거해 있다. 이처럼 감각적으로 현재화하는 형식들은 언어로 포착할 수 없는 특수한 혹은 불분명한 정서라든가 분위기, 환상 등을 파악하고 전달하기에 적합하다.

다섯 째, 기호학적 관점에서 보자면 연극은 (다른 모든 미학적 체계들과 마찬가지로) '기호의 기호'(Zeichen von Zeichen)를 사용한다. 연극을 제외

---

8 Erika Fischer-Lichte, *Semiotik des Theaters. Eine Einführung*, Bd. 1: *Das System der theatralischen Zeichen*, (Tübingen: Gunter Narr, 1983), 194~197쪽 중 특히 195쪽 참조: 피셔-리히테에 의하면 연극성은 인간의 신체와 그의 주위 세계의 대상들이 물질적으로 주어진 형태를 띠고 기호들로서 투입될 때 생긴다.

한 모든 예술적 상징체계들은 제한된 동질적인 기호재료들을 가지고 작동한다. 예컨대 문학작품은 언어, 그리고 음악적 구성물은 음조나 소리 등 동질적인 기호재료들로 구성되어 있다. 반면에 연극적인 것은 지극히 다양한 문화체계에서 유래하는 이질적인 요소들을 결합하여 하나의 다성적인 표현 구조물로 만든다.[9] 연극의 기호가 갖는 또 다른 중요한 특성으로는 '가동성'(Mobilität)과 '복합기능성'(Polyfunktionalität)[10]이 있다. '가동성'이란 이질적인 연극기호들이 부분적으로나마 똑같은 기호기능을 충족시킬 수 있으므로 그것들은 서로 교환 내지 교체가 가능하다는 것이다. 이를테면 "비가 온다"는 사실은 음향, 조명, 의상, 소도구, 동작, 언어 등의 기호를 통해서 표현되고 의미화될 수 있다. 그리고 '복합기능성'이란 연기자의 행위가 부여하는 온갖 의미를 연극기호가 수용할 수 있다는 것이다. 이를테면 오브제로 사용되는 "의자"가 산, 층계, 칼, 우산, 자동차, 잠자는 아이, 먹이를 물어뜯는 사자, 사랑스러운 연인 등과 같은 의미를 부여받을 수 있다.

연극에서는 말과 신체, 신체와 그림(이미지 영상), 그림과 소리, 혹은 소리와 동작이 소통을 한다. 그러나 구이도 히스는 이러한 다성적 총합을 단순한 더하기로서 파악해서는 안 되고, 오히려 개별적인 기호차원들 사이에서 일어나는 교호작용과 소통의미(Korrespondenzbedeutung)의 전체 인상으로 파악해야 한다고 강조한다.[11] 그는 매 그때그때의 기호들이 상호 해석을 한다는 사실을 지적한다. 서로 다른 기호형태들 간의 상호 삼투와 중

---

9 Fischer-Lichte 1983, 187쪽.

10 Fischer-Lichte 1983, 187쪽 이하 참조.

11 Guido Hiß, Der *Theatralische Blick. Einführung in die Aufführungsanalyse*, (Berlin: Reimer, 1993), 11쪽 이하; 20~24쪽; 35쪽 참조.

첩 그리고 굴절을 가리켜 유르겐 바인츠는 '상호매체성'(Intermedialität)[12]으로 표기하는데, 이 '상호매체성'은 서로 다른 기호형태나 매체들을 부가하는 방식으로 열거한 것에 지나지 않는 단순한 다중매체성(Multimedialität)과는 구별된다.

이상에서 살펴본 예술적 차원에서 연극이 갖는 특수성(연극성)을 정리하면, 미학적 범주로서의 연극성은 다양한 예술적, 문화적 기호체계에서 유래하고 또 대상 및 일상세계와 물질적으로 인접 관계에 있는 여러 이질적 요소와 재료들의 총합이다. 또한 연극성은 단어사용 없이도 구현되는 담론적 상징언어의 결합이고, 배우와 대상세계의 물리적 현존을 통해 현실의 일부이자 모사인 연극은 이중성격 혹은 모호성을 갖는다. 그리고 예술생산자로서의 행위자(연기자)는 메이어홀드가 말한 재료와 재료의 조직자로서의 이중성을 띠며[13], 역할 창조 시에 동일시와 구성, 근접과 거리를 통합해야 하는 이중과제를 안고 있다. 끝으로 각각의 공연이 갖고 있는 현재성, 일과성, 일회성 등의 특수성을 통해 연극은 유일무이의 성격을 지닌다. 공연의 소통 단계에서 생산과 수용이 갖는 시공간적 '여기 그리고 지금'의 통일성도 미학적 연극성의 중요한 특징에 속한다.

---

12 Weintz, 144쪽. 바인츠에 따르면 "매체적 산물은 매체적 인용과 요소들의 다중–매체적 병렬이 어떤 구상에 의한 결합으로 이행되어, 이 결합의 심미적 굴절과 단층이 새로운 체험과 경험의 차원을 열어줄 때 상호매체적으로 된다".

13 Wsewolod E. Meyerhold, "Der Schauspieler der Zukunft und die Biomechanik(1922)", Manfred Brauneck, *Theater im 20. Jahrhundert. Programmschriften, Stilperioden, Reformmodelle*, (Reinbek bei Hamburg: Rowohlt, 1986), 248~251쪽 중 특히 249쪽 이하 참조: 메이어홀드는 1922년에 행한 이 강연에서 "$N = A_1 + A_2$"로 표기하고 있다. 즉, 그에 의하면 어떤 특정한 의도를 갖고 이 의도를 실현하기 위해 지시하는 주체로서의 구성자(A_1)와, 이 구성자의 과제를 실행하고 실현하는 연기자의 몸(A_2)을 결합한 것이 연기자(N)이다.

그러나 여기서 주의해야 할 점이 있다. 그것은 연극이 복합매체적이고 상호매체적 예술이긴 하지만, 그렇다고 상이한 장르와 그에 따른 다양한 매체들의 단순한 결합이 곧 연극예술을 의미하지 않는다는 것이다. 즉, 연극예술은 공연에 사용되는 이 모든 복합매체들이 상호 융합하고 간섭하며 작용하여 만들어내는 전혀 새로운 유일무이한 창조물이지, 단순한 종합물이 아닌 것이다.[14]

1.2. 문화학적 범주로서의 연극성

지금까지 살펴본 연극성의 개념이 연극이라는 매체의 유일무이한 미학적 특성에 초점이 맞춰져 있다면, 문화학적 관점에서 연극성을 파악하려는 입장은 어떠한가? 이에 대한 논의를 시작하기에 앞서 문화학에 대한 간단한 개념설명이 필요하다. 문화학은 사람이 만든 사회적, 기술적 제도, 사람들 간의 행동방식과 갈등방식, 그 가치지평 및 규범지평을 연구하는 학문분야라고 할 수 있다. 먼저 광의의 문화학 개념은 크게 정신과학과 거의 동의어로 사용되나 상징적, 물질적 문화를 대상으로 연구하여 종래의 정신사 전통에서 벗어난다는 점에서 구별된다. 반면에 협의의 문화학은 독자적인 연구 대상, 이론 및 방법론을 가진 개별 분과학문을 가리킨다. 연구의 대상으로서뿐만 아니라 동시에 연구의 틀로서 문화를 제시한다는 점에서 문화학은 '자기반성적'이다. 특히 1980년 이후로 문화학을 연구패러다임으로, 독립학문으로, 교육과정으로 정착시키기 위한 시도들이 행해

---

14 Chiel Kattenbelt, "Theater als Artefakt, ästhetisches Objekt und szenische Kunst", *Forum Modernes Theater*, 12(1997), H. 2, 132~159쪽 중 특히 133~136쪽 참조; 테오도르 생크, 『연극미학』, 김문환 옮김, (서울: 서광사, 2001), 15~50쪽 참조.

졌으며, 인문학의 개혁과 맞물려 학문의 국제화, 현대화를 추진하였다. 이 때 주요 연구주제는 문화개념 및 이에 해당하는 문화현상들 간의 공통점과 차이점이며, 다문화적이고 문화상호적인 교차영역들을 연구한다(상호문화성). 주요 연구방법으로는 역사적, 사회적 문화비교와 문화비판 등이 있다.[15]

그렇다면 문화학적으로 주장되고 있는 연극성 개념은 어떠한 것인가? 어떠한 맥락에서 이러한 주장이 대두하게 되었는가? 문화학의 범주 안에서 연극을 파악하려는 입장은 연극성을, 극명한 차이를 드러내는 사회적 여러 현상에 내재해 있는 수행적이고 연출적인 기본특질로 이해한다. 이러한 확장된 연극성 개념은 17세기 바로크 시대를 풍미한 '세상극'(세상은 연극)이라는 은유와 그리고 연극과 삶/정치의 접근에 기여하고자 한 니콜라이 에브레이노프(Nikolaj Evreinov, 1879~1953)의 명제, 그리고 60년대 말에 온갖 인간적 상호작용을 연극적 관계로 파악하였던 어빙 고프만의 사유와 어느 정도 친연관계에 있다.

이와 관련하여 무엇보다도 중요한 초석을 마련한 인물은 단연 에브레이노프이다. 그는 자신의 논문 「연극성의 옹호」(Apologie der Theatralität, 1908)에서 연극성을 "우리가 인지한 세상을 창조적으로 변형하는 행위의 보편적으로 구속력 있는 법칙"[16]으로 파악하는데, 이 법칙은 개개의 모든

---

15 Hartmut Böhme, "Kulturwissenschaft", Harald Fricke(Hrsg.), *Reallexikon der deutschen Literaturwissenschaft. Neubearbeitung des Reallexikons der deutschen Literaturgeschichte, Bd. II: H–O*, (Berlin, New York: Walter de Gruyter, 2000), 356~359쪽 참조.

16 Harald Xander, "Theatralität im vorrevolutionären russischen Theater. Evreinovs Entgrenzung des Theaterbegriffs", Erika Fischer-Lichte, Wolfgang Greisenegger u. Hans-Thoes Lehmann (Hrsg.), *Arbeitsfelder der Theaterwissenschaft*, (Tübingen: Gunter Narr 1994), 111~124쪽 중 113쪽에서 재인용; Fischer-Lichte/Kreuder/Pflug(Hrsg.) 1998, *Theater seit*

예술적 활동에 앞선다. 이에 따라 그는 연극성을 인간의 "미학 이전의 본능"(vorästhetischer Instinkt)[17]으로 정의한다. 그에 의하면 이 본능은 문화를 생산하고 문화사를 추동하는 원리로서 비단 예술뿐만 아니라 종교에도 선행한다. 이로써 연극성은 생활세계의 어떤 현상과도 연관될 수 있을 정도로 폭넓게 파악되고 있다. 그는 이 연극성이라는 표현을 광범한 연극 개념과 관련짓고 있으며, 연극성을 연극의 틀과 범위 바깥에서 자율적인 예술로 혹은 사회적 제도로서 정의한다. "연극성의 발견"과 그리고 이와 일치하는 연극 개념의 "탈경계"는 예술과 삶의 간극을 없애고 연극을 현실로 옮겨놓으려고 한 역사적 아방가르드주의자들(아피아, 페터 베렌스, A. 자리, 메이어홀드, 크레이그, 알렉산더 타이로프, 브레히트, 아르토)의 요구와 밀접한 연관을 맺는다. 이러한 요구는 연극 개념의 엄청난 확장을 초래하여, 에브레이노프는 연극미학과 연극사 외에도 연극과 놀이의 결합, 샤머니즘과 교회의 의식(儀式), 체벌의 공적인 집행, 장애자 치료, 청소년들의 재사회화, 나체와 수치, 동물의 공적 안전과 행동생물학의 문제 등에 대해 연구하였다. 그 결과 연극 개념은 이제 "학제 간 대화의 현저한 교차점"[18]으로 출현한다. 에브레이노프가 발전시킨 이 포괄적 연극 개념은 물론 당시의 아방가르드 운동에서도 결코 관철되지 않았다.[19] 그의 공적은 어떤 관점에서 그리고 얼마만큼 연극 개념이 학제간의 문화학적 모델로서 규정되고 응용될 수 있는가 라는 문제의 해결을 위한 발견술적 도구로서 연극성에 관한 구상을 처음으로 발전시켰다는 데 있다.

---

den 60er Jahren. Grenzgänge der Neo-Avantgarde, 15쪽 참조.

17 Xander 1994, 114쪽에서 재인용.

18 Xander 1994, 112쪽.

19 Xander 1994, 114쪽의 각주 12) 참조.

연극학에서 연극성을 둘러싼 토론은 1970년대 초에 와서 특히 어빙 고프만이 사용하는 연극 개념[20]에 대한 반응으로서 다시 시작되었다. 먼저 엘리자베스 번즈(Elisabeth Burns)는『연극성. 연극과 사회생활에서의 규약에 대한 연구』(1972)에서 연극 개념이 매번 역사적, 문화적으로 조건 지어지고 규정되어 있다는 전제에서 출발한다. 그녀에 따르면 연극성은 어떤 특별한 행동 혹은 표현방식으로 정의될 수 있는 것이 아니다. 이와 반대로 그녀는 연극성을 어떤 특별한 시각(viewpoint)에 의해 규정되어 있다고 보고 이에 맞추어 연극성을 일종의 '인지방식'(Wahrnehmungsmodus)으로 정의한다. 그러니까 어떤 상황과 어떤 행동이 연극적이냐 비연극적이냐 하는 것은 그때마다의 보는 관점에 달려 있다. 번즈는 브레히트의 "인용 가능한 게스투스"의 기법을 끌어들이면서, 어떠한 요인들이 인지방식을 결정하고 형태화하는가 라는 원칙적인 물음에 대한 답을 사회적 규약 속에서 찾는다. 하지만 이 사회적 규약을 규정하는 것은 결코 연극만이 아니므로, 번즈는 인지작용과 그것의 사회문화적 제 조건들의 역사로서의 새로운 연극사 서술을 제안한다. 그녀의 공적은 연극성을 인지방식으로 파악함에 따라 연극과 문화가 서로 중첩되거나 일치하는 장소로서 연극성이 규정될 수 있음을 보여주었다는 데 있다.[21]

요아힘 피바흐(Joachim Fiebach)도 인지작용이 연극성을 규정하는 데 중요하다는 견해이지만, 그는 연극성의 범주를 다름 아닌 연기(표현)와 행동방식에서 도출한다. 그는 연극을 다양한 사회영역에서 일어날 수 있는 인

---

20 이에 대해서는 다음의 1.3. 참조.

21 Erika Fischer-Lichte, *Ästhetische Erfahrung. Das Semiotische und das Performative*, (Tübingen, Basel: Francke, 2001), 279쪽 참조.

간의 보편적 활동으로 이해하는 브레히트의 연극예술관[22]에 기반해 있다. 1940년 12월 6일 브레히트는 그의 『작업일지』에서 다음과 같이 적고 있다:

> '거리장면'에 대한 연구에 잇대어 우리는 성애, 사회생활, 정치, 법집행, 종교 등과 같은 일상적인 삶 속에서 연극이 행해질 기회들을 찾는 타 부류의 일상적 연극을 기술해야 할 것이다. **우리는 풍습과 관습 속에 들어 있는 연극적 요소들을 연구해야 할 것이다.** 파시즘에 의한 정치의 연극화에 대해서는 내가 벌써 어느 정도 작업해놓았지만, 여기에 더하여 **관객 없이 개개의 인간들이 만드는, 즉 은밀한 "어떤 역할을 연기하는" 일상적 연극을 공부해야만 할 것이다.** 그리하여 우리는 미적 감각이 갖는 "근원적인 표현욕구"를 정확히 측정해야 할 것이다. **'거리장면'은 연극예술의 범속화, 탈의식(儀式)화, 세속화를 향해 내딛는 중차대한 발걸음을 의미한다.**[23]

이러한 점에서는 행동과 연기가 필연적으로 연극성을 정의하는 요인들로서 나타난다. 또 다른 한편으로 피바흐에 의하면 연극 개념은 역사적으로 조건 지어져 있다. 즉, 생산물이 생산 과정에서 소진되고 사라진다는 연극적 생산 과정의 독특성을 제외하고는, 그 자체에서 '연극적'인 것으로 정의할 수 있는 행동이나 표현은 없다고 본다.[24] 그러므로 피바흐는 연극성을 소통의 모든 과정에서 각기 특수하고, 역사 문화적으로 제한된 형태의 신체사용으로서 규정한다. 이에 따라 연극사 서술은 언제나 문화사 서술로서

---

22 김형기, 「베르톨트 브레히트의 "놋쇠매입" 연구〈학습극〉의 한 예」, 김병옥, 『현실인식과 독일문학』, (서울: 열음사, 1991), 440~463쪽 중 특히 442~452쪽 참조.

23 Bertolt Brecht, *Arbeitsjournal, Bd. 1: 1938~1942*, hrsg. v. Werner Hecht, (Frankfurt a. M.: Suhrkamp, 1973), 204쪽(진한 글씨체는 필자에 의한 강조임).

24 Joachim Fiebach, "Brechts Straßenszene. Versuch über die Reichweite eines Theatermodells", J. F., *Keine Hoffnung Keine Verzweflung. Versuche um Theaterkunst und Theatralität*, (Berlin: Vistas, 1998), 9~34쪽 중 24쪽 참조.

도 나타난다. 이상의 두 주장에서 볼 수 있는 바와 같이, 소통 과정에서 인지의 문제와 신체 사용의 문제가 관심의 중심에 서 있는 곳에서는 연극과 또 그 밖의 다른 문화적 체계들이 언제나 교차점 내지 접촉점을 형성한다.

루돌프 뮌츠(Rudolf Münz)는 연극성에 관한 내용적 규정을 포기한다. 그는 연극성을 어떤 행동으로 파악하지 않고 어떤 '관계'(Verhältnis)로 파악한다. 그는 연극성을 "예컨대 일상에서의 자기표현(거동, 복장, 화장 등등), 사회적 역할놀이, (세리모니, 퍼레이드, 집회 등에서의) 이벤트행동, 일상오락의 요소들과 같은 비예술적 영역 내에"[25] 들어 있는 특정한 행동 방식과 "연극 간의 역사적으로 가변적이고 역동적인 관계"[26]로서 규정한다. 뮌츠는 이러한 의미에서 연극성을 "사회를 구성하는 요인"[27]으로서 파악한다. 이에 걸맞게 그는 "일상적 연극"에서 (예술로서의) 연극이 발전해 나온 경로에 주의를 집중한다. 뮌츠의 연극성 개념은 이러한 방식으로 학제간의 문화사적 조사를 위한 광범위한 시각을 열어준다.

연극성 개념을 전혀 다른 각도에서 규명하려는 시도는 연극기호학에서 비롯되었다. 피셔-리히테에 의하면 연극이 산출하는 기호들은 매번 그에 상응하는 문화적 체계에 의해 생산된 기호들을 지칭한다. 연극의 몸짓은 제스처를, 의상은 복장을, 오브제는 특정한 대상 등을 가리킨다. 연극적 기호들은 이런 의미에서 항상 '기호들의 기호'로 파악할 수 있으며, 연극성은 "기호사용의 특정한 방식"[28]으로 정의할 수 있다. 다시 말하면 신체나

25 Rudolf Münz, *Theatralität und Theater. Zur Historiographie von Theatralitätsgefügen*, (Berlin: Schwarzkopf & Schwarzkopf, 1998), 66~81쪽 중 69쪽 이하 참조.

26 Münz 1998, 70쪽.

27 Fischer-Lichte 2001, *Ästhetische Erfahrung*, 281쪽에서 재인용.

28 Fischer-Lichte 2001, *Ästhetische Erfahrung*, 282쪽.

대상의 존재가 연극에 대해서 중요성을 갖는 것은 그것의 일회성이라든가 특수한 기능성에 있는 것이 아니라, 무엇보다도 '기호들의 기호'로서 작용할 수 있는 능력에 있는 것이다. 여기서 연극성은 결국 사람들이 어떤 기호학적 기능을 우세한 것으로 여겨야 하는가에 대해서 언제나 새로이 합의해야만 하는 끝없는 소통 과정 속에서 일종의 "부유(浮游)하는 기표"[29]로서 나타난다.

헬마 슈람(Helmar Schramm)은 그의 구상을 개념사적인 연구 맥락 속에서 개진하였다. 슈람은 연극성을 제 문화학에서의 학제적 담론요소로서 파악하고 정의하면서, 연극은 예전부터 대표적으로 "인지, 움직임 그리고 언어의 양가적 공동유희"로서 기능한다고 보았다. 이에 맞추어 그는 연극성이 "결정적인 세 가지의 문화적 에너지 요인들—즉 미학, 운동학, 기호학을 자체 내에서 특수한 방식으로 결합하는" 것을 통해 정의된다고 본다.[30]

슈람의 이 같은 구상은 연극 바깥에 있는 연극적 과정들을 연구하는 데 중요한 준거와 기준을 제공한다. 바로 여기서 한편으로는 1) 생산과 연출(즉 기호의 사용), 2) 연기 내지 재료(즉 신체성), 3) 수용과 관객의 인지 등에 초점을 맞추어야 하는 필요성과, 또 다른 한편으로는 이러한 요인들의 양가적 공동작용인 '퍼포먼스'를 연구해야 할 중요성이 대두한다. 그에 의하면 연극성은 바로 이러한 세 가지 양상이 공동으로 작용하는 가운데 구성된다.[31]

---

29 Fischer-Lichte 2001, *Ästhetische Erfahrung*, 283쪽.

30 Fischer-Lichte 2001, *Ästhetische Erfahrung*, 284쪽; Fischer-Lichte(Hrsg.) 2001, *Theatralität und die Krisen der Repräsentation*, 3쪽 참조.

31 Fischer-Lichte 2001, *Ästhetische Erfahrung*, 285~288쪽 참조.

이상에서 고찰한 바를 종합하면 연극성은 관찰자의 관점에서 볼 때 인지방식, 행동과 연기(표현)방식 등과 같이 내용적으로 규정될 수 있는가 하면, 기호를 사용하는 특정한 방식, 그리고 세 가지 문화적 에너지(미학, 운동학, 기호학)의 상호작용으로 규정되기도 한다. 이렇게 볼 때 연극성은 좁은 연극학적, 미학적 범주에서 탈피하여 학제적이고 문화학적인 담론요소로서 파악될 수 있다. 연극과의 관련은 여러 다양한 문화학에 공통의 문화적 모델을 제공하는바, 이 문화적 모델은 연극 바깥의 연극적 제 과정에 대한 조사와 연구들을 가능하게 하고 또 의미있게 만든다. 이리하여 연극성은 방법론적 관점에서 볼 때도 문화학적 기본범주임이 입증된다. 연극학은 연극성에 관한 여러 이론으로 여타의 문화연구를 위해서도 하나의 이론적 기반을 마련한 셈이며, 바로 이 기반에서부터 연극 바깥의 지극히 상이한 연극적 제 과정들, 이를테면 제의, 의식, 놀이, 경연 등등이 조사되고 연구될 수 있을 것이다.[32]

1.3. 사회학적 범주로서의 연극성: 일상의 연극성과 무대의 연극성의 구분

새로이 확장된 연극성의 개념은 1990년대에 이르러 독일 연극학계에서 다시 쟁점화되기 시작하였다. 연극성에 관한 새로운 토론과 에브레이노프의 "연극성의 발견"은 두 가지 점에서 서로 비교될 수 있다. 하나는 둘 다 연극 개념의 탈경계와 그로써 "전통적 연구영역의 해체"를 목표로 한다는 것이다. 또 다른 하나는 두 경우 모두 연극이 하나의 문화 체계로서 이해

---

32 Fischer-Lichte 2001, *Ästhetische Erfahrung*, 288쪽 참조.

되기보다는, 문화적 체계 일반을 이해하기 위한 모델로서 투입된다는 것이다. 이들의 주장에 따르면 일반적으로 미학화(심미화)와 연출행위를 추구하는 경향 속에서 연극성이 일상에서의 모든 생각할 수 있는 문화적 과정과 사건들에서 작용을 하고 있다. 어떤 문화 현상에서든 연극성을 증명할 수 있음을 의미하는 이 같은 "연극지배주의"(Theatrokratie)[33]의 출발점은 무대와 삶이 구조적으로 일치한다는 데 있다. 즉 이러한 연극관은 밀턴 싱어가 말하는 모든 '문화적 퍼포먼스'에, 그러니까 수행적이고 제식적인 성격을 가진 모든 상호작용의 형태 속에 연극성이 있을 것으로 추측한다. 예를 들자면, 종교적 축제, 가족축제, 스포츠 경기, 정치적 성명발표, 파업, 법정심리, 혹은 공개처형 등이 여기에 해당된다. 좁은 의미에서의 연극과 연극성이 '문화적 퍼포먼스'의 형태로 확장된 것이다.

연극이 사회 세상에 대해 갖는 관계는 실재와 허구의 긴장관계에 기초해 있는 모호성에 의해 규정되어 있다. 연극은 현실의 산물이면서, 또 실재에서 벗어난 비전 때문에 동시에 현실에 대한 진술이기도 하다. 연극은 모든 예술이 그렇듯이 메타 차원에서 경험적 세계와 소통을 한다. 그리고 경험세계의 울타리를 벗어나 실제적 삶의 규칙과 해석 등에 대립하는 또 다른 세계를 기획한다. 연극은 개개의 모든 예술표현이 그렇듯이 벌써 일상 관련과 목적으로부터 자율성을 지님으로써 '사회적 반(反)명제'(gesellschaftliche Antithesis)의 성격을 띤다. 연극과 사회간의 교호작용은 두 가지 관점, 즉 연극이 갖는 '사회성'(Sozialität)과 인간공동체(Sozietät)에 내재하는 연극성에서 관찰할 수 있다.

먼저 연극의 '사회성'에서 출발하는 관점은 아도르노의 테제를 따르는

---

33 Xander, 114쪽.

것으로, 연극예술은 '사회적 현상'일 수도 있고 또 사회성에 대한 반명제일 수도 있다. 이에 따르면 연극에서 구현되는 주제, 행동방식과 표현형식들은 한편으로 사회적 삶에 의해 어느 정도까지 미리 형성되며, 또 다른 한편으로는 연극이 사회 영역에 도로 영향을 미친다.[34]

연극과 인간공동체가 서로 근접해 있다는 두 번째 관점은 비단 연극적인 것의 사회적 차원뿐만 아니라 사회적인 것의 연극적 차원, 그러니까 사회적 행동과 무대 행동 간의 구조적 유사성에 의해서도 그 근거가 마련된다. '세상은 연극'이라는 토포스(Topos)는 일상의 수행과 연극의 수행이 원칙적으로 가깝다는 것을 말해준다.[35] 이 관념에 따르면 무대는 거대한 '세계연극'의 축소판이며 연기자는 인간적 역할놀이의 살아 있는 표상으로 나타난다. 무대로서의 세상이라는 알레고리를 가장 철저하게 정확히 규정하고자 한 사람은 어빙 고프만으로, 그는 일상의 역할은 언제나 하나의 사회적 산물임을 강조한다. 다만, 그에 의하면 일상의 연기자에게는 무대 연기자보다 해석의 자유 공간이 적게 부여되어 있다. 왜냐하면 사회적 일상의 무대에서 개개인은 외부로부터 규정되는 강제와 역할 기대 등의 규범을 따라야 하기 때문이다.[36]

그러나 일상의 연극성과 무대의 연극성에 관한 비교가 가능함을 주장하는 테제는 바로 이러한 점 때문에 의심스러운 것으로 나타난다. 즉, 무대 행동은 일상에서의 행동과는 달리 어떤 실제적인 결과를 수반하지 않기

---

34 T. W. 아도르노, 『미학이론』, 홍승용 역, (서울: 문학과지성사, 1984), 11~22쪽 참조.

35 예컨대 셰익스피어는 〈뜻대로 하세요〉에서 "전 세계가 무대이고, 남녀 모두는 연기자에 지나지 않는다"(II막 7장)라고 말하고 있다.

36 어빙 고프만, 『자아표현과 인상관리―연극학적 사회분석론』, 김병서 옮김, (서울: 경문사, 1987) 참조.

때문에 오로지 가상적(virtuell) 성격만을 갖는다. 일상의 '연극'이 다름 아닌 있을지도 모르는 제재 조치 때문에 감추고 은폐하는 반면에, 미학적 연극은 오히려 "폭로하는 기능"[37] 을 갖는다.

무대의 연극성과 삶의 연극성의 비교 가능성을 나타내는 것에는 또한 수많은 언어적 표현들도 있다. 이를테면 '인질극' 같은 문구는 이례적이고 충격적이거나 목숨을 위협하는 상황이라는 의미에서 삶의 연극성을 강조하고자 할 때 사용한다. 그리고 "연극하지 마", "맙소사, 한 편의 드라마군"이라는 등의 언어표현들은 상대방에게 진정성의 결여 혹은 과장된 반응이라는 의미로 연극성을 나타낼 때 사용한다. 실재와 연극의 범위를 이처럼 언어상으로 지우는 것은 비단 일상의 진지함을 떨어뜨릴 뿐 아니라, 연극은 단지 충격을 주거나 혹은 위장과 과장하는 경향이 있다는 사실을 암시하는 것이기도 하다.[38] 하지만 무대 위의 연극에는 폭로와 은폐, 충격과 위장, 진정성과 양식화, 편파성과 객관적 사고, 감정의 혼돈과 연출상의 계산 등과 같이 언제나 두 가지가 동시에 존재한다.

바로 여기서 연극성은 생각할 수 있는 모든 문화적 현상에 대한 은유로 타락해서는 안 되며, 일상적 상호작용 속에 들어 있는 유사-연극적 요소들과 예술적 원리로서의 연극성이 엄격하게 구분되어야 한다는 사실이 도출된다.[39] 이러한 맥락에서 아르노 파울이 행하고 있는 다음과 같은 구분에 주목할 필요가 있다.

---

37 Weintz, 166쪽.

38 플라톤 이래로 지속되어온 서양의 텍스트/이성 중심의 문화에서 기인하는 반연극주의(antitheatricalism) 태도가 바로 이것이다. 이에 관해서는 Thomas Postlewait, Tracy C. Davis, "Theatricality: an Introduction", Tracy C. Davis, Thomas Postlewait(Ed.), *Theatricality*, (Cambridge: Cambridge Univ., 2003), 1~39 쪽; Münz, 70쪽 참조.

39 Weintz, 166쪽 참조.

우리는 (일상에서) '…로서'의 방식으로 저 인류학적 차원의 역할과 마주친다. 이 역할을 가리켜 우리는 연극적 계기라고 표기하는데, 이는 잘못된 것이다. […] (연극 역할)의 연극적 양상은 더 좁게 파악되어야 한다. 연극적 역할의 양상은 '로서'(als)를 '마치 …인 양'(als-ob)으로 제한할 것을 요구한다.[40]

새로운 종류의 연극형식들에 의해 연극이라는 매체가 아무리 탈경계화되고 있다 하더라도, 또 사회적 삶이 아무리 미학화되고 연극화되고 있다 하더라도, 일상의 의식과 제의, 퍼포먼스와 연극 간의 확실한 친족관계를 밝혀낸 문화인류학적 성과에도 불구하고 연극과 실재는 엄연히 서로 구분될 수 있다. 유르겐 바인츠는 직접적이고 신체적이며, 폭로하고 대립적이며 또 허구적인 '마치 …인 양의-소통'(als-ob-Kommunikation)으로서의 연극은 자기연출, 일상의 제의, 일상의 장식 혹은 디지털 미디어에 의한 대체현실이라는 의미에서의 일상적 '연극성'과는 전적으로 구분된다는 테제를 내세운다.[41]

연극과 일상, 무대와 사회를 구분할 필요가 있다는 점은 클라우스 라차로비치(Klaus Lazarowicz)도 주장하고 있다: "연극에 관한 전통적인 이해를 확장된 연극 개념으로 교체하려는 모든 시도는 연극이론적 관점에서 볼 때 매우 문제가 많다."[42] 예술과 관련된 연극 개념과 연극성 개념은 문화적 혹은 사회적 사건들의 특징을 나타내기 위한 온 세상의 메타포와 구분해

40 Arno Paul, "Theater als Lehre vom theatralischen Handeln", H. Klier(Hrsg.), *Theaterwissenschaft im deutschsprachigen Raum*, 208~237쪽 중 232쪽.

41 Weintz, 146쪽 이하.

42 Klaus Lazarowicz, "Einleitung", Klaus Lazarowicz, Christopher Balme(Hrsg.), *Texte zur Theorie des Theaters*, (Stuttgart: Philipp Reclam jun., 1991), 19~38쪽 중 29, 35쪽 참조.

서 사용해야 한다.

이와 관련하여 특히 주목해야 할 점은 에브레이노프가 다른 매체들과의 경쟁 속에서 연극의 위기 시대를 맞이하여 내세운 "연극 개념의 보편화"(Universalisierung des Theaterbegriffs)[43]에 대한 주장도 연극에 그 본래의 고유한 "의미"를 되돌려주고 또 연극의 "본질"과 "진실"을 드러내려는 의도에서 일종의 변증법적 "반대 전략"(Gegenstrategie)[44]으로 행한 발언이라는 사실이다.

> 사원, 학교, 거울, 연단 혹은 강단이 연극이어서는 안 되며, 오직 연극만이 연극이어야 한다. [⋯]. 그렇다! 연극은 무엇보다도 연극이어야 한다. 이 말은 연극이 스스로 자족하는 예술적 단위임을 뜻하는 것으로, 그것의 예술적 본질은 모든 예술의 총합에 기초해 있지만, 이 때 무대예술의 독자적 의미가 손상되지 않도록 고려하는 예술적 단위를 말한다.—이것이 진정으로 연극적 예술의 알파요 오메가이다.[45]

1.4. 매체이론의 관점에서 본 연극성: 디지털 연극성

매체이론의 관점에서 볼 때 연극이란 과연 무엇인가? 일찍이 고대 그리스 아테네의 연극은 문자문화의 연극에 대한 기본 모델로 작용한다. 문자문화의 연극이 갖는 의미 작용의 구조는 다름 아닌 연극적 "재현"의 모델이다. 다시 말하면, 현재하지 않는 실재를 여러 기호를 수단으로 하여 모방하는 재현을 지향하고 있다. 전통적으로 연극 고유의 매체성은 관객과

---

43 Xander, 116쪽.

44 Xander, 117쪽.

45 Xander, 117쪽에서 재인용.

행위자가 직접적인 상황에서 개인적이고 신체적인 체험을 하는 데 있다. 연극과 퍼포먼스를 '매개화된 퍼포먼스'(mediatized performance)와 구별하는 것도 "실연성"(Liveness) 혹은 "현장성", 즉 행위자와 관객의 공동 현존 차원에서 일어난다. 라이브 퍼포먼스에서는 무엇보다도 예측 불가능한 것, 직접적이고 신체적인 교류와, 장소의 분위기 등이 중요하다.

반면에 "매체의 측면"은 새로운 "실연성"의 기술적 개념을 마련한다. 디지털 매체기술은 아날로그의 연속적, 선형적인 감각체험을 물리적 시공을 뛰어넘어 단속적, 동시적으로 표현한다. 그뿐 아니라 상상 속에서나 가능했던 상황을 시뮬레이션을 통해 직접 감각적으로 체험하도록 하는 인지 패러다임의 변화와 커뮤니케이션의 혁명을 일으키고 있다. 독일의 매체이론가인 마티나 레커(Martina Leeker)는 전통적인 "실연성"의 모델에 특히 1980년대 이후 "디지털 퍼포먼스" 내지 "테크노 혼종 퍼포먼스" 등에서 표출되는 연극적 의미 작용 전략의 대안 모델을 제시한다. 그 대안적 "실연성"이란 기계에 의해 매개된 사람들이 실시간으로 상호작용하는 것(Interaction)을 말한다. 인터넷에서 그러하듯이, 여기서는 행동하는 자들의 신체적 공동 현존이 더 이상 없다. 오히려 그들의 행동은 전자적인 대리인들에 의해 실현된다. 이러한 퍼포먼스들은 이용자나 연기자를 자기 자신의 일부나 다름없는 기계와 직접 소통하도록 연결시킨다. 레커는 이러한 "상호작용의 재현유형"의 특징을 "인터랙티비티"(Interactivity)의 원리로 수렴하면서 "디지털 연극성"(digital theatricality)[46]을 통해 연극을 새로이 정의한다. 즉 연기자(행위자)의 실제 현존과 관객의 참석이 더 이상 연극 내지 연

---

46 Martina Leeker(Hg.), "Theater und Medien. Eine (un-)mögliche Verbindung? Zur Einleitung", Martina Leeker, *Maschinen, Medien, Performances. Theater an der Schnittstelle zu digitalen Welten*, (Berlin: Alexander, 2001), 10~33쪽 중 13쪽.

극성의 필요충분조건이 아니라는 것이다.

1960년대 이후에 연극, 퍼포먼스, 디지털 매체들 사이의 "중간영역"은 계속해서 생겨나고 있다. 매체적 퍼포먼스(medial performances)는 그것이 예측 불가능한 것으로 구성된다는 사실을 통해서 전통적 연극[47]과 구분되며, 또 인터랙티브 장치(interactive installation)와는 무엇보다도 매체적 퍼포먼스가 관객들 앞에서 하는 공연이라는 점에서 구별된다. 반면에 인터랙티브 장치와 인터넷에서는 관객은 없고, 다만 행동하는 자들만이 있을 따름이다.

요컨대 매체적 퍼포먼스에서는 연극의 "실연성"과 컴퓨터공학의 상호작용(Interaction, 대화, 쌍방향성)이 결합하여, 이 둘이 수행적인 것 안에서, 즉 상징적 행위를 실행하는 가운데 종합에 이르게 된다. 그러므로 매체와 연극 사이의 교차점이 수행적인 것을 형성하는 것이다. 수행으로서의 기술적 매체성과 신체적 퍼포먼스의 이러한 혼합을 통해서 신체는 더 이상 담론적으로 파악할 수 없으며, 주체는 다시 자기 고유의 개인적인 체험과 또 세계와의 관계의 저자로 고양된다. 새로운 주체적 행위자로서의 연기자, 또 연극과 매체의 결합 과정에서 발생하는 새로운 '연출'의 개념이 바로 여기서 파생한다.

최근의 연극상황을 돌이켜보면 각 매체에 특수한 기술을 사용하는 연극 연출이 눈에 띄게 증가하고 있다. 상이한 매체들과 대결하는 가운데 인습적인 연극 전통은 의문시되고 새로운 인지방식과 연극형식들이 생겨나고

---

47 여기서 '전통적 연극'의 개념은 희곡문학의 연출에 근거하고 또 객석과 무대공간의 분리를 고수하는 연기연극을 가리킨다.

있다. 인터넷 구축을 통한 전지구화 등에 의해 생겨나는 새로운 소통 형태들도 연극에 새로운 변화를 야기하고 있다. 연극은 이미 역사적 아방가르드 시기 이후로 무대 위에 새로운 매체들을 투입함으로써 경계 넘기의 문제에 봉착해왔다. 전통적 연극의 근간이 되는 기준은 무대 위에 신체가 존재하는 것이다. 살아 있는 신체, 배우의 현존은 연극 고유의 특성이긴 하나, 매체들의 투입으로 곧 사라질 위기에 처해있다. 이러한 시점에서 연극 고유의 특성을 가리키는 '연극적인 것', '연극성'은 과연 무엇인가, 연극적인 것은 어떤 불변의 속성인가, 아니면 각 시대와 사회마다 새롭게 규정되고 정의되어야 하는 성질의 것인가 하는 질문을 제기하지 않을 수 없게 되었다.

1990년대에 접어들면서부터 동시대 연극은 한층 더 다른 예술과 매체 그리고 문화영역으로의 경계 넘기를 시도해오고 있다. 말하자면 스스로를 다른 예술, 매체, '문화적 퍼포먼스'로 스스로 변형시키고 있다. 이를테면 연극연출은 정치, 스포츠, 미디어, 광고 등에 들어 있는 연출과의 경쟁 속에 놓여 있다.[48] 어디서 연극이 멈추고, 어디서 광고행사가 시작하는지, 그 경계가 점차 불분명해진다. 새로운 연극성, 새로운 연출 개념의 등장은 이처럼 연극이 바로 타 매체, 타 예술과 만나는 접점 혹은 교차점에서 암시된다. 따라서 지금 연극이 겪고 있는 다양한 변형과 탈경계 현상은 비단 연극학의 관심사로만 그칠 수 없다. 연극이 외부의 이질적 요소들을 포괄하며 점차 탈(脫)경계, 혼종화의 추세를 보임에 따라 이 같은 새로운 양상의 실체를 미학, 문화학, 사회학 그리고 매체이론 등에 의한 학제적 관점에서 규명하는 일과, 이를 통해 궁극적으로 우리 시대에 걸맞는 연극과 연

---

48 삶의 미학화와 연출사회 등에 관해서는 이 책의 제1장 3.1.1. 참조.

극성의 새로운 패러다임을 구축하기 위한 노력은 더욱 더 지속적으로 확장돼 나가야 할 것이다.

2. 연극에서 기호학적 몸과 현상학적 몸

연극학에서 몸에 관한 담론은 의미의 전달매체로서의 '기호학적 몸'과 육체적 현존 자체로서의 물질적, '현상학적 몸'으로 크게 나뉘어 진행되어 왔다. 19세기 말까지 주류를 이루어온 이른바 드라마 연극에 속하는 문학적 연극, 심리적 사실주의 연극에서는 사람의 몸을 순전히 텍스트 의미를 전달하는 수단으로 간주하였다. 그러므로 이 당시 배우의 몸은 텍스트기호의 의미(기의)를 지시하는(referential) 기표로서 기능하는 기호학적 몸이었다. 따라서 당시의 배우가 어떤 역할을 "몸으로 체현"하기 위해서는 자신의 몸을 온전히 "탈육체화"(Entkörperlichung)[49]하지 않으면 안 되었다.

반면에 현상학적 몸은 몸의 현상성, 다시 말해 현상적 존재로서의 육체성이라는 물질성에 충실한 경우를 말한다. 어떤 외부의 의미를 전달하는 기호로서의 몸이 아니라, 그 자체로서 존재하며 자기 자신의 물성을 가리키는 몸을 가리켜 피셔-리히테는 몸의 '자기지시성'(Selbstreferentialität)이라고 표기한다. 배우의 현상학적 몸이 관객 앞에 지금 현존하고 있을 때 비로소 몸은 그 고유의 물질적 감각성으로써 관객을 향해 수행적 기능을 담당하게 된다. 즉 배우의 몸이 드러내는 물질성이 관객에게 영향을 미치

---

49 Erika Fischer-Lichte, "Verkörperung/Embodiment. Zum Wandel einer alten theaterwissenschaftlichen in eine neue kulturwissenschaftliche Kategorie", *Verkörperung*, hrsg. v. dies., Christian Horn u. Matthias Warstat, (Tübingen u. Basel: Francke, 2001), 11~25쪽 중 13쪽.

고 관객이 그것을 지각하면서 에너지의 전이가 일어난다.[50] 행위자와 관객, 관객과 관객, 그리고 다시 관객과 행위자 사이에 에너지의 전이와 순환이 지속적으로 이루어진다. 바로 여기서 피셔-리히테가 말하는 자동형성적 피드백 고리(autopoietische feedback-Schleife)가 무대와 객석 사이에 생기며, 이로 인해서 관객은 이른바 '돌발'(Emergenz)의 상황에 처하고 무대 위 사건에 대하여 예측 불가능한 상태에 이르게 된다. 이러한 체험은 현재에 발생하는 강렬한 경험으로 행위자와 관객 모두에게 있어서 객관적 거리가 사라지고, 자아가 해체되며, 이성적인 자아가 통제력을 잃고 세계에 대해 감각적으로 접근하는 순간이다. 바로 여기서 연극의 수행성이 작동한다.

결국 연극에서의 현상학적 몸은 종래의 이성중심주의의 해석학적 미학과는 달리 '종합적 감각'(Aisthesis)에 기반한 새로운 미학, 요컨대 지각학(Aisthetik)을 전제로 한다. 그것은 현상학적 몸이 끊임없는 생성과 변화의 과정 속에서 배우와 관객의 사이를 계속해서 왕복 운동하는 에너지이기 때문이다. 레만에 의하면 특히 연극적 육체성을 강조하는 포스트드라마 연극은, 이성중심주의적 사유가 만들어내는 의미의 확정을 거부하면서 공연의 과정성 속에서 오직 이미지의 흔적만을 남기는 새로운 연극적 상황을 가리킨다. 포스트드라마 연극에서 몸은 의미 형성을 위한 어떤 기표가 아니라, 의미에서 벗어난 경험, 즉 잠재적인 것의 경험에 대한 몸의 '도발'로서 부상한다.

이 같은 현상학적 몸성 자체를 강조하는 연극은 오늘날 몸의 탈육체화를 부채질하는 미디어의 발달에 맞서 몸의 자기지시성에 기초한 몸의 현

---

50 Fischer-Lichte 2004, *Ästhetik des Performativen*, 284~294쪽 참조.

존을 내세운다. 이로써 몸의 현존이 갖는 탈이성적 성격을 옹호하는 포스트드라마 시대의 연극은 관객과 에너지의 "전염"(Infektion)에 의한 소통을 시도한다.[51]

3. 수행성 개념

서양의 근대(modern)라는 문명사적 패러다임이 보여주고 있는 다양한 위기현상 때문에 20세기 후반에 모더니티 문제에 대한 비판이 포스트모더니즘이라는 이름 아래 제기되었다. 포스트모더니즘은 문학, 무용, 건축, 디자인 등에 지대한 영향을 미쳤으며, 연극에 있어서는 대사 위주의, 관객의 능동적인 참여를 차단하는 사실적 재현주의에 대항하여 브레히트, 쥬네, 아르토, 베케트 등의 반사실주의 연극들이 등장하기 시작한다. 20세기초 역사적 아방가르드가 '연극성의 회복' 및 '연극의 재연극화'라는 기치아래 문학적 틀에 갇혀 있던 연극의 지평을 넓히고자 했던 노력은 바로 연극이 텍스트 혹은 서사의 재현을 거부한다는 것이다. 관객들은 더 이상 현실을 '마치 …인 양'(as… if) 모방하는 연극에 만족하지 못하고 실제로 무대에서 일어나는 행위와 사건(event)을 원하게 된다. 이제 연극은 인간의 몸이 가지고 있는 모든 것을 동원하여 모방이 아닌 실재와 현존을 무대 위에서 보여주고자 노력한다. 연극은 문명의 상징인 언어를 멀리하고 인간 본연의 소리로 돌아가며 온갖 조명과 장치로 도배된 가공의 현실(가상)을 벗

---

51 "전염"의 개념에 대해서는 Erika Fischer-Lichte, "Entgrenzungen des Körpers. Über das Verhältnis von Wirkungsästhetik und Körpertheorie", Erika Fischer-Lichte/Anne Fleig(Hg.), *Körper-Inszenierungen: Präsenz und kulturelle Praxis*, (Tübingen, 2000), 19~34쪽 참조.

어나, 현존하는 실재(reality)와 대면하기를 원하게 되었다. 작가, 연출가, 배우에 의해 의미가 설명되거나 해석되는 연극은 그 존재 가치가 약화되었다. 나아가 현실의 모방에 안주하는 연극은 존재하지 않으며 무대에서 일어나는 모든 것은 실재라는 개념이 더욱 강화되었다. 이러한 작품에서 사용하는 언어는 가끔 절박한 행위와 모순되며 간결하고 풍자적인 언어를 사용하였다. 즉 언어를 통해 의미를 전달하기보다는 언어를 사용하여 '상태'와 '분위기'를 전달하는 것을 목적으로 하였다.

1960년대 이후 공연예술을 포함한 거의 모든 문화는 확실히 텍스트에서 행위 및 사건으로 그 중심을 옮겨왔다. 텍스트 내지 그 의미에서 가려졌던 '몸'을 적극 전경화하고 그 몸이 수행하는 '행위'에 주목하는 일련의 문화적 현상을 소위 '수행적 전환(performative turn)'이라 부른다. 연극 고유의 표현형식과 퍼포먼스의 요소가 독창적으로 만나면서 다양한 예술적 표현형식들로 융해되는 이들 공연은 처음부터 고정된 의미 및 재현의 방식을 거부하고, 공연을 관객과 배우가 만나 이루어내는 하나의 '사건'이자 '행위' 자체로 이해하는 것이 특징이다. 배우의 몸을 비롯한 공연의 재료들은 관객을 향해 사전에 합의된 일정한 의미를 전달하기보다는 '지금, 여기'에서 일어나는 '사건'으로 존재한다. 물론 그에 대한 모든 해석의 가능성 역시 열려 있으며, 관객에게 언제든 어떤 식으로든 개입할 수 있는 자유를 적극 허락한다. 그들의 공연은 그 자체로서 열려진 기표이며, 미리부터 그 결말을 의도할 수 없는 원칙적으로 열려진 과정이고, 무대와 객석 간의 상호작용을 통해 그 자체 내에서 매 순간 새로운 의미를 만들어가는 '자동형성적 시스템'(autopoietisches System)인 것이다.

오늘날의 행위 지향적 문화담론 속에서 공연예술에 어떤 형질변화가 일어나고 있으며, 전달하고 해석해야 할 절대적 의미를 부정하고 사건 내지 행위로 존재하는 공연에 대해 관객의 미적 경험이 어떻게 이루어지는가를 살피고자 할 때 '수행성'(performativity)이라는 개념은 유용하게 사용될 수 있다. '공연' 혹은 '수행'의 의미로 동시에 번역되는 '퍼포먼스'라는 단어가 수행성이라는 단어의 어원을 이루고 있음을 보면 수행성과 수행, 수행성과 공연, 수행과 공연은 불가분의 관계에 있음을 알 수 있다. 하지만 '수행성'의 개념은 원래 언어철학적이며 문화적 개념에서 파생되었기 때문에 공연예술에서 사용되는 '수행성'의 의미를 파악하기 위해서는 수행성의 개념의 발전 경로를 확인할 필요가 있다.

3.1. 언어철학적 관점

연극성이 '연극적'이란 용어에서 파생한 것처럼, 수행성은 수행적(performative)이란 용어에서 파생하며 퍼포먼스와 밀접하게 연관되어 있다. 어원을 살펴보면, '수행적'이란 용어는 연극 공연과 상관없이 언어철학자 오스틴(John L. Austin)이 새로운 언어 개념을 도입하면서 확산된 것이다. 1961년 오스틴은 '수행적'이란 단어를 빌려 인간의 언어행위에서 언어가 대상을 묘사하고 호명할 뿐 아니라, 변화를 초래하는 행위를 실행시킨다고 주장하였다.[52] 오스틴은 모든 언어적 표현을 단순히 어떤 상황을 묘사 내지 보고하거나 사실에 대한 옳고 그름을 주장하는 '진위적 발화'(constative utterance)와, 발화들이 설명하는 행위들을 실제로 수행하는 '수행적 발화'(performative utterance)로 구분하면서 '언술행위'의 새로운 차

---

52 J. L. 오스틴, 『말과 행위. 오스틴의 언어철학, 의미론, 화용론』, 김영진 옮김, (서울: 서광사, 2005), 27쪽.

원을 열었다. 물론 오스틴은 특히 후자, 즉 수행적 표현들에 주목하였다. 그의 견해에 따르면 말은 단순히 사실관계의 진위를 판단하는 차원을 넘어서서 그 사실을 직접 수행하며, 관습 및 제도 등 특정 성립조건이 주어진다면 그 자체로 세계를 '변화시키는 힘'을 가지고 '상황의 변화'에 적극적으로 개입한다고 주장하였다.

수행적 언어행위를 설명하는 예로는 결혼하려는 신랑, 신부가 혼인서약에 '네'라고 대답하고, 이에 대해 호적담당 직원이 "이로써 당신들은 부부가 되었습니다"라고 말하는 상황을 들 수 있다. 엄밀한 의미에서 이 언어행위들은 신랑신부가 결혼을 한다는 사실을 보고하는 것이기보다는 그들의 변화된 상황을 직접 수행하는 것, 즉 미혼의 상태를 벗어나 기혼의 상태로 진입하는 그 상황 자체를 행동으로 보여주는 것이다. 수행적 언어 행위는 이미 존재하는 상황을 표현하지 않고, 수행(perform)하는 발화이다. 이 경우 언어는 외부 상황을 표현하는 것이 아니라 상황을 발생시킨다. 또다른 예로는 입양(adoption)이 있다. 입양은 언어적 행위로 생물학적 행위를 대체한 것이며 따라서 오스틴이 말한 수행적 언어 행위인 것이다.

오스틴의 '수행적' 언어 개념은 연극 공연에서는 작가나 공연자가 언어를 임의로 선택하고 표현을 고안하여 인물과 플롯을 발전시키고 상황을 구성함으로써 관객에게 느낌을 불러일으키고 어떤 것을 제시하는 방법과 전략에 해당한다.

3.2. 문화학적 관점: 젠더 수행성 개념

오스틴의 수행성 개념을 자신의 페미니즘 이론과 접목시킨 쥬디스 버틀러(Judith Butler)는 메를로-퐁티 및 보봐르의 견해에 의거해서 젠더(gender)란 존재론적으로 이미 주어진 것이 아니라 "행동들을 양식적으로 반복하는 가운데" 생겨나는 것으로서, 시간의 흐름 속에서 언제든지 쉽게 파괴되고 해체될 수 있는 것이라고 주장한다. 버틀러는 이처럼 양식적으로 반복되는 행동들을 통해 변화의 과정에 놓여 있는 젠더의 형성 과정을 '수행적'이라 지칭한다. 그리고 더 나아가 이를 몸을 통한 체현의 과정으로 설명한다.[53] 버틀러는 '수행성'을 '규범의 반복'이라고 주장한다. 즉 수행성은 '수행자를 앞서 구속하며 초월하는 규범의 반복'이며, 이때 수행자의 행위를 수행자 자신의 '의지'나 '선택'에 의한 가공으로 여겨서는 안 된다는 것이다. 여기서 주체가 행위를 하는 것이 아니라, 사회적인 담론과 반복적인 수행이 주체를 형성한다.

버틀러의 젠더의 형성 과정에서 '수행성'이라는 개념은 연극 공연에서도 적용 가능한 부분을 지니는데, 그것은 하나의 텍스트가 여러 가지 방법으로 상연될 수 있고 주어진 텍스트의 범위 내에서 배우가 자신에게 주어진 역할을 그때그때 색다른 모습으로 자유롭게 구현해낼 수 있기 때문이다. 즉 특정 성(性, 젠더)을 드러내는 개인의 몸은 사회적으로 통용되고 있는 일련의 규범이나 가치에 대한 자신의 해석을 행동으로 보여주는 것이고, 이를 통해 자신의 정체성(특히 성적 정체성)을 확립해 간다는 점에서 연극 공연의 경우와 유사성이 있다.

---

53 Judith Butler, "Performative Akte und Geschlechterkonstitution. Phänomenologie und feministische Theorie", *Performanz. Zwischen Sprachphilosophie und Kulturwissenschaften*, hrsg. v. Uwe Wirth, (Frankfurt a. M.: Suhrkampm 2002), 301~320쪽 참조. 이경미, 「현대공연예술의 수행성과 그 의미」, 『한국연극학』, 31(2007), 135~167쪽 참조.

3.3. 연극학적 관점[54]

언어철학적 개념에서 페미니즘의 이론에 적용된 수행성을 연극성의 범주에 포함시켜 연극성의 개념을 확장시키려는 시도가 당위성을 얻는 것은 최근 공연의 경향이 육체적 현존이 갖는 물질적 에너지와 이미지 중심의 표현 양식을 실험하며 거기에 젠더, 섹슈얼리티, 인종, 탈식민주의, 권력, 계급, 다문화 등의 이슈를 포함하기 때문이다. 언어학과 사회, 문화 영역에서 논의되어온 '수행성'을 예술과 연관지어 이야기할 경우, 이 역시 행위가 단순히 예술 속으로 진입하는 것을 넘어서서 예술 자체가 행위로, 과정으로, 미적 사건으로 새롭게 변화한다는 것을 의미한다. 몸은 이러한 행위 또는 사건이 직접적으로 일어나고 경험되는 대표적 장소이기 때문에 '수행성'의 발현에 중심이 된다.

지난 연극의 역사에서 몸을 둘러싼 담론은 특정 의미의 전달체로서의 '기호학적 몸'과 육체적 현존 자체로서의 '현상학적 몸'으로 대별되어 진행되어왔다. 하지만 버틀러 식의 고정되지 않은 젠더 역할의 경우처럼, 연극에서 몸이 표출해내는 총체적 의미 역시 더 이상 고정된 기호가 아니라 관객과 공연의 상호 관계맺음을 통해 의미를 새롭게 창출하는 상대적 기표로 인식되기 시작했다. 그러나 오늘날 공연예술이 주목하는 것은 단순히 물리적 행위가 아니라, 열려진 기표, 자기지시적 기표로서의 행위 및 사건이다. 그것은 모든 것을 개념으로 파악하려는 서구의 전통적 형이상학 및 연극의 고전적 문법을 파괴하는 것이다.

그 어떤 고정된 현존을 거부하며 무한히 증식하는 기표로서 유희하는 사건 자체가 연극에서의 수행적 사건이 된다. 오늘날의 공연이 궁극적으

---

54 연극학적 관점에서의 '퍼포먼스와 수행성'에 관하여는 이 책의 제1장 5.2. 참조.

로 의도하는 것은 완결된 의미의 형성이 아니라 일종의 의미 교란 또는 각각의 현상들에 대한 전통적 인식 및 가치의 틀을 해체시키는 것이다. 공연은 배우와 관객의 끊임없이 변하는 상호작용 속에서 물질적 요소들이 순간순간 지각되는 과정 그 자체이다. 관객의 행동은 그가 지각한 에너지와 이미지에 대한 대답이며, 배우의 행동 역시 그가 보고 듣고 지각한 관객의 반응에 대한 또 다른 대답이다. 이렇게 끊임없이 순환하는 '자동형성적 피드백 고리'가 바로 오늘날 공연의 본질적 기반이다.

이런 점에서 몸의 수행성을 통해 정신과 육체, 기호와 의미의 구분이 사라졌던 것처럼, 배우와 관객, 생산자와 수용자라는 전통적인 이분법적 틀 역시 무의미해진다. 관객은 배우와 동등한 권리를 가지고 공연의 흐름에 적극적으로 영향을 미치는 또 다른 주체이다. 관객은 배우와 더불어 다양한 방식으로 공연 전체에 계속해서 영향을 끼치며 끊임없이 의미를 만들어가는 공동 생산자의 역할을 수행하기 때문이다. 그러므로 오늘날 공연은 특정 기표를 예술적으로 충실히 재현한 결과물이 아니라 의미가 형성되는 과정 그 자체로 이해해야 한다. 그 과정은 그 누구에 의해서도 미리 계획하거나 예측할 수 없는 돌발적 '사건'이다.

4. 텍스트 모델에서 퍼포먼스 모델로의 중심 이동 ― 〈제목 없는 사건〉

구텐베르크 은하계에서 오랫동안 주도적 위치를 차지해온 '텍스트로서의 문화'라는 관념이 1960년대 이후부터 '퍼포먼스로서의 문화'라는 메타포로 점차 대체되고 있다. 이로써 그 때까지 효력을 지녀오던 연극과 예술 그리고 문화의 개념이 의문시되면서 종전과는 다른 형태의 연극, 예술 그리고 문화의 이해를 위한 관점이 새롭게 열리게 되었다. 의사소통을 위한 매체로서의 연극은 지시적(referential) 기능[55]과 수행적(performative) 기능을 언제나 동시에 충족시킨다. 지시적 기능이 등장인물, 줄거리, 관계, 상황 등등의 '묘사' 내지 재현과 관련이 있다면, 수행적 기능은 사건의 '실행'과 그것의 직접적인 '영향'에 방향이 맞춰져 있다. 서양의 연극사는 이 두 가지 기능 사이의 관계를 조정하고 새롭게 규정하는 것의 역사로서 파악하고 기술해도 무방하다.

연극에서 지시적 기능이 여전히 지배적이던 2차 세계대전 후 서양의 공연예술계에 중요한 패러다임의 전환을 가져온 주목할 만한 실험적 사건이 있었으니, 1952년 미국 블랙마운틴대학의 식당에서 여름학기 중 존 케이지와 로버트 라우셴버그의 주도하에 열린 〈제목 없는 사건〉(Untitled Event)이 그것이다.[56] 연극학계에서 '수행적 전환'을 알리는 일종의 "'원초적 장면'"(Urszene)[57]으로 간주되고 있는 이 퍼포먼스는 연극의 본질에 관한 어떠한 가정이나 억측도 다시 검토될 필요가 있음을 보여준 사건으로, 60년대 이후 활성화된 '수행적인 것'의 이론을 정초하는 데에 중요한 계기가 되었다.

이 〈제목 없는 사건〉에 참여한 각각의 행위자는 악보 같은 것을 받아 들

---

55 지시적 기능 내지 지시성(referentiality)이란 언어학적 의미에서 어떤 언어기호가 그것이 지칭하는 언어 이외의 대상이나 사안에 대하여 갖는 관계를 말한다.

56 이 〈제목 없는 사건〉은 존 케이지가 주축이 되어 대학 식당에서 열린 예술행사로서, 피아니스트인 데이비드 튜도어, 작곡가 제이 왓츠, 화가 로버트 라우셴버그, 무용가 머스 커닝햄, 그리고 찰스 올젠과 메리 캐롤라인 리차즈와 같은 시인들이 함께 관여하였다. 이 퍼포먼스가 갖는 연극사적 의미와 가치에 대해서는 로스리 골드버그, 『행위예술』, 심우성 역, (서울: 동문선, 1995), 185~192쪽; Aronson, 40쪽 참조.

57 Miriam Drewes, *Theater als Ort der Utopie. Zur Ästhetik von Ereignis und Präsenz*, (Bielefeld: transcript, 2010), 17쪽에서 재인용.

고 있었는데, 그 안에는 시간을 적어 넣을 괄호만이 표시되어 있었다. 이 괄호 안에는 행동, 휴지(休止), 침묵을 위한 시간들이 표시되어 있었고 각 참가자가 개별적으로 기입하게 되어 있었다. 이와 같은 방식은 다양한 행동들 사이에 아무런 인과적 관계가 존재하지 않는다는 사실을 확실히 보여준다. 관객들은 여름학기 참가자와 대학의 교직원 및 그 가족들 그리고 지역주민들로 구성되어 있었다. 1950년대까지의 연극 무대가 예컨대 윌리 로먼의 거실처럼 항시 어떤 별도의 공간을 의미했다면, 이 대학 식당은 특정한 별도의 공간을 의미하는 것이 아니었다. 즉 이곳은 언제나 다시 식당으로 지각할 수 있는 공간이면서 동시에 다양한 예술가와 예술이 만나는 지점으로 기능하는 공간이었다. 이에 상응하는 것이 공연의 시간과 행위자에게도 적용되어, 공연의 실행 시간이 공연되는 시간과 완벽하게 일치하였다. 당시의 연극에서는 배우가 어떤 허구적 등장인물의 신체를 묘사하기 위해 자신의 신체를 사용하고 또 신체를 가지고 사건 진행을 실행하였다면, 이 〈제목 없는 사건〉에서는 어떤 실제의 공간 안에 있는 실제의 인물들을 통한 발화행위와 여타 행동의 실행이 중요하였다. 그러므로 여기서는 연극의 지시적 기능이 수행적 기능의 뒤로 밀려났다. 말하자면 동시 다발적으로 텍스트들이 낭독되고, 그림들이 채색되며, 음악이 연주되면서 예술작품들이 '행위'의 형태로 사라진 것이다. 이로써 〈제목 없는 사건〉은 전통적인 시민예술관과 급격한 모순에 빠졌다. 강연, 시낭독, 영화 상영, 슬라이드 상영, 콘서트, 춤, 그리고 제의나 축제 같은 것이 그 안에 포함되어 있던 이 〈제목 없는 사건〉은 연극과 다른 예술들 간의 경계를 없앴을 뿐만 아니라, 연극과 다른 부류의 문화적 퍼포먼스(cultural performance)들 간의 경계도 모호하게 하였다.

연극에 들어 있는 지시적 기능과 수행적 기능 사이에 형성된 이와 같은 새로운 관계는 더 나아가 관극을 위한 새로운 조건을 만들어내었다. 말하자면 관객은 이제 주어진 기호의 의미를 찾거나 혹은 공연 속에 표출된 메시지를 파악해내려고 애쓸 필요가 없었다. 오히려 관극은 행사에 참여한 관객들이 행위자들과 함께 만들어가는 하나의 활동으로, 일종의 '창조적 행동'으로 규정되고 파악되기에 이르렀다.

그러나 이미 살펴본 바와 같이, 텍스트 모델에서 퍼포먼스 모델로의 중심 이동은 50~60년대에 처음으로 퍼포먼스 문화의 발전과 함께 시작된 것이 아니다. 이 중심 이동은 언어, 지각, 그리고 인식의 위기 내지 '재현의 위기'로 파악되는 20세기 전환기의 문화 위기에서 그 출발점을 갖는다. 1960년대 이후부터 '퍼포먼스', '수행적인 것'이 문화적 주도 개념으로 상승하고 있다면, 20세기 전환기에는 '연극성'이라는 개념이 당시 문화를 주도하는 기능을 맡았다. 연극성이라는 개념을 1908년에 맨 처음 사용한 니콜라이 에브레이노프는 연극성을 "우리가 인지한 세상을 창조적으로 변형하는 행위의 일반적으로 구속력 있는 법칙"[58]이라고 정의하였다. 그는 이 법칙을 개개의 모든 예술적, 종교적 활동에 앞서는, "미적인 것 이전의 본능"으로 파악하면서 연극성을 삶의 모든 현상에 관련되는 것으로 폭넓게 이해하였다.

"연극성"에 대한 에브레이노프의 이 같은 새로운 인류학적 개념규정은 연극 개념 자체의 변화뿐 아니라, 타 장르의 '문화적 퍼포먼스들'의 연극화도 동시에 초래하였다. 그 결과 역사적 아방가르드 운동을 대표하는 인물들은 기존의 텍스트 중심의 재현연극을 축제, 제의, 서커스 혹은 버라이어티 공연, 정치적 집회나 해프닝 등과 같은 다양한 다른 종류의 '문화적

---

58 Fischer-Lichte 1998, *Theater seit den 60er Jahren*, 15쪽에서 재인용.

퍼포먼스들'로 변형시킬 것을 요구하였다.[59] 이들의 공통된 관심은 연기자와 관객이 분리되지 않고 일치하는 것에, 그리고 행사에 참여한 관객에 대한 '영향'에 집중되었다. 그리하여 관객을 활성화하려는 목표에 맞추어 연극의 지배적 특징이 지시적 기능으로부터 수행적 기능으로 옮겨지게 된 것이다.

이렇듯 수행적인 것에 대한 근본적인 새로운 발견 내지 가치평가는 이미 20세기 전환기의 시기로 거슬러 올라간다. 역사적 아방가르드 운동에 의한 '수행적인 것'의 발견으로 이미 1910년대에 그 당시 유효하던 연극, 예술 그리고 문화의 개념이 의문시 되고, 1952년의 〈제목 없는 사건〉에서 실행된 것과 같은 다른 개념의 연극과 예술 그리고 문화 이해를 위한 새로운 시각이 열리게 되었다.

그렇다면 50년대 이후에 나타난 '수행적인 것'의 새로운 발견과 역사적 아방가르드는 어떤 관계에 있는 것일까? 또 연극성과 수행성의 개념은 서로 어떤 관계에 있는 것인가?

역사적 연극 아방가르드주의자들은 언어위기와 재현의 위기가 회자되는 20세기 초반에 '연극'/'연극성'의 개념을 새로이 정의내림으로써 '수행적인 것'을 발견하고 그 가치를 새롭게 평가했다면, 60년대 이후의 퍼포먼스 예술가들은 아주 단호하게 '연극' 전반에 대항하였다. 이들은 연극의 허구성에다 퍼포먼스의 실제공간과 실제시간을 대치시키고, 연기자의 허구적 배역연기('as … if')에다 행위자(performer)의 "실제-현존"과 그의 행

---

59 이를테면 페터 베렌스, 아피아, 자크-달크로즈, 막스 라인하르트, 에브레이노프는 연극을 축제로, 게오르크 푹스, 아르토는 제의의 형태로, 마리네티, 아르바토프, 에이젠슈타인은 서커스 혹은 버라이어티 공연으로, 또 메이어홀트, 피스카토르는 정치적 집회로, 다다이스트, 미래주의자, 초현실주의자들은 해프닝의 형태로 바꾸어나갈 것을 주장하였다.

동의 진정성을 대립시킨 점에서 차이가 발생한다고 볼 수 있다.

이와 함께 연극성과 수행성의 관계에 대해서는 피셔-리히테가 다음과 같이 간명하게 요약하고 있다.

> 연극성은 매번 역사적 · 문화적으로 조건지어진 연극 개념과 관련되어 있고, 사건 진행과 행동의 연출특성(Inszeniertheit)에, 그리고 이들을 현시(顯示)적으로 진열해 보여주는 것에 초점을 맞춘다. 반면에 수행성은 사건 진행의 자기관련성과, 현실을 구성하는 힘을 목표로 한다.[60]

말하자면 '연극성'이 일상에 대한 연극적 표현방식을 가리킨다면, '수행성'은 기존의 관점에 도전하여 관객에게 어떤 정서와 느낌을 촉발시키려는 실천적 의도와 전략을 내포한다. 즉, 수행성 개념은 문화의 퍼포먼스 성격을 더 정확히 설명하기 위해 등장한 것이다. 따라서 퍼포먼스 개념을 논할 때는 연극성과 수행성을 가리키는 요소들을 각기 구분할 필요가 있다.

5. 재현미학에서 '수행적인 것'의 미학으로

5.1. 〈성 토마스의 입술〉과 퍼포먼스의 소통방식

에리카 피셔-리히테는 역사적 아방가르드의 예술적 퍼포먼스에서도 운동성이 있는 몸이 중시되긴 했으나, 이때의 몸은 현상적 몸(phänomenaler Leib)이면서도 기호학적인 육체(semiotischer Körper)이었음을 지적하며 역사적 아방가르드의 수행적인 것과 네오아방가르드(포스트드라마 연극)의

---

60 Erika Fischer-Lichte, *Performativität. Eine Einführung*, (Bielefeld: transcript, 2012), 29쪽.

수행적인 것의 차이점을 구분하고자 한다.[61] 그녀는 에너지가 충만한, 현
상학적 몸을 전경화함으로써 기존의 예술이론과 관습을 무효로 만든 이른
바 '수행적 전환'의 전기를 마련한 대표적 사건으로 마리나 아브라모비치
(〈성 토마스의 입술〉, 1975), 헤르만 니취(〈제5의 행위〉, 1964), 요제프 보
이스(〈코요테〉, 1974) 등의 퍼포먼스를 예로 든다. 이들이 펼친 퍼포먼스
의 소통방식이 중요한 것은 포스트드라마 연극이 사용하는 영향미학의 강
령적 토대를 이루기 때문이다.

　예술로서의 퍼포먼스(아트)의 연원은 상술한 바와 같이 20세기 초의 역
사적 연극 아방가르드 운동으로 소급된다. 2차 세계대전의 대재앙으로 인
하여 중단되었던 연극 개혁 운동은 전후 60년대부터 퍼포먼스 아트의 등
장으로 다시 그 맥을 이으며 다양한 형태로 발전해나가고 있다. 퍼포먼스
아트는 현존하는 예술형태들의 한계를 성찰하고 동시에 극복하려는 요구
와 결합하면서 아마포나 붓 같은 전래하는 재료들의 사용을 거부하고, 예
술가 자신의 고유한 몸(몸성)을 재료로 택하는 사례가 빈번하였다. 유고슬
라비아 출신의 행위예술가인 아브라모비치 역시 여기에 속한다.

　　그녀는 〈성 토마스의 입술〉이라는 제목의 퍼포먼스에서 옷을 완전히 벗
　　은 다음, 갤러리의 뒷벽으로 가서 별의 뾰족한 다섯 꼭지가 있는 테로 둘
　　려진 자신의 사진을 핀으로 꽂아놓았다. 그녀는 뒷벽에서 멀지 않은 곳에
　　놓여진 식탁으로 갔다. 식탁에는 하얀 식탁보, 적포도주 한 병, 꿀 한 잔,
　　크리스털 유리잔 하나, 은수저 하나와 채찍 한 개가 놓여 있었다. 그녀는
　　식탁 앞의 의자에 앉더니 꿀이 든 잔과 은수저를 집었다. 천천히 잔을 비
　　우며 1킬로그램의 꿀을 다 마셨다. 그리고 적포도주를 크리스털 유리잔

61　Fischer-Lichte 1998, *Theater seit den 60er Jahren*, 21~91쪽; Fischer-Lichte 2004, *Ästhetik
　　des Performativen, 45쪽 이하 참조.

에 부어 느린 호흡으로 마셨다. 이 행동을 반복하여 병과 유리잔을 다 비웠다. 그 다음에 오른손으로 유리잔을 깨뜨리자 손에서 피가 나기 시작했다. 아브라모비치는 일어서서 사진이 붙어 있는 벽으로 갔다. 벽을 등지고 관객을 정면으로 향한 채 그녀는 면도날로 자신의 배에 다섯 모서리의 별을 새겨 넣었다. 피가 솟구쳐 올랐다. 그러자 그녀는 채찍을 쥐더니 관객에게 등을 돌리고 자신의 사진 아래서 무릎을 꿇은 채 격렬하게 등에 채찍을 휘둘렀다. 줄 모양의 피맺힌 자국이 나타났다. 이어서 얼음 덩어리로 된 십자가에 눕고는 두 팔을 활짝 폈다. 천정에 매달린 순간발열기가 그녀의 배를 비추자 그 열기로 인하여 배에 새겨진 별에서 다시금 피가 나왔다. 아브라모비치는 얼음 위에 꼼짝 않고 누워 있었고, 순간발열기가 얼음을 다 녹일 때까지 자신의 육체적 고통을 분명히 지속시킬 의향이었다. 그녀가 그 고문을 중단시킬 기색 없이 30분 동안 얼음으로 된 십자가 위에 고집스럽게 버티고 있자, 관객들이 제각각 자신들의 고통을 더 오래 참을 수 없었다. 이들은 얼음덩어리로 달려가서 그 여성 예술가를 손으로 잡더니 십자가에서 끌어내 실어 날랐다. 이로써 관객들이 그 퍼포먼스를 종료시켰다.[62]

이 퍼포먼스가 택한 미학적 소통방식에서 무엇보다도 먼저 눈에 두드러지는 것은 '사건'(Ereignis)과 '돌발성'(Emergenz)이다. 이 퍼포먼스는 기존 예술의 어떤 전통이나 기준에 의해서도 예견되거나 또 정당성을 부여받지 못했을 돌발적 사건이다. 두 시간이 흐르는 동안 행위자와 관객들은 기존의 생산자와 수용자의 관계라는 이분법을 넘어 공동으로 하나의 '사건'을 만들었다. 여기서 말하는 '사건'이란 "일회적이고 반복할 수 없으며, 대부분 갑자기 등장하고, 어떤 특정 장소에서 특정한 시간에 일어나는 것"[63]을

---

62 Fischer-Lichte 2004, *Ästhetik des Performativen*, 9~30쪽.

63 Erika Fischer-Lichte, "Diskurse des Theatralen", hrsg. v. Erika Fischer-Lichte, Christian

일컫는다. 이러한 '사건'의 성격은 공연이 행위자와 관객의 신체적 공동현존에 기초해 있기 때문에 돌발성[64]과 함께 나타난다.

이 여성예술가는 그녀가 여기서 실행한 행동으로 전승 가능한 고정된 예술품을 창조한 것이 아니었다. 그것은 매체인 그녀 자신으로부터 결코 분리할 수 없는 하나의 '사건'이었다. 다시 말해 퍼포먼스는 실행 자체가 곧 예술생산의 과정이자 결과이므로 주체와 객체(대상, 재료)의 분리가 일어날 수 없고, 또 언제나 생성 중에 있기 때문에 고정된 작품일 수가 없다. 게다가 그녀는 행동으로 무엇인가를 의미하거나 묘사하지도 않았다. 그녀는 어떤 극중 인물의 역할을 연기하는 배우로서 활동하지 않았다. 그녀의 행동으로 아브라모비치는 오히려 자신에게 실제로 위해를 가하며 현상적 몸의 "진정성"(Authentizität)을 드러냈다. 이 예술가는 자신의 몸을 "현상성"(Phänomenalität)의 상태로 관객들이 '지각'할 수 있게 하여 이들을 '변화'시키는 행동을 실행한 것뿐이었다.[65]

이로써 그녀는 관객을 교란시키고 불안하게 하며 고통 가득한 상황으로 가져다 놓았다. 관객이 처하게 된 이 상황은 지금까지 아무런 문제 없이 유효했던 규범과 규칙, 안전 등이 무력화되고 일상이 중지되는 것처럼 보이는 혼란스러운 상황, 다시 말해 빅터 터너가 "사이에 있는 상태"(betwixt and between)라고 말하는 "리미널리티"(Liminalität, liminality)[66]의 상황이

Horn, Sandra Umathum und Matthias Warstat, *Diskurse des Theatralen*, (Tübingen u. Basel: Francke, 2005), 11~32쪽 중 21쪽.

64 Fischer-Lichte 2005, "Diskurse des Theatralen", 21쪽 참조. '돌발' 개념은 현상들이 갑작스럽고 미리 알 수 없으며 예측할 수 없게 나타남을 뜻한다.

65 Fischer-Lichte 2004, *Ästhetik des Performativen*, 10쪽.

66 Victor Turner, "Das Liminale und das Liminoide in Spiel, Fluß und Ritual. Ein Essay zur vergleichenden Symbologie", *Vom Ritual zum Theater. Der Ernst des menschlichen Spiels*,

다. 극장 혹은 갤러리의 방문객의 역할은 지금까지 관찰자 내지 관객의 역할로 정해져 있다. 하지만 아브라모비치는 자신의 퍼포먼스에서 또 퍼포먼스로 관객들을 예술과 일상생활의 규칙과 규범들 '사이'로, 즉 미적이고 윤리적인 요구 '사이'로 옮겨놓는 상황을 "연출"하였다. 그리고 그녀는 면도날로 자신의 살을 베기 시작했을 때 글자 그대로 관객들이 그녀의 행동이 불러일으킨 충격 때문에 숨을 멈추는 것 같은 소리를 들을 수 있었다. 관객들이 두 시간 동안 경험한 이러한 물리적, 생리적인 변형(transformation)들은 쉽게 지각할 수 있는 행동으로 나타났다. 피셔–리히테는 바로 이처럼 관객들에게서 감지할 수 있듯이 정체성이 교란되거나 증발하며, 목소리가 잠기고 몸에 대한 통제력을 잃게 되는 양상들이야말로 네오아방가르드 시대의 새로운 퍼포먼스 예술이 추구하는 미적 경험이라고 강조한다.[67] 말하자면 아브라모비치의 실행이 불러일으킨 이 생리적이고 정서적인 '변형'이 마침내 이 퍼포먼스에 참여한 관객들을 행위자로 변화시킨 것이다. 이와 같은 아브라모비치의 퍼포먼스는 제의와 스펙터클의 특질들 사이에서 끝없이 왕복운동을 한다. 즉 제의처럼 예술가와 개별 관객의 변형이 일어나도록 영향을 미치는가 하면, 스펙터클처럼 관객들에게 놀라움과 경악을 불러일으키고 또 이들을 관음증으로 유혹하는 것이다.

(Frankfurt a. M.: Campus, 1989), 28~94쪽 참조. '문지방'을 의미하는 라틴어 'limen'에 뿌리를 둔 '리미널리티'(전이성, 전이영역)는 두 개의 다른 국면 사이 혹은 그 경계의 상태를 가리키며 모호성, 개방성, 불확정성을 특징으로 한다. 그러므로 이 영역에서 개인은 정체성의 해체와 방향 상실을 경험하게 된다. 즉 리미널리티는 자기이해와 행동의 정상적인 한계가 이완되는 전환의 시기이며, 이를 통해 변화를 위한 새로운 조망이 나타날 수 있다.

67 Fischer–Lichte 1998, *Theater seit den 60er Jahren*, 28쪽 참조.

이러한 퍼포먼스는 전래하는 미학이론으로는 포착하기 어렵다. 아브라모비치가 실행한 퍼포먼스는 예술작품의 '이해'를 목표로 하는 해석학적 미학의 요구에 집요하게 저항한다. 그 까닭은 이 퍼포먼스에서 중요한 것은 그 행동을 이해하고 해석하는 것이라기보다 그녀가 행하고 또 관객에게 불러일으킨 '경험'이기 때문이다. 요컨대 퍼포먼스에 참여한 사람들, 즉 행위자와 관객의 '변형'이 중요하기 때문이다.[68]

5.2. 퍼포먼스와 수행성

1960년대 이후 퍼포먼스 아트를 시발로 포스트드라마 연극의 흐름과 맥을 함께 하면서 '수행성' 개념이 연극학의 중심으로 부상하였다. 전통적 연극에서와는 달리 행위예술과 포스트드라마 연극의 공연에서는 공연에 앞서는 텍스트가 없거나, 아니면 다양한 텍스트가 재료로서 도발적으로 사용된다. 그 결과 공연에서 또 공연을 통해서 생산되는 의미들은 미리 주어진 어느 텍스트의 의미로서 파악될 수 없다. 그보다는 오히려 공연의 특수한 '수행성'이 최초로 의미를 생산한다는 사실이 분명해진다. 이로써 연극학의 관심은 기호성과 수행성의 관계로 향하게 되었다. 공연에서는 언제나 수행적인 것과 기호적 특성이 동시에 작품에 존재한다. 그렇다면 수행적인 것, 수행성이 구체적으로 가리키는 것은 무엇인가?

공연의 수행성이란 '지각'하는 사람의 주의를 등장하는 인물과 오브제의 기호적인 것이 아니라, 이들이 갖는 각기 특수한 "현상성"(phenomenality)

---

68 Fischer-Lichte 2004, *Ästhetik des Performativen*, 17쪽 참조; Günter Berghaus, *Avant-garde Performance. Live Events and Electronic Technologies*, (New York: Pelgrave, 2005), 171~178쪽 참조.

으로 쏠리게 하는 데에 그 본질이 있다.[69] 지각은 지각 대상이 갖는 감각적 자질들에로 주의를 집중한다.[70] 즉 어떤 몸의 독특한 형체와 그것이 뿜어내는 광채라든가, 어떤 동작이 시행되는 방식, 그리고 동작이 수행되는 에너지, 목소리의 음색과 성량, 소리나 동작의 리듬, 빛의 색깔과 강도, 공간과 그 분위기의 독특함, 시간이 경험되는 특수한 모드 등에 집중한다. 이것은 행위자의 현존을 경험하는 것이고 제시되는 오브제의 현현(顯現, epiphany)을 경험하는 것이다. 이에 따라 수행적인 것에 초점을 맞출 때는 제시되는 요소들을 물질적 현상성의 상태로 지각하는 것이 중요하고, 이와 함께 동시에 지각하는 사람에게 지각의 행위로 미칠 수 있는 영향(예컨대 맥박 상승, 확장된 심폐 호흡, 땀의 분비, 심장박동, 현기증, 성적 반응, 욕망, 구역질, 슬픔, 기쁨, 행복 등등)이 중요하다. 여기서 '수행적인 것'은 결코 의미 없는 것, 무의미한 것, '중요하지 않은 것'으로서 생각되어서는 안 된다. 만일 그렇다면 수행적인 것은 전혀 지각되지 않을 것이기 때문이다. 무엇인가를 지각한다는 것은 곧 그것을 '어떤 것으로서' 인지한다는 것을 뜻한다.

그런 점에서 하나의 공연 안에서 기호적인 것과 수행적인 것은 대립해 있지 않으며 항상 긴밀하게 연관되어 있다. 이는 전통적인 '연극'의 공연들도 텍스트에 미리 주어져 있는 의미들의 전달로서는 더 이상 파악될 수 없다는 뜻이다. 그 이유는 전통적 연극의 공연에서도 행위자가 수행하는

---

69 Erika Fischer-Lichte, "Performativität/performativ", *Metzler Lexikon Theatertheorie*, hrsg. v. Erika Fischer-Lichte, Doris Kolesch, Matthias Warstat, (Stuttgart/Weimar: Metzler, 2005), 234~242쪽 중 240쪽.

70 제롬 스톨니쯔, 『미학과 비평철학』, 오병남 옮김, (서울: 이론과실천, 1999), 33~72쪽 중 46쪽 참조.

'체현'(Verkörperung, embodiment)의 과정 그 자체가 곧 의미이기 때문이다. 다시 말해 이 체현의 과정을 통해서 의미가 처음으로 산출되는 것이다.[71] 결국 현상적 육체와 기호학적 몸은 공연 속에 항상 같이 존재하는 것으로, 연극의 변별적 특질은 그것의 의미 생산과 수용에 있어서 이처럼 수행과 지각 작용이 항상 전제가 된다는 데 있다.

이처럼 '체현'을 통한 수행과 그에 대한 지각으로 이루어지는 공연에서 행위자와 오브제들은 현전(現前)의 상태로 경험되므로 관객에게 물리적 영향을 행사한다. 이 영향은 〈성 토마스의 입술〉에서 살펴본 바와 같이 생리적, 정서적 변화, 에너지 변화 등의 형태로 나타난다. 제의를 실행할 때와 같은 전이영역을 경험하고 그 결과 변형과 변신(Verwandlung metamorphosis)[72]이 일어나도록 영향을 미치는 것은 다름 아닌 퍼포먼스의 '수행성'이며, 여기서 전이영역을 경험하는 것은 곧 미적 경험이 된다.

6. '수행적인 것'의 미학적 토대—혹은 퍼포먼스 미학

지난 30~40년을 되돌아볼 때 포스트드라마 연극의 특별한 업적이 있다면, 그것은 퍼포먼스(공연)(Aufführung, performance)의 개념을 정의하는 자질들에 대해 성찰하고, 그 자질들을 도발적인 방식으로 보여주며 또 처음으로 의식하게 한 데서 찾을 수 있다. 퍼포먼스의 개념을 규정하는 자질들에는 행위자와 관객의 신체적 현존, 물질성의 수행적 생산, 의미의 돌발

---

71 Erika Fischer-Lichte, "Einleitung. Theatralität als kulturelles Modell", Erika Fischer-Lichte,, Christian Horn, Sandra Umathum u. Matthias Warstat(Hrsg.), *Theatralität als kulturelles Modell in den Kulturwissenschaften*, (Tübingen/Basel, 2004), 7~26쪽 참조.

72 Fischer-Lichte 1998, *Theater seit den 60er Jahren*, 45~47쪽 참조.

성 및 사건성 등이 있다.

예술과 관련된 학문에서는 지금까지 작품(Werk, opus)의 개념이 언제나 중심에 서 왔다. 그러나 예술 창작에 작품뿐만이 아니라, 공연, 즉 사건도 포함되어 있다면, 이제 예술은 작품미학이나 이와 관련된 생산미학, 수용미학과만 관계를 맺고 있는 것이 아니다. 그보다 예술학의 중심으로 '사건'의 개념이 등장해야 한다. 앞장에서 상술한 아브라모비치의 퍼포먼스 예술의 경우에는 '작품'을 분석하는 대신에 '공연'을 분석하는 새로운 미학의 방법론이 요구된다. 그것은 다름 아닌 '수행적인 것의 미학'으로서, 연극학자 피셔-리히테는 이 미학의 토대가 되는 퍼포먼스 개념을 1) 매체성, 2) 물질성, 3) 기호성, 4) 심미성 등 네 가지 양상으로 구분하여 설명하고 있다.[73] 이 네 가지 양상은 퍼포먼스라는 사건에서 언제나 서로를 규정하면서 긴밀히 결합되어 있다.

첫째, 매체성(Medialität)의 관점에서 볼 때, 퍼포먼스는 행위자와 관객의 신체적 공동 현존(Ko-Präsenz)을 통해서 이루어진다. 퍼포먼스는 모든 참여자의 만남과 상호작용을 통해 생성된다. 행위자가 공간을 가로질러 가거나, 동작을 하거나, 말하거나 노래하는 동안에, 관객은 이런 행동들을 인지하고 여기에 반응(response)한다. 이러한 반응 내지 응답이 일부에서 순전히 '내부적'으로만 일어난다고 하더라도, 즉 상상이나 인식의 과정으로 수행될지라도, 가장 중요한 것은 행위자와 다른 관객에게 지각될 수 있는 반응이다. 또 이러한 지각은 다시금 지각 가능한 반응을 이끌어낸다.

---

73 Fischer-Lichte 2004, *Ästhetik des Performativen*, 42~57쪽 참조; Erika Fischer-Lichte, 「우리는 어떻게 행동하는가. 행동개념에 대한 성찰들」, 루츠 무스너, 하이데마리 울(편), 『우리는 어떻게 행동하는가. 문화학과 퍼포먼스』, 문화학연구회 옮김, (서울: 유로, 2009), 19~34쪽 참조.

행위자의 퍼포먼스는 관객에게 영향을 미치고, 관객이 이에 반응하는 행동은 다시 행위자와 다른 관객에게 영향을 미친다. 이러한 의미에서 퍼포먼스란 행위자와 관객 간에 영구히 변화하는 '자동형성적 피드백 고리'에 의해 생성되고 조종된다고 말할 수 있다. 그렇기 때문에 퍼포먼스의 진행에 대해서는 완벽하게 계획할 수도, 미리 예견할 수도 없다.[74] 퍼포먼스의 자동형성적 시스템에서는 고도의 우연성이 작용한다.

물론 퍼포먼스의 진행 과정에 대해 결정적인 규정을 미리 내리는 것은 행위자이다. 여기서 규정이란 어떻게 연출할 것인지가 정해져 있는 것을 말한다. 하지만 행위자가 퍼포먼스의 진행 과정을 마음대로 좌우할 수는 없다. 퍼포먼스란 결국 모든 참여자들이 공동으로 만들어내는 것이므로, 개별적 인물이나 어떤 그룹이 공연을 처음부터 끝까지 계획하거나 조종하거나 마음대로 처리할 수 없다. 퍼포먼스는 개개인이 처리할 수 있는 권한에서 벗어나 있다.

퍼포먼스는 그 과정에서 모든 참가자들에게 하나의 "공동 주체"(Ko-Subjekte)[75]로서 경험할 수 있는 가능성을 열어준다. 이 주체는 독립적인 것도, 또 전적으로 남에게 의존하는 것도 아니다. 스스로 완전하게 만들어낸 것은 아니지만 참여하고 있는 상황에 대해서는 함께 '책임'(responsibility)을 진다. 그러므로 여기서 퍼포먼스란—예술적 퍼포먼스의 경우에도—언제나 사회적 과정으로서만 진행된다는 사실을 알 수 있다. 모든 참여자들은 정도의 차이는 있지만, 퍼포먼스의 진행 과정을 함께 결정하기도 하고, 동시에 그로부터 영향을 받기 때문에, 이들 중의 어느 누구도 퍼포먼스에

---

74 Fischer-Lichte 2004, *Ästhetik des Performativen*, 58쪽 이하 참조.
75 Fischer-Lichte 2004, *Ästhetik des Performativen*, 47쪽.

있어서 수동적이라고 할 수 없다. 이런 의미에서 참여자 모두는 퍼포먼스의 진행 과정에서 일어나는 '사건'에 대해 미적, 정치적으로 함께 책임을 진다.

두 번째, 퍼포먼스의 물질적인 측면(Materialität), 즉 공간성, 몸성, 소리들은 공연이 진행되는 중에 비로소 수행적으로 나타난다. 이 때문에 퍼포먼스의 역설적인 면이 발생한다. 퍼포먼스는 일시적이며 붙잡을 수 없다. 이러한 의미에서 퍼포먼스는 현재성에만, 즉 행위의 시작과 끝 사이에서 계속되는 생성과 소멸 안에만 한정된다 하더라도, 공연하는 중에는 물질적인 대상을 사용한다. 어떠한 퍼포먼스들이 이 물질적 대상과 함께 이루어져서 어떤 공간 속에서 어떠한 반응을 일으키고 언제 사라지게 할 것인가 하는 것은 '연출'(Inszenierung)에 의존해 있다. 이런 점에서 연출의 개념과 퍼포먼스(공연)의 개념은 서로 구분되어야 한다. '연출'이 임의적으로 반복할 수 있는 의도되고 계획된 물질성의 수행적 산출 과정이라고 한다면, 행위자와 관객의 상호작용에서 생성되는 '퍼포먼스'는 의도되었던 물질성뿐만 아니라 관객의 반응도 포함한다.[76] 또한 특정한 종류의 퍼포먼스들이 그것을 위해 마련된 특수한 공간에서 일어난다고 할지라도 퍼포먼스의 공간성은 언제나 붙잡을 수 없고 일시적이다. 이 때문에 퍼포먼스의 공간성은 실제 공연이 일어나는 건축적인 공간과 동일시될 수 없다. 퍼포먼스는 오히려 수행적 공간 안에서 또 그 공간을 통해서만 발생한다. 그러므로 퍼포먼스의 공간성은 존속하는 것이 아니라 '발생'하는 것이다.[77]

---

76 Fischer-Lichte 2004, *Ästhetik des Performativen*, 325~328쪽 참조.

77 Fischer-Lichte 2004, *Ästhetik des Performativen*, 188~200쪽 참조.

또 퍼포먼스에서 우리는 언제나 현상적 몸과 함께 기호학적 육체와도 동시에 관계한다. 행위자의 현존을 말할 때, 이는 그가 그 공간을 점유하고 지배하고 있다는 것을 의미한다. 그에게서 에너지(분위기, 아우라)가 흘러나와 다른 참가자나 관객에게 도달하는 것처럼 보인다. 이같이 퍼포먼스에서 행위자의 현상적인 몸은 자신의 특수한 생리적, 감정적 그리고 에너지가 흐르는 운동의 상황을 통해 다른 사람의 현상적 몸에 직접적인 영향력을 행사한다. 행위자는 자신의 현상적인 몸을 통한 체현의 과정에서 종종 하나의 기호로서 행위자의 기호학적 육체도 동시에 산출한다. 이 과정에서 현상적 몸과 기호학적 육체는 분리할 수 없이 서로 얽혀 있다. 다만 현상적인 몸에 대해서는 기호학적 육체 없이도 생각할 수 있지만, 그 반대는 성립하지 않는다.

퍼포먼스가 갖는 세 번째 측면은 바로 기호성(Semiotizität)이다. 하나의 퍼포먼스는 다른 곳에 이미 주어져 있는 의미를 옮기거나 전달하는 것이 아니라, 그 공연의 진행 과정에서 개별적인 참여자들에 의해서 비로소 '구성'되는 의미들을 만들어낸다. 퍼포먼스에서 발생하는 의미들은 이런 뜻에서 '돌발적인 것'이라고 할 수 있다. 관객의 지각은 한편으로 행위자의 현상적 몸, 공간의 분위기, 사물의 황홀경에 대한 초점과, 또 다른 한편으로 행위자의 기호학적 육체, 공간과 물체의 상징에 대한 초점 사이를 왕복 운동하면서 지속적으로 의미를 직접 만들어내고, 이는 다시금 역동적인 지각 과정에 영향을 미친다. 그 지각 과정에서 인지된 것이 무엇인지, 그리고 어떠한 의미들을 생산할 것인지는 점점 더 예측할 수 없는 것이 된다.

네 번째 측면은 퍼포먼스의 심미성(Ästhetizität)이다. 퍼포먼스는 '사건'이라는 성격을 통해 특징지어진다. 위에서 설명한 세 가지 명제에서 드러났듯이, 우리는 퍼포먼스에서 '작품'들과 관계하고 있지 않고, '사건'들과 관계를 맺고 있다. '사건'으로서의 퍼포먼스는 '연출'과는 달리 일회적이며 반복이 불가능하다. 관객의 반응과 다시금 이 반응이 행위자와 그리고 다른 관객에게 미치는 영향은 공연할 때마다 매번 다르게 형성된다. 이런 의미에서 퍼포먼스는 '사건'으로서 이해된다. 여기서는 참가자들 중 어느 누구도 이 사건을 완벽히 제어할 수 없으며, 단지 사건과 대면할 수 있을 뿐이다. 이와 함께 퍼포먼스가 가진 특수한 '사건성'(eventness)은 앞장에서 살펴본 아브라모비치의 퍼포먼스의 예에서 볼 수 있듯이, 관객들을 아주 극단적인 "사이에 있는 상태"에, 경계상황에 위치하게 한다. 다시 말해 퍼포먼스가 불러일으키는 특별한 경험방식은 경계(border), 즉 리미널리티의 경험이라는 특수한 형태로 이해할 수 있는데, 예술적 공연의 경우에는 이를 '미적 경험'이라고 부른다. 이 '미적 경험' 속에서 관계들이 타결되고 권력분쟁이 투쟁 끝에 해결되며, 공동체가 형성되고 다시 해체된다. 이런 의미에서 퍼포먼스는 관객들에게 하나의 미학적이고 동시에 사회적이며 정치적인 과정으로 경험된다.

1960년대에 일어난 '수행적 전환' 이후로 예술은 포스트모더니즘과 포스트구조주의의 왕성한 담론에 힘입어, 결국 완결되고 해석이 가능한 형상들의 형태로 발언하지 않는다. 예술의 형체(Format)는 의미나 상징적인 것이 아니다. 오히려 예술은 이제 우리가 행동하고 탐색하며 체험하고 또—'종합감각(aisthesis)'이란 말뜻 그대로—'받아들이고' 답변해야만 하는 과정과 사건 공간을 만드는 것이다. 이로써 미적 경험의 구조뿐 아니라 예술의 자기이해도 변화를 맞이한다. 다시 말해서 예술은 그것의 '수행성' 혹은 '영향'(Wirkung, effect)이 결정적이 되는 실천 행위(Praxis)로 되는 것이다. 그러므로 중요한 것은 공연에 참여한 모두에게 작용하는 효과이고 감응(Induktion)이며, 이와 더불어 함축된 경험이지, 행위들이 각기 무슨 행위인가가 아니다.[78] 포스트구조주의의 대표적인 철학자 리오타르가 퍼포먼스 연극으로서의 포스트드라마 연극을 가리켜 "현재의 연극"이라고 부르며 '수행적인 것'에 특별히 미적, 정치적 관점에서 "윤리주의"(Ethismus)[79]를 부여하는 이유가 여기에 있다.

---

78 Mersch 2005, 37쪽 참조.
79 Mersch 2005, 46쪽 이하 참조.

제 3 장

포스트드라마 연극의
제 양상과 영향미학

제3장

포스트드라마 연극의 제 양상과 영향미학

∎∎∎

포스트모더니즘과 후기구조주의가 칸트와 헤겔 이후 주체를 어느 특정 관점하에 수렴시키고자 했던 저 전체성과 단일성의 사고를 일종의 폭력으로 파악하고 이로부터 탈주를 시도했듯이, 포스트드라마 연극 역시 아무 것도 재현하지 않으며, 어떤 것도 의미하거나 말하지 않는다. 그 대신 후기구조주의 미학은 '현존', '수행성' 그리고 '사건성'에 주목하는 '사건미학'이다.

이 장에서는 다양한 매체들이 연극예술 속에서 기능하고 상호작용하는 방식에 따라서 연극의 '탈경계'가 일어나는 현상들을 크게 몸연극, 춤연극, 이미지 연극, 매체연극, 서술연극, 뉴 다큐멘터리 연극 등으로 범주화한 후 이들의 상호관련성과 60년대의 행위예술이 보여준 현장성, 즉흥성, 우연성, 돌발성, 사건성, 수행성 등으로 수렴되는 그 미학적 영향 전략들을 조사, 분석하고자 한다.

1. 몸연극의 수행적 미학

영화의 출현으로 연극은 자신의 매체적 특성에 대하여 성찰하게 하는 계기를 갖게 되었다. 몸은 플라톤과 데카르트 이래로 정신의 우월성과 이분법하에 정신적 진리의 그림자나 영혼의 감옥 정도로 폄하되고 억압되어 왔다. 그 결과 서구의 근대적 연기론도 정신/신체, 이성/감성, 혹은 내면/외면과 같은 이원론적 전제하에 있었으며, 정신, 이성, 내면을 신체보다 늘 우위에 두었다. 그러나 20세기 현대연극에서 신체의 중요성이 부상하고 아르토 이후 비재현적인 연극이 주류를 이루게 되면서 신체적 표현을 통해 정신적 삶을 드러내거나 근본적으로 신체와 정신을 유기적으로 통합하려는 움직임이 활발해지기 시작하였다. 이와 때를 맞추어 서구의 근대적 사고를 뒤엎는 포스트모더니즘의 담론이 활성화함에 따라 기존의 이분법적 관점에 변화가 오기 시작하였다.

연극에서 몸(성)에 관한 종래의 이분법적 관점에 변화가 처음 일기 시작한 것은 20세기 초에 서구 연극인들이 반(反)재현의 연극을 주창하면서 사실주의 연극에 대한 저항담론으로서 제의, 의례 등에 관심을 기울이면서부터이다. 이러한 관심과 흥미는 그때까지 타자로서 억압 내지 거부되거나 부재하는 것으로 취급되어왔던 것들, 특히 감각적이고 실질적인 몸의 현존을 새롭게 발견하고 질문할 수 있는 가능성을 열어놓았다. 이처럼 몸이 핵심요소로 새롭게 부상한 것은 서양의 현대문명에 대한 비판, 특히 계몽주의 이후 줄곧 심화되어온 이성에 의한 육체의 지배에 대한 거부감과 관련이 있다. 즉, 아르토를 위시한 여러 아방가르드주의자들은 이성 중심주의의 태도를 서양 문명의 위기를 가져온 원인으로 파악하고 18세기에 본격적으로 시작된 연극의 심리화, 정신화와 이에 따른 탈육체화 현상에 맞서 자신들의 연극을 이러한 위기에 대응하는 하나의 대안으로 제시하였던 것이다. 이 시점부터 오늘에까지 이르는 몸연극(Körpertheater)의 계보는 그러므로 제의극에서부터 메이어홀드, 아르토, 자유무용이라 일컬어지는 모던 댄스, 그로토프스키, 퍼포먼스 아트, 춤연극(Tanztheater, 탄츠테아터) 등으로 이어진다. 이 가운데서 이 장에서는 제의극으로서의 굿과 춤연극을 몸연극의 사례로 들어 그 수행적 영향미학을 밝혀보고자 한다.

제의에 기원을 두고 있는 연극과 무용은 몸과 움직임을 사용한다는 점에서 그 뿌리가 같다. 그러나 이미 기원전 6세기 그리스에 희곡이 출현하면서 세속화의 길을 걷기 시작한 연극에서 춤(움직임)은 차츰 사라지게 된다. 춤과 노래의 자리에 대신 들어선 것은 언어(logos) 중심의 문자화된 텍스트이며, 연극은 18세기 후반부터 드라마를 사실임직하게 재현하는 문학의 시녀로 전락하게 되고 만다. 이렇게 언어(말)에 의존하면서 연극은 문학화, 심리화의 길을 걷기 시작하며, 그 근원세포라 할 수 있는 움직임(춤), 호흡, 리듬, 에너지 등을 잃게 된다. 연극과 무용 같은 공연예술이 애초에 춤과 소리와 리듬처럼 의미화될 수 없는 원초적이고 생동적인 몸성과 물질성을 바탕으로 행위자와 수용자 간에 대화를 활성화하고 일체감을 형성해온 그 고유의 소통채널을 가리켜 "연극성", "수행성"이라 한다. 연극이 드라마의 기호가 지시하는 의미를 말로 전달하며 문학 텍스트에 복무하는 매개체가 되면서부터 연극성(수행적인 것) 대신 문학성(기호적인 것)이 부상하게 된 것이다. 그 후로 연극에서 언어 이외에 몸과 물질을 사용하더라도, 이것은 순전히 텍스트의 의미를 전달하는 언어(대사)의 보조 수단으로서 기능할 뿐이다. 이로써 드라마 연극은 이제 관객에게 지각과 체험의 대상이라기보다 이해와 해석의 대상으로 나타나게 되었다.

이러한 역사적 흐름에 비추어볼 때, 작금의 세계 연극이 "연극의 재연극화"를 기치로 일어난 역사적 아방가르드 운동에 뿌리를 두고 춤을 비롯한 인접 장르와의 경계를 없애며 혼융의 양상을 띠고 있는 것은 그동안 잃어버렸던 연극성과 수행성의 유토피아를 다시 회복하려는 노력에 다름 아니다. 언어 중심의 연극이 포스트모던 시대의 관객과 소통하는 방법에서 드러나는 문제와 한계를 극복하기 위한 방도로서 1960년대 이후 꾸준히 시도되고 있는 다양한 형태의 포스트드라마 연극들 가운데 원초적 연극성이 전경화된 몸 중심의 연극과 춤연극이 대표적 사례로 가장 빈번히 언급되는 이유도 바로 여기에 있다.[1]

1.1. 제의적 퍼포먼스 굿: 원형연극(Urdrama)

1960년대에 유럽에서 시작된 이른바 '수행적 전환' 이후 공연예술에서 일어난 변화 가운데 두드러지는 점은 연극이나 무용 등의 퍼포먼스를 더 이상 인간 주체성의 표현으로만 파악하지 않는다는 태도이다. 오늘의 무대는 이미 공연 바깥에 존재하는 진리를 전달하거나 재현하고 지시하는 것으로부터 벗어나, 즉 의미와 상징으로부터 벗어나, 예술현상에 관여하는 행위자와 관객 모두의 상호작용, 효과와 영향, 그리고 감각적 체험에 주목하며 새로운 교감과 소통의 미학을 발전시키고 있다. 이는 비단 예술 분야에 국한하지 않고 20세기 후반의 포스트모더니즘의 사상적 맥락 속에서 문화 전반에 걸쳐 나타나는 현상이다. 그리하여 쥬디스 버틀러는 오스틴과 서얼의 화행론(speech-act theory)에서 유래하는 수행적인 것의 개념

---

1 몸 중심의 연극과 춤연극과의 상호관련성은 제3장 2.1. 참조.

을 발전시켜, 인간들은 수행적 행위 속에서 끊임없이 침투하며 상징적이고 문화적인 질서의 일부분으로서 그들의 동일성을 '안팎'으로 안정되게 구축해나간다는 사실을 1990년대에 자신의 젠더이론과 관련하여 설파하였다.[2] 인간은 자신의 생물학적 혹은 물질적 실체에 의해 주조되지 않고, 데리다가 말하는 차연의 유희를 가리키는 소위 움직이는 문화의 일부분이라는 이 같은 관점은 무엇보다도 기존의 연극학에 대한 도전으로서 퍼포먼스 연구(performance studies)와 '수행적인 것의 미학'의 출현에 커다란 영향을 미쳤다. 다시 말해 1980년대 이후 연극학의 연구 대상과 방법을 문화학이라는 넓은 범위로 확장하여 탐구하고자 하는 이러한 경계 초월의 자세에서 학제간의 그리고 비교문화적 연구를 핵심으로 하는 퍼포먼스 연구가 마침내 부상하게 된 것이다. 문화를 인간의 수행적 행위에 의해 구축되고 생성되는 것으로 이해하는 이 같은 관점의 전환은 퍼포먼스에 접근하는 새로운 연구방법을 필연적으로 초래하게 되었다.

이 장에서는 텍스트에서 공연으로, 의미에서 행동으로 연극학 연구의 중점(重點) 이동이 일어난 우리 시대의 문화 환경 속에서 한국의 굿 문화에 대한 연구를 퍼포먼스 연구의 관점에서 시도하고자 한다. 오늘의 시점에서 특별히 굿 문화에 천착하고자 하는 이유는 굿이 서구의 드라마 연극 중심의 연구 시각에 가려 굿 고유의 수행적 미학(performative aesthetics)이 제대로 학문적 조명을 받지 못해왔기 때문이다. 그러나 굿이야말로 앙토냉 아르토가 일찍이 이성 중심의 드라마 연극의 대안으로 제시한 '시원(始原)적 연극성'을 그대로 지니고 있는 몸 중심의 퍼포먼스라는 점에서, 한국 공연예술뿐 아니라 인류의 연극의 원형(原形)(Urdrama)으로서의 굿 퍼

---

2   이 책의 제2장 3.2. 참조.

포먼스에 대한 연구의 필요성은 대두한다.

지금까지 한국의 굿에 대한 연구는 대부분 민속학이나 인류학, 사회학, 철학, 종교사학적 관점에서 이루어져왔다. 샤머니즘이 연극학 분야에서 조사되고 연구된 경우도 흔치 않았으며, 제의연구에서도 제의와 그것의 변화 잠재력이 종합감각(aisthesis)과 신체의 관점에서 조명된 경우는 드물다.[3] 이에 따라 본 논문은 에리카 피셔-리히테의 퍼포먼스 이론과 수행성의 개념에 기초하여 한국의 굿 문화를 새롭게 구명(究明)하고자 한다.

---

3 연극학적 연구 관점에서도 모방적 연기 성격을 드러내는 굿의 몇몇 장면들만이 상징적 기호들로 조사·분석되든가, 아니면 무가(巫歌)에 대한 뜻풀이에 집중되어왔다. 즉 이들의 조사 대상은 공연 자체가 아니라, 무속적 무가, 대본 등이었다. 그런가 하면 굿과 연극의 친화성을 연극성을 중심으로 조심스레 조사한 연구조차도 주로 희곡이론이라든가 재현적 표현 성격에서 출발하는 경우가 많았다. 이를테면 이상일 교수는 「굿의 헤픈 웃음과 한풀이—〈오구-죽음의 형식〉과 〈점아 점아 콩점아〉」란 글에서 '굿은 연극이 아니다'라는 테제를 밝히고 있다. (이상일,『굿, 그 황홀한 연극. 민족예술의 지평을 넘어서』, (서울: 강천, 1991), 16쪽 참조).

그동안 한국의 굿에 대해 발표된 국내외 연구저술 가운데 연극학적 관점에서 가장 포괄적이면서도 상세하게 진행된 연구로는 다니엘 A. 키스터가 집필한 저서들(『무속극과 부조리극. 원형극에 관한 비교연구』, (서울: 서강대학교 출판부, 1986);『삶의 드라마. 굿의 종교적 상상력 연구』, (서울: 서강대학교 출판부, 1997)과 김정숙의 베를린 자유대학 박사학위 논문(Jeong Suk Kim, *Pathos und Ekstase. Performativität und Körperinszenierung im schamanistischen Ritual kut und seine Transformation im koreanischen Gegenwartstheater*, Diss. (Berlin: 2007) 등을 들 수 있다. 전자는 굿에 고유한 토착적인 연극 경향을 연구·조사하면서 연극의 기원을 샤먼 의식(儀式)에서 발견한 E. T. 커비(Kirby)가 자신의 저서 *Urdrama*, (New York: New York University Press, 1975)에서 연극을 샤머니즘, 즉 일종의 영적인 여행과 상징적 싸움, 치료 행위 등에서 시작한 것으로 보는 논제를 보완하는 뛰어난 역저이다. 하지만 최근의 '퍼포먼스 연구'에서 중점적으로 논의되고 있는 관점에는 충분히 이르지 못하고 있다. 후자는 독일의 연극학계에서 1990년대 이후 활발히 진행되고 있는 퍼포먼스 연구의 성과를 굿 연구의 틀로 사용하여 조사·분석한 논문이란 점에서 주목을 끈다.

1.1.1. 몸연극 굿의 연극언어: 현상학적 몸성과 물질성

공연예술과 관련된 학문에서는 지금까지 작품의 개념이 언제나 중심에서 왔다. 그러나 행위자와 관객의 신체적 현존, 물질성의 수행적 생산, 의미의 돌발성과 사건성을 본질로 삼는 퍼포먼스 예술의 경우에는 '작품' 대신에 '공연'을 분석하는 새로운 미학의 방법론이 요구된다. 그것은 바로 '수행적인 것의 미학'인바, 여기서는 독일의 연극학자 에리카 피셔−리히테의 테제를 바탕으로 매체성, 물질성, 기호성, 심미성 등, 퍼포먼스라는 사건에서 언제나 서로를 규정하면서 긴밀히 결합되어 있는 네 가지 측면에 초점을 맞추어 굿에 고유한 수행적 미학을 논구하고자 한다.

1.1.1.1. 매체성(Medialität, mediality)의 측면

첫째, 매체성의 관점에서 볼 때, 굿을 포함한 퍼포먼스(공연)는 행위자와 관객의 신체적 공동 현존을 통해서 이루어진다. 퍼포먼스는 모든 참여자의 만남과 상호작용을 통해 생성된다. 행위자(무당)가 동작이나 노래나 춤을 추는 동안, 관객은 이런 행동을 인지하고 여기에 반응한다. 행위자의 퍼포먼스는 관객에게 영향을 미치고, 관객이 이에 반응하는 행동은 다시 행위자와 다른 관객에게 영향을 미친다.

그렇기 때문에 공연의 진행에 대해서는 완벽하게 계획할 수도, 미리 예측할 수도 없다. 즉 행위자와 관객이 상호 간에 지각을 통해 스스로 의미를 만들어가는 "자동형성적 체계"에서는 고도의 역동성과 우연성이 작용한다.

공연이란 결국 여기에 참여한 모두가 공동으로 만들어내는 것이므로, 개개인이 처리할 수 있는 권한에서 벗어나 있다. 따라서 퍼포먼스는 모든 참가자에게 '공동 주체'로서 경험할 수 있는 가능성을 열어준다. 이런 의미에서 참여자 모두는 퍼포먼스의 진행 과정에서 일어나는 상황이나 '사건'에 대해 함께 책임을 진다. 이는 굿에서도 그대로 확인할 수 있다. 다만 굿의 경우 기본 전제가 있으니, 초월적 힘을 지닌 영매(靈媒)로서의 무당의 현존에 대한 관객의 전폭적 믿음과 신뢰가 그것이다.

1.1.1.2. 물질성(Materialität, materiality)의 측면

두 번째, 퍼포먼스(공연)의 물질적인 측면, 즉 몸성, 공간성, 소리성은 공연이 진행되는 중에 비로소 수행적으로 나타난다. 퍼포먼스는 일시적이며 붙잡을 수 없다. 이러한 의미에서 퍼포먼스는 현재성으로만 존재하며, 공연하는 중에 물질적인 대상을 사용한다. '공연'은 행위자와 관객의 상호작용에서 생성되므로 '연출'에 의해 의도적으로 산출되는 물질성뿐만 아니라 관객의 반응도 포함한다.[4]

1.1.1.2.1. 몸성(Körperlichkeit, corporeality)

제의적 퍼포먼스로서 굿의 수행성은 지각과 관련한 몸의 연출을 통해서 일어난다. 여기서 말하는 연출이란 "여기서 지금 일어나고 있는 그 무엇의 현재성을 눈에 띄게 창조하고 두드러지게 명시하는 것"[5]을 뜻한다. 무당의 육체에 근거한 몸성은 무당의 몸이 같은 공간에 현존하는 참여자(관객)에게 미치는 영향 및 효과에서 출발한다. 이는 무당이 모방과 재현의 원리에 따라 허구적 인물을 만들어내는 것과는 상관이 없다. 참여자(관객)의 관심

---

4 Fischer-Lichte 2004, *Ästhetik des Performativen*, 325~328쪽.

5 Martin Seel, "Inszenieren als Erscheinenlassen. Thesen über die Reichweite eines Begriffs", *Ästhetik der Inszenierung*, hrsg. v. Josef Früchtl u. Jörg Zimmermann, (Frankfurt a. M.: Suhrkamp, 2001), 48~62쪽 중 53쪽.

은 오히려 무당의 현상적 몸(phenomenal body)에 향해 있다. 이러한 무당의 몸 앞에서 관객들은 어떤 상황도 예견할 수 없으며, 알 수 없는 강렬한 에너지와 엑스터시에 사로잡혀 있음을 느끼게 된다. 무당의 몸으로부터 참여자(관객)의 몸으로 일어나는 이러한 에너지의 '전염'과 영향은 기호학적 표현 이전의 단계에서 발생한다. 이때 관객의 몸 역시 원칙적으로 닫힌 존재가 아니라, 다른 사람들의 몸과 주변을 향하여 열려 있다.[6]

이처럼 행위자와 관객의 신체적 공동 현존에서 비롯하는 에너지의 교환을 통해 굿의 참여자들은 특별한 정서를 체험한다. 공연의 수행적 과정에서 발생하는 정서적 체험은 살아 있는 몸의 현존과 그것이 불러일으키는 분위기를 통하여 가능해진 종합적인 지각의 반응이다. 지각의 개념은 몸의 현존을 전제로 시각, 청각, 후각, 촉각, 미각, 공감각 등 종합적 감각의 경험이 지니는 형식을 의미한다.

굿의 참여자(관객)들은 이 물질적 수행의 과정 동안 자신에게 익숙한 일상적 상태로부터 일시적으로 벗어나, 모호하고 불확실한 '사이의 상태'에 놓이게 된다. 즉 이 경계의 상태는 주체의 자기이해와 행동의 정상적인 한계가 이완되는 전환의 시공간으로, 이 전이영역(리미널리티)의 경험을 통해 관객은 변화를 위한 새로운 조망을 얻을 수 있다.

1.1.1.2.2. 공간성(Räumlichkeit, spatiality)

특정한 공연들이 그것을 위해 마련된 특수한 공간이나 장소에서 일어난

---

6 에리카 피셔-리히테, 「몸의 한계 제거-영향미학과 몸이론의 관계에 대하여」, 심재민 역, 『연극평론』, 통권 36(2005, 봄), 한국연극평론가협회, 182~197쪽 참조. Erika Fischer-Lichte, "Entgrenzungen des Körpers. Über das Verhältnis von Wirkungsästhetik und Körpertheorie", Erika Fischer-Lichte / Anne Fleig(Hrsg.), *Körper-Inszenierungen. Präsenz und kultureller Wandel*, (Tübingen: Attempto, 2000), 19~34쪽.

다고 할지라도, 퍼포먼스의 공간성은 행위자와 참여자 간의 수행적 활동과 지각을 통하여 생산된다. 따라서 공연의 공간성은 언제나 붙잡을 수 없고 일시적이며, 존속하는 것이 아니라 발생하는 것이다.[7] 그리고 공연의 수행적 과정에서 공간을 지배하는 고유의 분위기(atmosphere)가 형성된다.

이때 공간에서 생성되는 분위기는 그러나 단순히 개별적인 무대 요소들(음악, 장단, 의상, 무구, 음식, 오브제, 미술 등)의 사용에 의존하는 것이 아니라, 이 요소들을 포함하여 행위자와 참여자가 함께 어우러져 만들어내는 것이다. 그러므로 공간에서 창출되는 분위기는 어떤 특정 장소에 국한된 것이 아니라, 공연의 진행 과정에서 주체와 객체, 행위자와 참여자 간의 끊임없는 물질적 수행과 지각의 과정을 거쳐 생성되는 것이다. 이렇게 특별한 분위기와 에너지로 채워진 공간은 관객(참여자)들을 사로잡고, 이들의 감정을 움직이며, 공간(성)에 대한 특별한 경험을 가능하게 한다.[8]

결국 이 같은 연극적 영향과 효과를 종합적으로 발생케 하는 것은 지각과 관련된 모든 연극적 요소들을 결합하여 나타내는 행위자(무당)의 '연출'이라고 할 수 있다. 능숙한 무당은 참가자들의 상상력을 조절하며 그들이 믿고 접촉하고자 하는 신령들의 실재(presence)를 창조적 직관 행위로써 시각, 청각, 후각, 촉각적으로 경험하도록 해주며 행위자와 참가자들을 하나가 되게 한다. 따라서 무당과 함께 굿이라는 '사건'을 만드는 관객의 참여는 수행성에 근거한 공간의 분위기(공간성) 형성에도 필수적 전제가 된다.

---

7 Fischer-Lichte 2004, *Ästhetik des Performativen*, 188~200쪽 참조.

8 Erika Fischer-Lichte, "Theater als Modell für eine Ästhetik des Performativen", Jens Kertscher, Dieter Mersch(Hrsg.), *Performativität und Praxis*, (München: Wilhlem Fink, 2003), 97~111쪽 중 100쪽 이하 참조.

1.1.1.2.3. 소리성(Lautlichkeit, tonality)

공연의 공간성, 다시 말해 공간의 분위기를 창조하는 것은 말과 소리, 음악 등에서 나오는 소리성의 차원에서도 이루어진다. 물론 소리성은 청각적인 측면에 의존한다는 점에서 몸성이라든가 공간성과 차이를 드러낸다. 소리는 특히 몸에 영향을 미칠 수 있는 물질성과 관계된다. 무대공간에서 빚어지는 다양한 소리성—소리, 억양, 소음 등—은 관객에게 이를테면 육체적 고통을 불러일으킬 수 있으며, 이로써 공간의 분위기 형성에도 영향을 미칠 수 있다.[9]

예컨대 별신굿에서 잔치판이 무르익어감에 따라 연이어지는 장구소리, 피리소리, 징소리 그리고 흥청거리는 노랫가락 등에 의해 디오니소스적 환락의 분위기가 창출된다. 이와 같은 시적 음향은 서낭신맞이 의식에서 이루어지는 시각적인 "공간의 시"[10]를 강화해준다. 울려 퍼지는 음악에 흥이 고조된 무당은 참가자들 모두가 신대 앞에서 신명나게 춤을 추도록 유도한다.[11] 이때 리듬(Rhythmus)은 비단 소리성 뿐만 아니라 몸성과 공간성을 자극하고 서로 관련짓게 하는 동시에 관객에게 직접 전이되어 그의 생리적, 운동적, 정서적 반응을 야기한다. 이런 맥락에서 리듬 역시 전염성

---

9 Fischer-Lichte 2003, "Theater als Modell für eine Ästhetik des Performativen", 102쪽 이하.

10 앙토냉 아르토, 『잔혹연극론』, 박형섭 옮김, (서울: 현대미학사, 2000), 59쪽: "공간의 시는 무대에서 사용될 수 있는 모든 표현수단들의 양상을 지닌다. 가령 음악이나 춤, 조형, 판토마임, 무언의 몸짓, 제스처, 억양, 건축, 조명, 무대장치 등을 포함한다. (이 표현수단들이 예술의 고정된 형태를 긴박하고 역동적인 형태로 대체시키기 위하여 무대가 제공하는 모든 물리적이고 직접적인 가능성을 이용할 수 있는 경우, 그 수단들은 시적으로 변한다 […].)"

11 키스터 1997, 163쪽 참조; Piers Vitebsky, *Schamanismus. Reisen der Seele, Magische Kräfte, Ekstase und Heilung*, (Köln: Taschen, 2001), 80쪽 참조.

을 갖는다.[12]

여기서 무당은 아르토가 말하는 이상적인 연극 연출가의 몫[13]을 완수하면서 "'우주의 보이지 않는 힘들을 정하고 들추어내며 통제'"하는 "'마술가'"가 된다.[14]

1.1.1.3. 기호성(Semiotizität, semioticity)의 측면

퍼포먼스가 갖는 세 번째 측면은 바로 기호성이다. 무대 위의 행위자나 오브제들은 일차적으로 행위자와 오브제 그 자체를 가리키는바, 바로 여기서 물질성이 나타나게 된다. 행위자를 비롯한 모든 무대 요소들이 갖는 자기지시성에 근거하여 관객의 지각은 무대의 특별한 몸성(육체성), 공간성, 소리성으로 향하게 되며, 물질의 고유성, 물질의 감각성에 집중하게 된다.

그러므로 하나의 퍼포먼스는 다른 곳에 이미 주어져 있는 의미를 옮기거나 전달하는 것이 아니라, 그 진행 과정에서 개별적인 참여자들에 의해서 비로소 '구성'되는 의미들을 만들어낸다. 공연에서 발생하는 의미들은 이런 뜻에서 '돌발[창발]적인 것'이라고 할 수 있다.

여기서 언급해야 할 것은 굿이 사용하는 연극적 언어이다. 모든 굿은 연

---

12 Fischer-Lichte 2003, "Theater als Modell für eine Ästhetik des Performativen", 102쪽 이하; Vitebsky, *Schamanismus*, 80~81쪽 참조.

13 아르토는 자신이 생각하는 이상적 연출에 관하여 「언어에 관한 네 번째 편지」(1933)에서 다음과 같이 밝히고 있다: "순수한 연출이란 물질적 수단들이 빽빽이 들어찬 공연은 차치하더라도 다양한 행동, 얼굴표정 놀이, 그리고 변화무쌍한 자세를 가지고 하는 놀이들을 수단으로 하여 또 음악을 구체적으로 응용함으로써 단어가 내포하는 모든 것을 포함하고, 게다가 이 단어마저 자유자재로 사용한다." Antonin Artaud, *Das Theater und sein Double. Das Theatre de Seraphin*, (Frankfurt a. M.: Fischer, 1987), 130쪽.

14 키스터 1997, 165쪽에서 재인용.

극의 공간 언어로 말하고 있다. 모든 굿은 살아 움직이는 "말과 제스처와 표현의 형이상학"[15]을 창조하고 "공간의 시"를 지향한다. 한국 무속 의례의 구체적이고 객관적인 연극 언어는 고유의 상징적 의의를 갖는 공간 이미지와 몸짓의 이미지를 통하여 참가자의 신체기관을 에워싸며 감수성을 고양시키거나 마비시키면서 신앙 공동체에 전화(轉化)의 힘을 행사한다.[16]

다시 말해, 굿이 사용하는 언어의 원천은 의도라든지 한정된 해석에 선행하는 "주술의 언어"[17]이다. 굿은 다층적이고 모호하며 심지어 자기 모순적인 언어로 말하고, 성숙한 신앙으로 굿 공동체의 복잡한 영적 세계를 정화하고 객관화하며 자각케 하는 힘을 드러낸다. 무당은 이 모든 일에서 솜씨 좋은 연극예술가로 나타난다.[18]

이때 관객의 지각은 한편으로 무당의 현상적 몸, 공간의 분위기, 사물의 황홀경에 대한 초점과, 또 다른 한편으로 행위자의 기호학적 육체, 공간과 물체의 상징에 대한 초점 사이를 끊임없이 왕복 운동하면서 지속적으로 의미를 직접 만들어내고, 이는 다시금 역동적인 지각 과정에 영향을 미친다.[19] 그 지각 과정에서 인지된 것이 무엇인지, 그리고 어떠한 의미들을 생산할 것인지는 점점 더 예측할 수 없는 것이 된다.

1.1.1.4. 심미성(Ästhetizität, aestheticity)의 측면

퍼포먼스의 변별적 자질 가운데 네 번째는 공연의 심미성이다. 퍼포먼

---

15 아르토, 132쪽.

16 키스터 1997, 169쪽.

17 아르토, 134쪽.

18 키스터 1997, 169쪽.

19 Fischer-Lichte 2003, "Theater als Modell für eine Ästhetik des Performativen", 107쪽.

스의 특징은 '사건성'(eventness)을 통해서 드러난다. 생리적, 정서적으로 발생하는 관객의 반응과 다시금 이 반응이 행위자와 그리고 다른 관객에게 미치는 영향은 공연할 때마다 매번 다르게 형성된다. 이런 의미에서 퍼포먼스는 '사건'으로서 이해된다.[20]

이와 함께 사건으로서의 퍼포먼스는 모든 참여자, 특히 관객들의 위치를 규칙, 규범, 질서들의 '사이'로 옮겨다 놓는다. 이는 관객들을 경계(border) 상황에 위치하게 한다는 것이다. 퍼포먼스가 불러일으키는 특별한 경험방식은 리미널리티의 경험이라는 특수한 형태로 이해할 수 있는데, 예술적 공연의 경우에는 이를 '미적 경험'이라고 부른다. 이 '미적 경험' 속에서 관계들이 타결되고 권력분쟁이 투쟁 끝에 해결되며, 공동체가 형성되고 다시 해체된다.

이를 굿의 예를 통해 설명하면, 별신굿은 공동체가 몸담고 있는 세계를 세속과 현신(顯神, hierophany), 희극과 숭고, 잔혹성과 위안, 신화적 놀라움과 성숙한 종교 신앙 등이 혼재하고 교차하는 곳으로 표현한다. 그리고 대립자 간의 화해와 이질적이고 다원적인 것의 의식적 통합을 유연한 즉흥성과 무계획적이고 마법적인 방식으로 이루어냄으로써 공동체 의식을

---

20 이런 맥락에서 피셔-리히테는 공연에 대한 관객의 해석학적 이해는 더 이상 불가능하다고 단언한다. 또 공연이 끝난 후에 이루어지는 관객의 이해 시도는 수행적인 것의 미학의 과정에 속하지 않으며, 미적 경험은 공연이 끝남과 함께 종결된다고 주장한다(Fischer-Lichte 2004, Ästhetik des Performativen, 270쪽.). 반면에 레만은 모든 미적 경험은 양극성을 지닌다고 주장한다. 그 하나는 '돌발적으로' 현존과 마주하는 것으로, 여기에는 모든 혼란과 모호함이 포함되어 있다. 다른 하나는 이러한 경험들을 사색하며 사후(事後)에 기억하는 것, 다시 말해 성찰하며 가공하는 것을 말한다. 이로써 레만은 심미적 경험이 감각적 지각에서 출발하여 사유적 성찰의 단계로까지 이행된다는 사실을 강조한다(Lehmann, 256쪽.).

고양하고자 한다. 피셔-리히테는 이 같은 수행적인 것의 미학에서는 감정의 생산과 경계(liminal) 상태의 초래를 서로 분리시켜 생각할 수 없다는 사실을 강조한다.[21] 이런 의미에서 퍼포먼스는 관객들에게 하나의 미학적이고 동시에 사회적이며 정치적인 과정으로 경험된다.

1.1.2. 굿의 미적 경험과 그 효과

굿은 인간의 길흉화복을 주재한다고 믿는 제신과, 현신(顯神)의 존재로서의 무인(巫人) 간의 교통을 통해 궁극적으로 이 과정에 참여하는 사람들의 변화와 상생, 해원(解冤)을 추구하는 의례라는 점에서 일차적으로 종교적 목적을 띠는 제의이다.

굿의 발단은 대체로 재가(齋家) 집의 우환에서 시작된다. 예컨대 오구 씻김굿은 우환이 망자의 원한에서 기인한다고 보고 이를 해결하기 위해서 마련된다. 즉 사고나 질병으로 인하여 망자가 저승 질서에 완전히 통합되지 못하고 이승을 떠돌면서 재가 집에 해악을 끼치는 경우가 발생했을 때, 산 자들은 이러한 망자를 조상신의 반열에 편입시키고 이를 통해 궁극적으로 집안에 안녕과 복락을 가져오고자 오구 씻김굿을 한다.

여기서 굿은 우선 신들을 대변하는 무인(巫人)에 의한 다양한 상징적 행동으로 나타나며, 따라서 모방을 통한 연극의 차원을 지닌다. 이러한 맥락에서 굿은 사람들이 경험한 사회적 사건들을 제의 구조로 통합시켜 재현하고 교정하는 제의적 사건이자 퍼포먼스로 기능한다. 말하자면 굿은 무엇보다도 종교적, 제의적 기능에 그 핵심이 놓여 있다고 할 수 있다. 그러나 이러한 원초적인 주술적 기능을 발휘함으로써 굿은 동시에 사회의 갈

---

21 Fischer-Lichte 2004, *Ästhetik des Performativen*, 310쪽.

등과 위기를 교정하고 통합하는 등 사회문화적 기능도 수행한다.[22] 이러한 변형 내지 변화에 관한 생각은 터너의 제의 연구, 특히 변화의 모델로서의 "리미널리티" 개념으로 거슬러 올라간다. 터너는 제의를 아놀드 판 게네프 (Arnold van Gennep, 1873~1957)의 "통과의례"(rites of passage)와 관련지어 전체 사회는 물론 각각의 개체들의 변화도 초래하는 특수한 단계로 이해한다. 다시 말하면, 제의는 분리(separation), 전이(轉移, transition), 통합(incorporation, reaggregation)이라는 세 개의 이행단계로 이루어진 행동의 수행 속에서 구성된다.

제의의 첫 번째 단계인 분리란 세속적 시공간과 분리된 신성한 시공간을 가리킨다. 그러나 이는 사원(寺院)으로 건너가는 것(Übergang) 이상의 것으로, "제의적 주체들을 그 이전에 그들이 속해 있던 사회적 층위로부터 분리시키는 것을 표현하는 상징적 행위 […]를 포함한다."[23] 게네프가 'limen'(문지방)이라고 부른 중간단계인 '전이'의 단계에서는 제의의 주체들이 "일종의 애매성의 시기와 영역, 즉 어떤 결과로 생긴 사회적인 지위나 문화적인 상태의 속성들을 거의 가지고 있지 않은 일종의 사회적인 중간상태(social limbo)를 통과"한다. 세속적 시공간으로의 '재통합' 혹은 '통합'이라는 세 번째 단계는, 제의적 주체들이 전체 사회 속에서 상대적으로 새롭고 안정되고 분명한 위치로 되돌아감을 나타내주는 상징적인 현상들과 행동들을 포함한다. 이 마지막 단계는 대개 어떤 향상된 지위, 즉 문화적으로 이미 형성되어 있는 삶의 도정에서 좀 더 고양된 단계를 표상한다.[24]

터너는 이 같은 게네프의 이론을 원용하여 현대의 연극을 산업사회 이

---

22 이영금,『해원과 상생의 퍼포먼스. 호남지역 巫문화』, (서울: 민속원, 2011), 241쪽 참조.
23 빅터 터너,『제의에서 연극으로』, 이기우, 김익두 옮김, (서울: 현대미학사, 1996), 40쪽.
24 터너, 40쪽 이하, 209쪽.

130   포스트드라마 연극의 지각방식과 관객의 역할

전의 제의가 행한 역할을 대행하는 일종의 후계자로 간주하였다. 그는 모든 정치 · 경제 · 사회 체제는 스스로의 사회공동체를 '반영'하고 '반성'하는 고유의 문화 혹은 독특한 미학적 형태를 가지고 있다고 보고, 이를 인류학적 용어로 "사회극"(social drama)이라 칭하였다.[25] 그에 의하면 "삶의 드라마"[26]인 사회극은 사회의 유지를 위해 두 가지 기능을 수행하는데, 어떤 그룹이나 공동체의 소속원을 화해와 정상으로 회귀시키는 기능이 하나이고, 다른 하나는 사회 문제의 고칠 수 없는 분파나 분열을 확인시키는 것이다.[27]

이러한 사회극에는 크게 위기제의(life-crisis ritual)와 고난제의(ritual of affliction), 두 가지 종류가 있다.[28] 우선 '위기제의'로는 성인식이라든가 장례식 등을 들 수 있다. 이런 사회극은 인생의 크나큰 변화의 계기를 맞을 때 주위와의 극적인 변화를 본인과 타인에게 모두 주지시켜 극단적인 상황이나 분열을 예방하는 효과가 있다. 반면에 '고난제의'는 인생의 불행을 맞아 행하는 제의로서, 해원과 치유 효과를 의도하는 기복(祈福) 제의가 여기에 해당한다.

터너는 다시 사회극을 "위반(breach) · 위기(crisis) · 교정행동(redressive action) · 재통합 혹은 분열"(reintegration or schism) 등과 같이 네 단계로 나누어 설명하였다. 이러한 내용을 오구 씻김굿을 예로 하여 설명하면 다음과 같다.[29]

---

25 터너, 101~146쪽, 특히 129쪽 이하 참조.
26 터너, 113쪽에서 재인용.
27 터너, 113~146쪽 참조.
28 터너, 115~129, 208쪽 이하 참조. 이미원, 『연극과 인류학』, (서울: 연극과인간, 2005), 38쪽 이하 참조.
29 이영금, 242쪽.

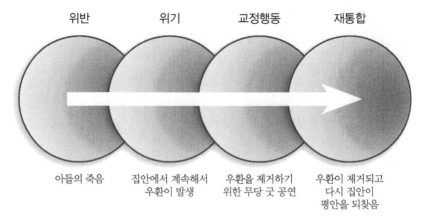

위반	위기	교정행동	재통합
아들의 죽음	집안에서 계속해서 우환이 발생	우환을 제거하기 위한 무당 굿 공연	우환이 제거되고 다시 집안이 평안을 되찾음

〈도표〉 빅터 터너의 '사회극' 모델 4단계

위의 도표에서 보듯이, 일차적으로 아들의 예기치 못한 죽음이라는 상태에 직면하여 구조적인 질서와 규범이 지배하는 일상적 차원의 삶에 일종의 '위반'이 일어난다. 위반 뒤에는 '위기'가 고조된다. 집안에 가족적 혹은 사회적 차원의 크고 작은 우환이 계속해서 발생하게 된다. 위반이 더이상 전염병처럼 만연되지 않고 또 위기를 해결하기 위하여 어떤 교정 기구(redressive machinery)가 도입된다.

씻김굿은 위반과 위기에 직면한 현실 세계의 '문지방'을 넘어 일상의 규칙, 제도, 관습, 법칙 등으로부터 해방되어 모든 것이 가능한 '중간 상태'에서 이루어진다. 즉 굿은 기존의 진리와 규범과 제도를 일시적으로 해체하는 일종의 '카니발'이므로 "반(反)구조"[30]의 성격을 지닌다. 때문에 삶의 문제에 관한 새로운 해결의 가능성을 탐색할 수 있다. 요컨대 리미널리티는 "가능성이나 잠재적인 힘으로 가득 차 있으며, 또 거기에는 '실험'과 '유

---

30 터너, 46, 210쪽.

희'가 넘쳐흐르"는[31] 전이성의 영역, 즉 완전한 이상적 공동체를 가리키는 "코무니타스"(communitas)[32]의 세계이다.

일상적 현실에서 제2의 현실인 "가정법적인 시간·공간"[33]으로 옮겨가는 리미널리티 체험은 우리 자신을 우리에게 비춰 보인다는 점에서 "반영적"(reflexive)이며, 우리 자신을 들여다봄으로써 우리 자신에 대한 의식을 일으킨다는 점에서 "반성적(reflective)"일 수 있다.[34]

이리하여 퍼포먼스는 인식론적으로 자신과 문화와 타자를 보다 완벽하게 체험하고 이해하는 방식이 될 수 있으며, 그 반성 행위의 결과는 의식과 정서의 변화로 나타난다. 우리가 굿을 포함한 다양한 문화적 퍼포먼스를 통하여 정체성이나 사회구조에 대해 새로운 모델이나 패러다임을 구할 수 있는 길도 여기에 있다.

1.1.3. 원형연극(Urdrama) 굿의 수행적 미학

그렇다면 21세기에 왜 새삼스럽게 굿에 주목하는가? 또 연극학이 퍼포먼스 연구로 바뀌어야 하는 이유는 무엇인가? 서두에서 이미 언급한 바와 같이, 굿은 서구의 희곡 중심의 연극 형식에서 벗어나 있다는 이유만으로 국내에서는 연극학의 연구 대상으로 간주되지 않고 도외시되기 일쑤였다. 그러나 이것은 희곡문학을 '연극'(the theatre)의 기본 전제로 이해해온 유

---

31 터너, 208쪽.

32 '코무니타스'의 개념에 대한 설명은 터너, 75~99, 213쪽 참조.

33 터너, 210쪽.

34 터너, 124, 126, 234쪽 이하 참조. 퍼포먼스가 우리로 하여금 삶 자체에 대해 설명 또는 해석하게 하고, 삶의 문제를 제기하여 사색과 비판의 시간을 가질 수 있게 하는 것은 "전이적 반성성"(liminal reflexivity)에 의한 것이다.

럽 중심적 사고가 빚어낸 폐해로서, 연극에 관한 서구의 생산미학적, 작품 미학적, 기호학적 담론을 한국의 연극학계가 답습한 데서 기인한다. 그 결과 지금까지 제의나 연극과 같은 퍼포먼스에서의 체험은 주로 작가나 연출가에 의해 의도된 상징적 표현에 대한 해석이나 이해에 그치는 경우가 대부분이었다.

그러나 20세기 후반부터 '탈계몽', '반계몽'과 같은 '계몽의 변증법'의 양상이 더욱 두드러지면서 예술과 학문의 토양을 이루는 문화 환경 자체의 패러다임이 바뀌기 시작하였다. 그리하여 오늘의 문화는 '수행적 전환' 이후로 의미와 정신, 로고스(이성)와 재현에서부터 몸(행위), 수행성, 감성과 현존으로 그 강조점을 옮겨오면서, '수행적인 것'을 통한 "세계의 재마법화"(reenchantment, Wiederverzauberung)[35]가 소위 "새로운 계몽주의"[36]로 대두하고 있다.

이런 정신사적 시대배경에 비추어볼 때 한국 연극학이 그 연구 대상으로 삼아야 할 주제와 쟁점도 기존의 희곡 중심의 연구 시각이 텍스트 해석과 상징기호의 분석에 몰두하느라 소홀히 해온 '공연' 자체에 대한 탐구와 분석으로 전환되어야 한다. 이러한 퍼포먼스 연구의 관점을 견지한다면, 공연(퍼포먼스)의 연극적 체험에 대한 분석과 논의는 당연히 생산자와 수용자 간의 신체적 공동 현존에 기반한 지각과 물질적 수행 과정에 초점이 맞춰져야 한다. 말하자면 이 같은 수용미학적, 물질미학적, 영향미학적 연구시각을 생산미학적 관점과 함께 동시에 도입할 때 비로소 퍼포먼스로서의 굿에 대한 새롭고도 공정한 학문적 조명을 할 수 있다.

---

35 Fischer-Lichte 2004, *Ästhetik des Performativen*, 316쪽.

36 Fischer-Lichte 2004, *Ästhetik des Performativen*, 362쪽.

굿[제의]과 연극의 관계를 연구·조사한 E. T. 커비는 『원형드라마』(Ur-drama)에서 연극의 기원이 샤먼 의식(儀式)에 있다고 주장한다. 그에 의하면 샤먼 의식이란 "신령(神靈)이 매개자, 곧 샤먼을 통해서 말을 하고 그의 행동마저 결정하는 무아경 속의 신들림"을 그 특징으로 하는 의례이다. 그리고 커비는 이 같은 의식이 초자연적 존재를 상징적으로 형상화하기보다는 "즉각적이고 직접적으로 관객에게 현시(顯示)한다"는 점에서 토착적인 고유의 연극적 경향을 띠고 있다고 주장한다.[37]

굿을 희곡 혹은 그것의 상징적 재현에 대한 기호학적 해석 대신에 특별히 수행성과 수행적인 것에 초점을 맞추는 퍼포먼스 연구의 관점에서 조명할 수 있고 또 조명해야 하는 근거도 바로 여기에 있다. 말하자면 굿은 참가자(관객)들이 무당의 연출하에 진행되는 물질적 수행과 지각의 과정에 참여함으로써 마침내 변화(치유와 화해)의 체험을 할 수 있는 공연이기 때문이다. 즉, 굿은 언어 텍스트(무가)의 재현이나 그 의미의 전달 대신, 신체적이고 물질적인 체현과 수행에 의해 심리적 동질화 체험을 유도한다. 또한 굿은 그로써 퍼포먼스에 참여한 사람들을 감각적, 육체적, 정서적으로 전염시키고 영향을 미치는 원시적 연극언어의 생명력이 살아 있는 "마술과 제의"[38]의 미학적 작용방식을 사용한다.

굿에서 구현되는 수행성은 신과의 접속 후 무당이 펼치는 춤, 음악, 리듬, 장단, 움직임, 표정, 소리, 호흡, 밀도, 에너지 등을 참여자가 지각하고 물질적, 생리적, 정서적으로 반응하는 가운데 일어난다. 퍼포먼스로서의 굿은 신령들이 현세에서 활동하고 있다는 믿음을 바탕으로 하고 있으며

---

37 키스터 1997, 107쪽에서 재인용.

38 아르토, 134쪽.

자연, 가정, 노동과 놀이, 무당의 삶, 그리고 출생, 질병, 불화, 죽음과 같은 가족의 위기들을 신령과 실제로 만나는 신성한 장(場)으로 간주한다.

그 결과 굿의 수행적 과정에 직접 참여한 사람들은 '사회극'에서처럼 "분리-전이-통합"의 세 단계를 거치면서 전이성과 변화를 체험한다. 이로 인한 정화(淨化)와 치유의 효과는 일찍이 그리스 비극을 포함하여 모든 퍼포먼스가 지향하는 궁극적 목표이다. 굿은 극적 갈등과 위기상황의 극복 내지 해결을 통해 보다 증진된 자기인식과 고양된 삶을 희구하고자 하는 인간의 근원적 욕망과 충동에서 이루어진다. 이런 의미에서 굿은 '삶을 위한 드라마'이고, '삶의 드라마'라고 할 수 있다.

1.2. 리 브루어의 몸연극 〈인형의 집〉의 수행적 미학

1.2.1. 리 브루어의 연극언어: 현상학적 몸의 물질성

미국의 마부 마인즈(Mabou Mines) 극단이 한국에서 초청공연을 가진 〈인형의 집〉(Dollhouse, 2008. 4. 3~6, LG아트센터)의 원작은 여성주의에 관한 이른바 '현대의 고전'으로 여겨지는 작품이다. 사실주의 문학의 대표작 가운데 하나인 입센의 희곡 〈인형의 집〉(A Doll's House)이 한 세기를 훌쩍 뛰어넘은 우리 시대에 또 다시 무대화될 때 관객의 관심은 의당 이 희곡이 과연 어떻게 재해석되고 또 우리 시대의 리얼리티를 담기 위하여 어떤 양식을 택하는가에 향하게 마련이다.

이 공연의 연출을 맡은 리 브루어(Lee Breuer, 1937)는 위와 같은 이상적 관객의 질문에 다가가기 위해 파격적인 연출을 시도하였다. 브루어는 19세기 빅토리아 시대의 가정을 기이한 인형의 집으로 바꿔놓고, 미니어

처 가구들로 채워진 무대는 앞으로 전개될 사건의 억압적 상황을 시각화
한다. 그러나 무엇보다도 특출한 점은 모든 남성 역할을 왜소증의 소인(小
人)으로 캐스팅한 사실이다. 연출자는 여기서 무엇보다도 몸, 그 가운데서
도 남녀 배우들의 몸에서 대비적으로 드러나는 물질적 현상성을 가장 중
요한 미학적 코드로 사용한다. 뿐만 아니라 이 공연은 실제 무대 위에 또
하나의 미니어처 무대를 세워 등장인물들이 그 안에서 연기하게 함으로써
남녀 등장인물, 특히 노라와 그의 남편인 토어발트가 벌이는 실제 무대 위
에서의 역할 수행이 하나의 연극이요, 연기로 비치게 한다.

이 장에서는 어떠한 무대언어(무대미술, 연기, 의상 등)와 연출적 실험
을 통하여 사실주의 연극의 관습이 해체되고 수행적 미학이 전경화되는
지, 또 남녀간 신체 크기의 역전(逆轉)을 통해 표현되는 공연적 함의와 성
(젠더)의 정치학은 무엇인지 살펴보고자 한다.

공연이 시작되기 전 객석에 들어서는 관객들은 무대세트와 조명장치가
여기저기 흐트러져 놓여 있는 광경과 맨 먼저 마주한다. 이윽고 공연이 시
작되면 붉은 커튼이 천천히 드리워지면서 무대 왼편 앞부분에 중국계 여
성으로 보이는 피아노 연주자가 등장한다. 이 여성은 관객에게 무대 인사
를 함으로써 관객들에게 연극 관람의 행위에 대한 의식을 다시금 일깨운
다. 〈인형의 집〉 공연의 이와 같은 시작 부분은 "우리가 보게 되는 것이 하
나의 연극"임을, 다시 말해 리 브루어의 〈인형의 집〉은 처음부터 일종의
'극중극'(play within the play)이고 메타연극에 다름 아님을 관객에게 상기
시키는 효과를 갖는다.[39] 이는 검은 작업복 차림의 무대 스태프들이 등장

---

39 지혜, 「마부 마인의 〈인형집〉(Dollhouse) 공연 분석.–연극성과 수행적 성별(performative
gednder)의 전경화(foregrounding)」, 『한국연극학』, 36(2008), 한국연극학회, 175~198쪽
중 177쪽.

하여 장난감과도 같은 접이식 세트를 무대 위에 설치하는 것으로 더욱 분명해진다. 그리하여 이 작고 취약하고 불안한 세트 안에서 살아가는 토어발트와 노라의 가정은 사회문화적으로 구성되고 강요된 성 역할을 수행하는 일종의 연극 놀이의 공간으로 화(化)하게 된다.

리 브루어는 배우의 현존하는 독특한 몸성(corporeality)을 핵심적인 연극언어로 사용한다. 그는 특히 남성 배우들을 모두 소인으로 캐스팅한다. 이러한 캐스팅으로 인한 남녀 키의 차이는 비단 물리적인 크기의 차이만을 가리키는 것이 아니다. 왜소증의 남자 배우와 키 큰 여자 배우 사이에 존재하는 신체적 불균형은 기존의 가치를 전복시키는 놀라운 힘을 발휘한다. 브루어는 남녀 배우의 키 차이로 남성 인물들의 보호자적 태도와 권위적 남성성을 '시각적으로' 무력화시킨다.

마부 마인즈, 〈인형의 집〉(photo by LG Arts Center)

〈인형의 집〉에 등장하는 남자 배역들, 즉 은행장이 된 토어발트를 비롯해, 같은 은행의 직원이었던 크록슈타트, 그리고 랑크 박사는 현상적인 왜소한 몸과는 달리 전통적인 남성의 권위적 상징을 여전히 유지하고자 애쓴다. 그러나 이때 관객의 관심은 그들이 내던지는 대사의 기호학적 의미보다, 오히려 무대 위에 현존하는 그들의 현상학적 '몸' 자체가 주는 전언(자기-지시성, self-referentiality)에 향해 있다. 가부장적 사회와 가정에서 이들이 실제로 드러내 보여주는 왜소한 몸은 어떤 대사를 하기 이전에 우선 균형을 잃은 그 현존만으로도 벌써 관객에게 우스꽝스러움과 생소함 그리고 그로테스크한 분위기를 연출한다. 게다가 토어발트가 생계 부양의 책임자로서, 사회물정에 어둡고 낭비벽이 심한 노라를 계도하고 길들이는 권위자로 군림하며 노라 앞에서 남성적 권위와 위엄을 늘어놓을 때, 다시 말해 그의 말이 어린아이처럼 작은 몸과 정면으로 부딪쳐 모순성을 나타날 때는 엄청난 극적 아이러니와 생경함이 산출된다. 그를 비롯한 남성 배우들은 작은 몸으로 남자들의 허장성세와 위선과 불안감, 잔인성과 야비함 그리고 허약함을 그대로 드러낸다.

그렇다면 여성 배우의 경우는 어떠한가. 노라와 친구 크리스틴, 그리고 유모 역할을 맡은 배우들은 하나 같이 키가 큰 보통의 여배우들이다. 키가 작은 남성에게 맞추어진 가구들과 공간을 사용하기 위해서 여성 인물들은 무릎을 꿇고 기어 다니거나 허리를 굽히고 몸을 웅크려야 한다. 키가 큰 노라는 남편 토어발트가 머리를 쓰다듬을 수 있게 자신의 실제 키를 숨기고 앉아서 높이를 맞춰준다. 게다가 남성과의 관계에 있어서 노라는 그녀의 큰 키에 걸맞지 않는 과장된 연기와 더불어 고음의 콧소리를 내는데, 이는 남성 우월주의의 사회에 적응하여 살기 위해 자신의 감정을 철저히 감추고 가장하는 것에 다름 아니다. 이런 관점에서 볼 때 인형의 집에서는 '연극이 일상화'되어 있다고 할 수 있다. 이와 같이 인형의 집에 속해 있는 이른바 "탈자연화"(denaturalization)[40]된 인물들이 만들어내는 기괴하고 생소한 '공간성', 즉 '분위기'는 그것을 지각하는 관객에게 마침내 극중 현실에 대해 거리두기를 통한 사유를 유발한다. 말하자면 인형의 집의 극중 현실을 관객 개개인이 자신의 현실과의 관계 속에서 바라보게 하는 것이다. 따라서 극중 현실은 새로운 물질성의 언어(몸성과 음색, 어조 등)를 통하여 관객의 현실 속으로 다가오면서 그 영향력을 발휘한다. 이것은 정서적 · 물질적 지각과 성찰적 · 사유적 지각이 하나로 융합되어 관객에게 지각의 경계 너머로 새로운 인식을 촉발하는 미적 경험의 과정을 말하는 것이다.

부연하자면, 몸성(몸이 갖는 물질성)뿐만 아니라 극중 인물들이 구사하는 말(대사)도 그들의 현상적인 몸과 함께 독특한 물질성을 형성하면서 기호의 내용(기의) 자체를 낯설고 우스꽝스러운 것으로 만드는 데 일조한다. 예를 들면 키가 큰 노라가 남편 앞에서 내는 애교어린 음성은 그 자체로 소리의 물질성(음색)을 갖는데, 이때 목소리와 커다란 몸이 빚어내는 부조화는 말의 내용 자체를 생소한 것으로 만든다. 이는 남성 인물의 경우도 마찬가지다. 토어발트의 음성이 지닌 무게와 권위는 물질성으로 작용하지만 그의 작은 몸과 어울리지 못하면서 어색하고 생소하게 다가온다. 이와 같이 극중 인물들의 대사에서는 기표가 기의를 낯설고 그로테스크하게 만들면서 말의 내용 자체가 확정되지 못하고 그저 부유하는 물질처럼 관객에게 생경하고 그로테스크하게 느껴진다.[41]

공연의 종반에 이르러 노라가 가출을 하는 장면에서는 새로운 반전이

---

40 지혜, 176쪽.

41 심재민, 『연극적 사유, 예술적 인식』, 심재민 연극평론집, (서울: 연극과인간, 2009), 447쪽 참조.

일어난다. 즉 여태껏 '인형−아내'(doll−wife)로서 시종 애교와 굴종적인 자세를 취해왔던 노라가 마침내 큰 키의 몸을 펴고 남편 앞에서 당당하게 자유와 독립을 선언한다. 이때 노라 역을 맡은 배우 머드 미첼(Maude Mitchell)의 얼굴표정은 이전과 다르게 자신감에 차 있고 목소리도 고음에서 중저음으로 바뀐다. 게다가 노라는 남성 중심의 가부장 사회가 그녀에게 부과해온 억압과 구속을 표상하는 가발과 옷을 벗고 알몸을 드러내는 행위로 자신의 홀로서기 선언에 마침표를 찍는다. 여기서 배우 미첼의 엄숙한 목소리, 삭발한 머리, 벗은 몸은 기존의 '여성성'에 대한 기대를 배신하며 위협적인 에너지와 분위기(아우라, 카리스마)를 발산한다. 반면에 집을 떠나려는 노라를 붙잡기 위해 토어발트의 음성은 오히려 애원하고 매달리는 특징을 보이면서, 그동안 인형의 집에서 군림하며 지배력을 발휘해온 권위적인 남성성이 실제로는 허약하기 이를 데 없는 껍데기이고 가장이며 그야말로 단련된 '연기'에 불과한 것이었음을 드러내 보인다.

결국 브루어의 〈인형의 집〉은 여성이 '아내'와 '어머니'의 의무를 지는 한에는 사회적으로 굴종적인 삶을 살 수밖에 없고 자율적인 개인이 될 수 없다는 의식을 관객들에게 통렬하게 고취시키고 있다. 그는 원전의 내용을 크게 바꾸거나 해체하지 않고 몸과 물질성을 전경화하는 새로운 연극적 선택과 장치들로 고전에 담긴 전언을 우리 시대에 걸맞게 업데이트하고 있다.

1.2.2. 〈인형의 집〉—몸 중심의 메타연극

이번 공연의 연출은 오늘의 연극이 관객과 어떻게 소통해야 할 것인가, 여전히 드라마 대본의 언어적 재현에 치중하는 화술 중심의 연극적 작용방식을 답습할 것인가, 아니면 우리 시대의 새로운 지각방식에 걸맞게 끊임없이 소통방식의 변화를 추구할 것인가 하는 공연미학적 질문을 우리에게 제기한다.

새로운 공연양식의 발견은 연극에서 관객의 기능과 위치를 새롭게 규정하려고 하는 연출가들에 의해서 그때마다 이루어져왔다. 19세기 말에 유럽에서 언어의 타락과 위기가 회자되면서 언어 외적 연극기호들을 적극 개발하고, 나아가 당시 기술매체의 총아였던 영화와의 경쟁구도 속에서 이 매체가 갖는 특징까지 공연에 도입하기 시작한 것도 달라진 시대상황 속에서 어떻게 관객에게 더 잘 다가가고 이들을 능동적 주체로 움직이게 할 것인가에 대한 답을 찾는 과정의 일환이었다.

연출가 리 브루어는 〈인형의 집〉 공연에서 관객들로 하여금 신체상의 불균형을 드러내는 배우들의 무대 현존에 대하여 시종 심리적·정신적 부담과 육체적 불편함을 안고서 무대 사건의 실제를 경험하게 한다. 뿐만 아니라 그는 피아니스트가 라이브로 연주하다 무대 위를 이동하게 한다든가, 공연의 하이라이트인 마지막 장면을 오페라 무대로 만들어 배경세트인 객석의 인형들은 물론 바로 앞 객석의 관객들마저도 무대 사건(노라와 토어발트)의 공동 증인이 되게 함으로써 극적 환영(幻影)을 철저히 차단한다.

결국 이 같은 연출이 노리는 목표는 관객을 무대 사건의 줄거리를 단순히 머리로 따라가며 재구성하는 종래의 수동적 수용자에서, 온몸의 감각기관을 통해 직접 반응하고 체험함으로써 공연의 생산 과정에 참여하는 '공동 생산자'의 위치로까지 격상시키기 위함이다. 브루어가 택한 연출 컨셉트에는 궁극적으로 왜소증 행위자들의 물질적 현존을 통해 관객을 도발하고 그들의 종합감각과 사유능력을 활성화하려는 뛰어난 수행적 영향 전략이 숨어 있는 것이다.

현대의 고전인 〈인형의 집〉이 담고 있는 사유세계를 어떻게 하면 관객의 감관과 뇌리 속에 오래도록 기억시켜 반추하고 성찰하게 할 것인가. 낯익은 고전작품을 연출할 때 우리 시대의 관객에게 '자동적으로' 또 인습적으로 인지되는 나머지 극장 문을 나서는 순간 기억 속에서 쉽게 용해되어 폐기처분되지 않게 하기 위해서는 어떤 컨셉트를 세워야 할 것인가. 이 같은 질문에 대하여 브루어가 〈인형의 집〉에서 찾아낸 답은 몸성과 물질성을 전면에 부각시키면서 관객에게 지각의 단계와 인식의 단계를 동시에 활성화시키는 것이다.

몸은 연극과 무용을 포함한 공연예술에서 가장 중요한 표현의 매체이다. 그러나 포스트드라마 연극에서는 몸을 의미 전달의 수단으로 사용하는 대신에 몸의 물질적 자립성과 감각적 이미지를 강조한다. 종래의 드라마 연극에서는 연기자의 몸이 텍스트의 의미를 재현하는 수단으로 주로 사용되어왔다면(기호학적 몸), 포스트드라마 연극에서는 신체의 현존과 움직임 그 자체가 행위(기표)이자 내용(기의)이 된다(현상학적 몸). 연기자의 몸은 의미 작용을 위한 기표로서 작용할 뿐만 아니라, 리듬이나 분위기, 박자 등을 만들어내기도 한다. 텍스트와 음악이 후퇴하고 몸과 움직임이 부상하기 시작한 포스트드라마 연극 시대에 〈인형의 집〉은 "의미를 표현하는 것이 아니라 에너지를 표출하며, 에피소드가 아니라 행위를 체현"한다.[42] 몸의 물질성과 신체적 역전의 전략을 적절히 구사하며 관객을 정서적 지각에서 시작하여 이성적이고 사유적인 성찰로까지 이끌고 있는 리브루어 연출의 〈인형의 집〉은 궁극적으로 연극에 대한 '자기반성'이란 점에서 메타연극이자 포스트드라마 연극이라 할 수 있다.

---

42 Lehmann 1999, 371쪽.

1.3. 토마스 오스터마이어의 〈햄릿〉(베를린 샤우뷔네)의 수행적 미학

1.3.1. 드라마투르기 작업을 통한 원작의 재문맥화

2010년 가을 서울에서 열린 제5회 세계연극올림픽의 일환으로 공연된 초청작 〈햄릿〉(베를린 샤우뷔네, 9.29~10.1, 남산예술센터)은 원작 드라마에 대한 극작가 겸 드라마투르크인 마리우스 폰 마이엔부르크(Marius von Mayenburg, 1972)의 각색을 토대로 연출가 토마스 오스터마이어(Thomas Ostermeier, 1968)에 의해 새롭게 탄생된 공연이다. 일찍이 에른스트부쉬연극대학에서 브레히트의 제자였던 만프레트 카르게(Manfred Karge)의 가르침을 받은 오스터마이어는 졸업과 동시에 베를린 소재의 도이체스 테아터(Deutsches Theater) 산하 바라케 소극장(Baracke)의 예술감독으로 발탁된다. 여기서 그는 당시 통일 이후 침체기에 빠져 있던 독일 연극계에 활기를 불어넣고자 해외 신진작가들의 작품을 연출하여 소개하는 한편 고전 희곡작품들을 독일의 현실에 맞게 새로이 해석하고 각색하는 등 동시대 관객을 위한 다양한 양식의 공연들을 무대에 올렸다. 현재의 관객과의 호흡을 중시하는 그의 이 같은 연출 경향은 1999년 샤우뷔네의 공동 예술감독으로 자리를 옮기고 난 후에도 지속되어 2010년 서울에서 공연된 〈햄릿〉[43]에서도 그대로 나타난다.

마이엔부르크와 오스터마이어는 〈햄릿〉의 각색 및 연출 과정에서 원작의 주요 사건과 극중 인물들을 압축하긴 하되 원 텍스트를 크게 벗어나거나 훼손하지 않는다. 오스터마이어에게 고전작품은 레이몬드 윌리엄즈가 말하는 시대의 '감정구조'(structure of feelings)를 자세히 탐구하는 수단으

---

43 이 공연은 2008년 7월 그리스 아테네와 프랑스 아비뇽 연극페스티벌에서 초연됨.

로서, 〈햄릿〉에서도 자신을 둘러싸고 있는 글로벌 자본주의 사회의 탐욕과 경쟁에서 소외된 자들에 대해 새로운 해석을 가한다. 이렇게 해서 얻어지는 드라마투르기상의 새로운 아이디어와 원작의 재문맥화는 이 세상에서 변화와 행동을 요청하는 연극을 향한 연출가의 욕망과 연결된다. 오스터마이어는 단편화(斷片化)되지 않은 내러티브를 제공하면서 정치적 태도나 행동을 요구한다. 하지만 그것의 무대 형상화에 있어서는 자연주의적 재현이나 표피적 충격효과, 연극적 스펙터클을 지양한다는 점에서 그의 연극은 '새로운 리얼리즘'(neo-realism) 연극으로 자리매김된다.

이 〈햄릿〉 공연은 "살 것인가 죽을 것인가, 이것이 문제로다." 라는 햄릿의 유명한 독백으로 시작한다. 특히 이 독백은 공연 전체에서 세 차례나 반복이 된다.[44] 자신의 부왕을 살해한 숙부에 대한 복수의 결과가 자신에게 가져올 미지의 죽음에 대한 두려움이 고스란히 표출되는 이 독백이 세 차례나 되풀이되는 까닭은 무엇인가? 이는 이 독백이 인간 고유의 존재론적 문제, 즉 죽음과 삶의 갈등에 관한 보편적 성찰을 담고 있으면서 이후 벌어지는 햄릿의 극적 행동 일체를 추동하는 근원적 동력으로 작용하기 때문이다.

이처럼 라이트모티프(Leitmotiv)로 기능하는 위의 독백과 함께 마이엔부르크의 각색에서 눈에 두드러지는 점은 극중 인물들을 압축시켜 햄릿 역을 제외한 모든 배우에게 일인 다역을 맡김으로써 메타연극성을 강화하고 있는 점이다. 이는 셰익스피어 원작 텍스트에 내재하는 극중극의 구조와 더불어 '삶이 곧 연극'이라는 메타포를 더욱 극명하게 드러내고자 함에

---

44 맨 처음은 프롤로그에서 제시되고, 두 번째는 로젠크란츠와 길덴스턴과 만나는 장면(2막 2장)에서, 그리고 세 번째는 3막 1장에서 재연된다.

서 비롯한다. 스무 명 이상이 되는 극중 인물들을 고작 여섯 명의 배우가 맡아 할 수 있는 역할들로 압축한다는 것은 세상이 곧 역할놀이라는 연극적 행위로 이루어진다는 인식의 발로이다. 구체적으로 살펴보자면 햄릿은 궁정 신하들과 함께 처음 등장하는 클로디어스를 가리켜 "왕 노릇을 하는 삼류배우, 왕국을 강탈한 놈"이라는 대사로 그의 연극적 행위를 폭로한다. 이는 부왕의 복수를 위해 미친 사람으로 가장하고 오필리어에게 자신의 사랑을 부정하며 가혹하게 대하는 햄릿의 경우도 마찬가지다.

이러한 메타연극적 코드는 이 공연의 드라마투르크인 마이엔부르크가 삽입한 대중음악에서도 드러난다. 극중에서 햄릿은 독일 여가수 카티야 엡슈타인(Katja Ebstein, 1945)의 노래 〈연극〉(Theater)으로 연극에 대한 자신의 생각을 전한다: "연극, 연극, 커튼이 올라가면, 무대는 세상이 되지. 연극, 연극, 황홀하며 순간만이 있지."[45] 햄릿은 여인들이 벌이는 '연극적 행위'에 분노하며 오필리어에게 퍼붓는 대사(3막 1장)에서도 엡슈타인의 노래를 부른다. 대중가요의 노랫말로 햄릿은 극중 인물들의 가장과 위장으로 점철된 연극적 행위에 대해 코멘트를 하여 생소화 효과를 거둠으로써 관객들에게 비판적 사고를 불러일으킨다. 여기서 알 수 있듯이, 마이엔부르크의 언어는 지극히 대중적이고 동시대적이며 일상적이다.

마이엔부르크의 각색 텍스트에서 발견할 수 있는 동시대성은 여기서 그치지 않는다. 공연 시작과 동시에 객석에서 삐리릭… 전화벨 소리가 울려오자 햄릿은 호주머니에서 핸드폰을 꺼내들고 무대 구석에서 낮은 목소리로 "지금 바빠서 전화를 받을 수 없으니 나중에 전화할게요." 라고 대답한

---

45 이인순, 「공연 분석: 오스터마이어의 〈햄릿〉(프랑스 2008, 한국 2010)」, 『한국연극학』, 52(2014), 241쪽에서 재인용.

다. 그런가 하면, 자신이 곧 런던으로 보내지게 된다는 전갈에 "런던에는 늘 가고 싶었어. 보이프렌드와 호텔방에 있으면 뉴욕이 최고야"라고 말한 다. 여기서 핸드폰 사용과 또 동성애적 가능성을 내포하는 뉴욕의 호텔방에 대한 언급은 마이엔부르크가 고전희곡 〈햄릿〉의 시공간을 우리 시대의 현실 속에 재문맥화하기 위한 극적 장치이다.

동시대성을 강조하기 위한 노력은 일상의 비속어를 충격적으로 자주 사용하는 데서도 나타난다. 햄릿은 미친 사람으로 위장한 채 자신을 파멸시켜가면서 숙부인 클로디어스 왕과 어머니 거트루드를 비아냥거릴 때, 섹스하다의 비속어인 ficken과 vögeln, 음경의 속어인 Schwanz 등을 쏟아내며 이른바 90년대 후반 영국 연극과 이후 유럽 연극계에 많은 영향을 미친 '면전(面前)연극'(in-yer-face drama) 스타일의 육감적이고 폭력적인 언어를 구사한다.[46] 이와 같이 마이엔부르크의 드라마투르기 작업은 햄릿이 죽은 부왕의 억울한 죽음을 확인하기 위해 극중극을 벌이고, 확인 후에 복수를 하는 원작의 사건 진행을 크게 벗어나지 않으면서도 우리 시대의 '감정의 구조'를 표현하고자 짧은 에피소드적 장면과 콜라주 형식으로 텍스트를 재구성하고 있다.

1.3.2. 몸(성)과 물질성을 활용한 수행적 연출 전략

무대 디자인을 맡은 파펠바움(Jan Pappelbaum)은 남산예술센터의 극장에 정방형의 공간을 갖춘 트러스트 무대를 설치하고 바닥을 엄청난 양의 흙으로 채웠다. 이 무대공간은 크게 두 부분으로 나뉘는데, 뒷부분은 거

---

46 심정순, 「오스터마이어 〈햄릿〉: 몸, 감각, 이미지의 포스트모던적 미장센」, 『동시대 세계 연극의 연출미학』, 연극평론가협회 편, (서울: 푸른사상, 2010), 170쪽 이하 참조.

트루드의 결혼식 만찬이 거행되는 장소로서 폭이 좁고 길이가 긴 식탁이 이동 플랫폼 위에 놓인 채 관객을 향하고 있으며, 흙으로 덮인 무대 앞부분에는 죽은 선왕의 무덤이 위치하고 있다. 이는 원초적인 삶과 죽음의 대립구도를 극명하게 환유하는 기표로 읽힌다. 또한 무대 위에는 이 두 공간을 횡으로 가로지르는 은빛의 철제 프레임이 세워져 있고, 그 위에 쇠줄로 만든 커튼이 마치 발처럼 드리워진 채 앞뒤로 이동하며 무대 공간을 전면과 후면으로 구분한다. 이 쇠줄로 된 커튼은 햄릿이 비디오카메라로 찍는 극중 인물들의 실시간 영상 이미지를 비추는 스크린으로 사용되기도 한다.

햄릿은 처음 프롤로그 장면에서 자신의 얼굴이 스크린에 크게 투사되는 가운데 "살 것인가 죽을 것인가, 이것이 문제로다" 라는 대사를 한다. 뒤이어 식탁에 앉아 있던 배우들이 곧 바로 일어나 식탁 앞에 길게 드리워진 커튼(발)을 제치고 무덤이 있는 전면(前面) 공간으로 나온다. 배우들이 흙이 잔뜩 쌓여 있는 무덤 주변에 호스로 물을 뿌리면 햄릿, 거트루드, 클로디어스 등은 빗속에서 우산을 펴고 죽은 선왕을 땅에 묻는 광경을 지켜본다. 그런데 이 장면에서 관은 미리 파놓은 구덩이 속에 잘 들어가지 않는다. 관이 나뒹구는가 하면 무덤지기가 구덩이 속에 빠지고, 또 다른 배우들이 진흙 위에서 미끄러지기도 한다. 흙과 물과 사람이 한데 뒤엉켜져 진창에서 벌이는 이러한 광경은 지금 우리의 삶 자체가 마치 진흙의 물성처럼 무언가 일그러지고 어긋난 비정상적이고 부조리한 형국임을 감각적으로 표상한다.

주인공 햄릿은 마치 VJ처럼 비디오카메라를 들고 다른 등장인물들의 얼굴과 대사를 실시간 촬영하는데, 이는 곧 바로 커튼 스크린에 투사되어 관객에게 전달된다. 배우들의 대사와 움직임을 직접 지각하는 연극에서 실

시간 비디오 영상을 클로즈업하여 관객에게 동시에 제시하는 것은 극중
사건에 대한 공감각적 지각을 도와 관객의 상상력을 더욱 북돋을 뿐만 아
니라, 동시에 극중 사건에 대한 거리두기 효과(생소화 효과)도 산출하기
위한 연출 전략이다.

　이 공연을 몸성과 물질성이 강조된 수행적 미학의 한 전형적인 사례로
파악할 수 있는 근거는 무엇보다도 햄릿 역을 맡은 배우 라르스 아이딩어
(Lars Eidinger)의 연기에서 찾을 수 있다. 이 공연의 각색을 담당한 마이엔
부르크는 일찍이 "이 배우 자체가 이벤트이다"라고 말하며 이 공연의 특
별한 의미를 배우에게 돌린 바 있다. 마이엔부르크와 오스터마이어는 햄
릿을 캐스팅할 때 햄릿 역을 악한 인간들에게 에워싸인 지적이고 아름다
운 영혼의 소유자가 아니라, 아이딩어처럼 "고약하고 마구잡이로 행동하

베를린 샤우뷔네, 〈햄릿〉(ⓒLars Eidinger, photo by Arno Declair)

는 어린아이"로 설정하여[47] 햄릿 인물에 대한 기존의 해석을 탈정전화하고 전복한다. 햄릿은 더 이상 비극에 처한 기품 있고 고귀한 왕자로 무대에서 재현되지 않는다. 오히려 이와 반대로 배우 아이딩어의 뚱뚱한 몸이 현상적으로 체현하듯이 자신의 분노를 거침없이 발산하는 난폭하고 정서적으로 미성숙한 보통의 젊은이로 등장한다.

한편 오스터마이어는 공연의 시작부터 배우들의 몸성과 함께 흙이라는 소재를 무대공간을 구성하는 가장 핵심적인 요소로 사용한다. 다시 말하면 〈햄릿〉에서는 관객들이 몸과 흙, 물, 그리고 에너지, 폭력 등과 같은 감각적이고 즉물적이며 신체적인 물질성을 체험하는 것이 수행적 미학의 근간을 이룬다. 햄릿은 이 흙더미 위에서 마치 턱에 장애를 가진 사람처럼 말을 하고 비대한 몸과 얼굴에 흙을 바르며 침을 뱉는가 하면, 분노와 복수심에 차 흙 속에서 뒹굴고 비탄해하며, 무대 뒷면의 식탁으로 가서 흙을 먹기까지 한다. 햄릿은 심지어 흙을 내던지고, 오필리어와 자신의 어머니 거트루드마저 흙 속에 처박고 거칠게 다루기도 한다. 그의 이러한 행동은 '세상의 기원이자 종말'로서의 흙이라는 원초적 물질성이 갖는 은유적 의미와 연결된다. 더 나아가 진창은 불의가 횡행함으로써 우주의 질서와 진실이 무너진 세상이라는 상징적 메타포로도 지각된다.

극이 진행되어감에 따라 햄릿을 비롯한 배우들의 내면 갈등은 점차 고조되고, 감각적 신체 표현방식 역시 과격성을 점점 더해간다. 햄릿은 극중극에서 자신이 입었던 풍보 의상을 벗어던지고 반나체로 극중의 왕비 역할을 하는가 하면, 왕의 암살 장면을 극중극의 배우와 연기할 때는 반나체가 된 상대 배우의 몸을 비닐로 둘둘 감고 피를 상징하는 붉은색의 액체를

---

47 심정순, 171쪽.

뿌리는 등, 광기 어린 비이성적 행동을 펼쳐 보인다. 이와 같은 강렬한 신체적 감각적 이미지의 사슬들은 햄릿이 가식적인 현실과 은폐되어 있는 진실, 다시 말해 위장과 진실이라는 (인간의) 실존적 상황에 맞서서벌이는 목숨을 건 투쟁이자 몸부림을 형상화한 것으로 볼 수 있다.[48]

오스터마이어가 이 공연에서 이와 같이 몸과 물질성을 통해 강렬하고 또 충격적인 밀도의 미장센을 구성하는 이유는 무엇보다도 인간의 욕망을 〈햄릿〉의 근원적 주제로 표출하고자 하기 때문이다. 여기서 연출자가 화두로 삼고자 하는 인간의 욕망은 육체적 욕망과 마찬가지로 권력에 대한 욕망으로 압축된다. 공연의 첫 장면부터 배우들은 무대 뒤의 식탁에 앉아서 탐욕스럽게 먹어댄다. 폴로니어스는 흙 속에 떨어져 있는 왕관을 집어들어 자신의 머리에 써보고, 햄릿 역시 흙더미 속에 나뒹구는 왕관을 주워서 자신의 머리에 거꾸로 쓰기도 한다. 그런가 하면 거트루드는 첫 장면에 검은 선글라스와 긴 금발머리, 하얀색 의상을 하고 등장하여 미국 팝아트의 한 장면을 연상케 하는 섹시한 몸짓을 한다. 그녀는 이후 가발을 벗고 어리고 순결한 오필리어로 변신하기도 하는데, 두 인물을 한 여성의 몸으로 재현하는 이러한 장면은 두 여성을 남성의 성적 욕망의 응시 대상인 물질적 몸으로 물화(物化)시킨다.[49]

〈햄릿〉에서 오스터마이어는 욕망을 둘러싼 이전투구의 현장을 다름 아닌 흙, 물, 소리, 노래, 음악, 색상, 영상 이미지, 기관단총, 음식물 등과 같은 몸(성)과 물질성 중심의 무대공간을 통하여 현시(顯示)한다. 무대에서 혼종의 다양한 표현수단을 활용하는 이러한 연출기법은 탈위계화된 연극

---

48 심정순, 174쪽 이하 참조.
49 심정순, 175쪽 참조.

언어들 간의 충돌과 그 다성성(多聲性)을 바탕으로 관객의 공감각적 지각을 활성화한다. 다시 말해 여기서 이질적인 연극매체들 상호간에 일어나는 대화와 간섭 현상은 관객에게 드라마 텍스트가 갖는 기호학적 의미를 지시하거나 마련해주기보다는, 무대 위의 현상적 사건에 대한 감각적이고 정서적인 지각을 가능케 할 뿐만 아니라 사유적이고 성찰적인 상상을 동시에 촉발한다. 그러므로 오스터마이어의 수행적 연출 전략의 특징은 한편으로 관객에게 무대 사건에 감각적으로 다가갈 수 있는 통로를 열어줌과 동시에, 다른 한편으로는 관객이 그 감성구조에 빠져들지 않고 거리를 취하며 무대 사건의 총체적 의미를 스스로 파악하고 구성해나가게 하는 데 있다고 할 수 있다.

1.3.3. 〈햄릿〉-정치적 연극, 네오리얼리즘 연극

〈햄릿〉 공연의 중요한 특징은 한마디로 원초적인 물질인 흙과 몸을 무대 표현의 핵심수단으로 사용하면서 동시에 현대적이고 퍼포먼스에 가까운 요소들을 혼합하여 관객들에게 이질적인 무대언어들 간의 소통과 충돌을 통해 감각적이고 현상학적으로 호소하며 관객을 무대 사건에 참여하도록 유도하는 수행적 연극미학을 택하고 있다는 점이다. 그렇다면 오스터마이어가 소위 '네오리얼리즘'으로 대변되는 이와 같은 연출 전략을 택하게 된 배경은 무엇이며, 또 그것은 포스트모던 시대의 연극과 어떤 관계에 있는지 고찰할 필요가 있다.

1999년 가을에 베를린 샤우뷔네에 입성한 그는 동·서독 통일 이후 방향을 잃고 방황하는 젊은 세대들의 희망의 부재와 갈등을 형상화하기 위하여 브레히트 이후 구시대의 유물로 간주되어온 "정치적 연극"(political theatre)을 새롭게 실천하였다. 그렇다면 오스터마이어가 실천한 새로운 리얼리즘 연극과 정치적 연극은 무엇이며, 이것은 또 그의 수행적 연출 전략과 어떤 연관성이 있는 것인지 살펴보기로 한다.

앞서 언급한 바와 같이 오스터마이어는 샤우뷔네로 이적하기 전까지 도이체스 테아터의 바라케 소극장에서 주로 외국 신진작가들의 작품을 연출하였다. 그 이유를 그는 대다수의 독일어권 작가들이 젊은이들의 분노, 고통, 좌절 등과 같이 일상에서 받는 억압된 감정들을 소홀히 해왔기 때문이라고 밝히고 있다.[50] 더욱이 그는 이를 언어 중심의 대사극 형식이 아닌 신체적 표현에 중심을 두고 다양한 시청각적 매체를 활용한 실험적 방식으로 제시하였다. 1998년 1월 바라케 소극장에서 오스터마이어가 무대화한 마크 레이븐힐의 〈쇼핑과 빽킹〉(Shopping and Fucking)은 그의 새로운 리얼리즘의 연출미학을 보여주는 좋은 일례이다. 제목부터 선정적인 〈쇼핑과 빽킹〉은 소비자본주의 사회에서 개인이 상품화되고 도구로 전락하는 모습과, 이로 인한 고독과 소외로부터 벗어나고자 성적 탐닉과 약물에 의존하는 젊은이들의 모습을 신체언어로 심도 있게 그려내고 있다. 여기서 후기산업사회의 전형적 특징이라 할 수 있는 소비 지향적인 삶의 공허감과 나란히 자본주의 사회의 폭력성을 드러내기 위해 오스터마이어는 인간의 끝없는 물질적 욕구와 성적 쾌락을 전면에 부각시킨다. 이러한 활동은 샤우뷔네의 예술감독으로 자리를 옮기고 나서도 계속된다. 특히 2006년 6월 11일에 개최된 프랑스 철학자 피에르 부르디외와의 토론은 1990년 소련의 붕괴와 더불어 동유럽이 자본주의화되는 과정에서 발생한 신자유주의의 문제에 대한 비판적 대안을 모색하는 기회가 되었다.

---

50 이은기, 「토마스 오스터마이어(Thomas Ostermeier)의 신사실주의적 연출—21세기 정치적 연극의 풍경화」, 최영주 외, 『동시대 연출가론』, (서울: 연극과인간, 2007), 451~482쪽 중 460쪽 참조.

오스터마이어는 또한 서구 사회의 이성중심적인 삶과 문화에 비판적 관점을 견지하는 포스트모더니즘에 대하여 이것이 지향하는 문화와 가치의 다원화에는 동의하지만, 이로 인해 끊임없이 파생되는 미시담론에 기초한 해체적 이론과 분석방법에 대해서는 부정적인 인식을 드러낸다. 그 까닭은 다원주의를 표방하고 행해지는 온갖 해체작업과 가치의 상대화는 1990년 이후 거대 서사(grand narrative)가 붕괴되면서 극도로 불확실하고 불안정한 시대를 살아가고 있는 동시대인들에게 일종의 지적인 유희요 사치가 될 수 있다고 보기 때문이다.[51]

이러한 철학적 사유를 토대로 연출가 오스터마이어는 신자유주의적 시장경제의 사회적 모순과 부조리들이 어떻게 무대화되어 동시대 관객들에게 각인되도록 할 것인가를 고민하면서 새로운 리얼리즘(네오리얼리즘) 연극의 필요성을 강조한다.

오스터마이어는 2000년에 자샤 발츠와 함께 샤우뷔네에서 예술감독의 임기를 시작하면서 「임무」라는 제하의 선언문을 발표하는데, 여기에 이 같은 네오-리얼리스트로서 그의 성향이 잘 드러나 있다.

> 연극은 사회에 대하여 의식을 획득할 장소, 그러니까 다시-정치화되는 장소가 될 수 있다.
> 이러한 목표를 위해서 우리에게는 동시대 연극이 필요하다. […] 우리에게는 새로운 리얼리즘이 필요하다. 왜냐하면 리얼리즘은 오늘날 그 어떤 의식의 결여보다도 훨씬 더 많은 '허위의식'에 반대하기 때문이다. 리얼리즘은 이 세상을 보이는 그대로 단순히 묘사하는 것이 아니다. 리얼리즘은 변화를 요구하는 자세로 세상을 바라보는 것이다.[52]

---

51 이은기, 465쪽 참조.

그는 자신이 표방하는 네오-리얼리즘 연출방식을 차별화하기 위해서 기존의 리얼리즘을 두 부류로 나누어 비판하는데, 그 하나는 옛 동독에서 볼 수 있었던 사회주의적 리얼리즘이고, 다른 하나는 자본주의적 리얼리즘(kapitalistischer Realismus)이다.

> 사회주의적 리얼리즘에서도 역시 특정의 기존 사회질서를 긍정하는 것이 정말 문제였다. 지난 수 년간 독일어권 연극 혹은 국제 연극에서 중요했던 것을 바라보면서 우리는 반어적으로 이렇게 말해왔다. 그것은 뭐든지 가능하다는 미학을 가진 자본주의적 리얼리즘이라고. 여기서는 모든 게 되고 모든 게 이해 가능하며 온갖 독법(讀法)과 해석이 허용되고, 자기 스스로 결정한, 주체적인 개인의 핵심은 더 이상 존재하지 않는다고 줄곧 이야기되기 때문에 모든 것을 해체할 수 있다고… […]
> 우리가 자본주의적 리얼리즘이라고 부르는 이와 같은 형태의 미학은 체제 긍정적이다. 왜냐하면 이러한 미학은 개인을 스스로 결정하지도 또 행동할 능력도 없는 존재로 제시하기 때문이다. 이는 이 땅에서 권력을 가진 자들에게 잘 들어맞는 미학이다.[53]

오스터마이어에 의하면 전자, 즉 사회주의적 리얼리즘은 연극 속에 사

---

52 Ostermeier, "Schaubühne am Lehniner Platz(2000) 'Der Auftrag'", originally published in the inaugural programme brochure for the spring season 2000, reprinted as 'Wir müssen von vorn anfangen' in *Die Tageszeitung*, 20 January: 15. Peter M. Boenisch, "Thomas Ostermeier. Mission neo(n)realism and a theatre of actors and authors", Maria M. Delgado & Dan Rebellato(Ed.), *Contemporary European Theatre Directors*, (London & New York: Routledge, 2010), 339~359쪽 중 345쪽에서 재인용.

53 "Ob es so oder so oder anders geht! Ein Gespräch mit den (zukünftigen)Theaterleitern Stefan Bachmann, Matthias Hartmann und Thomas Ostermeier über Markt, Macht, Medien, Moden und wie die Theaterkunst (über)lebt…", *Theater 1999. Das Jahrbuch der Zeitschrift Theater heute*, 66~76쪽 중 76쪽.

회주의적 영웅을 등장시켜 작품의 결말에 항상 노동자 계급의 승리를 보여준다. 반면에 포스트모던 시대의 글로벌 자본주의에 기반을 둔 자본주의적 리얼리즘은 개인을 주체적인 자율성과 정체성을 지닌 존재로 파악하지 않고 사회 구성원을 신자유주의적 시장경제의 부속품으로 예속시키려 하고 있다.[54]

이 때문에 오스터마이어는 다 같이 체제 긍정적인(affirmative) 태도를 취하는 이들 두 종류의 리얼리즘에 반대하며 우리 시대의 신자유주의적 경제체제로 야기되는 냉혹한 현실 속 개인의 좌절과 고통에 초점을 맞추어 정치적인 변화를 끌어내려는 네오리얼리즘의 연출미학을 표방한다.

연극이 얼마나 사회현실을 반영할 수 있는가를 고민하고 또 그 방법을 모색하는 그의 리얼리즘 연극의 뿌리는 일찍이 1920년대에 에르빈 피스카토르와 브레히트가 실천했던 정치적인 리얼리즘 연극으로 거슬러 올라간다. 이들이 추구한 정치적 연극의 특징은 사회현실을 사실적으로 완벽하게 모사하거나 재현하는 데서 그치는 자연주의 연극이 아니라, 사회의 구조적 모순에 대해 '개입하는 사고'(eingreifendes Denken)를 불러 일으켜 사회 변혁의 가능성을 열어주는 사실적인 내용(리얼리티)과 그것을 담아낼 아방가르드적인 표현양식(서사극)을 변증법적으로 결합하는 데 있다. 이러한 정치적 리얼리즘 연극의 연장선에서 오스터마이어가 실천하는 새로운 리얼리즘 연극이란 일상에서 다양하게 발생하고 있는 사실주의적 내용과, 감각적인 측면을 강조하는 신체언어의 결합을 꾀하면서 동시대 개인의 비극을 무대화하는 것이다. 이때 중요한 것은 오스터마이어의 연출 전략에서 감각적이고 정서적인 측면을 강조하는 신체적 표현양식이 사실주

---

54 Boenisch, 345쪽 참조.

의적인 극의 내용과 서로 대립적 관계에 있지 않다는 점이다. 그것은 오늘날의 사회문제가 무엇보다도 권력 남용, 육체적 폭력, 성의 상품화 등과 같이 신체와 관련되어 부각되기 때문이다.[55]

따라서 오스터마이어는 자본의 세계화 과정에서 발생하는 개인의 희생과 비극을 언어로만 표현하는 데 한계가 있음을 깨닫고 기존의 관습적인 언어 중심의 연극에서 벗어나 몸 중심의 연극기호를 발굴하고 창조하는 데 심혈을 기울인다. 여기에는 디지털 영상에 익숙해진 젊은 관객들의 지각방식의 변화도 결정적인 동인으로 작용한다. 그리하여 오스터마이어는 점차 고도화되어가는 관객들의 감각능력에 부응하여 연극성이 극대화되도록 하기 위해 장르 간의 경계 허물기, 팝아트적 요소들과 미디어가 갖는 매력의 도입, 언어의 극소화 등을 통해 동시대 사회문제들을 관객들에게 시청각적 물질성과 이미지로 제시한다.

레이븐힐의 〈쇼핑과 뻑킹〉을 연출할 때 오스터마이어가 섹스를 통째로 그것도 거의 슬로우 모션으로 보여준 것이 그 대표적 일례다. 행위자들은 은밀하고 사적인 바라케 소극장 공간에서 관객을 향해 소파에 기대어 있다. 끝나지도 않고 아무 말도 없는 이 노골적인 장면은 거의 지켜볼 수가 없을 정도가 된다. 몇몇 관객들은 이미 울음을 터뜨리고 다른 관객들은 심지어 실신을 하는 정도였다. 행위자와 등장인물 그리고 관객들 사이에 도착(倒錯)적이지만 인식 가능한 사실주의적인 외양과 가벼운 조롱으로 공동체적 분위기가 형성된다. 그리고 나면 오스터마이어는 관객들로 하여금 가장 노골적인 지점의 순간에 등장인물들과 그 고통을 신체적으로 공유하고 또 견디게 하면서 주의를 끈다. 이와 같은 '팝'(대중)적 외양을 노골적으

---

55 이은기, 앞의 글, 466쪽 참조.

로 '강조하는' 전략은 밀도를 달리하면서 오스터마이어가 그 후에 연출한 대부분의 고전작품에서 되풀이되는데, 〈햄릿〉도 〈보이첵〉(2003)과 더불어 우리를 둘러싸고 있는 작금의 사회적 실재에 가까이 다가가면서 정치적 변화를 유도해내고자 하는 네오리얼리즘 미학이 잘 구현된 공연작품 가운 데 하나이다.

하지만 그렇다고 해서 오스터마이어는 원작 드라마의 서사를 해체하는 등의 포스트모더니즘적 연출방식을 택하지 않는다. 그의 네오리얼리즘의 연출은 기존 극작품들의 시공간적 배경을 현재로 옮겨와 현대적 감각으로 새롭게 해석하여 무대화한다. 즉 그에게 고전작품들은 연극 제작이 목적 이 아니고, 현재의 '감정구조'를 자세히 조사하기 위한 수단이다.[56] 다시 말 해 씌어진 캐릭터들과 내러티브는 본질적으로 동시대의 도덕과 정신 상황 을 긴급히 분석하여 알려주는 문맥으로 작용한다.[57]

그러므로 이 연출가에게 '리얼리즘'은 재현의 미학적 양식을 뜻하는 것 이 아니다. 오스터마이어의 새로운 리얼리즘의 연출방식은 희곡작품과 무 대 형상화 간의 대립을 극복하고 화해를 모색한다는 점에서 21세기의 정 치적 연극의 가능성을 보여주면서 우리에게 미학적 자극과 철학적 사유의 기회를 마련해준다. 그러나 그가 보여주는 21세기의 정치적 연극은 20세 기 초반 피스카토르와 브레히트가 실천한 것과 같이 지배적인 정치사회적 담론들을 사실적으로 재현하고 그에 대한 명확한 대안을 제시하는 것이 아니다. 오히려 정치의 범주에서 간과되기 쉬운 일상의 삶 이면에서 현대 인이 겪는 고통과 비극성을 미학적 실험을 통해 관객이 새로운 방식으로

---

56 Boenisch, 346쪽 참조.
57 Boenisch, 347쪽 참조.

지각할 수 있게 도와주는 연극인 것이다.

이를 위해 오스터마이어는 해체주의적 포스트모던 연극과는 달리 단편화되지 않은 인물들과 서사(이야기)들을 제공한다. 그에 의하면 오로지 고통을 당하는 가운데서만 우리는 자본주의 세상에서 느낄 수 있고 개인으로서 우리 자신을 경험할 수 있다. 어떤 정치적 태도나 행동에 대한 요구도 그러므로, 비극과 아픔 그리고 고통의 경험에서부터만 일어날 수 있다.[58]

그러나 이것을 그는 사실적인 재현이나 묘사에 의한 방법이 아니라, 소위 "상처를 가하는 풍크툼"(hurtful punctum)의 기법으로 실현한다. '풍크툼'이란 말은 롤랑 바르트가 매혹과 연구(studium)를 구분하고자 사진의 풍크툼이라고 명명한 것에서 유래하는 것으로, '매혹시키는 것', '매혹적인 것'을 뜻한다. 연구(studium)는 '증오와 열광이 없는'(sine ira et studio)이라는 라틴어 표현이 있듯이 열심히 노력하고 정보를 갈망하는 것을 뜻한다.[59]

다시 말하면 풍크툼은 "우연히 드러나는 디테일이자 개별성이고, 합리적으로는 표현할 수 없는 이미지 속의 고유성이며 정의할 수 없는 어떤 계기적 순간"[60]을 말한다. 오스터마이어는 많은 동시대의 포스트드라마적 연출가들과 마찬가지로 관객들을 이 풍크툼의 세계로 인도한다. 그것은 〈햄릿〉 공연에서도 확인할 수 있었던 바와 같이, 관객을 "몸의 불투명한 가시성으로, 몸의 비개념적이고 이름 붙일 수 없이 저속할 수도 있는 특수성

---

58 Boenisch, 352쪽: 오스터마이어는 이렇게 말한다: "'개개인은 주체가 단지 하나의 구성물에 불과하고 또 어떤 핵심도 없는 존재라고 말해진다고 해도 고통을 겪는다. 고통 속에서 여러분들은 여러분 자신을 인지한다.'"

59 Lehmann, 368쪽.

60 Lehmann, 368쪽.

으로, 발걸음, 몸짓, 손가짐, 신체비율, 움직임의 리듬, 얼굴 등의 특이한 매력으로 인도"[61] 하는 것이다.

그러므로 오스터마이어에게 있어서는 이와 같은 몸과 물질성을 통한 풍 크툼 세계의 경험이야말로 그가 '리얼리스트'라고 말하곤 하는 정치적 태 도에 요구되는 선행조건이라고 말할 수 있다. 이 때문에 그는 연출가로서 자신의 과제를 두고 다음과 같이 말한다.

> 연출가로서 나의 과제는 이 외적인 시퀀스가 내적인 행위를 투명하게 하는 것을 확인하는 일이다. 그게 전부다. 이것이 연출의 총체적 포인트 다. 나는 소리, 빛, 공간 그리고 캐릭터들이 이 공간을 통해 움직이는 방식 등을 수단으로 하여 캐릭터들의 내적인 세계에 관해 말한다.[62]

오스터마이어에게 있어서 배우들은 명확하고 구체적이며 무엇보다도 신체적인 행위에 집중한다. 그의 연극은 이음새 없는 사실주의적인 재현 을 지지하며 텍스트 뒤로 숨지 않는다. 그 대신에, 몸(성)과 그밖에 다른 요소들의 물질성이 섬세한 저항담론을 마련하여 캐릭터들의 말과 행동에 코멘트를 하고 도전하면서 관객들의 지각과 감각적 경험에 직접적으로 영 향을 미치는 포스트드라마적 연극미학을 택한다.

정치적 태도를 수용할 책임, 이 세상에서 행동하고 무엇인가를 변화시키 려는 충동은 오스터마이어가 보기에 궁극적으로 모든 개개인에게 있다.[63]

따라서 그가 무대 형상화 작업에서 심혈을 기울이는 부분도 단연 관객 을 오늘의 사회 내에서 벌어지는 갈등과 모순의 극단적 폭발과 맞닥뜨리

---

61 Lehmann, 368쪽 이하.
62 Boenisch, 353쪽.
63 Boenisch, 351쪽 이하.

게 하는 일이다. 결국 오스터마이어가 네오리얼리즘에 기초하여 전개하는 연출 전략에서도 중요한 것은 무대 위에서 전개되는 사건들에 대한 관객들의 능동적인 지각과 그로 인한 책임 있는 변화의 태도를 어떻게 유도해 내는가 하는 문제라고 할 수 있다. 이것이 그의 연출 작업을 몸과 물질성에 기초한 수행적 미학의 관점에서 기술하고 분석할 수 있는 근거이다. 이런 의미에서 오스터마이어가 개별적인 캐릭터와 '잘 짜여진' 내러티브로의 회귀를 선택하는 것은 미학적 동기에 의한 결정이 아닌 일종의 정치적 행위라고 할 수 있다.

2. 춤연극의 수행적 미학

1960년대에 언어중심주의에 대한 비판에서 이른바 '수행적 전환'[64]이 일어나면서 공연에서는 행위예술을 시발로 한 '수행성' 개념이 연극학과 문화학의 중심으로 부상하였다. 그 결과 춤연극을 비롯해 20세기 후반의 네오아방가르드 연극이 직면하고 있는 것은 문자의 지배를 받지 않는, 기호학적 의미의 몸을 넘어선 '현상학적 육체'이다. 다시 말해, 동시대 연극과 무용에서는 어떤 고정된 의미를 거부하며 기표로서 유희하는 현상학적 육체를 통한 소통 자체가 수행적인 '사건'이 된다.

---

64 '수행적 전환'은 근본적으로 '언어학적 전환'(linguistic turn)이라는 언어이론적 모델과의 논쟁 속에서 전개되었다. 1970년대에 발생한 수행적 전환 이후로 한편으로 언어중심주의에 대한 비판이 일어났고, 다른 한편으로는 현실과 현실 경험을 구성하는 관점이 과정적인 것에, 즉 의미의 형성과 창조 쪽으로 더 많이 옮겨갔다. 물론 이때 언어 중심의 모델이 수행적 모델로 대체된 것은 아니다. Bachmann-Medick, 104~144쪽 참조.

2.1. 춤연극: 포스트드라마 연극의 한 범주[65]

주지하듯이 몸을 사용한 새로운 이미지들이 가장 명확하게 드러나는 장르는 무용이다. 1970년대 이후 서구 연극계에서 점차 활발히 시도되고 있는 이른바 '포스트드라마 연극'에 해당되는 특징들이 무용에서는 더 급진적이고 과격하게 나타난다. 최근의 포스트모던 무용은 스토리가 있는 드라마 발레에서처럼 정서적 과장이나 문학과의 관련을 통해 의미를 형성하는 대신에, 몸의 에너지를 표출하며 행위를 묘사한다. 고전주의 무용에서 모던 댄스를 거쳐 포스트모던 댄스로의 전이가 일어난 것이다.

머스 커닝햄(Merce Cunningham, 1919~2009)과 같은 미국의 포스트모던 댄스 안무가들은 예술형식들 간의 경계가 모호하고 또 창작 과정에서 새로운 형식들의 온상이 된 해프닝이나 이벤트 같은 퍼포먼스에서 안무 구조와 연기 태도를 찾아낸다. 반복과 비논리적 구조, 동시성과 즉흥성 그리고 우연성을 지니는 이벤트, 극장의 영상, 음악에서의 소리 우선, 회화에서 실제 오브제의 부상(浮上), 그리고 해프닝의 소재를 제공해주는 일상의 시시한 파편들은 젊은 세대의 안무가들이 확장시킨 무용언어의 새로운 영역이다. 여기서 훈련되지 않은 신체로 퍼포먼스를 만드는 새로운 무용 미학이 제기된다.[66] 이와 같이 포스트모던 댄스의 반(反)권위적, 반(反)전통적인 창작 경향은 잃어버린 '연극성'을 다시 회복하려는 아방가르드 연극의 '포스트-드라마적' 성향, 다시 말해 텍스트 언어 대신 몸이 부각되는 현상과 궤를 같이한다.

---

65 이 부분은 김형기, 「다매체 시대 연극의 탈영토화: 연출가 연극-춤연극-매체연극」, 『한국연극학』, 34(2008), 한국연극학회, 39~99쪽 중 63~67쪽 참조.

66 샐리 베인스, 『포스트모던 댄스』, 박명숙 옮김, (서울: 삼신각, 1994), 11~39쪽 참조.

한편 포스트모던 댄스와 거의 같은 시기에 독일에서 발생한 "춤연극" (Tanztheater)의 개념은 순수하게 무용적인 수단과 연극적인 수단들을 하나의 새로운 독자적 형태의 춤이 되도록 결합하는 것을 의미한다. 이 새로운 독자적 형태의 춤은 고전주의 발레와는 반대로, 우리의 삶의 사회 정치적 현실과 의식적으로 관련을 맺고자 하는 태도를 그 특징으로 갖는다. '춤연극'이라는 개념은 독일에서 일어난 '표현무용'[67](Ausdruckstanz, expression dance) 운동 시기(1910~20년대)에 이미 사용되었는데, 이는 표현무용을 고전주의 발레의 전통과 본질적으로 구분하기 위해서였다. 마리 비그만(Mary Wigman, 1886~1973)과 더불어 독일 현대무용을 주도한 루돌프 폰 라반(Rudolf von Laban, 1879~1958)과 그의 제자인 쿠르트 요스 (Kurt Jooss, 1901~1979) 등은 온갖 예술 수단들의 결합을 목표로 하고 또 춤을 통해 인간의 전체적인 혁명화를 목표로 하는, 새롭게 창조되어야 할 춤문화를 위해 이 용어를 사용하였다.[68] 라반은 이제부터 어떤 외적 강요에도 매이지 않은 개체의 탄력적인 신체가 움직임의 중심적인 출발점이라고 생각하였다. 라반에 의하면 인간은 이제부터 자신의 고유한 경험에 대

---

67 표현무용은 마리 비그만에 의해 창시되었으며, 보편적 인간의 투쟁이라든가 욕구와 관련된 개인적 표현을 추구하는 무용이란 점에서 종래의 고전주의 발레에 대한 '반역'으로 여겨진다.

68 "탄츠테아터"라는 용어를 최초로 사용한 인물이 누구인가에 대해서는 아직 논란의 여지가 있다. 예컨대 페르난데스는 그녀의 박사학위 논문에서 루돌프 폰 라반을 이 용어를 처음 사용한 인물로 밝히고 있다. 반면에 독일의 저명한 무용비평가 요헨 슈미트는 라반의 제자인 쿠르트 요스가 그의 〈탄츠테아터의 언어〉(1935)라는 텍스트에서 이 용어를 최초로 사용하였다고 밝히고 있다. Ciane Fernandes, *Pina Bausch and the Wuppertal Dance Theater. The Aesthetics of Repetition and Transformation*, (New York, Washington, D. C. etc.: Peter Lang, 2001), 1~11쪽 참조; Jochen Schmidt, *Tanztheater in Deutschland*, (Frankfurt a. M./Berlin: Propyläen Verlag, 1992), 7쪽 참조.

해 책임이 있으며, 춤예술가가 해야 할 일은 바로 이것을 초개인적, 보편적 작품의 형태로 형상화하는 것이었다. 라반의 이러한 춤 개념은 표현무용, 즉 독일 모던 댄스의 출발점이 되었다. 그러나 이 용어는 그 후 수십 년 동안 사용되지 않다가, 전후에 서독에서 처음에는 미학이나 양식을 나타내는 대신에 무용단(앙상블)을 가리키는 용어로 사용되었다.[69] 그러다가 탄츠테아터가 오늘날 우리가 사용하는 개념으로서 명실상부하게 시작된 것은 1973년 피나 바우쉬(Pina Bausch, 1940~2009)가 부퍼탈의 발레단장으로 취임하면서 무용단을 "탄츠테아터 부퍼탈"(Tanztheater Wuppertal)로 명명한 것에서 비롯한다.[70]

춤연극의 무용작가들[71]은 초기 표현무용의 전통을 받아들이는 한편, 고전과 신고전 발레이론은 명백히 거부하면서도 발레의 훈련상의 가치를 충분히 '인용'하고 또 '활용'하여 새로운 독일식의 현대무용을 만들었다. 이렇게 해서 탄생한 춤연극은 형식보다 내용을 중시하고 춤을 사회적 참여의 한 방안으로 보는 점에서 기술적 세련미, 형식, 실험 및 유희에 몰두하는

---

69 게르하르트 보너가 1972년 다름슈타트의 발레 감독이 되었을 때, 그의 무용단을 "탄츠테아터 다름슈타트"라고 불렀다. 이는 1970년대 초에 유럽에서 모든 진보적 무용단의 전범으로 여겨졌던 네덜란드 덴 헤이그의 "NDT(Nederlands Dans Theater)의 직접적인 영향을 받은 것이기도 했다.

70 그 후 70년대 말부터 시작하여 90년대에 이르러서는 독일 내에 공적으로 조직된 극장체계 안에서 거의 15%에 달하는 무용단이 "발레"라는 표현 대신에 "탄츠테아터"라는 이름을 갖게 되었다.

71 무용작가(Tanzautor)라는 말은 우선 연극을 연출의 예술로서 이해하기 시작한 역사적 아방가르드주의자들의 영향하에 연출가와 무용안무가들이 문학, 음악 등에 대하여 연극과 무용의 자율성을 강조하고, 독자적인 표현언어를 만들어내기 시작하면서, 그들이 자신의 관심사, 세계관, 미학 등을 표현하는 작가로 되었던 데서 나온 명칭이다. 무용작가에 속하는 인물로는 한스 크레스닉, 쿠르트 요스, 피나 바우쉬, 게르하르트 보너, 라인힐트 호프만, 수잔네 링케 등이 있고, 자샤 발츠는 그 다음 세대에 속한다.

미국식 현대무용과 뚜렷한 대조를 보인다. 이들 춤연극 안무가들에게서 발견할 수 있는 공통점은 "일상적 현존재의 세속적 실상을 무용과 연극에서 현실 발견의 동인으로 만들어야 한다는 미학적 확신"[72]이다. 이를 위해서 이들은 몸이 전적으로 의미를 의식하고서 발언을 하는 방식을 택한다.

춤연극이 관심을 기울이는 사회정치적 주제와 관련해서는 특히 브레히트의 서사극의 이론과 실천으로부터 지대한 영향을 받았다. 바로 이런 이유에서 무용학자 수잔네 슐리허는 연극이론가 안드르제이 비르트(Andrzej Wirth)가 사용한 "브레히트 이후의 연극"(Nachbrechtsches Theater)의 범주에 춤연극도 포함시켜 고찰한다.[73] 이렇게 춤연극은 20세기 초에 브레히트를 비롯해 아피아, 메이어홀드, 아르토, 피스카토르 등의 연극 아방가르드주의자들에게서 일기 시작한 신체 언어의 중요성과 극적 표현수단 및 연극성을 중심에 두는 극장주의(theatricalism) 정신을 도입하였다. 그 결과 전통적이고 인습적인 무용동작을 넘어서서 언어, 무대장치, 음악, 연극, 영상 등을 콜라주함으로써 총체예술의 공연형태로 발전하게 되었다. 무용수들은 정서적인 내용이나 인간관계를 관객에게 전달하기 위해 자연스러운 동작과 몸짓으로 정서적인 면을 창조해내어 무용수의 역할을 확대함은 물론 관객층도 새로이 확충하였다. 이때 현실과 유리된 설화적 플롯 대신에 상황과 공포, 인간의 갈등들이 제시되면서 관객은 이미지와 사고의 연쇄를 따라가면서 심사숙고하도록 자극을 받게 되었다.

---

72 Sabine Huschka, *Moderner Tanz. Konzepte−Stile−Utopien*, (Reinbek bei Hamburg: Rowohlt, 2002), 279쪽 이하.

73 Susanne Schlicher, *TanzTheater. Traditionen und Freiheiten. Pina Bausch, Gerhard Bohner, Reinhild Hoffmann, Hans Kresnik, Susanne Linke*, (Reinbek bei Hamburg: Rowohlt, 1987), 194쪽.

이러한 맥락에서 춤연극과 포스트드라마 연극은 서로 긴밀히 영향을 주고받았다고 할 수 있다. 무용은 연극으로부터 이미지의 미학과 열린 구조를 배우고, 스토리가 있는 드라마투르기로부터의 해방을 새로 터득하였다면, 연극은 춤연극에서 신체 및 정서상으로 표출되는 비억압적이고 비위계질서적 연극언어를 배우게 되었다. 연극학자 가브리엘레 브란트슈테터는 아방가르드 연극과 무용의 상호 영향관계 속에서 형성된 미학적 특징을 1) 탈문학화, 2) 미메시스 원리의 무효화, 3) 추상화, 4) 기계화, 5) 원근화, 6) 움직임의 강조 등 여섯 가지로 요약하여 설명하고 있다.[74] 첫째, 탈문학화란 여타의 연출요소들을 강조함으로써 언어의 우세를 깨는 것을 말하며, 둘째, 미메시스 원리를 무시한다는 것은 묘사에서의 사실주의, 자연주의, 심리주의를 거부하고 이와 함께 환영을 조장하는 무대수단들을 배척하는 것을 말한다. 셋째로, 추상화란 다양한 장면상의 매개변수와 기호적 차원에서의 구성과 해체, 변형과 기계화, 생소화와 몽타주 등의 형식을 말한다. 넷째, 기계화란 메이어홀드가 〈세계의 종말〉(1923)을 연출하면서 시도한 바와 같이 인간의 신체가 그 기능방식에서 "노동기계"로 분석되고 투입되는 것을 가리킨다. 다섯째, 원근(투시)화(Perspektivierung)란 시선을 조종하는 새로운 형식으로서 초점을 다층의 중심에 맞추는 것, 다시 말해 영화와 같은 새로운 기술과 매체의 영향을 받아서 시공간을 지각하는 형식을 가리킨다. 끝으로 여섯 번째, 움직임의 강조는 새로운 연극적 시간·공간 개념과 결합하여 새로운 운동성이 있는 신체와 동작을 리듬화하는 것을 말한다.

이렇듯 20세기 연극을 관류하는 양상은 무엇보다도 연극언어, 표현방식 그리고 조형적이고 공간적인 사유를 혁신하고 확장하는 것이다. 독일의

---

74 Gabrielle Brandtstetter, *Bild-Sprung. TanzTheterBewegung im Wechsel der Medien*, (Berlin: Theater der Zeit, 2005), 160쪽 참조.

춤연극의 발전도 이러한 맥락에 위치한다. 20세기 초에 촉발된 무대 개혁 운동은 연극을 위계질서적인 희곡언어로부터 해방시켜 신체적이고 정서적인 자기표현과 무대 경험을 가능케 한 춤연극에 이르러 마침내 기착지에 도달했다고 볼 수 있을 것이다.[75] 그러므로 1970년대 독일에서 일어난 '연출가 연극'과 춤연극은 재현주의 연극과 고전 발레와 같은 규범적 미학에 갇혀 고사(枯死)의 위기에 처한 '춤의 유토피아'와 '연극성'[76]을 각기 회복하고자 19세기 말부터 뜨겁게 일기 시작한 예술에서의 혁명적 반동, 다시 말해 아방가르드 운동을 일으킨 "반란의 후예"[77]로 표기할 수 있다.

춤연극은 신체를 동작의 태도 속에서 사회적으로 특징짓고, 미적 외양의 예술인 무용을 문화적으로 규정한다. 이처럼 무용의 재료이자 주체인 몸을 연극적으로 다루는 방식은 2010년 봄 서울에서 공연된 〈제7의 인간〉(정영두 안무)을 비롯하여 〈카페 뮐러〉, 〈봄의 제전〉에서도 확연히 찾아볼 수 있다.

2.2. 피나 바우쉬의 춤연극: 〈카페 뮐러〉, 〈봄의 제전〉

마리 비그만 이후 독일의 대표적 춤작가로서 오늘날 전 세계 현대무용의 한 중심축을 이끌어온 피나 바우쉬의 춤연극 작업의 출발점은 신체가 경험하는 일상의 사회적 삶이다. 바우쉬는 우선 추상적이고 난해한 내용

---

75 무용 분야에서 이에 해당하는 인물들을 열거하자면 달크로즈, 아피아, 라반, 요스, 그리고 오스카 슐렘머 등이 있다.

76 김형기, 「"연극성" 개념의 변형과 확장」, 269~295쪽; 최영주, 「연극성의 실천적 개념」, 『한국연극학』, 31(2007), 243~278쪽 참조.

77 Schlicher, 194쪽.

이나 주제 대신에, 동시대성과 현실 인식에 따른 주제를 선택하여 관객과의 소통을 원활히 하고자 한다. 이를 위해서 바우쉬는 무엇보다도 신체언어의 자율성을 강조하여 무용수의 역할과 범위를 '진행 중인 작품'(work in progress)의 공동 생산자로 확장시킨다. 뿐만 아니라 그녀는 기존의 고착된 예술 장르를 거부하고, 무용, 대화, 노래, 멜로디, 연극, 일상적인 소품과 의상 등을 이용하여 정서적인 내용이나 인간관계를 전달하고자 함으로써 동시대 무용의 지평을 새롭게 확장하는 데 크게 기여하였다.

2.2.1. 〈카페 뮐러〉—춤과 연극에 관한 메타연극

현대 사회의 인간이 느끼는 고독과 소외는 사실상 전후(戰後) 춤연극의 효시라고 할 수 있는 피나 바우쉬의 초기작 〈카페 뮐러〉와 〈봄의 제전〉(2010. 3. 18~21, LG아트센터)에서도 그대로 그려지고 있다. 잘 알려져 있다시피, 〈카페 뮐러〉(초연 1978년)의 창작에는 유년기 피나 바우쉬의 매우 개인적인 동기가 담겨 있다. 따라서 〈카페 뮐러〉는 피나 바우쉬가 직접 무대에 올라 공연한 몇 안 되는 작품 가운에 하나이다.[78]

〈카페 뮐러〉의 무대는 이 작품의 제목이 암시하듯이 커피하우스의 작은 원탁과 의자들로 가득 채워져 있는 회색의 삭막한 공간으로, 배경에 유리로 된 회전문이 하나 보인다. 중요한 오브제로 등장하는 의자들은 부재하는 인간들을 표상하며, 공허, 타인과의 접촉의 어려움을 함의한다. 이 오브제들은 춤과 자유로운 움직임에 방해가 되지만, 그 때문에 각 장면에서 무용수들이 움직일 때마다 지속적인 긴장을 갖게 한다.

---

[78] 하지만 바우쉬가 2009년 안타깝게도 작고하여 2010년 한국 무대에는 헬레나 피콘이 대신하였다.

부퍼탈 탄츠테아터, 〈카페 뮐러〉(photo by LG Arts Center, Jun Seok LEE)

공연이 진행되는 동안 두 여자 무용수는 눈을 감고 앞으로 양 팔을 내민 채 한 사람은 앞에서, 다른 한 사람은 무대 깊숙한 곳의 어둠 속에서 사라 지면서 마치 몽유병자처럼 그들의 내면세계에 사로잡혀 조심조심 발걸음 을 내딛는다. 소매 없는 하얀 실크 속옷을 입은 이들은 두 손으로 자신의 몸을 쓰다듬으며 아크릴 벽에 부딪치기도 하고, 탈진하여 벽에서 바닥으 로 미끄러지며 보호와 지지의 손길을 구한다.

이 여인들 중의 하나가 뒷전에서 앞으로 나왔다 다시 어둠 속으로 물러 나는 동안, 중년 남자가 의자를 치워 길을 열어주는 다른 여인은 더 자주 공간 속으로 나온다. 마치 몰아(沒我)의 상태에서 춤추듯 그녀는 나머지 남자 중의 한 사람과 접촉을 하게 된다. 이 커플은 서로 할퀴고 의지할 것 을 찾는다. 검은 옷을 입은 다른 남자가 이들을 포옹에서 서로 떼어놓지만, 다시 의지(依支)하려고 애쓴다. 이 커플을 떨어뜨린 남자는 다시 이들을 붙여놓는다. 그는 여인을 그 남자의 양팔에 안긴다. 이 남자는 말없이 서 있고, 힘없이 그녀는 이 남자에게서 빠져나온다. 그 여자는 자꾸 반복해서 미끄러지고 다시 몸을 위로 뻗어 올려 깍지를 끼었다가 미끄러진다. 마침내 이 남자는 주의를 기울이지 않고 그녀를 스쳐 지나간다. 두 번째 남자가 이 커플을 다시 결합하고 서로 포옹케 하며 여자를 그의 양손으로 들게 하려고 시도하지만 이 모든 수고는 실패한다.

여기서 연출되는 남녀 간의 끊임없는 희구와 포옹 그리고 계속되는 미끄러짐은 라캉이 말하는 '결여로서의 욕망'을 상기시킨다. 주지하듯이, 라캉은 결여로서의 욕망 발생의 원형을 오이디푸스 신화를 통해 제시한다. '아버지의 이름'이라는 법을 통한 '근친상간 금지'는 어머니에 대한 아이의 욕망을 좌절시키고, 결코 만족하지 못하는 '결여된' 욕망을 본성으로 하는 주체를 탄생시킨다는 것이 라캉 정신분석학의 중심 전제이다. 따라서 욕망은 근원적으로 결핍태이고 환유이기 때문에 욕망 충족은 불가능하다고 본다. 욕망은 본질적으로 다른 어떤 대상에 의해 충족될 수 없다는 점에서 인간은 그 결핍으로 인한 공허와 고독에 줄곧 시달릴 수밖에 없고, 바로 그렇기 때문에 또 다시 헛되이 욕망하는 것이다. 〈카페 뮐러〉에서 서로 접촉하고 관계를 맺기를 부단히 욕망하나 좌절하고 실패하여 외로이 남겨지는 남녀의 모습은 바로 고립된 인간의 실존적 상황에 대한 은유에 다름 아니다.

이러한 상황 속에서 붉은 가발을 쓴 한 여인이 자리하고 있다. 그녀는 하이힐을 신고 급히 회전문을 통해 총총걸음으로 들어와 초조하고 불안하게 자신의 검정 외투 속에 몸을 숨긴 채 의자들 사이를 이리저리 걷다가 주의가 산만한 상태에서 이 사건을 목격한다. 이 여자는 접촉하고 같은 공간의 다른 사람들에게 가까이 다가가고자 시도하지만, 이 폐쇄된 사회는 너무나 자기 자신들에 몰두해 있다. 제정신이 든 그녀가 외투와 가발을 배경에 있는 여자 무용수에게 주자, 이 여자는 붉은 가발을 덮어쓰고 망아적 춤을 계속한다. 그동안 다른 사람들은 무대를 떠난다.

소통 부재와 이해의 불능, 커플들 사이의 낯설음, 가까움과 친밀감을 향한 끈질긴 추구 등은 피나 바우쉬가 그 이전 작품들에서도 취급해온 기본 주제이다. 헨리 퍼셀의 음악과 〈요정의 여왕〉, 〈디도와 아에네아스〉에 나오는 여성 아리아들은 비탄의 노래로, 사랑과 이별의 고통, 슬픔과 절망의 주제를 맴돌면서 고독과 우수, 낯설음, 상대방의 도움 갈구하기 등과 같은 이 작품의 내용과 지속적으로 연결된다.

하지만 꿈처럼 무거운 고유의 멜랑콜리가 묻어나는 〈카페 뮐러〉에서 바우쉬는 이러한 주제에 관한 이야기 외에 다른 춤, 다른 연극에 대해서도 이야기한다. 무용비평가 제르보스에 의하면 이 이야기는 작품 속에서 그려지는 두 세계의 충돌 속에서 제시된다. 그 하나는 두 여자 무용수 및 관계 부재의 커플로 대변되는, 마법에 걸린 세계이며, 다른 하나는 붉은 머리 여인의 형상으로 나타나는 소위 "정상적인 세계"이다. 이 정상적인 세계는 사람들이 다 떠나고 없는 카페 속에서 길을 잃는다. 이 붉은 머리의 여인은 의자로 가득한 공간을 치워주는 그 중년 남자(이 때문에 그는 "무대미술가"로 불린다)의 길을 쫓아가지만, 의자로 꽉 찬 미로 속에서도 자신의 길을 찾는 유일한 인물이다. 다른 사람들이 몽유병자처럼 자기 자신의 일에 몰두해 있는 곳에서 붉은 가발을 쓴 여자의 움직임의 어휘는 다른 두 명의 여자 무용수와는 다르게 일상에서 유래한다. 그래서 그녀의 차림은 도발적이다. 제르보스는 이렇게 설명한다: "붉은 머리의 여자는 […] 춤연극에 대하여 질문하고 춤연극을 찾고 있다. […] 그녀는 보다 더 사회적으로 구체적인, 또 그래서 더 눈에 잘 띄고 더 도발적인 움직임의 연극을 구현한다."[79] 이처럼 이 작품에서는 수시로 반복해서 몽환과 현실과 같은 상이한 시간차원이 중첩되고 서로 마주친다. 이 작품에서 바우쉬가 두 가지 세계(시간차원)의 충돌 구도를 빌려 이야기하고자 하는 '다른' 연극이란 아름다운 가상(假象)에 더 이상 빚지지 않고, 감정의 실태를 사회·문화적으로 규명하는 연극을 말한다. 이런 연극에서는 "무대미술가" 역시 더 이상 무대 이면(裏面)이 아닌, 열린 장면 위에서 무용수들에게 실제로 의자를 치워줌으로써 자유로운 움직임의 유희공간을 만들어준다.

이것은 철학자가 연극인들과 함께 무대에 등장하여 연극에 관해 나흘 밤에 걸쳐 벌이는 대화로 구성된 브레히트의 학습극 〈놋쇠매입〉(Der Mess-ingkauf)을 상기시킨다. 즉, 여기서도 공연 내내 무대 위에 "일꾼"(무대미술가)이 등장하여 공연이 끝난 무대장치들을 철거함으로써 새 연극을 위한 공간을 마련해준다. 이는 피나 바우쉬가 브레히트의 지대한 영향을 받은 점을 감안한다면 전혀 우연한 일도, 놀랄 만한 일도 아니다.

2.2.2. 〈봄의 제전〉–춤연극의 몸과 사회·정치적 진술

3부로 이루어진 '스트라빈스키의 밤'에 공연된 〈봄의 희생제물〉(Früh-lingsopfer, 초연 1975)은 독일 표현무용의 전통과 가장 확실히 접목되어 있으며, 동시에 피나 바우쉬가 이후의 작업에서 변주하고 발전시킨 본질적 양식수단들을 이미 내포하고 있는 작품이다. 3부로 된 작품 가운데 마지막 부분이 바로 이번 한국에서 공연된 〈봄의 제전〉(Le Sacre du print-emps)으로, 초연된 직후 홀로 남아 〈봄의 희생제물〉이라는 제목하에 부퍼탈 무용단의 작품 가운데 가장 많이 공연되고 또 가장 성공을 거둔 작품으

---

79 Norvert Servos, *Pina Bausch. Tanztheater*, (München: K, Kieser, 2003), 69~72쪽.

로 발전하였다. 이런 의미에서 〈봄의 희생제물〉은 피나 바우쉬에게 최초의 폭넓은 인정을 가져다 준 작품으로서, 부퍼탈 탄츠테아터라는 명칭 자체가 이 작품과 더불어 시작되었다고 해도 과언이 아니다.

피나 바우쉬가 안무한 〈봄의 제전〉은 근본적으로 스트라빈스키 각본의 원래 장면 순서를 지키고 있지만, 이교도적 러시아와는 아무런 관련이 없다. 남녀 성별 간의 싸움은 대지 경배의 의식에서 처음 전개되는 것이 아니라 이미 일어나 있으며, 그 싸움의 실현 과정은 한 젊은 여성을 제물로 바치는 것에 집중되어 있다. 이 공연의 유일한 무대장치는 무대 바닥을 이탄(泥炭)으로 뒤덮은 것으로, 이 공간을 생사를 건 이전투구의 장소로 변모시킨다. 이 같은 무대공간은 무용수들에게 "물리적" 활동의 장을 마련해준다. 여성들의 얇은 옷에 묻어 있고, 서로의 얼굴에 발라져 있으며, 남성들의 벗은 상체에 달라붙은 흙은 이 작품에 연관된 메타포일 뿐만 아니라, 무용수들의 움직임에도 영향을 주며 이들에게 흙과 같은 무게를 부여하고 또 폭력적인 희생제의의 흔적을 드러내준다.

몸의 현전(現前)에 의한 물질적 소통과 정서의 체험을 추구하는 피나 바우쉬의 춤연극에서는 가상의 연기나 동작은 일어나지 않는다. 무용수들은 그들의 기력의 소진을 짐짓 연기하지 않는다. 〈봄의 제전〉이 무용수들에게 요구하는 에너지는 관객들을 직접 겨냥한다. 전력을 다하는 모습은 이들의 힘겨운 숨소리에서 들리며, 행위자들이 몸을 던져 만들어내는 격렬하고 감각적인 현전은 내러티브에 물리적으로 진정성을 부여하고, 희생제의를 피부로 함께 체험하게 한다.

공연이 시작되면 여인 가운데 하나가 붉은 옷가지 위에 누워 있는데, 나중에 익명의 남성 그룹에 의해 선택되는 여성 희생제물은 이 붉은 옷을 입은 상태로 탈진할 때까지 죽음의 무도를 춰야 한다. 이로써 바우쉬는 벌써

부퍼탈 탄츠테아터, 〈봄의 제전〉(photo by LG Arts Center, Jun Seok LEE)

성별 간의 몰이해, 사랑과 포근함에 대한 동경, 또 인습으로 초래되는 사랑과 포근함의 방해 등으로 압축될 수 있는 주제를 표현하고 있다. 이리하여 바우쉬의 개작 과정에서 새로운 점은 원시적 제의로부터의 이탈뿐만 아니라, 젠더 간의 싸움과 소외 같은 동시대 주제로의 방향 전환이다. 어떤 다른 안무가와도 다르게 피나 바우쉬는 일상적인 경험을 자신의 안무 작업의 출발점으로 삼았다.

바우쉬는 닫힌 이야기(fable)를 점점 더 많이 포기하고, 그 대신 음악적 변주의 법칙을 따르는 고유한 장면적 몽타주 방식을 발전시켰다. 이 몽타주 방식은 그 사이 춤연극의 총개념이 되었다. 바우쉬는 언제나 새로운 동작의 변이형태들을 가지고 소시민적 행동방식이 부과하는 사회적, 심리적 제한과 그리고 성 역할의 강요 등을 주제화한다. 부퍼탈 춤연극단은 일상

현실에서 생소해진 대립적 이미지들을 가지고 익숙한 행동방식과 전형적인 사고를 의문시하면서 관객을 관찰자로 인도한다. 모든 움직임이 춤일수 있다는 라반의 어법을 따르면서 바우쉬는 인습적인 춤의 관념을 뒤흔들어놓았다. 움직임을 최소로 축소한 상태에서 또 앉거나 무릎을 꿇은 상태에서 자주 그녀는 춤을 피상적인 제스처로부터 해방시켰고, 다시 내면적 정서와 감흥의 표현으로 이끌었다.

더 나아가 표현주의적 연출과 서술적 기법이 상호 의존 관계에 있는 춤연극은 신체를 택하되, 그것을 무용의 질을 갖춘 움직임으로 이해한다. 독일의 춤연극에서는 안무를 한다는 것이 어떤 특정한 미학적 컨셉트로 무용을 만드는 것을 의미하지 않는다. 오히려 그 맥락은 춤이라는 매체가 가지는 역사와의 논쟁에, 그리고 이미지, 행동형태, 표현의 충동들로 이루어진 사회적이면서 개인적이고 또 미학적인 구성물로서의 신체가 가지는 역사와의 논쟁에 놓여 있다. 이것 때문에 무대 장르인 무용은 특히 1960년대와 70년대에 들어서면서 폭발력이 있는 사회 · 정치적 진술들을 발견하게 되는 것이다.[80]

2.3. 자샤 발츠의 춤연극 〈육체〉[81], 〈게차이텐〉

2.3.1. 〈육체〉— 몸의 "해방의 미학"

2004년 봄에 한국 무대를 찾아온 해외 무용 공연작품에서 공연사적으로 주목을 끈 작품을 들자면 〈육체〉(Körper)(자샤 발츠 무용단, 2004. 4.

---

80 Huschka, 278쪽 참조.

81 이 부분은 김형기 2008, 「다매체 시대 연극의 탈영토화」, 67~73쪽 참조.

29~5. 2, LG아트센터)와 〈아멜리아〉(Amelia)(랄랄라 휴먼 스텝스, 2004. 6. 3~5, LG아트센터)를 꼽을 수 있다. 이들이 집중적인 관심과 조명을 받게 된 이유는 서양 '동시대 무용'의 새로운 추이를 잘 드러내 보여주는 작품이기 때문이다. 이 새로운 경향의 중심부를 차지하는 것은 행위자의 존재, 다시 말해 무용수의 몸에 관한 현대 예술인들의 미학적, 철학적 성찰이며 매체미학적 실험이다. 자샤 발츠(Sasha Waltz, 1963)의 춤연극 〈육체〉도 동시대 무용[82]의 주요 화두 중의 하나인 몸과 움직임에 관한 사색을 새로이 도발적으로 펼쳐 보인다.[83]

자샤 발츠는 춤연극의 1세대 안무가인 피나 바우쉬의 뒤를 이어 춤연극의 가능성을 한 단계 더 높인, 독일의 차세대 안무가 중의 한 사람이다. 피나 바우쉬는 국내에서도 2001년 초청공연을 가진 바 있는 그녀의 춤연극 〈카네이션〉(1983)에서 발레의 몸이 따르지 않으면 안 되는 불멸의 규율에 맞서 무용수의 개인적인 이야기들을 형상화하였다. 무용단원들은 모두 〈카네이션〉의 마지막 장면에서 무대 전면(前面)으로 나와 관객에게 자기가 왜 무용수가 되었는지에 관해 이야기를 한다. 무대 위에 등장한 한 사람 한 사람의 희망과 동경, 그리고 소망 등이 단편화(斷片化)와 한 가

---

82 무용사에서 일반적으로 '동시대 무용'(contemporary dance)이라는 표기는 1980년 대 이후의 무용 및 동작문화의 보편적 발전양상을 기술하는 용어로서, 현재 진행 중인 포스트모던 댄스와 탄츠테아터를 모두 포괄한다. 더 좁은 의미에서는 선배들과 경계 구분을 하지 않으면서 개인적이고 혁신적인 새로운 성향들을 추구하는 동시대의 안무가들의 작업들로 파악할 수 있다. 동시대 무용의 특징은 이질적인 무용양식과 안무방식의 융합에 있다. 이 개념에 대해서는 Susanne Traub, "Zeitgegnössischer Tanz", Sibylle Dahms(Hg.), *Tanz*, (Kassel: Bärenreiter, 2001), 181~188쪽 참조.

83 이 공연에 대한 자세한 분석을 시도한 논평으로, 김기란, 「현재 독일 연극학의 주요 쟁점들(IV)-샤샤 발츠(Sasha Waltz)가 새로 쓰는 춤극(Tanztheater)의 역사」, 『공연과 리뷰』, 45(2004 여름), 17~24쪽이 있다.

지 주제에 관한 순환적 연상기법, 그리고 대조 효과가 풍부한 압축 장면과 모티프들의 몽타주 등과 같은 드라마투르기의 형태로 표현된다. 한마디로 무대 위에는 이제 더 이상 규격화된 동작의 재현을 일삼는 발레 무용수가 아닌, 사적(私的) 인간이 자기의 문제를 가지고 서 있는 것이다. 피나 바우쉬에게는 무용수의 움직임을 "어떻게" 할 것인가 대신에, 그 움직임의 근거가 되는 "무엇"에 관한 물음이 더 중요하고 더 우선이었다. 표현할 내용가치가 우선적으로 정해져야 그에 걸맞은 움직임의 형태를 찾는다는 것이다.[84]

그렇다면 1990년대 이후의 춤연극에서는 무엇이 문제인가? 전반적으로 춤연극은 발전해가는 과정에서 그리고 특별히 80년대 후반에 몇 가지 근본적인 구조적 변화를 맞는다. 즉 피나 바우쉬가 노래로 먼저 불려지고 그 다음에 구두로 표현되는 말을 상대적으로 일찍 작품 속에 도입함으로써 다른 안무가들도 점차 "탄츠-테아터"(춤-연극)란 합성어의 두 번째 낱말에 강조점을 두게 되었다. 그 결과 무용 요소들이 눈에 띄게 소홀히 취급되어 화술연극(Sprechtheater)에 근접하게 된 것이 그것이다. 이와 같은 트렌드의 정점으로 여겨질 수 있는 사건이 안무가인 라인힐트 호프만이 브레멘의 다(多)부문극장에서 실험적 연극연출로 명성이 있는 샤우슈필하우스 보훔(Schauspielhaus Bochum)으로 옮겨간 것으로, 이를 계기로 연극 연출가들도 춤연극에서 연출을 시도하게 되었다. 〈육체〉의 안무가인 자샤 발츠 역시 1999년에 독일 실험극의 유서 깊은 산실인 베를린 샤우뷔네(Schaubühne am Lehniner Platz) 극단에 안무가로 초빙되었다. 이에 대해

---

84 Jochen Schmidt, *Tanztheater in Deutschland*, (Frankfurt a. M./Berlin: Propyläen Verlag, 1992), 8쪽.

자샤 발츠는 1998년 베를린에서 가졌던 한 인터뷰에서

> 나는 내 작업을 연극이라고 파악하지만, 무용수들과 일을 합니다. […]
> 몸이 지닌 서술의 힘을 이용하기 위하여 내게는 무용수들이 필요하지요.
> […] 나는 연극과 친밀하게 지내는 것도 추구합니다. 그렇기 때문에 샤우뷔
> 네와 같은 극장에 있는 연출가와 함께 작업을 하기로 선택한 것이죠.[85]

라고 말한 바 있다. 그러나 아무리 '어떻게' 움직일 것인가라는 질문보다
'무엇이' 인간을 움직이게 하는가라는 질문이 중요하다고 하더라도, 춤연
극의 가장 큰 자질과 특수한 예술성은 ― 라인힐트 호프만이 춤연극은 곧
"몸의 언어"라고 말한 데서 알 수 있듯이 ― 말이 아니라, "말하는 움직임",
즉, 몸짓, 행동, 또 무용의 리듬을 따름으로써 무용으로 여겨질 수 있는 상
황들에 있다. 그러므로 "춤연극은 무용을 폐지시키기 위해 등장한 것이 아
니고, 무용을 새롭고 또 다르게 정의하려는 자유를 얻은 것뿐이다"[86]라고
한 무용비평가 요헨 슈미트의 지적은 충분히 설득력을 갖는다.

  90년대에 들어와 춤연극에서 두드러지는 사항은 관객들이 볼 수 없거
나 봐서는 안 되는 금기영역이 더 이상 존재하지 않는다는 것이다. 안무를
'시공간 속에서의 신체의 움직임'이라는 의미로 파악하는 관념도 점점 더
희박해지고 있다. 무용학자 후쉬카에 의하면, 안무의 문맥은 사회적이고

---

85 Christa Hasche, Eleonore Kalisch, Holger Kuhla, Wolfgang Mühl-Benninghaus(Hrsg.),
"'Ich verstehe die Arbeit als eine gemeinsame Reise,' Ein Gespräch mit Sasha Waltz, Cho-
reographin und Mitglied der künstlerischen Leitung der Schaubühne am Lehniner Platz,
und Jochen Sandig," *Theater an der Schwelle zum 21. Jahrhundert*, (Berlin: Vistas, 2002),
149~159쪽 중, 149쪽 이하.

86 Schmidt, 9쪽.

개인적이며 미학적인 구성물로서의 몸의 역사와, 장르의 인습적 경계를 파괴하는 (무용)매체의 역사와의 논쟁에 놓여 있다. 여기서 무대 장르인 무용은 그 미학적 상수를 변화시키고 그 대신 사회정치적 진술이 된다.[87] 그러므로 오늘날 무용 무대에서 일어나는 사적인 것의 현시, 전라(全裸)의 몸 드러내기 등은 더 이상 단순히 주어져 있는 것이 아니다. 오히려 이러한 이미지들은 많은 안무가들에게 몸과 사회의 상호작용을 훨씬 더 근본적인 차원에서 탐색하기 위한 작업의 전제로 기능한다.

자샤 발츠가 '육체의 3부작'으로 기획한 〈Körper〉, 〈S〉, 〈noBody〉 가운데 첫째 작품인 〈육체〉(2000, 파리 시립극장 초연)에서도 몸을 다루는 방식이 모던 댄스에서의 방식과 크게 차이가 난다. "움직임의 본질에 대한 끝없는 탐색"을 부제[88]로 가진 데서 알 수 있듯이 이 작품에서 그녀는 무대라고 하는 공간 위에서 육체의 움직임을 추적하고 탐색한다는 무용 고유의 작업을 수행한다. 다만, 이때 무용수의 몸이 어떤 대상 혹은 의미와 지시관계 속에서 투입되기보다는 특정 이미지나 의미로부터 해방된 부유하는 기호로서 사용된다. 먼저 그녀에게 있어 인간의 육체는 하나의 물질 덩어리에 불과하다. 〈육체〉 속에서 표현되고 있는 몸은 던지고 충돌하고 부딪쳐 뒹구는 곡예와도 같은 동작들에서 볼 수 있듯이 기존의 모던 댄스에서 보이던 존엄한 인간 존재의 몸과 거리가 멀다. 인간 육체에 대한 이러한 관념의 혁명적 전복은 마치 수족관을 연상시키는 무중력 상태의 닫힌 공간 속에서 켜켜이 포개어진 채 인간의 자유의지는 아랑곳없이 짓눌려 억압당하고 있는 인간 군상의 몸들이 충격적인 형태로 시각화되어 펼쳐지

---

87 Huschka, 278쪽.

88 〈육체〉(자샤 발츠 안무, 2004. 4. 29~5. 2, 서울 LG아트센터)의 공연 프로그램, 2쪽.

〈육체〉(자샤 발츠 안무, photo by LG Arts Center)

는 데서 절정에 달한다. 2004년 4월 서울에서 〈육체〉의 공연 뒤에 가진 한 인터뷰에서 발츠는 이 작품에 관해 다음과 같이 밝힌 바 있다.

> 어떤 장면이 무엇을 의미한다고 고정시킬 수는 없습니다. 관객이 보고 자유롭게 이미지를 연상할 수 있다면 그것으로 충분하다고 봅니다. [⋯] 인간의 육체에 대한 폭력성, 전쟁, 죽음, 인위적 변형, 가해자와 피해자의 관계 등에 대한 생각이 들어 있으므로 한 시대의 역사에만 고정시켜 보는 것은 원치 않습니다.
> 이 공연에서의 화두는 몸입니다. [⋯] 첫째로는 몸의 역사에 대해서 살펴보았고, 둘째로 몸의 외부와 내부 모습을 들여다보았어요. [⋯] 인간의 유전 문제나 복제 문제도 거론한 거죠. 셋째로는 몸과 공간의 만남을 부각시켜보고 싶었어요.[89]

---

[89] 장은수, 「베를린 샤우뷔네 탄츠테아터 〈육체〉 안무가 사샤 발츠 특별 인터뷰」(2004. 4.

이 인용문에서도 알 수 있듯이, 움직임의 본질을 추적하는 가운데 발츠가 정작 탐색하고자 하는 것은 단순한 신체 표현의 차원에서 그치지 않는다. 오히려 신체 움직임의 형태로 표면화되어 나타나는 인간의 공격성과 관능, 고정관념, 유머와 두려움 등과 같은 '인간의 몸'과 '인간 본성'에 대한 근원적 질문이다. 때문에 발츠는 우리 시대에 몸이 그것의 교환가치에 의해 값이 매겨지고 거래될 정도로 어느새 물신화되고 상품화되어온 인간의 역사를, 몸에 대해 지녀온 종래의 환상을 여지없이 깨부수는 신체 분절 장면을 통해 선명하게 드러내 보여준다. 인간의 몸은 더 이상 유기체적 통일과 조화를 이루는 소우주로서가 아니라, 이제 철두철미하게 기능화되어 있는, 그래서 언제든 교환되고 치환 가능한 부품으로 인식되고 통용된다.

자샤 발츠는 이 작품에서 인간의 육체에 관한 자신의 관점과 비전을 전달하기 위해 육체를 의도적으로 생소화하는 효과를 채택한다. 육체에 관한 여러 이미지들을 몽타주하여 무대 위에서 연출함으로써 습관적이고 자동적으로 지각하는 인간의 몸에 대한 새로운 인식의 전환을 유도하고자 한다. 그녀는 이를 위해 일상생활에서의 육체 경험에서 출발한다. 탄츠테아터라는 무용 장르에도 불구하고 그녀가 택한 미학적 형상화 방식은 현실에서 매일같이 목도할 수 있는 일상의 날것 그대로이다. 자기 자신의 세계 속에 갇혀 쉴 새 없이 바삐 왔다 갔다 하는 개개인의 일상을 자샤 발츠는 쉬익, 쿵쾅, 심장박동 소리 등의 음향효과 속에서 몸을 눕히고 던지고 휘두르는 동작으로 영혼 부재의 살덩이, 질료에 불과한 육체를 묘사한다. 무대가 1부에서 2부로 전환될 때 배경을 이루고 있던 거대한 벽면이 앞으로 넘어져 쓰러지는 광경은 대재앙을 연상시킨다. 이 붕괴는 발

---

24), 『연극평론』, 통권 34(2004. 가을), 298~310쪽 중 300쪽.

츠의 시각에서 볼 때 몸에 대한 왜곡된 시선과 인식이 초래한 필연적 결과일 터이다.

이 작품의 무대미술(토마스 센케 Thomas Schenke, 하이케 슈펠리우스 Heike Schuppelius, 자샤 발츠)도 동시대 무용의 특징을 여실히 보여준다. 무대설치와 오브제 등이 더 이상 주변적 장식이나 부차적인 것으로 사용되지 않는다. 그 대신 그 자체로 벌써 무용작품을 구성하는 여러 요소들 중의 독립적인 한 요소로서 무대 위에서 일어나는 움직임이나 행위들에 대한 시각화라든가 주석 등의 기능을 하면서 여타의 표현매체와 동등한 자격으로 작품의 의미 생산에 기여한다. 특히나 〈육체〉에서 거대한 벽면의 붕괴를 연출하는 무대미술은 기존의 사회적 통념과 가치관의 붕괴를 시각적, 청각적으로 구현하고 있다.

동시대 무용이 탐색의 대상으로 삼는 것은 '객체'로서의 몸이 아니라, 표현이나 육화의 '과정'을 말하는 형체화이다. 여기서 말하는 형체화 내지 육화는 확정된 지시체계 속에 몸을 자리매김하는 것을 의미하지 않고, 지속적이고 다층적인 고쳐쓰기와 다시쓰기의 과정을 나타낸다. 따라서 동시대 무용은 늘 미끄러지고 부유하는 기표와 기의의 근원을 캐묻지 않는다. 춤추는 신체에 들어 있는 사회적, 문화적 여러 의미층이 그 복합적 관계 속에서 고려되고 관찰되어야 하는 것도 동일한 맥락에서 비롯한다. 무용비평가인 요하네스 오덴탈은 현대(Moderne)의 핵심 모티프라 할 수 있는 주체와 젠더의 구성과 같은 테마가 춤연극에서 몸과 결합하여 육화된다고 말한다.

> 무용수들이 예술적 형식들을 자신들의 전기(傳記)와 연결지으면서 또 고전적인 역할에서 탈피함으로써, 몸은 감정과 사회적 공간, 외상(外傷, Trauma)과 혁명 등의 감추어진 역사의 저장고로서 나타난다.[90]

여기서 역사란 개인의 전기와 마찬가지로 사회와 문화를 의미한다. 이 때문에 피나 바우쉬와 자샤 발츠의 춤연극을 포괄하는 동시대 무용에서 춤과 움직임을 순전한 도구화된 재현과 표현의 수단으로서 이해하는 태도는 이미 포기되고 있다. 춤을 춘다는 것은 직접적인 신체적 커뮤니케이션의 과정으로서 이해되며, 동시대 안무가들은 인간 실존의 기본 조건과 그 비전을 몸과 움직임을 매개로 하여 표현한다. 이때 인간 현존의 법칙성들이 선형적 흐름의 서사성이나 추상적 형태로 중개되지 않고, '현전'[91]하는 춤의 행동으로 체험되고 전달되는데, 이러한 구성방식은 무용수와 관객의 소통적 공동 유희 가운데서 형성된다. 20세기 후반의 네오아방가르드 연극에서와 마찬가지로 동시대 무용에서 관객에게 의미기호의 체계를 인식하기보다는 무대 사건 속으로 자기 자신을 함께 연루시키는 능력이 더 요구되는 것은 이 때문이다.

이렇게 볼 때 우리가 춤연극에 주목해야 하는 이유는 비단 혁신적인 미학적 양상에만 있는 것이 아니다. 자샤 발츠는 위의 〈육체〉에서 인간의 몸을 역사의 "살아 있는 저장고"로 삼고자 한다. 다시 말해 "역사를 문화재 관리의 경직된 상태가 아니라, 살아 있는 것을 변형시키는 힘의 상태로 고

90 Johannes Odenthal, "Zeitgenössischer Tanz in Deutschland. Eine Einleitung," *tanz.de. Zeitgenössischer Tanz in Deutschland—Strukturen im Wandel—Eine neue Wissenschaft. Arbeitsbuch 2005*, hrsg. v. Johannes Odenthal, (Berlin: Theater der Zeit, 2005), 6~11쪽 중 9쪽.

91 레만은 '현전'(Präsens)의 개념을 '현존'(Präsenz)의 개념과 구분하여 다음과 같이 설명한다: "현전은 물화(物化)된 시간의 선(線)에 있는 지금 시점이 아니라, 이러한 시점이 끊임없이 사라지는 것으로서 이미 이행이고 동시에 과거와 다가올 미래 사이에 나타나는 일시정지, 곧 휴지(休止)이다. [...] 현전은 지금을 비우며 또 이러한 텅빔 속에서조차 기억과 선취(先取)를 섬광처럼 빛나게 하는 일종의 사건을 가리킨다. [...] 포스트드라마 연극에서 현전은 부유(浮遊)하고 사라지는 현존의 의미에서 [...] 드라마적 재현을 줄을 그어 지워버리는 것이다." Lehmann 1999, 259쪽 이하.

정시켜", 끊임없이 우리의 기억을 환기시키는 "살아 있는 저장고"로 만들고자 한다.[92]

이런 점에서 수잔네 슐리허가 그녀의 저서에서 춤연극의 미학을 육체적 감각성을 식민화하는 사회적 결정 행위와 억압으로부터 몸을 해방시킨다는 뜻에서 "해방의 미학"이라고 서술한 것은 매우 적확한 지적이라고 할 수 있다.[93]

2.3.2. 〈게차이텐〉 — 사건과 아우라의 미학

2.3.2.1. 공연 분석

춤연극 〈게차이텐〉(Gezeiten, 안무: 자샤 발츠, 2009. 9. 25, 서울 LG아트센터)이 시작되면 스러져가는 듯 허름한 뒷면 벽이 한눈에 들어오고 마룻바닥이 깔려 있는 널찍한 방안에 나 있는 세 개의 문을 통해 쌍쌍의 남녀가 마치 분신(分身)처럼 2인이 1조가 되어 각기 천천히 무릎을 굽힌 채 사뿐사뿐 조용히 그리고 조심조심 걸어 들어온다. 평소 외적 인격(페르소나)과 자아 사이의 끊임없는 숨바꼭질과 분열 속에서 살아가는 사회적 존재로서의 인간들이 이 순간만큼은 서로의 감정과 뜻이 일치된 듯, 한 명의 무용수가 다른 무용수의 바로 뒤에서 포개져 동일한 걸음과 동작 그리고 형태를 취하며 등장한다. 서로 다른 방향으로 나 있는 세 개의 문을 통해

---

92 Odenthal, 9쪽.

93 슐리허는 춤연극을 프랑크푸르트학파, 특히 헤르베르트 마르쿠제의 감각성에 관한 테제의 관점에서, 그리고 브레히트의 서사극(생소화, 몽타주)과 앙토냉 아르토의 아방가르드적 '잔혹연극'(몸, 정서)의 컨셉트에 의지하여 몸 중심의 연극, 즉 텍스트와 문학으로부터 독립된 연극의 자율성을 추구하는 연출가 연극의 맥락 안에서 관찰한다. Schlicher, 14~26쪽; 이에 대해서는 Huschka, 278~282쪽 참조.

중앙을 향해 들어오는 이들은 무대 한 중앙에서 필연적으로 서로 마주치게 되는데, 이때마다 이들은 즉흥 동작을 엮어나가며 우아하고 기하학적인 대칭의 아름다움을 표현한다. 무용수들은 저마다 동작의 주체가 되었다가 이내 마치 조각과도 같이 오브제로 변모하면서 절제된 동작과 에너지에서 오는 질서와 균제의 미를 현출한다.

그러다 건물 전체가 무너지는 듯한 굉음과 폭음이 별안간 들리면서 조금 전의 평화롭고 서로의 받침대가 되어주며 배려하고 봉사하던 사람들의 모습은 온 데 간 데 없어지고 서로가 배척하고 적대시하며 생존을 위한 난리를 피우기 시작한다. 바로 카오스의 상황이다. 안무를 맡은 자샤 발츠는 여기서 피나 바우쉬의 춤연극에서처럼 반복의 모티프를 사용함으로써 인간 서로에 대한 적대적 몸짓과 동작이 순간의 우연에 의한 것이 아님을 드러낸다.

평상시와 달리 극한 상황에 처하게 되었을 때 인간은 으레 그 탓을 남에게서 찾으며 희생양을 찾는다. 그때 희생양은 우리들 가운데서 약자나 소수자, 즉 다수의 무리와 구별되는 자가 된다. 대재앙의 혼돈이 들이닥쳤을 때 인간이 드러내 보이는 이러한 집단행동은 필연적으로 파시즘을 낳는다. 이렇게 해서 희생이 된 자들에 대한 십자가들이 무대 앞면에 벽돌로 세워지고, 나머지 사람들은 이런 광경을 서로 방관자가 되어 물끄러미 바라볼 뿐이다. 두 명의 남녀 무용수가 내짖는 개 울음소리는 이처럼 개만도 못한 인간 존재에 대한 조롱에 다름 아니다. 이윽고 한 사람을 희생양으로 쫓아낸 이들은 저마다 양팔에 자줏빛 색깔의 의자를 들고 360도 회전하며 춤을 춘다. 여기서 의자가 나의 삶의 자리요 공간임을 표상함은 물론이다. 한 사람을 희생시켜 얻은 대가는 낯선 이방인들로부터 이들을 단단히 보호해줄 그들만의 닫힌 공간이다. 이들은 안전하게 닫혀 있는 공간 안에

〈게차이텐〉(자샤 발츠 안무, photo by LG Arts Center)

서 무너진 삶의 공간과 터전을 복구하는 작업에 열중한다. 이들의 복구는
저마다 따로 나만을 위한 공간을 쌓고 지키는 일이다. 여기서 타인과의 소
통은 안중에도 없이 오로지 나의 세계, 나의 영역, 나의 실존을 지키고 확
장하는 일에 혈안이 되어 있다. 이들 각자가 보이는 행동과 동작은 카오스
그 자체이다. 이들이 입에 문 뾰족한 삼각뿔 모양의 나무토막이 상징하듯
그들은 그 상태로 서로를 쪼아댄다.

상대를 헐뜯고 공격하는 이들의 모습은 우리의 시대가 곧 세계 종말의
상황임을 연상시킨다. 이런 상상이 펼쳐지기가 무섭게 이때 갑자기 암흑
세상으로 바뀌며 마룻바닥이 무너지거나 뜯겨지고, 뒷벽 한 곳이 무너지
기 시작하면서 커다란 구멍이 뚫린다. 그리고 벽 오른편 한 곳에서 2미터
높이의 불길이 활활 치솟으며 시커먼 연기를 자욱이 뿜어댄다. 무대와 객
석은 온통 삽시간에 매캐한 연기로 가득 찬다. 그야말로 아비규환의 상황
이요, 살아 있는 지옥의 묵시록이다.

이 모든 붕괴와 그로 인한 무질서, 혼돈은 인간이 스스로 초래한 재앙임에 틀림없다. 마지막 장면에서 암전 직후 온통 붕괴하고 솟아오른 폭력의 현장에서 두꺼운 흰 천으로 온몸이 칭칭 감긴 채로 마치 거대한 괴물 혹은 애벌레가 되어 힘들게 몸을 일으켜 세우거나 앞으로 굽히는 형상은 이제 누구도 그 정체를 알 길이 없이 되어버린 상처투성이의 인간 존재의 실상이라 할 것이다.

누가 이 지경으로까지 인간의 실존을 파멸시켰는가는 너무나 분명하다. 너나 할 것 없이 오로지 나의 관점에서 '개별화의 원리'[94]에 따라 나의 존재의 집을 쌓고는 이를 위협하거나 파괴하는 타자에 대해서는 집단적인 파시즘의 폭력을 가차 없이 휘두르는, 그러나 이렇게 함으로써 결국 자신의 존재의 터전과 더불어 인류의 공존마저 무너뜨리는 어리석음을 범하는 인간 존재의 아이러니를 자샤 발츠는 이 공연에서 표현하고 있는 것이다.

무용수 가운데 백인 외에 아시아, 인도, 아랍 지역 출신이 각각 등장하는 것도 이 춤연극 공연의 주제의식과 무관하지 않다. 나와 피부색이 다른 사람, 나와 생각이 다른 사람을 무조건 이상하고 비정상이라고 배척하고 적대시하면서 나의 기득권을 지키고자 하는 사람들의 이기적이고 독단적

---

94 "개별화의 원리(principium individuationis)"는 쇼펜하우어가 한 말이다. 그에 의하면 이 세계의 밑바닥에 있는 참된 세계인 물자체(物自體)의 세계는 불합리한 맹목적으로 살려고 하는 의지의 세계이고, 어디를 가나 고뇌에 찬 세계이다. 그의 "개별화의 원리"는 위와 같은 근원적인 의지의 세계를 구체적으로 개개의 현상으로서 현상화하는 원리를 가리킨다. 니체는 조형의 신인 아폴로를 이 "개별화의 원리"의 장려한 신상(神像)이라고 불렀으며, 아폴로적인 것과 디오니소스적인 것의 결합에 의해 이 "개별화의 원리"가 깨뜨려지고 해소될 때 비로소 가장 내면적인 근거로부터 기쁨에 넘치는 황홀감이 솟아오른다고 보았다. Friedrich Nietzsche, *Die Geburt der Tragödie aus dem Geiste der Musik*. Mit einem Nachwort v. Peter Sloterdijk, (Frankfurt a. M.: Insel, 1987), 30쪽 참조.

이며 비겁한 생존방식이 숱한 세월의 흐름(조류潮流, Gezeiten) 속에서 변함없이 반복되며 인류의 재앙과 불행을 초래하는 장본인임을, 그래서 인간이 더 이상 인간의 모습이 아니라, 마치 벌레의 형상으로 드러나고 있는 현실을 자샤 발츠는 혹독하리만치 끔찍한 춤연극으로 형상화하고 있다.

2.3.2.2. 〈게차이텐〉의 영향 전략 ─ 사건과 아우라

'조류'(潮流)라는 뜻을 지닌 독일어 원제 Gezeiten이 말해주듯이, 이 작품은 이미 지나간 시간부터 다가올 시간까지를 포함하는 유구한 시간의 흐름 속에서 인간과 인간의 관계에서 언제 어디서든 일어날 수 있는 사건을 보여주고 있다. 주지하듯이 무용은 단순한 양식화, 형체화에서 벗어나 몸을 움직이는 무용수의 주관이나 정서의 표출이어야 한다는 발상의 전환에서 표현무용(마리 비그만)이 등장하고, 나아가 무용이 다루는 소재가 우리의 현실과 유리될 수 없다는 미학적, 인식론적 성찰에서 20세기 초 춤연극의 개념(라반, 쿠르트 요스)이 처음으로 부상하였다. 반면에 피나 바우쉬 이후 동시대 무용(contemporary dance)의 한 축을 형성하는 춤연극은 20세기 초 연극 아방가르드주의자들의 영향을 받아 전통적이고 인습적인 무용 동작을 넘어서서 언어, 무대장치, 음악, 연극, 영상 등을 콜라주하고 또 몽타주하여 배열함으로써 복합매체적 기표와 에너지의 지각에서 상호 충돌과 간섭 작용을 드러낸다. 특히 자샤 발츠의 작품은 현실의 상황과 공포, 인간의 갈등 등을 묘사하되 전통적인 연극 드라마투르기에서처럼 관객이 극중 인물 내지 사건과 동일시를 추구하도록 하는 대신에 분출하는 육체성(물질성)과 감각적 이미지의 사슬을 따라가면서 분위기상의 긴장과 불안 상태를 감지하고 숙고하게 한다. 여기서 상황과 분위기, 에너지, 밀도, 호흡 등에 관객의 긴장과 주의가 집중된다.

〈게차이텐〉(자샤 발츠 안무, photo by LG Arts Center)

　자샤 발츠는 이번 공연에서 무대 한구석이 불타오르는 것과 같은 위험한 장면을 그대로 감행하는데, 이는 "관객들이 그 상황을 실제처럼 경험하도록 만들고 싶어서", 관객들이 "무용수들과 함께하고 있다고 느끼게끔" 하기 위함이다.[95] 〈게차이텐〉의 무대 움직임과 사건이 관객에게 작용하는 방식은 그러므로 내러티브의 구조화나 해독에 있지 않고, 오히려 정서로 감각으로 느낌으로 그 현장의 공동 현존을 함께 체험하도록 하는 데 있다. 뚜렷한 이야기 구조를 지니고 있지 않은 이 춤연극에서는 무용수의 몸, 움직임, 조명, 무대미술, 의상, 리듬, 템포, 음향 등이 빚어내는 수행적인 것, 다시 말해 사건으로서의 공연과, 여기서 나오는 유일무이한 분위기로서의 아우라가 관객과 무대가 만나는 미적인 경험과 소통의 접점이 된다. 이와 같은 춤연극의 미학적 작용방식은 무엇보다 1970년대 이후 출현하기 시작

---

95 〈게차이텐〉의 공연 프로그램(서울 LG아트센터, 2009. 9. 25) 참조.

한 소위 '포스트드라마연극'이 관객과 소통하기 위해 취하는 효과적인 영향 전략이기도 하다.[96]

2.4. 안느 테레사 드 케어스매커 〈Bitches Brew/Tacoma Narrows〉 —춤으로 듣는 연주회[97]

안느 테레사 드 케어스매커(Anne Teresa De Keersmaeker, 1960)가 1983년 창단한 무용단 '로사스'는 미니멀리즘의 무용 양식을 구사하고 있다. 미니멀리즘이란 1960년대 미국에서 시작된 음악의 한 경향으로 반복성이라는 요소를 갖는다. 이는 반복성을 명확하게 보여주는 아프리카의 음악적 요소로부터 영향을 받았다고 볼 수 있으며 생생한 느낌을 준다. 그녀가 이 안무기법을 처음 시도한 것은 무용단을 창립하기 일 년 전에 발표한 공연작품인 〈Fase, four movements to the music of Steve Reich〉(1982)에서이다. 미니멀리즘에 입각한 안무는 움직임의 어휘들을 매우 축소시켜 연출하는데, 활력 넘치는 힘과 매혹적인 경박함에서 역동적인 소용돌이가 서서히 생기게 하는 것이 특징이다. 이듬해에 집단안무 작품으로 무대에 올려진 〈Rosas, Rosas danst Rosas〉(1983)에서는 장차 케어스매커의 무용 작업들의 성격을 규정하는 "흐름"(flow)[98]의 기법이 사용되었다. 빠르게 원을

---

96 포스트드라마 연극의 미학에 관하여는 김형기 외, 『포스트드라마 연극의 미학』, (서울: 푸른사상사, 2011) 참조.

97 이 부분은 필자의 무용비평 「동시대 무용의 두 모습: 이미지의 범람 대(對) 미니멀리즘—DV8 무용단《Just for Show》와 ROSAS 무용단《Bitches Brew/Tacoma Narrow》」, 『연극평론』, 통권 37(2005, 여름), 171~175쪽을 일부 수정 보완함.

98 "흐름"(flow)이란 공연의 행위자들이 관객들과 접촉하거나 이들을 감동시킴으로써 일종의 긴장과 밀도(intensity)가 형성되는데, 이를 미할리 칙스첸트미할리는 "흐름"이라고 칭

그리는 동작들에 의해 가속화되어 각각의 장면들이 살짝 변화된 반복의 형태로 신체를 삼키는 것처럼 보인다. 이 두 작품을 발판으로 하여 케어스매커는 동시대의 유럽 무용계를 대표하는 기대주 가운데 한 사람으로 부상하기 시작한다.

2005년 봄에 LG아트센터에서 국내에서 처음 선보인 〈비치스 브루/타코마 협교〉(2003)는 1960년대 후반, 재즈와 록을 혼합한 퓨전 재즈로 일대 돌풍을 몰고 왔던 전설적인 재즈 뮤지션 마일즈 데이비스의 불후의 명반 〈Bitches Brew〉와 1940년 미국 워싱턴 주에서 건설된 지 4개월 만에 바람과 진동에 의해 무너져버린 '타코마 협교'의 움직임으로부터 영감을 받아 만든 작품이다.

그녀의 공연을 가리켜 '춤으로 듣는 연주회'라고 말할 정도로 무용 작업에서 음악은 언제나 독특한 위치를 점유한다. 그녀가 어느 인터뷰에서 음악은 "지난 20년 간 로사스 무용단 활동에서 항상 첫 번째 파트너였다. 안무할 때 어떤 음악을 이용하느냐에 따라 어떻게 구성해나가느냐를 결정한다. 안무는 움직이는 건축물과 같다. 누가, 언제, 어디서 동작해나가느냐가 사용되는 음악에 따라 결정된다"고 말한 데서 알 수 있듯이 케어스매커의 안무에서 음악은 시간과 공간을 기획하고 구성하는 초안이 되는 요소다. 이번 공연에서 그녀가 택한 마일즈 데이비스의 음악은 1964년 3일간에 걸쳐 즉흥적으로 만들어낸 것으로, 그녀의 관심은 그 즉흥성을 어떻게 공연 속에서 활용하는가에 쏠려 있다.

하였다. 리처드 셰크너에 의하면 훌륭한 공연은 소리와 침묵 사이의 간격을 조절하고, 사건들의 상승도와 하강도를 일시적·공간적·정서적·근육운동 지각적으로 조절하는데, 이러한 여러 공연 요소들이 축적되고 또 반복되는 과정을 통하여 '흐름'이 발생한다고 설명한다. 리처드 셰크너, 『민족연극학. 연극과 인류학 사이』, 김익두 옮김, (서울: 한국문화사, 2005), 15쪽 이하 참조.

막이 오르면 옅은 황금빛 벽지가 둘러져 있는 세 벽면 앞의 탁 트인 무대에 평상복 차림의 남녀 무용수들이 맨발 혹은 구두를 신고 등장하여 재즈와 록이 결합된 음악을 몸동작으로 풀어 보인다. 이들의 움직임은 빠른 템포의 힙합, 재즈 음악을 배경으로 하여 거침없이 쏟아져 흘러나오는 에너지의 흐름마냥 리드미컬하며 역동적이다. 뒤틀고 비비꼬며 뛰고 재주를 넘는 등 무정형의 자유분방한 춤이 자유로이 신명나게 펼쳐진다. 이들의 동작은 전통적인 고전무용에서 보이던 균형과 조화 대신 음악의 리듬에 맞춰 즉석에서 만들어지는 움직임들이다.

안느 테레사 드 케어스매커는 이 곡의 연주자 13명과 동일한 숫자인 13명의 무용수를 무대 위에 등장시키는데, 음악과 함께 즉흥무(卽興舞)도 그 긴장을 더해간다. 조명이 어두워진 무대 위로 투사되는 흔들거리는 타코마 협교의 모습과 균형이 깨지기 직전의 떨림, 불안정한 조화를 표현하는 무용수들은 협교가 붕괴된 직후 급반전된 분위기 속에서 브레이크 댄스, 힙합 등의 춤의 향연을 펼친다. 거칠 것 없이 분방하면서도 정교하게 구성된 즉흥 춤이 돋보인 공연이다.

케어스매커는 이번 작품에서 무용이 무엇을 전달하거나 제시하기 위한 도구로 사용되기보다는 무용수들의 에너제틱한(활력 넘치는) 움직임의 잔치가 되기를 원한다. 이에 따라 엄격한 구성이 해체되고 움직임도 모방적이거나 지시적이지 않으며, 신체를 빌려 음악을 연주하고자 한다. 브뤼셀 소재의 '무드라'(MUDRA) 무용학교와 이어서 뉴욕의 '예술학교'에서 1년 간 대학교육을 받은 케어스매커가 내놓은 작품인 〈Fase, four movements to the music of Steve Reich〉는 미국의 미니멀리즘의 영향을 받은 성과물로 간주된다. 케어스매커는 한 인터뷰에서 "미니멀리즘이라고 불리어진 것은 사실은 에너지의 최대치"라고 말하고 있는데, 그것은 다름 아닌 무용수의 신체 에너지를 극적인 힘으로 사용하기 때문이다. 이러한 작업방식의 결과 우리는 그녀의 무용에서 음악 이외의 여타 오브제가 매우 검소하고 절제된 채 사용되고 있음을 볼 수 있다.

그렇다면 이 같은 포스트모던 미니멀리즘의 무용을 통해서 케어스매커가 궁극적으로 추구하는 바는 무엇이며, 오늘의 우리 공연예술에 던져주는 시사점은 무엇인가? 주지하다시피 대부분의 모더니즘 예술가들은 '의미'의 강박관념에 사로잡혀 있다. 반면에 포스트모더니즘 예술가들에게서는 '의미'(기의)와는 거리가 먼 신체적 긴장이 극적 긴장 대신 들어서며, 여태까지 알려져 있지 않거나 혹은 은밀히 감추어져온 에너지들이 몸에서 발산된다. 무용수나 배우의 현존하는 몸은 그 자체가 고유한 메시지로서 또 동시에 스스로에게 지극히 생소한 것으로서 노출된다. 포스트모던 댄스에서는 신체역학(기표)이 다시 돌아오고, 동시에 춤 어휘의 단편(斷片)화와 분절화 현상이 증가하고 있다. 즉흥적이고 우연한 움직임, 혼란스럽고 자극적인 몸짓, 몸의 히스테릭한 경련과 불균형, 추락과 기형 등등이 그것이다. 이것은 종래의 전통적인 무용이 매달려온 '이상(理想)적인' 신체로부터 벗어나려는 경향에 다름 아니다. 반어(反語)나 패러디의 의도가 아니면 고양시키는 의상도 없으며, 낙하, 구르기, 눕기, 앉기 등도 배제할 수 없다. 회전하기, 어깨를 실룩거리는 것과 같은 일상적인 몸짓, 언어와 목소리의 도입, 강렬한 신체 맞물림 등도 눈에 띄는 현상이다. 템포와 리듬이 공간을 지배하고, 육중함, 무게, 고통과 폭력 같은 부정적 양상들이 무용의 전통에서 소중한 위치를 차지하던 조화를 밀어젖히고 들어온다. 이와 같이 의미로부터 자유로워진 포스트모던 댄스의 무대는 낙관적 시각에서 보자면 잃어버린 '춤의 유토피아'에 대한 동경으로 가득한 주장이라고 할 수 있다.

케어스매커 역시 음악으로 촉발된 신체 에너지의 흐름에 무용수가 자신의 몸을 자연스럽게 맡기도록 유도한다. 무용수의 현존하는 몸을 통해 에너지, 긴장, 밀도의 형태로 전이되는 '전(前)표현적'(pre-expressive)[99] 에너지는 오래전에 잃어버리고 파묻혀버려 생소하기 이를 데 없는 관객의 전(前)표현성(pre-expressivity)을 일깨워 무대와 객석의 관계가 다시 제의적 일체감을 형성할 수 있게 되기를 바란다.

그러나 이 같은 의도에서 시작된 공연이라 할지라도, 결과적으로 케어스매커의 미니멀리즘 무용은 무대 위에서 음악을 춤의 연주회로 변용시키면서 흥취와 신명으로 펼치는 무용수들만의 자족적인 잔치에 그치지 않았나 하는 생각을 갖게 한다. 무용수들이 뿜어내는 열기와 긴장의 두께가 관객의 켜켜이 쌓인 단단한 각질을 부수고 들어와, 몸에서 발산되는 원초적 에너지를 서로 공유하며 교감하는 데까지는 이르지 못한 것이다. 각각의 개체들, 주체들이 다른 사람들 앞에서 자기 자신을 있는 그대로 꾸밈없이 노출시키는 장소로서 무대를 만들고자 한 케어스매커가 택한 미니멀리즘 무용의 한계가 여기서 드러나 보인다.

3. 이미지 연극의 수행적 미학

계몽주의 이후 서양문화의 절대적 가치관으로 자리잡아온 이성중심주의에 대한 도전과 반발이 거세어지면서 문화예술, 특히 연극 분야에서는 텍스트 개념이 허물어지기 시작하였다. 이것의 시발은 20세기 초엽에 서

---

99 '전-표현적', '전-표현성' 등의 용어는 유제니오 바르바의 개념으로서, 현존하는 행위로서의 층위를 가리킨다. 바르바에 의하면 '전-표현' 의 국면에서 배우는 "본질적인 목표가 행동들의 의미 작용이 아니라, 에너지, 현존, 자신의 행동들의 생명력인 것처럼 만들 수 있다". 유제니오 바르바, 『연극인류학』, 안치운 옮김, (서울: 문학과지성사, 2001), 206쪽 참조.

양의 아방가르드 연극이 연극의 본질을 문학성에서가 아니라 공연성에서 찾고자 한 데서 비롯되었다. 이러한 점에서 윌슨의 작품도 역사적 아방가르드의 연장선상에 있다고 할 수 있다. 쥘베르 로트링어와의 인터뷰에서 로버트 윌슨(Robert Wilson, 1941)은 몸, 빛, 소리, 음악 등의 비언어적 요소들이 자신의 연극의 표현수단임을 밝히고 있다:

> 나는 특정한 방식으로 배치되어 있는 다양한 이미지들을 가지고 작업을 시작하였다. 나중에 단어들을 첨가하긴 했지만, 어떤 이야기를 서술하지는 않았다. 이 단어들은 오히려 단어나 문장의 길이 혹은 울림 등에 따라 건축구조적으로 사용되었다. [⋯] 나는 음향효과를 내기 위하여 이러한 다양한 리듬을, 다양한 발화방식을 한데 모으려고 하였다. 내용에는 난 우선 관심이 없었다. [⋯] 내가 만드는 것을 나는 일종의 '시각적 음악'이라고 생각한다.[100]

이같은 탈텍스트중심적, "탈인간중심적" 연극은 언어의 의미가 차연(差延)과 분절에 의해 불확실해지고 이성중심주의에 대한 회의와 '억압된 것의 회귀' 요청이 점증하는 사회상황에서 윌슨을 위시한 여러 포스트모던 예술가들이 택한 하나의 대안이라고 볼 수 있다. 윌슨은 〈바다의 여인〉 공연에서 후기산업사회의 역사와 문화의 전통을 끊임없는 이미지들의 역동적 흐름 속에서 분해시키고 있다.[101] 그리하여 느리게 지연된 동작과 기계적 움직임, 침묵과 분절된 대사의 리드미컬한 반복, 비사실적이고 상징적

---

100 "Es gibt eine Sprache, die universell ist. Sylvère Lotringer im Gespräch mit Bob Wilson", *AISTHESIS. Wahrnehmung heute oder Perspektiven einer anderen Ästhetik. Essais*, hrsg. v. Karlheinz Bark, Peter Gente, Heidi Paris, Stefan Richter, (Leipzig: Reclam, 1993), 372쪽.

101 Erika Fischer-Lichte, *Das eigene und das fremde Theater*, (Tübingen u. Basel: francke. 1999), 201쪽.

인 무대, 선과 면을 이용한 기하학적 공간, 조명의 색상대비와 음향효과 등을 통해서 표출되는 이미지들의 파편들을 콜라주화하여 관객들이 신화적 바다(자연) 세계와 가부장적 육지(도구적 이성) 세계 간의 길항적 대립 상태를 '분위기와 밀도와 정서'로 느낄 수 있게 한다.

브레히트 이후 활발하게 펼쳐지고 있는 "포스트드라마 연극"의 미학적 입장은 아르토가 「잔혹연극」 제1차 선언(1932)에서 "연극을 텍스트에 종속 시키는 일을 타파하고, 몸짓과 사고 사이에 놓여 있는 일종의 언어 개념을 다시 발견하는 것이 중요하다"[102]고 한 주장에 이미 간명하게 선취(先取)되어 있다. 다중매체 시대를 맞아 새로운 시의성을 띠고서 다가오는 이 선언은 변화된 지각방식에 걸맞은 연극언어와 공연양식 찾기에 필사적인 노력을 기울이고 있는 오늘의 연극인들에게 많은 생산적 자극과 시사점으로 작용하고 있다.

이 장에서는 로버트 윌슨과 아힘 프라이어의 공연작품에 대한 분석을 통하여 이미지 연극(그림연극, theatre of image, Bildtheater)의 수행적 미학의 전략을 살펴보고자 한다.

3.1. 로버트 윌슨의 〈바다의 여인〉[103]

3.1.1. 원작 텍스트의 해체와 재구성

2000년 서울국제연극제 기간 중 국내에서 초연된 로버트 윌슨 연출의

---

102 Antonin Artaud, "Das Theater der Grausamkeit (Erstes Manifest)", *Das Theater und sein Double. Das Théâtre de Séraphin*, (Frankfurt a. M.: Fischer, 1987), 95쪽.
103 이 부분은 김형기 2000, 「다중매체시대의 "포스트드라마 연극"」, 14~25쪽 참조.

〈바다의 여인〉(Lady from the Sea)은 헨릭 입센의 원작(1888)을 미국의 여성 작가이자 비평가인 수잔 손탁(Susan Sontag, 1933~2004)이 각색한 것(1997)에 바탕을 두고 있다.[104] 이 공연이 "포스트드라마 연극"의 특징을 확인할 수 있는 분석모델로 적합한 이유는 이 작품에 손탁의 포스트모더니즘적 세계 인식, 즉 페미니즘과 윌슨의 이미지 중심의 연극미학이 총체적으로 구현되어 있기 때문이다. 즉, 손탁은 사실주의 작품을 페미니즘의 관점에서 다시 씀으로써 고전 텍스트를 탈정전화시키고 있으며, 윌슨 역시 각색자의 새 의도에 맞추어 반사실주의적, 비재현의 무대 형상화 방식을 채택하고 있다.

공연 분석에 앞서 입센의 원작에서 손탁의 각색으로의 문화적 전이 과정에 대한 고찰이 먼저 필요하다. 우선 입센이 원작에서 그리려고 했던 세계는 어떤 것인가? 입센의 이 희곡은 원형적으로 바다에 속하는 생명체가 우연히 도달하게 된 뭍의 인간 세상에 융화되지 못하고 결국 본향인 바다로 되돌아간다는 북유럽의 인어 전설에 착안하여 쓰여진 작품이다. 입센은 이 민속설화에다 중년의 의사인 남편(하트윅 방엘)과 전처 소생의 두 딸(볼레테와 힐데)을 맞이한 새 삶에 적응하지 못하는 엘리다를 '바다의 여인'으로 설정하여 사실성에 기반한 내러티브를 구축하고 있다. 입센은 사실주의의 소위 '잘 짜여진 연극'의 정치한 극 구성방식에 힘입은 상세한 상황 설명과 인과율적인 사건 진행을 통해 관객에게 등장인물들의 관계라든가 행위의 동기 등을 설득력 있게 소개한다. 반면에 이 같은 세부묘사는 민중설화에서 유래하는 두 인물, 즉, 인간 세상에 동참하면서도 자신들의

---

104 윌슨이 연출한 이 작품의 세계 초연은 1998년 이탈리아 페라라에서였으며, 국내에서는 2000년 서울국제연극제 기간 중 8월 27부터 9월 3일까지 문예회관 대극장에서 국내 배우들과의 공동 작업 형태로 처음 공연되었다.

뿌리라고 생각하는 바다의 생명체로서의 정체성을 잃지 않는 엘리다와 이 방인에게 내포되어 있는 신비함과 추상적 암시의 효과를 감소시킨다.

전체 5막으로 되어 있는 입센의 〈바다의 여인〉에서는 이렇다 할 특별한 극적 사건이 발생하지 않다가 3막 후반에 가서 엘리다의 과거에 묻혀 있던 불가사의한 이방인이 홀연히 나타나 이미 유부녀가 된 그녀에 대한 권리를 요구함으로써 갈등이 표면화되기 시작한다. 그로 인해 하트윅과 엘리다 사이에 논쟁이 촉발되지만, 이내 남편에게서 선택의 자유를 부여받은 그녀가 자유의지로 이방인을 포기하고 정숙한 아내로 집에 남기로 선언하면서 해피엔드로 막을 내린다. 사랑과 이해를 바탕으로 상대방에게 선택의 '완전한 자유'를 줌으로써 아내와의 화합을 이루는 하트윅이라는 인물의 설정은 〈인형의 집〉 출간 이후 일련의 사회적 논쟁에 휩싸여 있던 입센이 대중에게 제시한 화해의 몸짓으로도 읽을 수 있다.

원작의 정관사 "the"를 생략하여 제목부터 작품의 추상화와 보편화를 지향하고 있는 수잔 손탁의 〈바다의 여인〉은 입센의 주요 인물과 배경, 이야기의 큰 줄기를 그대로 사용하면서 원작의 상식적인 스토리텔링과 인과적 연결을 의도적으로 해체시킨다. 손탁의 각색은 막간극인 네 개의 'Knee-play'를 포함하여 모두 열일곱 개의 독립된 장면으로 구성되어 있는데, 그 순서 역시 연대기적 나열을 무시하고 있다. 게다가 원작에 나오는 두 명의 주변 인물[105]을 아예 삭제하여 작품의 초점을 주요 인물 간의 갈등에 집중시키고 있고, 바다의 남자 이방인을 무언의 인물로 만듦으로써 비실제적이고 불가사의한 정체성을 강조하고 있다. 엘리다 역시 원작에서 결혼이라는 제도에 묶여버린 여자로서의 이미지 대신에 손탁의 각색에서는 신

---

[105] 중년의 이웃인 발레스테드와 조각가를 꿈꾸는 병약한 링스트란트.

비로우며 자연으로 회귀하려는 본능이 강렬한 여자로 형상화된다. 작품의 신화적이고 초현실적 설화의 분위기가 주는 모호성과 애매함은 관객에게 극중인물과 사건 전개에 대해 일정한 미학적 거리를 유지하게 하면서 동시에 다양한 의미 구성의 토대를 마련해준다.

손탁은 한 인터뷰에서 자신의 개작 목적이 입센의 이야기를 현대 관객에게 그럴듯하게 보이도록 다듬어내는 데 있지 않으며, 오히려 원작이 "결정적인 결점"을 지니고 있다고 보기 때문에 입센의 희곡을 최대한 변화시키고자 했다고 밝히고 있다.[106] 그녀가 가장 심혈을 기울여 각색하고자 한 부분은 작품의 결말이다: "확언컨대 당연히 원작 〈바다의 여인〉의 '해피' 엔딩은 설득력이 없다. 그것은 보다 현대적인 여성이 그렇게 하지 않으리라는 것 때문이 아니라, 그건 그가 지금 하고 있는 얘기에 진실되지 않으며—그 당시에도 사실이 아니었기 때문이다".[107] 원작에서 엘리다는 남편으로부터 떠날 수 있는 자유를 부여받은 순간 진정한 아내이자 두 딸의 어머니로서 육지에 남기로 결정한다. 그러나 각색의 마지막 장면에서 엘리다는 남편과 마주 앉아 자수를 놓고 있다. 표면상으로는 평온한 가정주부의 모습이지만 손탁은 엘리다의 방백을 첨가하여 원작을 페미니즘의 시각에서 해체·구성하고 있다:

> 난 바다로 뛰어들 수도 있었습니다. 난 헤엄치고 또 헤엄칠 수 있었습니다. 난 절대로 돌아오지 않을 수도 있었습니다. 난 그래야겠습니다. 지금 당장. 이 자수의 마지막 부분만 끝내고서 그다음에 난 자리에서 일어나 바

---

106 허순자, 「〈바다의 여인〉 원작과 각색의 비교. 헨릭 입센과 수잔 손탁 그 사이」, 『한국연극』, 2000년 9월호, 52쪽 참조.
107 허순자. 53쪽에서 재인용.

다로 나가 그 속에 뛰어들렵니다. 아니, 더 좋은 건, 하트윅을 물가로 데려
간 다음 수평선을 가리켜 그의 주의를 돌려놓고서, 그다음 평평한 바윗돌
로 그의 머리를 내리치고 난 후, 난 바다로 뛰어들어 헤엄을 치고 또 헤엄
을 쳐….[108]

관객에게 엘리다의 내면 정서를 알려주는 이 방백은 평온한 겉모습과는
달리 엘리다가 비록 몸은 육지 세계에 있지만, 바다로의 회귀를 완전히 단
념한 것이 아님을 보여준다. 그녀의 이러한 내면적 갈등을 파악하지 못하
고 있는 남편 하트윅은 이렇게 말한다:

> 너무나 놀라워, 사랑하는 당신, 이런 당신을 보는 건. 나와 함께 평온을
> 누리는. 당신 자신과 평온을 누리는. […]
> 나의 엘리다. 나의 아내. 나의 삶. […] 그래, 당신은 자신을 적응시키는
> 걸 배웠소. 당신은 … 진화한 거요.[109]

그러나 가부장제도와 이것이 만들어낸 사회인습에 의해 강요된, 아내와
어머니로서의 성 역할을 맡아서 살아온 엘리다가 마침내 남편의 곁에 남기
로 결정하는 것은 그녀가 드디어 문명세계에 적응한 것을 의미하는 것이
아니다. 여기서 손탁의 관심은 원작에 없는 엘리다의 방백을 삽입한 데서
알 수 있듯이, 오히려 남편의 보호와 사랑을 받아온 수동적 객체로부터 자
신의 운명과 삶을 스스로 결정하는 여성 주체로서 살아가기 시작한 엘리다
의 자각과 변신을 부각시키는 데에 있다. 때문에 각색의 마지막 장면에서
드러나는 하트윅의 행복한 미소는 그가 여전히 여성적 주체에 대한 몰이해

---

108 헨릭 입센(허순자 역), 〈바다의 여인〉, 『한국연극』, 2000년 10월호, 122쪽.
109 입센(허순자 역), 122쪽.

와 착각에 사로잡혀 있음을 말하는 것에 다름 아니다. 윌슨은 연출 작업에서 이 같은 원작의 해체를 인물구도와 공간 분할 그리고 무대미술 전반에 걸쳐 치밀하게 연극 기호화하고 있다. 이제 아래에서는 윌슨의 무대화 작업에서 나타난 "포스트드라마 연극"의 제 양상을 검토하기로 한다.

3.1.2. 탈위계화된 연극언어들 간의 '충돌'과 '다성성'

어린 시절 언어장애자였던 윌슨은 자신의 경험과 뇌 장애 아동들과의 연극치료 활동을 통해 신체적 자극과 정신적 활동 간의 밀접한 관련성을 인식하면서 자신의 연극에서 언어를 매개로 한 접근을 멀리하고, 그 대신 신체의 움직임과 빛, 소리 등의 비언어적 매체들을 통한 관객과의 소통을 추구해왔다. 각종 매체들이 만들어내는 윌슨 연극의 여러 이미지들은 포스트모더니즘 공연의 모범적 사례로 자주 거론되는데, 새로운 연극미학으로 그가 궁극적으로 추구하는 바는 계몽주의와 이성중심주의가 낳은 모더니즘의 세계에 대한 부정으로 집약될 수 있다. 바다가 자신의 본향이라고 믿고 그곳으로 돌아가고자 하는 열망을 포기하지 못하는 바다의 여인 엘리다의 이야기를 무대 형상화하는 과정에서도 윌슨의 바로 이런 세계관이 잘 드러나 있다.

막이 오르면 기하학적으로 나뉘어진 청회색의 무대가 시야에 들어온다. 〈바다의 여인〉에서 극적 긴장과 갈등을 추동하는 힘은 전통극에서와 마찬가지로 서로 다른 두 세계의 충돌과 등장인물들 간의 대립이다. 원시적 생명력의 근원으로서의 바다에 대한 동경을 포기하지 못하는 엘리다와 그녀의 이 그리움을 "병"으로 진단하는 의사이자 과학자이며 가부장인 남편 하트윅, 현실 가정에 뿌리내리지 못하고 바다, 즉 합리 이전의 신화의 세계에 언제나 마음이 가 있는 엘리다, 그리고 미움과 질투로 인하여 그녀를

〈바다의 여인〉(로버트 윌슨 연출, ⓒ2000 서울연극제)

받아들이지 못하는 두 의붓딸 등, 바다/자연/꿈/신화의 세계를 상징하는 엘리다와, 육지/문명/현실/계몽의 세계를 상징하는 하트뵈 가족 간의 긴장과 대비효과가 매 장면을 이끌어간다. 그러나 이러한 갈등과 대립의 인물구도는 등장인물들의 대사 내용보다는 시청각적 리듬과 조형적 이미지에 기초한 이 연극의 건축학적 구조에 의해 형성되고 가시화된다.

이를테면 무대 후방에 바다로 나 있는 길은 엘리다와 이방인이 속해 있는 공간으로서 육지/문명/현실의 세계와 바다/자연/신비의 세계를 이어주는 통로로 기능한다. 뭍에 속한 다른 인물들은 거의 무대 전방의 공간에서 움직임으로써 이 두 세계의 공간적 대치 구도를 확실히 한다. 이러한 구분은 각각의 서로 다른 공간 영역에서 움직이는 등장인물들의 몸짓 연기에서도 드러난다. 느리고 유연한 움직임을 보이는 엘리다와 그리고 경직되어 있는 볼레테와 힐데의 기계적이고 분절된 몸동작은 이들이 속해 있는 두 세계의 어긋남을 시각화하고 있다. 현악기가 연주하는 친밀한 고전음악의 선율과, 피리와 타악기가 만들어내는 원시적 리듬의 대비, 빠른 템포의 희화적인 춤을 추는 하트윅 가족과 그 주변을 느린 템포로 바다를 동경하는 눈빛을 하고 맴도는 엘리다가 빚어내는 속도의 대비도 좋은 예가 된다.

그러나 이때의 이분법적 대립과 갈등은 전통 고전극에서와는 달리 시간이 흐를수록 증폭되거나 해소되지 않고, 다만 "평행과 병치의 이미지"[110]로만 남겨질 뿐이다. 게다가 이 이미지들에는 뚜렷한 인과적 연결고리가 없어서 극중 인물의 움직임이나 행동의 뚜렷한 동기를 파악하기가 어려운데, 바로 이런 점이 윌슨의 연극을 포스트드라마 연극의 맥락 속에 자리매김할 수 있게 하는 요인이다. 예컨대 바다로 나 있는 길에서 엘리다가 몸은 바다를 향하고 있으나 발은 뒷걸음질치는 장면이 있다. 바다를 '향한 채' 뒷걸음질하는 그녀의 신체언어는 마지막에 육지에 머물기로 한 선택과 일치하지만, 그 결정의 진정한 동기와 그 후 그녀의 내면에서 일어나는 소리의 의미는 모호하며 더욱이 모순되기조차 한다. 이 같은 공연 텍스트의 모호성은 관객을 단순한 수동적 소비자의 위치에서 의미구성의 진정한 주체로, '공동 생산자'로 옮겨놓는 포스트모더니즘의 정신과 맥을 같이하는 것으로서 윌슨 연극의 중요한 특징 가운데 하나이다.

엘리다를 통해 대변되는 합리 이전의 자유 세계와 하트윅 가족을 통해 표상되는 이성 중심의 가부장적 질서 세계의 특징들은 더 나아가 선과 면, 그리고 색채와 서로 다른 질감을 활용한 추상적 무대미술과 회화에 가까

---

110 최성희, 「첨단 기술이 빚어낸 신화의 세계」, 서울연극제 개막공연 〈바다의 여인〉, 『한국연극』, 2000년 10월호, 109쪽.

운 조명을 통해 강렬한 상징적 이미지로 형상화되고 있다. 윌슨의 무대에서 조명은 극의 리듬을 이끌어가고 다양한 새로운 공간과 시간을 창조하는 기능을 한다. 회색빛 어두운 조명 아래 삼각과 사각 평면 등의 기하학적 공간들로 분할되어 있는 무대 앞쪽은 육지를 나타내며, 바다의 세계를 가리키는 푸른색 무대배경과 대조를 이룬다. 여기에 음향 또한 큰 역할을 한다. 다양한 소리 효과를 통해 분열된 정체성을 표출하기 위해 인물의 목소리를 육성과 녹음된 소리로 나누어 외적 음성과 내면의 음성을 대비시키거나 병치하고 있으며, 서라운드 효과를 이용하여 관객에게 수수께끼 같은 인간의 정체성과 자연의 생명력, 신비로움을 전달하고자 한다. 극에서 낭만적 음조로 시작되었던 파도 소리, 새소리, 바람 소리는 시간이 흐를수록 귀청을 사납게 울리는 굉음으로 변모하는데, 이로써 극의 배후 세계인 바다, 자연, 꿈, 본능 등의 정체성이 혼돈에 빠진다. 즉 이 야성이 합리적이고 질서 잡힌 육지의 문명세계에 대한 창조적 대안으로 제시되는 것인지, 아니면 인간을 지배하는 어두운 근원적 힘의 기호인지가 관객에게는 모호하고 불분명하게 남아있다.

이상에서 살펴본 입센의 원작에 바탕을 둔 윌슨의 〈바다의 여인〉은 파트리스 파비스가 말하는 텍스트와 시청각적 구조, 즉 미장센 간의 "충돌"(confrontation)의 모습을 보여준다. 파비스에 의하면 미장센은 "상이한 무대 재료들을 결합하여 의미 체계로 만드는 연상과 관계의 네트웍"으로, "생산과 수용 양자에 의해 창조된다".[111] 윌슨의 미장센은 "분절과 반복, 병치와 대립의 구조로 무대 위에 다화성(多畵性, poly-graphic), 다성성(多聲性, poly-phonic)의 체계를 창조"함으로써 입센과 손탁의 텍스트를 더욱

---

111 최성희, 38쪽에서 재인용.

파편화하고 있다. 60~70년대 윌슨의 연출 작업이 언어의 배제와 폭력적 해체에 치중했다면, 이번 〈바다의 여인〉 공연은 윌슨의 최근의 관심이 텍스트에 의한 미장센의 종속도, 텍스트에 대한 적대적인 공격도 아닌 둘 사이의 상호 보완적이고 창조적인 접목에 있음을 보여준다. 그의 미장센은 텍스트와 언어가 지닌 의미와 질서를 부정하거나 파괴하는 것이라기보다, 텍스트와의 "충돌"을 통해 변증법적으로 더 복합적인 새 질서를 찾고자 한다. 이때의 새 질서는 인간의 이성이 인위적으로 부여한 질서 이전의 더 상위적이고 더 복합적인 질서로서의 "혼돈"이다.[112]

3.1.3. 이미지 연극 〈바다의 여인〉의 수행적 미학

"신형식주의"(new formalism) 연극[113]의 대표자 중의 한 사람인 윌슨의 연극 작업은 씌어진 텍스트로부터 출발하는 것이 아니라 작품과 관련된 그의 이미지로부터 출발한다. 따라서 그의 연출 작업은 수많은 장면의 이미지들에 대한 스케치와 더불어 시작한다. 그는 무대를 커다란 화폭으로 활용하면서 배우의 움직임, 몸짓, 소리, 음악, 빛, 각종 오브제들을 자신의 비전(vision)을 기호화하는 재료로 사용한다. 이같은 윌슨의 연극을 가리켜 "비전의 연극"이라고 부른 슈테판 브레히트는 그의 연극의 특성을 이렇게 서술한다:

> 비전의 연극이란 살아 있는 행위자들과 움직임이 있는, 그리고 세상이나 현실에 나타나는 방식에서의 발전이 있는 무대화 작업이거나, 또는 언

---

112 최성희, 39쪽 참조.

113 Theodore Shank, *American Alternative Theatre*, (London & Basingstoke 1982), 123~134쪽 참조.

어적, 지적 혹은 논증적인 분석과 관계없이 개인에게 중요하고 의미있게 여겨지는 […] 개별 이미지들에 의한 세상의 재현이 있는 무대화 작업이다. […] 제작자에게 의미는 문제가 안 된다. […] 비전의 연극은 무대 디자이너의 연극이며, 무대 디자이너로서 기능을 하는 연출자의 연극이다.[114]

이 인용문에서 알 수 있듯이 윌슨의 연극의 목적은 그 자신이 작품에 대해 느끼는 이미지를 표현하는 데 있지, 작품의 내용 전달에 있지 않다. 이 과정에서 윌슨은 움직임, 빛, 소리, 음악 등의 각종 재료를 마치 미술에서의 콜라주처럼 무대 위에 적절히 배치하여 시간 속에서 상호작용을 통해 시청각적 연극 효과를 만들어낸다. 그의 연극을 '움직이는 회화'라든가 '청각적 그림', 이미지 연극, '시각적 음악' 등과 같이 공감각 예술로 규정하는 이유가 여기에 있다. 윌슨의 연극 제작방법은 희곡을 모체로 여기는 전통적인 서양 연극에서의 방법과 확실히 구분된다. 씌어진 드라마 텍스트는 여러 연극 재료들 가운데 하나에 불과할 뿐이다. 작품에 대한 연출자의 이미지나 구상이 미리 존재하고, 그 개념을 담을 형식이 내용보다 우선하는 것이다:

> 윌슨은 마치 예술의 조합자처럼 행동한다. […] '내가 무엇을 해야만 하는가는 형태(form)가 말해준다'라고 그는 종종 이야기한다. 그의 상상의 레퍼토리에서 퍼내어 강약의 선으로 발전시키고 빛 또는 신체들로 그림을 그리고, 결정하고, 선택하고, 악마적인 정확성으로 개입한다. […] 그의 규범은 무엇보다도 자유이다.[115]

---

114 Stefan Brecht, *the theatre of visions: Robert Wilson*, (London, Auckland, Melbourne, Singapore, Toronto, 1994), 9쪽.
115 잔프랑코 카피타, 「로버트 윌슨, 만능예술가?」, 〈바다의 여인〉 공연 프로그램(2000. 8. 27~9. 3).

이것이 그의 연극 작업을 두고 '신형식주의'라고 부르는 이유이다. 그는 또한 예술의 '민주주의'를 구현하고 있다. 즉 신체, 텍스트, 조명, 음악, 무대장면 등을 평등이라는 엄밀한 의도하에 배치한다. 무대 위의 오브제는 단순한 장식품이 아니라, 움직이지 않는 온전한 등장인물이다. 대본은 자체적인 독립성을 지닌 일종의 음악이다. 단어들은 대상이고 색채이며 문장들은 리듬이다. 이들 가운데 어떤 것도 다른 것을 압도하거나 종속시키지 않는다. 서로 접해 있는 층위는 모순되며 새로운 관계를 창조하고 음조를 파괴하거나 아이디어를 교류한다. 이리하여 윌슨에게서는 연극수단들의 "탈위계화"(Enthierarchisierung)[116]가 일어나는데, 이는 사건 진행의 부재와 관련이 있다. 배우들은 무대 위에 '공동으로' 위치해 있으되, 어떤 상호작용의 연관망 속으로 진입하지 않는다. 연극의 공간도 빛과 색상, 일치하지 않는 기호들과 오브제들이 비동질적, 비연속적인 공간을 창조한다. 그러므로 관객이 무대 위의 다양한 등장인물들을 어떤 연관망 속에 있는 것으로 파악하든가 아니면 단지 동시에 제시되는 것으로만 파악하든가 하는 것은 전적으로 관객의 상상력에 맡겨져 있는 것이다.

윌슨에 의하면 모든 관객은 자신에게 부여된 상상력을 가지고 해석할 수 있는 자유가 있다. 때문에 그는 관객에게 지시적으로 설명하는 대신, 모순과 추상의 형태로 전달되는 시각과 몸짓을 활용하여 관객의 상상력을 자극시킨다. 여기에는 동시대의 미술가, 작곡가는 물론 마사 그레이엄, 메레디스 몽크 등의 현대 무용가들에게서 받은 초기의 영향이 크다. 그는 자신이 연출한 〈해변의 아인슈타인〉(1976)에 관해 말하면서 이렇게 충고한 적이 있다:

---

116 Lehmann 1999, 133쪽.

스토리에 관해서 생각할 필요가 없습니다. 왜냐하면 어떤 스토리도 없으니까요. 단어들에 귀 기울일 필요가 없습니다. 단어들은 어떤 것도 의미하지 않으니까요. 그냥 무대장면과, 시공간 속에서의 건축학적 배치와 음악, 그리고 이것들이 불러일으키는 느낌을 즐기세요. 그림들에 귀 기울이세요.[117]

이렇듯 윌슨에게서는 현상이 내레이션보다 우선을 점하고, 이미지 효과가 개별적인 연기자보다 우위이며, 명상이 해석보다 우선한다. 이러한 연극에 비극적 감상이나 연민은 없다. 무엇보다도 고속도 촬영기법에 의한 것처럼 느리게 지연된 연기자들의 움직임(슬로우 모션)은 행동에서 이념의 토대를 앗아가는 독특한 경험을 산출하는 연극적 장치이다. 이는 곧 무대 위의 연기자들의 행동이 자신의 의지와 결정에서 나오는 것이 아님을 보여주는 것이며, 따라서 윌슨의 연극에는 등장인물들을 이렇다할 동기나 목표, 연관성 등이 없이도 마술적으로 움직이게 하는 것처럼 보이는 비밀스러운 에너지가 있다는 느낌과 일치하는 것이다. 드라마 연극이 인간의 자율성과 관련된 문제를 묘사하는 연극이라면, 윌슨의 연극은 역동적 이미지와 에너지가 충만한 "풍경"(Landschaft)[118]의 연극이라고 할 수 있다.

관객의 인지 형태를 바꾸기 위한 '느린 동작' 외에도 각종 첨단 멀티미디어 기술을 적극적으로 도입하는 윌슨의 작업은 정확한 타이밍, 시청각적 리듬에 입각한 정교한 건축학적 구조를 지닌다. 특히 의미의 층위를 덧입히는 데에 있어 조명의 기능이 차지하는 비중은 절대적이다. 윌슨에 의해 연출되는 빛의 회화는 자연 과정과 인간의 사건들을 하나로 통일시켜주

---

117 Marvin Carlson, *Performance: a critical introduction*, (London/New York, 1998), 110쪽에서 재인용.

118 Lehmann 1999, 136쪽.

며, 이를 통해 배우가 행하고 말하고 동작으로 표현하는 것도 의도된 행동이라는 성격을 상실한다. 사람들은 제스처를 사용하는 조각물들이 되고, 동물과 식물들이 인간의 형상들과 마찬가지로 사건의 대리인들이 된다. 즉, 인간이 풍경과 동물, 돌과 분리되지 않고 하나가 된다.

엘리노어 푹스는 『전원풍 장면의 또 다른 형태』에서 갈등과 해결의 선을 좇지 않는 공연 장르를 제안하며 "탈인간중심적 무대"(post-anthropocentric stage)의 가능성을 암시한다.[119] 그가 말하는 "탈인간중심적" 연극이란 인간 연기자가 전혀 없는 오브제의 연극, 기술과 기계가 있는 연극, 다시 말해 인간의 형상이 "풍경"과 유사한 공간 구조 속의 요소로 통합되는 그런 연극이다. 윌슨의 연극이 이와 동일한 범주에 위치해 있음은 물론이다. 이것은 자연 정복이라는 인간중심주의적 이상에 대한 하나의 비판적 대안을 뜻하는 미학적 형상화로서, 윌슨이 포스트모더니즘의 가치관을 공유하는 데서 연유하는 것이라 할 수 있다.

3.2. 아힘 프라이어의 〈수궁가〉

2011년 9월 세계국립극장페스티벌의 개막작으로 한국의 판소리 다섯 마당 가운데 하나인 〈수궁가〉가 독일의 연출가 아힘 프라이어(Achim Freyer, 1934)의 연출에 의해 "판소리-오페라", 즉 창극의 형태로 무대에 올려졌다. 20세기 초 이후로 약 100여 년의 역사를 가지고 있는 신연극의 양식 가운데 하나인 창극이 독일 연출가의 작업을 통해 기존의 창극과는 전혀 다른 "판소리-오페라"의 형태로 공연된 것은 한국 연극계에 의미하

---

119 Lehmann 1999, 137쪽.

는 바가 매우 크다.

판소리는 창자 1인이 다양한 극중 역할을 노래와 사설 그리고 몸짓을 섞어가며 고수의 북 장단에 맞춰 열린 판에서 공연하는 일종의 민중예술이요 서사극(epic theatre)이다. 이에 반해 창극에서는 다양한 극중 역할을 여러 명의 창자가 나누어 맡아 실내극장에서 노래와 몸짓으로 표현한다. 판소리의 사설에 해당하는 부분은 도창(導唱)이 맡으며, 고수의 북장단 대신 별도의 무대음악(타악, 현악, 관악)이 도입된다. 창자의 연기뿐만 아니라 무대(미술) 역시 판소리에서는 양식적으로 이루어지는 데 반해, 일본을 거쳐 서양극의 영향을 받은 창극에서는 연기도, 무대도 사실적 모방과 재현에 의한 개연성을 추구한다.[120]

2011년 9월 한국에서 아힘 프라이어의 연출로 초연된 "판소리−오페라" 〈수궁가〉는 엄밀히 말하면 "창극" 양식을 우리 시대의 문화적 상황에 맞게 변신을 꾀한 새로운 연극적 시도의 하나라 할 수 있다. 신연극 운동의 일환으로 생겨난 창극은 극본과 음악 그리고 무대미술 등 공연의 제반 요소들을 총체적으로 활용할 것을 역설한 바그너의 "음악극"(Musikdrama)을 일견(一見) 연상시킨다. 그러나 아힘 프라이어가 연출한 판소리−오페라(창극) 〈수궁가〉는 앙상블을 목표로 한 바그너의 '종합예술작품'(master art, Gesamtkunstwerk) 대신에, 제반 공연 요소들의 독자성과 자율성을 최대한 활용하여 관객에게 몰입 대신 의식의 각성을 체험케 한 크레이그, 브레히트의 총체연극(total theatre)의 관념을 좇는다. 이와 함께 이 〈수궁가〉는 사실주의적 재현 모델의 거부와 반(反)환영주의 태도를 공통분모로 하는 상징주의, 추상미술 그리고 초현실주의의 미학적 작용방식들을 적극

---

120 창극의 미학적 특징에 대하여는 백현미, 『한국창극사연구』, (서울: 태학사, 1997) 참조.

〈수궁가〉(아힘 프라이어 연출, ⓒ국립창극단)

활용하여 이른바 '수행성'이 전경화된 포스트드라마적 공연을 성취하고
있다.

이 장에서 필자의 관심은 아힘 프라이어가 〈수궁가〉에서 시도하고 있는
이 같은 네오아방가르드적 예술 실험의 양상을 구체적으로 살펴보고, 특
히 한국의 공연 현실 속에서 그것이 지니는 사회적 · 미학적 가치와 함의
를 함께 고찰하는 데 있다.

3.2.1. 회화적 무대(pictorial stage)

아힘 프라이어의 〈수궁가〉는 기존의 창극 공연에 익숙해 있던 한국 관
객들의 기대 지평을 무너뜨릴 만큼 혁신적이고 전위적이다. 맨 먼저 눈에
들어오는 무대미술은 쉽게 예견되던 사실주의적 모방이나 재현의 무대를
완전히 벗어나 상징주의, 표현주의, 추상미술, 초현실주의 기법 등이 한데
뒤섞여 만들어진 일종의 거대한 설치미술로 관객을 압도한다. 한복의 색
과 질감을 살려 만든 의상과 표현주의 기법의 종이가면, 한국의 산수를 연
상케 하는 무대 바닥과, 좌우 윙을 넘어 객석으로까지 이어진 굵은 검정
색 곡선의 배경막 등으로 이루어진 회화적인 무대는 일찍이 화가로 출발

한 그의 이력을 감안하면 지극히 자연스러운 일로 여겨진다. 뿐만 아니라, 보통의 얼굴 크기를 훨씬 넘는 과장된 동물 형상의 종이가면을 쓰고 움직이는 등장인물들은 살아 있는 배우라기보다 차라리 전체 무대 그림의 일부로 간주된다. 말하자면 평면에 그려진 가면을 쓴 배우들은 객석을 향한 채 말하고 움직일 수밖에 없으므로 무대 전체가 입체감이 없는 2차원의 그림이라는 인상을 심어준다. 한 편의 "움직이는 추상화"[121]와도 같은 이러한 절제된 무대에 걸맞게 조명도 간명하게 흑백이 주조를 이루며 다른 무대 요소들과의 작용을 통해 공연의 빈틈(gap)을 채우도록 관객의 상상과 사유를 유도한다.

〈수궁가〉의 무대는 이렇게 상투적인 구상성을 배제하는 대신 선, 색, 소리(음악) 등과 같은 가장 기본적인 무대 구성 요소를 때로는 과장되게 때로는 환상(幻想)적으로 추상화하여 사용함으로써 무대 위에서 벌어지는 사건에 관객이 저마다 상상과 연상의 힘을 발휘하여 능동적으로 답변하고 관여하도록 시종 자극한다.

공연의 시작과 함께 제일 먼저 눈에 두드러지는 것은 이상과 같은 이색적이고 환상적인 무대미술 외에, 무대 정면 중앙에 세워진 거대한 구조물 위에서 푸른 치마를 입은 채 창을 하고 이야기를 열어가는 도창(안숙선 분)이다. 도창은 평면적인 가면을 쓴 극중 인물들과는 달리 유일하게 입체적이고 실제적인 얼굴 모습으로 나타난다. 이야기가 탄생되고 등장인물들이 생명을 얻는 것도 이야기꾼인 도창을 통해서 가능해진다. 〈수궁가〉의 등장인물들인 토끼와 별주부 외에 광대, 호랑이, 도사, 앙상블, 코러스 등의 개성 있는 캐릭터들은 마치 옛 설화 속의 한 장면처럼 3미터 높이의 그

---

121 이미원, 「전통장르의 새로운 실험: 창극의 세계화와 정가(正歌)의 사랑노래 〈수궁가〉 〈이생규장전〉」, 『연극평론』, 통권 63(2011, 겨울), 한국연극평론가협회, 18~22쪽 중, 19쪽.

녀의 치마 속에서 등장하고 퇴장한다.

프라이어의 무대미술은 이와 같이 환상적이고 동화적인 요소로 놀이 효과를 극대화하는 한편, 노자(老子)류의 유현(幽玄)한 어두움을 기본 정조로 삼으면서도, 육지와 바다 세상, 그리고 자연의 아름다움과 자연을 거역하는 것에 대한 응징을 상징적으로 나타낸다. 이를테면 용궁에 들어설 때 바다에 가득 매달린 페트병과 같은 문명의 쓰레기가 느닷없이 관객의 눈앞을 가득 메우는 것이 그 예다. 프라이어는 여기서 브레히트식의 생소화 효과에 의한 무대 연출을 통하여 오늘의 현대문명과 자본주의 사회가 지니는 양면성에 대한 엄숙한 인식과 숙고를 동시대의 관객들에게 촉구하며 시의적 효과를 거둔다.

3.2.2. 연기와 소리(창), 음악의 생소화 효과

배우들은 과장되고 환상적인 무대를 배경으로 갖가지 동물의 형상을 한 고정 가면(fixed mask)을 쓰고 소품을 든 채 등장하므로, 이들의 연기는 사실주의적이지 않고, 오히려 브레히트가 말하는 사회적 몸짓(Gestus)을 과장되고 코믹하게 부각시키는 데 초점이 맞춰져 있다. 이는 배역의 사실적인 재현으로 관객이 극적 환영에 빠지게 하는 대신 그 이면에 감춰진 의미를 발견하고 내적 성찰에 이르게 하기 위해 마련한 서사적 거리두기의 연기라 할 수 있다.

〈수궁가〉의 소리(창)는 안숙선 명창의 작창을 기반으로 이용탁과 박위철의 작·편곡이 더해져 이루어졌다. 안숙선의 작업은 정광수제 〈수궁가〉를 모본으로 삼아 전통에 맞닿아 있으면서도, 공연 마지막 부분의 노래 '아서라 세상사'에서는 우리 시대의 정서를 곡진하게 담아낸다. 우리 고유의 마당 판놀음의 원리가 적용된 앙상블과 코러스의 역할도 생소화 효과를 거두기 위한 장치로 주목을 끈다. 이들은 무대에 등장해 가면과 소품을 상황에 따라 바꿔가며 스스로 극중 인물이 되기도 하고 문득 배경이 되는가 하면 구경꾼이 되기도 하는 등 개방적인 구조와 다양한 기능으로 관객과 긴밀히 소통한다.

음악 역시 단순히 판소리 공연에 따르는 고수의 북장단이라든가 가야금 연주와 같은 민속음악을 사용하는 데 그치지 않는다. 이를테면 잔치 장면에서 토끼와 용왕이 한데 어우러져 춤 출 때 민속음악과 나란히 궁중음악인 〈수제천〉과 〈전폐희문〉이 동시에 연주된다. 이는 약자들과 지배층 간의 불협화음을 시각 · 청각적으로 표현하는 한편, 수궁 세계의 장엄함과 위계질서를 감각적으로 드러내며 관객의 비판적 사유를 일깨우는 데 기여한다.

3.2.3. 재문맥화(re-contextualization)를 통한 탈정전화

판소리 〈수궁가〉 원작의 줄거리를 간추리면 다음과 같다. 위중한 병에 걸린 수궁의 용왕이 신비한 도사로부터 오로지 토끼의 간만이 그의 병을 치유할 수 있다는 사실을 듣게 된다. 신하인 별주부(자라)는 살아 있는 토끼를 천신만고 끝에 용왕 앞에 대령하지만, 이 토끼는 하필 간을 말리기 위해 육지에 두고 왔다고 용왕을 설득한다. 용왕은 별주부에게 토끼를 데리고 뭍으로 나가 간을 가지고 돌아오라는 명을 내린다. 그러나 결국 별주부와 용왕은 토끼 똥만 손에 쥔 채 허탕을 치고, 토끼는 본인의 꾀로 목숨을 구하게 된다는 내용이다. 아힘 프라이어는 이 같은 판소리 설화에 새로운 시간과 갈등구조를 창조하고 재해석을 가하여 〈수궁가〉를 현대적으로 재문맥화한다. 그는 자신의 연출 의도를 밝힌 글에서 다음과 같이 언급한다.

한 예술가의 연극작품은 그 예술가의 고유한 서명을 달고 태어난다. 예술가는 본인이 가진 재료들을 사용하여 새로운 시간과 갈등구조를 창조해낸다. 따라서 아무리 같은 시대에 같은 작품을 가지고 작업을 한다고 해도, 각 예술가는 각각의 서로 다른, 새로운 해석을 내놓아야 한다. 그것이 바로 연극에 있어서 가장 흥미진진한 부분이다.[122]

바다를 동경하는 육지의 토끼와, 육지 산중을 동경하는 바닷속 별주부는 신산(辛酸)하고 고통스러운 자신들의 세계를 벗어나 각기 상대방의 서로 다른 세상을 이상향으로 꿈꾸게 된다. 별주부는 용왕에 대한 충효를 강조한 원작에서와 달리 개인의 부귀영화를 위해서 뭍으로 토끼 사냥을 나선다. 왕에 대한 충성심보다 개인의 입신영달이 우선시된다. 또한 토끼가 별주부의 꼬임에 빠져 수궁(水宮)에 가는 것도 단순한 실수가 아니다. 토끼는 약육강식의 살육전이 벌어지고 화약연기가 끊이지 않는 막막한 육지 세상을 벗어나 더 나은 세상살이를 갈망하는 데서 현실 타파라는 현대적 욕망의 포로가 된다. 이처럼 프라이어는 바다 세계와 육지 세계를 대비시키되 판소리 〈수궁가〉가 지닌 인류 보편적 가치에 주목하고, 특히 동시대성을 갖추기 위해 우리 시대와의 연관성을 찾아내 이를 공연 속에 용해시키고자 한다.

> [···] 판소리의 보편성에도 불구하고, **판소리가 현대적인 연극과 만났을 때 어떠한 그림이 그려지는가**라는 부분에 대해서는 여전히 의문이 남아있다. 나는 그러한 새로운 결합을 시도하는 것이, 〈햄릿〉이나 〈백조의 호수〉등 유명한 작품을 관객들이 한 번도 보지 못한 방식으로 재창조하는 것과 다르지 않다고 생각한다.[123]

---

122 아힘 프라이어, 국립창극단 〈수궁가〉 보도자료, 6쪽: "연출의도".
123 아힘 프라이어, 국립창극단 〈수궁가〉 보도자료, 6쪽: "연출의도". (진한 글씨체는 필자에 의한 강조임.)

그에게 있어서 연극이란 결국 "연출가가 자신의 내적 표현을 통해 관객들이 작품의 주제를 보고 느낄 수 있게 하는 것"[124]이다. 그리하여 프라이어가 자신만의 고유한 그림으로 재창조한 〈수궁가〉의 바다 세계는 위계질서가 분명한 봉건군주제(monarchy)로서, 신하들은 집단주의적이고 수동적이다. 이들은 통치자로부터 명령받은 바를 이행하는 데 익숙한 우리들의 모습을 대변한다. 반면에 육지의 세계는 일종의 무정부(anarchy) 상태이다. 뭍의 세계에서는 민주주의와 질서에 대한 열망은 존재하지만, 동물들은 저마다 매우 개인주의적이고 권력욕이 강한 존재로 부각된다. 나이에 따라 상좌(上座)를 정하려는 상좌 다툼 과정에서 크고 작은 독재자들이 생기는 장면은 오늘의 민주주의 사회에 여전히 잠재해 있는 대표(representative)의 위험성을 암시한다. 이런 와중에 주인공 토끼 역시 우두머리가 되어보려 하지만, 힘도 없고 또 힘을 가질 수도 없기에 늘 도망을 다니는 캐릭터로 민중을 상징한다. 온갖 이기심, 허장성세와 권모술수로 가득한 세상에서 토끼가 살아남기 위해 가진 유일한 무기는 영리함과 지혜이다. 그는 집단에 속해 있는 인물이라기보다는 위기와 역경에 맞서 홀로 싸우는 민중적 투사요 영웅이라 할 수 있다. 〈수궁가〉는 이같이 돈과 출세, 사회적 성공을 향한 오늘날 우리들의 지칠 줄 모르는 욕망에 대한 비판의식 외에도, 환경문제, 유토피아, 수명 연장의 꿈 등과 같은 현대 자본주의 사회에 내재하는 여러 문제들을 다루며 사회정치적 시의성으로 오늘의 관객과 호흡을 같이한다.

---

124 아힘 프라이어, 국립창극단 〈수궁가〉 보도자료, 6쪽: "연출의도".

3.2.4. 이미지 연극 〈수궁가〉의 수행적 미학

40여 년 전부터 화가이자 연극 연출가로서 창조적으로 활동하고 있는 아힘 프라이어의 연극 작업에서는 날카로운 사고와 어린애다운 소박함, 극도의 단순성과 화려함, 형식상의 엄격성과 넘치는 환상(phantasy)이 서로 결합해 있다. 이는 앞에서 살펴본 〈수궁가〉 공연에서도 예외가 아니다. 프라이어의 연극은 소위 메시지를 전면(前面)에 부각시키기를 거부하고, 관객이 자기 자신과 실존적으로 마주치는 것을 목표로 한다.[125] 이러한 연극의 목표를 그는 〈수궁가〉에서도 대본을 해석하지 않고 그것의 내적 그림[이미지] 세계를 경험할 수 있게 하는 연출 행위를 통하여 달성한다.

> 나의 연출방식은 관객들에게 표현적인 그림을 보여주는 대신 Nichtbild, 즉 아무것도 보여주지 않음으로써 관객들이 보고, 상상을 통해 스스로 찾을 수 있게 하는 것에서 출발한다. 오늘날의 공연 〈아이다〉(Aida)가 과거의 〈아이다〉와 절대 같을 수 없는 이유는, 모든 공연이 그 시대의 정치적, 사회학적, 개인적인 경험을 바탕으로 만들어지기 때문이다. 그렇기에, 판소리를 이 같은 형태로 발전시키는 것이 현재 나를 가장 자극하는 과제이다.[126]

이러한 연출방식은 프라이어가 1976년부터 베를린 예술대학(Hochschule der Künste Berlin) 무대미술 교수로 근무하면서 상이한 연극적 구성요소들이 한데 어울려 작용하는 것의 조건과 가능성을 줄곧 탐구해온 것에 기인한다. 즉 그는 내용적 차원에서부터 형식적 측면으로 점점 더 관심의 축을 이동하면서 연극이 어떻게 기능하는가에 대해 시각적 차원에서

---

125 Peter Simhandl, Bildertheater. *Bildende Künstler des 20. Jahrhunderts als Theaterreformer*, (Berlin: Gadegast, 1993), 136쪽.

126 아힘 프라이어, 국립창극단 〈수궁가〉 보도자료, 6쪽: "연출의도".

'숙고'하게 되는데, 이것을 프라이어는 1986/87년 무대미술 세미나의 한 프로토콜에서 연극의 "자기반성적 과정"(autoreflexiver Prozeß)이라고 기술하고 있다. 이 자기반성적 과정에서 중요한 것은 통상적인 연출에서처럼 "어떻게 내용이 무대 위에서 변환되는가"가 아니라, 어떻게 "내용이, 그것도 관객의 지각과 수행적 행위에 의해 무대 위에서 성립되는가"이다. 여기서 프라이어의 미학은 지각의 예술로서의 예술이라는 의미에서 "종합감각"(Aisthesis)으로 이해된다.[127]

프라이어의 연극이 이와 같은 '종합감각'의 미학의 길을 추구하기 시작한 것은 이미 1970년대 말경에 점점 더 "전망 없이" 쇠퇴 일로를 걷는 기성 연극을 의식적으로 거부하고 음악극으로 선회하면서부터이다. 당시를 회고하는 한 인터뷰에서 그는 "내 경험은 화술연극이 썩었다는 것, 그래서 우리가 새로이 발견하지 않으면 안 된다는 것, 언어도 소리(울림)와 리듬에 대해 숙고할 만큼 음악적 자질을 가지고 있다는 것이었다. […] 화술연극은 단어를 더 이상 진지하게 여기지 않으며, 단어를 그것의 영향, 즉 그것의 리듬과 장소에 그대로 두지 않고 단어와 문장이 말하는 것을 해석해왔다."고 밝힌 바 있다.[128]

그가 화술연극을 거부하는 까닭은 그것이 무대장치라든가 배우의 표현방식 등과 같은 언어 외적 연극적 표현수단들을 지극히 부수적인 것으로 치부하며, 따라서 무대 사건을 단순히 삶의 기호 차원("진술들")으로 좁혀 놓을 위험성이 크다는 판단에서다. 이에 비해, 음악극은 인위적이고 추상적인 음

---

127 Inge Zeppenfeld, *Anti-illusionistische Spielräume. Die ästhetischen Konzepte des Surrealismus, Symbolismus und der abstrakten Kunst im Spiegel der Theaterarbeit Achim Freyers und Axel Mantheys*, (Tübingen: Niemeyer, 1998), 31쪽.

128 Simhandl, 139쪽.

악의 형식을 통하여 (연극에서 훨씬 일반적인) 선형적 해석 행위에서 벗어날 자유 공간이 상대적으로 보장되어 있다는 것이다. 1980년대에 대작 연출 과정에서 그가 많은 오페라 작품들에 도전한 이유가 여기에 있다.

아힘 프라이어는 연극을 실재(Realität)와 마주한 일종의 평면 위에 펼쳐지는 자율적 이야기로서 이해한다. 프라이어는 1987년에 행한 한 연설에서 다음과 같이 연극에 관한 자신의 이론적 구상을 피력한다.

> 이러한 장식된 정면 문, 이러한 선, (반대 세계로 들어가는) 무대 정면은 일종의 그림 평면을 창조한다. 그러니 어찌 공간에 대해 말하겠는가? […] 화가는 평면을 가지고 있다. 그러나 회화(繪畵)가 공간의 차원을 창조할 때마다 회화는 단지 회화일 뿐이다. 건축가는 공간을 만든다. 공간은 공간인 대로 있다. 그렇다면 **연극은? ― 우리 자신을 비추는 평면이라는 이러한 현상을 통해서 사유적 공간은 빛을 보게 된다. 그림 평면 상에 나타난다. 이 액자가 그림을 유발시킨다.** 그림은 평면이고 표면이다. 그림 평면은 말하자면 문자와 기호가 우리 안에 경이로운 공간들을 창조하는 한 장의 종이와 똑같은 평면이다. 책 속에 문자가 있다면, **연극 속에는 우리가 여타의 예술에서는 볼 수 없는 이질적인 방식으로 서술하는 제 요소들이 있다. 빛, 색깔, 울림, 소리, 움직임, 제스처 등이 그것이다. 우리는 사물들을 드러내고 남김없이 말하며 사물들로 하여금 말하게 한다.** 몸은? 몸은 공간이 평면, 그러니까 공간의 그림일 때 존재하며, 몸의 그림, 반사그림, 그림자와 기호이기도 하다 […].
>
> **무대는 우리와 마주하고 있는 일종의 거대한 거울이며, 그 거울에서 우리 자신들에 대해서 읽는다. 일종의 비유, 세상의 반영, 본보기이다.** 해석, 삽화의 전시, 환영, 세상의 모방, 세상이 아니라, 기껏해야 연극이다. 좋은 연극은 그러나 세계이지, 세계의 일 단면(斷面)이 아니다.[129]

---

129 Achim Freyer, *Bühnenkunst*, Heft 3/1988, 8 ff. Freyer, "Theater-Bild-Sprache. Rede zum Jubliläum '75 Jahre Littmann-Bau' der Stuttgarter Oper(1987)", Simhandl, *Bildertheater*,

여기서 알 수 있듯이, 프라이어의 연출 작업에서 근간을 이루는 것은 관객에게 공간은 공간으로서 전혀 실존하지 않고, 회화에서처럼 단지 평면 위의 그림을 통해서만 상상이 된다는 사고이다.[130]

따라서 그의 연극 작업에서 중요한 것은 무대와 객석 공간을 분리하여 동화(同化)를 방해하는 것이고, 상이한 시간과 공간의 경험들을 인정하는 것이다. 무대 앞 가장자리가 무대 정면 입구(portal)의 수직선들과 결합하여 하나의 평면이 되는데, 이 평면에 프라이어는 연극 기호들로 의미를 기입해 넣는다.[131] 이러한 구상은 〈수궁가〉 연출에서도 그대로 실현된다. 그의 무대는 '오페라를 통해 좋은 그림을 관람했다'라는 평을 들을 만큼 회화적인 무대와 파격적인 이미지를 자유로이 활용하여 관객의 주의가 무대 위의 선(線)에 집중되도록 한다. 인물들의 동작은 무대 벽과 바닥에 그려진 선들과 연결이 되고, 동선과 대형(隊形) 역시 이 선을 이어나간다. 따라서 인물들이 움직이고 노래를 할 때마다 관객들은 추상적인 무대의 그림[이미지]들 속에서 더 많은 것들을 발견하고 상상할 수 있게 된다.[132]

크리스토퍼 밤은 연극과 그림의 상호 관계를 에른스트 곰브리치(Ernst Gombrich)의 테제를 빌려 다음과 같이 설명한다. "연극은 본질적인 장면상의 강조점을 그림[이미지]들을 가지고 나타내므로 사전에 완성된 컨셉트를 전달하기에 꼭 적합하지는 않다. 그러나 다른 한편으로 시각적 그림들은 섬세함, 연상능력과 암시의 잠재력이라는 관점에서 언어와 음악을

143쪽 재인용(진한 글씨체는 필자에 의한 강조임).

130 Simhandl, 141쪽.

131 Sven Neumann, "'Der einzig wahre Raum ist der, der im Kopf des Zuschauers entsteht'. Das Theater des Achim Freyer", *Das Bild der Bühne. Arbeitsbuch*, hrsg. v. Volker Pfüller/Hans-Joachim Ruckhäberle, (Berlin: Theater der Zeit, 1998), 28~37쪽 중 28쪽.

132 아힘 프라이어, 국립창극단 〈수궁가〉 보도자료, 3쪽.

훨씬 능가하는 일종의 진술 잠재력을 자유자재로 발휘한다. 그 이유는 그림들이 우리의 문화적, 미적인 기억에 말을 걸어오기 때문이다."[133] 더 나아가 그는 그림을 외형적 그림과 내면적 혹은 심성적(mental) 그림으로 구분하며 인간학적 관점에서 그림을 규명하고자 한 한스 벨팅의 주장을 다음과 같이 인용한다.

> 내면적 그림과 외형적 그림의 이중의미는 그림이라는 개념으로부터 분리될 수 없으며, 바로 그것을 통하여 그림이 인간학적 토대를 지니고 있다는 사실이 드러난다. '그림'은 지각의 산물 그 이상이다. 그림은 개인적 혹은 집단적 상징화의 결과로서 생겨난다. 시선에 들어오거나 혹은 내면적 눈에 떠오르는 것은 모두 이러한 방식으로 그림으로 설명되거나 혹은 그림으로 변화될 수 있다.[134]

벨팅은 그림[이미지] 생산 과정을 그림 자체, 매체 그리고 몸이라는 세 가지 요인의 상호작용으로 파악한다. 즉, 매체는 외형적 그림에 형태와 지각 가능성을 부여하고, 몸은 지각과 회상의 장소가 되며, 지각과 회상은 다시 내면적 그림을 생산하는 전제가 된다. 달리 말하면, 그림 생산이란 외형적 그림들 자체와, 관찰자의 수용적 의식 속에서 활성화될 수 있는 내면[심성적] 그림들의 잠재력이 서로 마주치는 것을 뜻한다.[135]

이렇게 보자면 결국 그림연극은 이를 지각하고 수용하는 우리의 문화적, 미적인 기억에 호소하며 우리의 사유와 의식을 새롭게 환기시키는 연

---

133 Christopher Balme, "Münchner Barock: Zum postkonzeptuellen Bildertheater", Katti Röttger, Alexander Jackob(Hg.), *Theater und Bild. Inszenierungen des Sehens*, (Bielefeld: transcript, 2009), 267~285쪽 중 274쪽 참조.

134 Balme 2009, 275쪽 재인용.

135 Balme 2009, 275쪽 참조.

극에 다름 아니다. 이런 점에서 그림연극의 변별적 특질은 이념적 구상(컨셉트)이나 명제를 전달하는 것보다 특히 무대미술과 의상의 도움을 받아 관객의 비유적 상상력을 일깨울 수 있는 가능성을 높이는 데 있다고 할 수 있다. 프라이어의 〈수궁가〉도 이와 같은 그림연극의 미학적 영향 전략의 특질을 공유한다.

프라이어는 무대 위 사건을 객석 공간과 분리시키는 무대미술과 장치로 관객의 시선을 2차원 평면으로 던져놓아, 관객이 등장인물들의 "이야기"에 빠져 자신을 상실하는 일이 없도록 방지한다.[136] 그 결과 관객은 주제나 모티프 또는 여기서 다루어지는 자신의 이야기를 성찰하면서 이른바 전이 공간(liminal space) 속에서 변화와 미적 경험을 할 수 있게 된다. 아힘 프라이어가 자신의 작업 구상과 관련하여 "공간은 사고를 위한 그릇"이라고 밝힌 것도 바로 이러한 맥락에서 비롯한다.[137]

또한 무대화 과정에서 그는 연극의 갖가지 구성요소에다 고유한 언어능력을 부여하고 공간, 인물, 울림(톤, 음조), 색채, 조명 그리고 동작을 해방시킨다. 발화된 언어와 그림 요소들이 그의 연출에서는 동등한 자격을 지닌다. 이렇게 모든 연극적 기호들을 의식적으로 민주화하는 것은 그의 연출행위의 사유적 출발점을 형성하는 것으로, 연극언어의 탈중심과 탈위계질서를 부르짖는 포스트모더니즘과 포스트드라마 연극의 미학적 입장과 일맥상통한다.

이로써 프라이어의 연출은 한마디로 그림을 전개하고, 공간을 펼치며, 장면상의 사건(proceedings)을 보여주고, 그 이상의 모든 전개는 관객에게

---

136 Neumann, 29쪽.
137 Neumann, 29쪽.

맡긴다. 그는 언젠가 어느 인터뷰에서 "나는 이야기를 들려주는 것이 아니며, 이야기는 관객 각자가 스스로 조합해야 하는 것이다"라고 말한 바 있다.[138] 이는 관극이라는 수행적 과정에서 처음으로 의미가 산출되고, 개인적으로 어떤 가능성의 공간이 극장 공간 속에서 반복적으로 새롭게 체험되고 창출됨을 강조하는 것이다.

그렇다면 이러한 그림연극으로 거둘 수 있는 효과는 궁극적으로 무엇일까? 〈수궁가〉의 관객은 눈앞에 들어오는 인위적이고 낯선 무대 세계를 그것의 고유한 법칙성 속에서 관찰하고 의식적으로 성찰하도록 훈련받는다. 이 과정에서 관객의 보편적 지각의 감수성이 상승하게 되고, 이 지각의 감수성은 도로 관객에게 작용하여 일상적인 '실재'에 대하여 다른 인식과 다른 관계를 갖게 한다.

> 나는 길거리에서 관찰한 것을 극장 안으로 가져오지 않고, 무대에 속하는 것들을 가지고 유희한다. 그런데 여기서 나는 일상에서 그전에는 전혀 지각하지 못했던 것들을 발견하게 된다.[139]

그의 무대가 평범하지 않고 매우 인상적인 이유도 그것이 기호와 상징 그리고 알레고리들로 채워진 새롭고 독자적인 공간 창조이기 때문이다. 프라이어는 관객이 자신의 미적 지각능력을 변화시키는 과정에서 자동적으로 부여받는 새로운 행동능력을 자율적인 예술이 가지는 중요한 사회적 가치로 정의한다. 따라서 예술가는 관객의 미적 지각능력을 신장시키기 위한 노력을 당연히 기울여야 하고, 관객은 인위적이고 낯선 무대 위 세상

---

138 Neumann, 30쪽.
139 Zeppenfeld, 32쪽 재인용.

을 그 고유 법칙성 속에서 관찰하고 숙고하여 새로운 행동능력을 키워나가야 한다.[140]

아힘 프라이어가 담론적인 재현의 연극 대신에, 매번 시각적이고, 또 감각적으로 체험할 수 있는 연극을 선호하는 이유가 여기에 있다. 그의 연극은 다양한 언어에 대한 탐구의 연극이고, 연극적 지각 현상들을 탐색하는 행위이며, 평면과 공간, 인물과 시간, 움직임과 색채, 울림과 빛에 대해 유희적으로 실험하는 행위에 다름 아니다. 이는 그가 베르톨트 브레히트로부터 받은 폭넓은 영향의 결과로 짐작할 수 있다.[141]

결론적으로 프라이어는 2차원의 평면그림을 확대함으로써 〈수궁가〉의 잘 알려진 이야기에 관객이 단순히 몰입해 사라지는 것을 방지한다. 그는 〈수궁가〉의 인위적이고 낯선 무대 세계를 통하여 전개되는 사건의 상황에 관객들이 '증인'으로서 직접 '응답한다'는 의미에서 행동의 차원에서 책임지는 것까지 염두에 둔다.[142] 다시 말해 관객이 무대 위 세상을 그것의 고유한 법칙성 속에서 관찰하고 의식적으로 성찰하여 일상적 실재에 대하여 종래와는 다른 관계를 갖게 하기 위해서 프라이어는 이른바 '그림연극'이라는 종합감각의 포스트드라마적 무대 드라마투르기를 실험하고 실천하고 있는 것이다. 드라마 연극인 '창극' 〈수궁가〉가 포스트드라마 연극인 '판소리-오페라' 〈수궁가〉로 되는 것은 연극에서 종속적이던 비문학적 요소들의 고유권한과 논리가 텍스트에 비해 현저해지고 감지될 수 있을 뿐

---

140 Zeppenfeld, 32쪽.

141 Neumann, 28쪽.

142 Dieter Mersch, "Life-Acts. Die Kunst des Performativen und die Performativität der Künste", Gabriele Klein, Wolfgang Sting(Hg.), *Performance. Positionen zur zeitgenössischen szenischen Kunst*, (Bielefeld: transcript, 2005), 33~50쪽 중 46쪽.

아니라, 바로 그것을 통하여 관객의 역할 또한 무대 사건의 소비자에서 공동 주체로 부상되고 활성화되기 때문이다.

이런 점에서 오늘의 한국 연극계에 자기반성의 계기를 마련해준 프라이어의 〈수궁가〉에서 구현된 연출 컨셉트는 궁극적으로 예술과 삶 사이의 거리를 좁히고자 한 네오아방가르드의 미학으로 자리매김할 수 있을 것이다.

4. 매체연극의 수행적 미학

4.1. 매체이론과 연극[143]

지난 10여년의 연극계를 관찰해보면 연극에서 특수 매체의 기술을 활용하는 경우가 점점 더 증가하는 현상을 확인할 수 있다. 이미 1920년대에 피스카토르, 에이젠슈타인, 메이어홀드가 연극에 도입한 영화는 지난 수년간 텔레비전, 비디오, 컴퓨터 등과 같은 연극적 수단으로 확대되었다. 공연되는 무대에서 상이한 매체들이 서로 대립함으로써 새로운 연극적 형식들과 인지방식들이 생겨나고 있다. 세계화와 인터넷 네트워크에 의하여 계속해서 형성되고 있는 새로운 소통 형식들이 연극에 접촉을 가해오면서, 무대에서의 소통방식에서도 "시각적 전환"[144](visual turn), 혹은 "도상적

---

143 이 부분은 김형기 2008, 「다매체 시대 연극의 탈영토화」, 74~77쪽 참조.

144 Christopher Balme, "Stages of Vision: Bild, Körper und Medium im Theater", Chr. Balme/Erika Fischer-Lichte/Stephan Grätzel(Hrsg.), *Theater als Paradigma der Moderne? Positionen zwischen historischer Avantgarde und Medienzeitalter*, (Tübingen/Basel: Francke, 2003), 49~68쪽 참조.

전환"(iconic turn)[145]이 일어나고 있는 것이다.

전자 매체들의 영향은 무대 위에 단지 프로젝션을 사용하는 것에 그치지 않고, 매체 고유의 기술들을 모방하는 데까지 미친다. 배우들의 느린 동작이라든가, 프로젝션과 실제 무대 행동들의 아무 연관성 없는 결합 등도 관찰자의 지각을 변화시키도록 작용한다. 전통적인 연극의 특징으로 여겨졌던 시간과 공간의 경계들이 점차 지양됨으로써 연극은 이른바 탈경계화되고, '탈영토화'되고 있다.

연극은 뉴미디어의 등장으로 인하여 자신의 독점적 지위를 위협받고 있다고 생각하며, 바로 이 때문에 연극 속에 디지털 매체들을 투입하는 것에 대하여 회의를 갖게 된다. 다시 말해, 매체를 고도로 투입한 연극은 어느 정도까지 연극인가? 지각과 소통 방식들이 상이한 매체들(연극, 영화, 비디오 등)이 서로 통합될 수 있는가? 결국 전자 디지털 매체들의 투입으로 인하여 연극은 그 기본 원칙이 새로이 정의되지 않으면 안 되게 되었다.

연극예술을 매체이론적 관점에서 고찰하는 일은 아직 미개척 분야에 해당한다. 이 때문에 연극도 문자나 텔레비전처럼 과연 하나의 매체인가 하는 문제에 대해서는 아직도 논란이 계속 일고 있다.[146] 먼저 희곡과 연극기

---

145 Bachmann-Medick, 329~365쪽 참조.

146 캐나다의 매체학자 마셜 맥루언은 "인간이 양도하는 것은 모두 매체"라는 입장이고 (Leeker 2001, 382), 데릭 드 커크호버 역시 '연극은 문자에 상응하는 정신공간의 창출을 위한 기계'로 파악한다(Leeker 1999, 37). 반면에 연극학자들 가운데 요아힘 피바흐는 "연극은 구두문화에서 생성된 것이므로 매(개)체가 없는 지대"(Leeker, 2001, 493)라고 말하고, 밤은 매체를 "생산과 수용 사이의 소통 과정"으로 이해한다(Leeker 2001, 383). Martina Leeker(Hg.), *Maschinen, Medien, Performances. Theater an der Schnittstelle zu digitalen Welten,* (Berlin: Alexander, 2001), 382~384쪽; Martina Leeker, "Vorschläge zu einer medientheoretischen Betrachtung des Theaters. Ein versuchsweiser Beitrag zur Theatertheorie," Hans-Wolfgang Nickel(Hrsg.), *Symposion Theatertheorie,* (Berlin: Lowtec, 1999), 33~54쪽.

호학에서 여러 번 사용되어온 것으로 정보 내지 소통이론적 매체 개념이 있다. 하지만 이 매체 개념은 무엇보다도 연극적 소통을 정보의 저장과 전이, 수용의 과정으로서 파악한다는 점에서 비판을 받아왔다. 반면에 매체 개념을 기술공학과 인간의 몸 내지 인간의 지각능력 간의 관계로 파악할 때, 연극은 전적으로 일종의 매체로서 이해될 수 있다.[147]

그렇다면 연극을 구태여 매체이론의 관점에서 고찰해야 하는 이유는 무엇인가? 그것은 기술과 인간의 몸과의 관계에서 생기는 질문들로 인하여 연극학이 매체이론에 대한 중요한 연결고리를 찾을 수 있기 때문이다. 여기서 연기자는 '매체'로서 정의되고, 그 연기자의 몸이 특정 장소에서 연극 관객과 함께 나누는 소통 내지 상호작용은 매체성의 문제로 기술된다. 미학과 매체의 관계에 몰두하는 이러한 운동으로 연극 이외에 무용, 회화, 영화 등의 예술 장르에서도 각각의 매체적 순수성을 찾고자 하는 고유한 미학적 담론이 형성된 것은 잘 알려진 일이다. 예컨대 아돌프 아피아와 에드워드 고든 크레이그도 그들의 저술에서 매체적 '순수성'을 언급하고 있다. 크레이그는 이미 1905년 독일어로 번역된 자신의 저술 『연극예술』 '첫 번째 대화'에서 "연극 예술은 연기의 정신인 움직임, 작품의 몸체를 이루는 말, 장면의 영혼인 선과 색채, 그리고 무용의 본질인 리듬으로 이루어져 있다"[148]고 주장했으며, 연극학자 막스 헤르만은 연극예술을 공간의 예술이라고 규정하였다.[149]

---

147 Christopher Balme, *Einführung in die Theaterwissenschaft*, (Berlin: Erich Schmidt, 1999), 148쪽 이하 참조.

148 E. 고든 크레이그, 『연극예술론』, 남상식 옮김, (서울: 현대미학사, 1999), 174쪽.

149 Max Herrmann, "Forschungen zur deutschen Theatergeschichte des Mittelalters und der Renaissance. Einleitung", *Texte zur Theorie des Theaters*, hrsg. u. komment. v. Klaus Lazarowicz u. Christopher Balme, (Stuttgart: Philipp Reclam jun., 1991), 61~66쪽 중 63쪽.

몸과 음성은 연극에서 매체의 직접성을 담보하는 기호로 간주된다. 반면에 시청각적 매체, 특히 디지털 매체에서는 이들 두 표현수단은 완전히 해체되어 새롭게 구성될 정도로 조작이 가능하다. 전통적으로 볼 때 연극의 근본적인 기준은 무대 위에 실제의 몸이 현존하는 것이다. 그러나 매체의 현존은 몸을 2차원의 영화 혹은 비디오 복제물로 대체하면서 실제의 몸을 밀어낸다. 살아 있는 몸, 배우의 실제 현존은 연극에 특수한 고유 성격이지만, 매체의 투입으로 인해 사라질 위험에 처해 있다. 그런데 바로 여기서 중요한 물음이 제기된다. 즉, 신체의 현존이 진정으로 연극에 대한 결정적인 특징으로 간주될 수 있는 것인가, 아니면 그보다는 소통의 상황이, 관객과 무대의 관계가 더 결정적인 것인가 하는 의문이 그것이다.

이에 대해 연극학자 한스-티스 레만은 배우(몸)의 물리적인 현존보다 연극적 소통의 참여 형태가 더 중요하고 연극의 특징을 드러낸다고 본다. 즉 그는 연극이 갖는 회합과 공공의 성격을 중시하면서[150] 연극의 특징을 단순히 "재현의 차원이 아니라, 지각의 과정"[151]에서 찾는 것이다. 결국 그렇다면 디지털화의 기술이 무제한의 묘사와 변화의 가능성을 가지고 시청각적 매체들을 지배하고 있는 오늘날, 연극이 디지털화의 흐름과 무관하게 남아 있다는 것은 거의 불가능해 보인다. 더욱이 점점 증가하는 '상호매체적' 실험들의 기호 속에서 연극을 '살아 있는' 연기자의 예술로 한정시키는 일은 이 매체가 가지는 상호매체적 교류의 가능성에 합당한 방식이 결코 아니다.

전자 매체들을 전통적인 연극 구조 안으로 통합하게 됨에 따라 아리스토텔레스의 연극미학이 강조하는 시간과 장소의 일치는 해체된다. 이로써 '연

---

150 Lehmann 1999, 416쪽 참조.

151 Balme 2003, 59쪽. 앞의 제2장 1.1. 참조.

극은 절대적인 현재이다'라고 한 게오르크 루카치의 명제도 매체 투입으로 발생하는 연극의 탈경계화에 의해서 반박된다. 시간과 공간에 구속되지 않은 프로젝션들이 전통적인 시간-공간 관계나 혹은 배우의 실제 현존보다 훨씬 더 강하게 관객의 상상력을 파고들어 환영과 지각의 유희를 일으킨다. 존재와 외관을 첫눈에 분간하는 일은 더 이상 불가능하고, 실재와 가상(시뮬라시옹)을 구분하기가 점점 더 어려워지고 있다. 새로운 기술공학에 힘입어 조작과 위장이 오늘날 모든 것에서 아주 쉽게 일어날 수 있다.[152]

이러한 새로운 지각방식의 출현은 관객의 역할도 새로이 정의한다. 즉 관객은 더 이상 수동적으로 관찰하는 사람이 아니라, 점점 더 "시청각적 공동 연기자"로 변화한다. 현실과 환영의 경계 구분을 관객이 스스로 결정해야만 한다.[153] 그리고 더 나아가 자신이 어떤 상상의 상대, 그러니까 순전한 프로젝션과 대면하고 있음을 보게 된다. 동일시 행위와 인식 행위 그리고 착각 행위와의 유희는 매체들을 투입함으로써 유발되는 새로운 지각의 동인들이다. 그 결과 연극은 물질적인 묘사방식에서 비물질적인 묘사방식으로, 구체적인 묘사방식에서 추상적인 묘사방식으로 전개되어가고 있다.

4.2. 상호매체적 연극의 영향미학

4.2.1. 매체적 특수성에서 상호매체성으로

1990년대에 서양 연극(학)계에서는 '매체적 특수성'으로부터 '상호매체

---

152 장 보드리야르, 『시뮬라시옹. 포스트모던 사회문화론』, 하태환 옮김, (서울: 민음사, 1992) 참조; Martina Leeker 1999, 33~55쪽 참조.
153 Andrzej Wirth, "Theater und Medien", Martina Leeker(Hg.) 2001, 305~309쪽.

성'(Intermedialiät)으로의 이동이라고 하는 패러다임의 전환이 일어나기 시작하였다. 상호매체성이라는 개념은 다매체 시대에 연극학을 매체학의 일부로서 정의하려는 시도에서 파생하였다. 학문적 담론에서 보자면 상호매체성은 매체적 특수성을 추구하는 미학과 대척점을 이룬다. 연극이든 영화든 각 매체는 자신의 고유한 특성과 법칙을 가장 잘 활용함으로써 미학적으로 가치 있는 작품을 만들어왔다. 60년대 말에 그로토프스키나 피터 브룩이 펼친 실험연극들이 그러하고, 역사적 아방가르드 시기에 일단의 실험적 연극인들이 추구한 프로젝트도 역시 모든 규범적인 것을 원칙적으로 의문시하고, 연극 매체의 특수성에 대한 이론으로 새로운 매체 미학적 규범을 세우고자 한 것이다. 즉, 이들은 연극이라는 매체가 갖는 특수성, 다시 말해 '연극성'을 극대화하는 공연을 지향하였던 것이다.

상호매체성은 이러한 매체적 특수성의 미학의 반대편에 서 있는 하나의 학문적 담론으로서, 지난 10여 년간 인문과학과 매체학적 담론 내에서 주목을 받아왔다. 상호매체성의 개념은 크게 "1) 어떤 소재나 텍스트 일부를 한 매체에서 다른 매체로 자리를 옮기는 것, 2) 상호텍스트성의 한 특별한 형태, 3) 어떤 매체 안에서 다른 매체의 미학적 규약과/혹은 시각 및 청각 습관을 실현하려는 시도"[154]로서 파악될 수 있다. 이 개념들 가운데 연극인들의 관심은 좁은 의미의 상호매체성 개념으로서, 하나 혹은 여러 매체의 매체적 인습을 다른 매체 안에서 실현하는 것을 말하는 세 번째 것에 향해

---

154 첫 번째 개념은 매체들 간의 전위를 말하는데, 문학작품을 영화로 만드는 것이 그 예다. 둘째 개념은 한 기호체계에서 다른 (여럿의) 기호체계로 자리를 바꾸는 것을 말한다. Christopher B. Balme, "Robert Lepage und die Zukunft des Theaters im Medienzeitalter", Erika Fischer-Lichte, Doris Kolesch, Christel Weiler(Hrsg.), *Transformationen. Theater der neunziger Jahre*, (Berlin: Theater der Zeit 1999), 133~146쪽 중 135쪽.

있다.[155]

여기서 상호매체성의 특성은 한마디로 매체와 매체를 서로 연결하고 결합하여 공연의 형식, 미적 관습, 의미 등을 새롭게 하거나 확장하는 행위이자 기능으로 요약할 수 있다. 디지털 뉴미디어에 의한 커뮤니케이션 시대에 연극에서 상호매체성과 관련하여 논의되는 문제는 연극 고유의 실연성(liveness)과 현장성(immediacy)을 디지털 테크놀로지의 타 매체들과 어떻게 결합하고 통섭할 것인가에서 시작하여 장르의 탈경계와 혼종, 상호텍스트성, 하이퍼미디어, 퍼포먼스 내에서 퍼포먼스의 장치를 드러내는 자기반영성 등이다. 이 가운데 특히 디지털 공학기술이 공연의 과정에 개입함으로써 지금까지 공연예술의 고유한 특성으로 간주되어온 '지금, 여기'의 실연성에 수정이 불가피해진 점을 비롯하여, 기존의 '연극성'에 대한 이러한 변화는 또 관객의 지각에 어떻게 작용하고, 어떠한 영향을 불러일으키는가가 논의의 핵심 쟁점이 된다.

오늘날 상호매체적 연극에 대한 담론을 대중화하며 발전시키고 있는 대표적인 사람 가운데 하나는 연극학자 레만으로, 그는 90년대 이후 일련의 공연예술의 특성을 '포스트드라마 연극'이라는 우산개념(umbrella term)으로 표현한다. 그에 따르면 포스트드라마 연극은 무엇보다도 '텍스트 문화'(문자매체)에서 '미디어 문화'로 중심이 이동하는 전이 시점에 출현한 현상이다. 그가 포착한 포스트드라마 연극의 요체는 후기 산업자본주의 사회의 특징과 밀접히 관련을 맺고 있다. 일찍이 보드리야르가 명쾌하게 갈파한 바와 같이, 현대 자본주의 사회는 시뮬라크르의 제작자로서 모든 실재를 증발시키고, 실재와 지시물의 인위적 생산, 즉 시뮬라시옹의 세계

---

155 Balme 1999, "Robert Lepage und die Zukunft des Theaters im Medienzeitalter", 133~146
 쪽 참조.

로 탈영토화한다.[156] 이러한 맥락에서 포스트-드라마 연극이 더 이상 드라마 텍스트를 재현하지 않고 실재(reality)를 창조하기 위해 택하는 또 하나의 길이 다름 아닌 매체의 가상현실과 만나는 것이다. 따라서 포스트드라마 연극이 무대에서 관객과 만나는 세계는 이들 시뮬라크르로 이루어진 제3의 가상공간이다.

> 연극은 텍스트를 무대 밖의 세계, 즉 낯선 몸으로서 필요로 할 뿐이다. 바로 그 때문에 연극은 다른 시각적인 수단을 빌려 오고, 비디오, 프로젝트, 현존을 조합하여 경계를 확장하게 하는 것이다.[157]

이를 위해서 상호매체적 퍼포먼스는 영화의 내러티브 구성 전략과 현대음악 비디오의 미학, 또 이를 실현하기 위한 단편적(斷片的) 드라마투르기 등의 전략을 구사한다.

4.2.2. 로베르 르파주의 〈달의 저 편〉─매체화된 수행적 미학[158]

디지털 매체기술의 발달로 인해 점점 더 다양하고 복합적인 형태로 나타나는 매체적 퍼포먼스에서는 실연성이 연극과 매체들이 하나의 담론으로 합쳐지는 교차점으로 나타난다. 그 대표적인 연출가 가운데 하나인 로베르 르파주(Robert Lepage, 1957)는 독특한 상상력을 동원하여 멀티미디어와 테크놀로지의 결합을 시도하면서 상호매체적 성격을 잘 드러낸다. 이 장에서는 그의 상호매체적 공연작품 가운데 2003년 한국에서 초청공연

---

156 장 보드리야르, 『시뮬라시옹』, 28쪽.

157 Lehmann, *Postdramatic Theatre*, Trans. Karen Jürs-Munby, (London: Routledge, 2006), 146쪽(영문판).

158 이 부분은 김형기 2008, 「다매체 시대 연극의 탈영토화」, 77~82쪽 참조.

(2003. 3. 13~15일, LG아트센터)을 가진 바 있는 〈달의 저 편, The far side of the moon〉(2000, 캐나다 퀘벡 초연)을 예로 들어 여러 매체들, 즉 비디오아트, 영상, 사진, 인형, 영화의 몽타주 기법 등이 무대 위의 배우와 다양하게 상호작용하여 연극성을 산출하는 '상호매체성'의 방식을 미학적으로 규명하고자 한다.

〈달의 저 편〉을 연출한 르파주는 캐나다의 퀘벡 출신으로, 캐나다의 지배적인 영어 문화권에서 소수문화를 형성하는 프랑스어 연극을 실행에 옮겨온 연출가이다. 그의 연극 작업이 이루어지는 공간은 다민족, 다문화가 만나 충돌하고 섞이는 공간이다. 그는 1978년 퀘벡의 극예술 콘서버토리를 졸업한 후 파리에서 연수를 하고 1982년 다시 퀘벡시로 돌아와 르페르 극단에 가담하였다. 퀘벡에서 가장 중요한 창의적 연극인 중의 하나로 간주되고 있는 그는 오타와의 국립예술센터 프랑스어극장의 예술감독으로 1989년부터 1993년까지 근무한 바 있다. 그러다가 1994년부터 퀘벡 시에 '엑스 마키나'라는 자체 극단을 만들어 다중매체를 사용한 창조작업을 펼치고 있으며, 연극을 비롯해 영화, 오페라 등 다양한 예술 장르에서 수많은 수상경력이 있다. 〈달의 저 편〉은 르파주가 직접 쓰고 연출한 독창적이고 도발적인 작품이다. 그는 한 인터뷰에서 어린 시절 달에 매료당했던 것만큼이나 다시는 대지 위로 내려오지 못할 무중력 상태에 있게 되지 않을까 하는 악몽에 시달린 적이 있다고 말한 바 있다. 이 작품 속에는 이러한 불안감과 어머니의 죽음 그리고 러시아와 미국 사이의 우주 정복을 둘러싼 경쟁 등이 용해되어 있어서 다른 어느 작품보다도 자전적 궤적이 강하게 드러나 보인다. 여기서 '달'은 첨단 기술과학을 통해 물리적으로 도달할 수 있는 대상이면서, 동시에 아무리 초정밀 과학이라 할지라도 기계문명을 통해서는 결코 그것의 '저 편'에, 다시 말해 신비스럽고 신화적인

엑스 마키나, 〈달의 저 편〉(photo by LG Arts Center)

세계에 도달할 수 없는 어떤 대상으로 설정된다.

이 작품은 차이가 뚜렷한, 처음 볼 때는 서로 적대관계에 있는 필립과 앙드레로 불리는 형제의 역사를 이야기하고 있다. 이 두 사람은 서로 떨어져 소원하게 지내다가 어머니의 죽음을 계기로 마침내 서로의 존재를 다시 발견하기에 이른다. 두 형제 간의 갈등과 대립의 관계는 그대로 미국과 소련, 자본주의 사회와 사회주의 사회, 합리주의와 비합리주의, 최첨단 디지털 미디어 시대의 포스트모더니스트와 활자 매체 시대의 모더니스트 등과 같은 예의 이분법으로 확장되어 이 작품의 내러티브를 추진하는 힘으로 작용한다. 작품의 말미에 이 둘 사이에 화해의 가능성을 암시하는 것은 이런 대위법적 구도에서 쉽게 예상할 수 있는 상투성을 벗어나지 못하고 감상주의적 면을 드러낸다. 게다가 이 작품에서 서로 대립관계에 서 있는 이들 두 형제의 '어머니' 모티프는 비단 모성성을 가리킬 뿐만 아니라,

이 세상과 그리고 이 세계 속의 모든 대립과 갈등의 원천으로서 '태초'의 의미를 함축하는 메타포(세탁기, 자궁, 우주공간 등)로서도 기능한다. 이때 문제가 되는 것은 '어머니'의 모티프가 지나치게 나이브하고 고착적으로 사용되고 있는 점이다. 따라서 이러한 흑백논리에 따르는 인습적인 내러티브 구도보다 매체연극이 갖는 공연의 양식적인 측면에 분석의 초점을 맞추고자 한다.

르파주는 '캐나다의 로버트 윌슨'이라고 불릴 만큼 시적인 장면을 연출해내는 뛰어난 이미지 몽상가이다. 그의 작업방법은 작품을 연출하는 전통적인 방식을 배격한다. 그에게는 씌어진 텍스트가 더 이상 공연 제작을 위한 촉매제로 사용되지 않는다.[159] 그의 〈용의 삼부작〉(1985)이 퀘벡 시의 한복판에 있는, 한때 차이나타운이었으나 지금은 아무도 살지 않는 텅빈 주차장에서 자극과 영감을 받아 창작된 것에서 알 수 있듯이 "그의 창작을 위한 출발점은 어떤 원고도, 주제도 아닌 구체적인 기호"[160]이다. 이렇게 고정된 텍스트에서 출발하지 않고 구두로 혹은 몸으로 표현되는 공연의 특징은 에피소드가 느슨하게 나열되어 있고 또 구두로 서술되거나 노래로 표현된 그 내용이 고정되기가 어렵다는 것이다.[161] 르파주의 이와 같은 단편적이고 또 자주 불연속성을 띠는 작업방식은 사물에 대한 열린 자세와

---

159 Shomit Mitter, "Robert Lepage(1957~)", *Fifty Key Theatre Directors*, edited by Shomit Mitter and Maria Shevtsova, (London/New York: Routledge, 2005), 242~247쪽 참조.

160 Pia Kleber, "Die Hochzeit von Mensch und Maschine: Oralität und Mediatisierung im Theater von Robert Lepage", *Horizonte der Emanzipation. Texte zu Theater und Theatralität*, hrsg. v. Christopher B. Balme, Christa Hasche u. Wolfgang Mühl-Benninghaus, (Berlin: Vistas, 1999), 319~325쪽 중 319쪽.

161 Joachim Fiebach, *Keine Hoffnung Keine Verzweiflung. Versuche um Theaterkunst und Theatralität*, (Berlin: Vistas, 1998), 103~105쪽 참조.

"항시 수정할 준비자세"를 필요로 한다. 그러므로 르파주의 작업과정은 대본에서 출발하는 일반적인 공연 창작의 과정이 거꾸로 된 경우라 할 수 있으며, 그의 공연작품은 수 년간에 걸친 변화 끝에 비로소 텍스트로 정착되는 단계를 밟는다.[162]

르파주는 미국의 off-off 연극 연출가인 존 제서런(John Jesurun)과 마찬가지로 영화 및 텔레비전과 함께 성장한 예술가 세대에 속한다. 그에게 있어서 연극은 서로 경계가 구분되는 예술들이 접점을 이루는 지대이다. 소통의 상황이 급속도로 빠르게 변화하고 있는 오늘날 미래의 연극에 대해 특별한 관심을 갖고 있는 그에게 영화는 결코 간과할 수 없는 중요한 매체이다. 왜냐하면 영화를 아는 관객은 이야기가 비약적으로 서술되는 것에 대해 익숙해 있기 때문이다. 그런 의미에서 하이테크 연출가인 윌슨과 르파주는 모두 다매체를 활용한 제작, 가상의 조명, 투사된 영상필름, 디지털화된 비디오 이미지, 음악적 사운드트랙과 3-D 기술을 공연에서 다각적으로 활용하는 점에서 서로 공통점을 가지고 있다. 하지만 연극학자 클레버는 이 두 연출가의 이런 공통점과 나란히 매체기술과 맺는 관계에 있어서 차이점을 지적한다. 그렇다면 이 두 사람의 차이는 어디에 있는가? 하이너 뮐러(Heiner Müller)는 「로버트 윌슨의 연극이 세상을 변화시키고

---

162 이와 같은 즉흥적이고 집단적인 작업방식은 자크 르사르(Jacques Lessard)가 1981년에 설립한 '르페르 극단'의 시기로 거슬러 올라가며, 특히 〈오타강의 일곱 지류〉(1단계 1993, 2단계 1995, 3단계 1996)에서 그 대표적인 예를 발견할 수 있다. Birgit Walkenhorst, *Intermedialität und Wahrnehmung. Untersuchungen zur Regiearbeit von John Jusurun und Robert Lepage*, (Marburg: Tectum, 2005), 48~49쪽 참조; 이선형, 「로베르 르파주의 연극세계—무대적 메타언어」, 『드라마 연구』, 25(2006), 151~170쪽; 이선형, 「로베르 르파주의 〈오타강의 일곱 지류〉에 나타난 이미지의 진실성」, 『한국연극학』, 33(2007), 223~246쪽 참조.

자 하는가」에 관한 한 인터뷰(1985)에서 세상의 변화는 인간과 기계 사이의 결혼에 달려 있다고 주장하였다: "인간과 기계 사이에는 한 가지 문제가 있다. 세상을 변화시키는 일은 이 관계에 달려 있다 […] 내 생각에 밥[윌슨]의 연극은 인간과 기계 사이의 결혼으로 나아가는 한 발걸음이다. 이 둘의 합일은 인류의 미래를 위해 매우 중요하다"[163] 이에 따라 하이너 뮐러는 윌슨의 연극을 가리켜 "산업시대의 예술"이라고 표기한다. 그 이유는 윌슨의 연출이 마치 어느 산업 공정에서처럼 텍스트를 단편화하고 분해하며 연출의 목적에 맞게 다시 조합하기 때문이다.[164] 재니 돈커는(Janny Donker) "그 어떤 다른 연극 형태보다도 밥 윌슨의 작품은 그 효과가 실행의 정확성에 좌우된다"[165]고 하면서 윌슨의 연극이 산업에 의해 각인된다는 점을 강조하였다. 즉 윌슨의 연극에서는 배우들의 몸을 기계에 적응하는 일이 특정한 제스처와 상투적인 인물 유형의 끊임없는 반복을 통해 강조된다는 것이다.[166]

반면에 르파주의 경우는 배우들의 몸을 기계에 동화시키는 대신에, 기술을 총체적으로 극 속으로 통합시켜서 기술이 등장인물들의 자연스러운 연장(延長)이 된다. 이렇게 해서 르파주가 걷는 연극의 길은 윌슨의 그것과 본질적으로 차이가 난다고 한다. 이 둘의 차이와 관련하여 클레버는 계

---

163 Kleber, 322쪽에서 재인용.

164 Joachim Fiebach, *Inseln der Unordnung. Fünf Versuche zu Heiner Müllers Theatertexten*, (Berlin: Henschel, 1990), 213쪽.

165 Kleber, 322쪽에서 재인용.

166 윌슨의 연기자들은 대부분 고속도 촬영의 상태에서 자동화되고 기계와 같은 동작으로 움직인다. 각각의 몸짓은 정확히 통제되어 있고 로봇처럼 정확성을 띠고 수행된다. 이는 윌슨이 1986년 함부르크에서 연출한 뮐러 작 〈햄릿기계〉의 시작 부분에서 앉아 있는 세 여인이 미소를 머금은 듯한 표정을 하고 탁자 위에 놓인 손가락으로 똑같이 긁는 동작을 하는 데서 확인할 수 있다.

속해서 이렇게 설명한다.

> 르파주는 탈산업화의 자손이다. 기술은 다시 더 많이 개인화되고 있으
> 며, 우리의 탈(脫)포드주의 시대에 와서는 더 탄력적이 되고 더 세분화되었
> 다. 르파주는 기술과 계약을 맺었다. 그는 자신에게 새로운 사물을 탐구하
> 도록 허용하는 도구로서 기술을 이용한다.[167]

여기서 우리는 르파주가 기술에 예속되어 있지 않고, 오히려 기술의 잠
재력을 이해하고자 한다는 사실을 알 수 있다. 르파주는 연극이 처한 오늘
의 현실에 관해 한 인터뷰에서 다음과 같이 말하고 있다.

> 영화가 연극을 죽였을 거라고 상상했을지 모르지만, 영화는 연극을 해
> 방시켰습니다. 기술혁명이 있을 때마다, 예술가는 희망을 가질 이유가 있
> 는 것입니다.[168]

> 나는 지금 우리가 영화와 텔레비전에 의해 죽임을 당한 것이 아니라, 영
> 화에 의해서 해방된 미친 예술형식의 일부라는 사실을 많은 사람들과 연
> 극예술가들이 이해하는 21세기로 진입하고 있기를 바랍니다.[169]

이 인용문의 핵심은 결국 연극에 현대의 매체들을 투입하는 데 있다. 르
파주는 "21세기 연극은 잡종 번식의 아이디어를 고려해야 한다"[170]고 요구
하기에 이른다. 이런 관점에서 볼 때 르파주는 분명 상호매체적(interme-
dial) 전략을 구사하는 연출가이다. 이에 따라 선형의 인과적인 시공간 구

---

167 Kleber, 323쪽.
168 Kleber, 323쪽에서 재인용.
169 Walkenhorst, 46쪽에서 재인용.
170 Walkenhorst, 46쪽에서 재인용.

조 대신 몽타주 기법에 의한 불연속화와 파편화가 그의 연출 작업의 기조를 이루며, 매번 철두철미하게 "진행 중인 작품"의 방식으로 실행된다. 이와 같은 상호매체적 연출 전략이 '매체화된 수행성'을 통하여 지향하는 목표는 연극 관객이 지닌 다양한 복수의 매체능력에 호소하여 이들의 온갖 연극적 상상력을 자극하고, 나아가 인식의 지평을 확장하기 위함이다. 그는 자신의 연출에서 특히 한 명의 배우가 다양한 배역을 맡아 하는 1인극을 자주 선호하는데, "그룹으로 연기를 하면 온갖 타협으로부터 자유로워짐을 느낄 수 없다"는 것이 그 이유이다. 이때 다양한 매체가 상호 효과적으로 투입된다. 국내에서 공연된 〈달의 저 편〉과 〈안데르센 프로젝트〉도 이브 자크(Yves Jacques)에 의한 1인극이며, 비디오예술, 영상, 사진, 인형 그리고 영화의 몽타주 기법 등을 빌려다 사용하고 있다.

그러나 르파주는 서사를 포기하지 않음으로써 "시각적이고 신체적이며 전자로 매개된 연극과 설화나 서사이야기의 옛 전통 사이에 다리를 놓는 데 성공"[171] 하고 있다. 이렇게 하여 환상적이고 시적인 분위기가 짙으며 기술적인 사용이 많은 그의 공연작품은 양식 면에서 볼 때 이미 다중매체 시대의 상호매체적, 혼종적 문화에 익숙해 있는 21세기의 연극 관객을 염두에 둔 '미래의 연극'의 유형으로 평가받을 수 있을 것이다.

4.3. 디지털 퍼포먼스의 수행적 미학

시대가 변화함에 따라 공연예술의 미학이 변화하면서 무용의 경우에도 움직임의 기호성, 즉 기표 이면에 감추어진 기의를 찾거나 해독하는 데서

---

171 Kleber, 86~87쪽.

벗어나, 움직임 자체가 지닌 현상성(물질적 에너지와 호흡, 밀도)에 주목함으로써 무용의 뿌리로 되돌아가고자 하는 노력이 꾸준히 지속되어왔다. 이러한 상황에서 매체 시대에 접어들자 각종 디지털 매체에 의해 새롭게 형성된 관객의 정서와 기술 조건 등에 힘입어 무용수와 매체적 기술이 결합하는 이른바 상호매체적 공연이 활발해지기 시작하였다.

그리하여 디지털 매체와 몸이 결합하는 방식과 정도에 따라 연극과 무용은 다양하게 변모를 거듭하면서 일차적으로 행위자의 몸의 확장에 이어 시·공간의 확장, 또 관객의 지각의 확장을 초래하였다. 영상 매체로 매개된 제스처와 움직임은 매체의 형식에 따라 새로운 실재(reality)를 구성한다. 극장 속의 라이브 시공간이 가상의 매체적 시공간으로 전이되는가 하면, 공연예술의 근원을 이루는 제스처와 에너지는 영상 공간의 움직임, 이미지와 결합하거나 대체된다. 뿐만 아니라 이러한 활동의 산물들이 연출가나 안무가의 매체기술 조작과 상호작용에 의해 복제되고 편집되면서 예술가들의 창작은 물론 관객의 지각방식에도 엄청난 변화를 가져오고 있다.

이 장에서는 디지털 매체가 공연예술(무용)에 가져온 미학적 변화의 양상을 몸의 탈경계, 시·공간의 확장, 상호매체적 수행성과 관객의 감각 작용을 중심으로 살펴보고자 한다.

4.3.1. 'DV8 physical theatre'의 〈Just for Show〉— 인터랙티브 퍼포먼스의 영향 전략[172]

2005년 봄 LG아트센터에서 초청한 해외 공연단체 가운데 영국의 'DV8'

---

172 이 부분은 필자의 무용비평「동시대 무용의 두 모습: 이미지의 범람 대(對) 미니멀리즘」, 『연극평론』, 통권 37(2005, 여름), 168~171쪽을 일부 수정·보완함.

은 호주 출신의 안무가인 로이드 뉴슨(Lloyd Newson, 1954)이라는 중견 예술감독이 1986년 창단한 이래 기존의 무용과 연극의 문법과 경계를 무시한 채 자유로운 일탈의 무대예술을 만들어온 무용단으로 잘 알려져 있다. 특히 그는 자신의 공연적 특성을 이른바 "피지컬 씨어터(Physical theatre)"라고 명명하고 있는데, 이와 같은 명칭은 하고 싶은 이야기를 '텍스트(내러티브)'를 통해 직접적으로 표현하게 되면 상황과 개념을 한정짓게 되므로 그것보다는 '움직임'을 통해 해석의 가능성을 더 많이 두고자 하는 데서 연유하는 것이라고 밝힌 바 있다.

이 무용단체의 안무가인 뉴슨은 변화하는 생활양식과 시대감각의 흐름에 무용예술 역시 동참해야만 동시대의 관객들과 대화가 가능하다고 한다. 예술활동의 근본 목적을 무엇보다도 관객과의 소통에 두고 있는 그는 공연의 소재라든가, 형상화 방식, 내용 등을 우리의 실제 삶과의 상호 영향 관계 안에서 구하고 또 발전시켜나간다. 우리의 현실과 유리된 동화적 상상의 세계를 재현하거나 모방하는 것으로는 무용의 미래가 보이지 않는다는 것이다. 이는 'DV8' 단체의 '예술정책'을 정리해놓은 공식 홈페이지를 보면 알 수 있다.

> 창조적 접근의 초점은 특히 형식화된 테크닉들로 인해 상실되고 만 의미를 무용에 재부여하는 것에 맞춰져 있다. [⋯] 이 무용단의 정책은 무용이 발언할 수 있는 것과 발언해야 하는 것에 대한 우리의 선입관에 도전하는 것이 중요함을 역설한다. [⋯] 이 같은 도전은 (뉴슨이) 움직임에 의미를 연결하고 또 현재의 사회적 이슈에 대해 발언하는 것에 집중함으로써 무용에서 추상(abstraction)을 개인적으로 거부하는 모습으로 나타난다.[173]

---

173 Kay Kirchmann, "Umstellte Räume. Gewalt, Gender und Genre in zwei Videochoreographien des DV8 Pysical Theatre", Gabriele Klein(Hg.), *Tanz Bild Medien*, (Münster-

오늘의 무용에 대한 이 같은 입장은 그에게서만 발견할 수 있는 것은 아니다. 1920년대 독일 표현무용의 시대에 루돌프 폰 라반, 마리 비그만 등이 주창한 내용의 연장선상에서 파악할 수 있다. 무용은 단순한 형식상의 통일성, 조화와 균형에서 빚어지는 우아미만을 추구하기에는 인간의 세상이 너무나 복잡해지고 그 전모를 파악할 수 없는 수수께끼처럼 되고 말았다. 존재하지도 않는 총체성이라든가 통일된 조화상을 애써 인위적으로 만들어 보이는 것은 이제 부질없는 일로 되었다. 우리가 이해하는 세계는 극히 일부에 불과하며, 따라서 전체로부터 떨어져나와 깨지고 부수어진 단편(斷片)만을 무대 위에서 표현할 수 있게 된 것이다. 인간의 세상을 통일된 시각에서 바라볼 때 조망될 수 있던 총체성이 사라지고 난 오늘날 무용을 비롯한 예술 일반은 기존의 낭만주의적 생산 미학에 대하여 철저한 회의를 품지 않을 수 없게 되었다. 특히 인류 역사상 인간이 초래한 최대 비극이자 재앙이었던 아우슈비츠 사건을 계기로 기존의 근대주의 가치관이 근본적으로 붕괴되기 시작하면서 생산 주체 중심의 천재 미학과 모더니즘 미학에서 수용자(관객) 중심의 포스트모던 미학으로 무게중심이 이동하게 된 것도 이러한 이유에서이다.

로이드 뉴슨 역시 우리 시대의 많은 안무가들과 마찬가지로 관객의 현실과 유리된 추상적인 작품에 매달리는 대신에 관객의 사회적, 정치적 실재에 관심을 기울이며 고전적 춤의 형상에 도전한다. 그는 한 인터뷰에서 "지금 이 순간에 대해 응답하는 것, 끊임없이 나와 외부세계를 관찰하고 그것의 상황과 변화를 반영하는" 무용을 해나갈 뜻임을 밝히고 있다. 이번 국내에서 세계 초연 무대를 가진 〈Just for Show〉에서도 무용작가 겸 안

Hamburg-London : LIT, 2003), 187~207쪽 중 187쪽에서 재인용.

무가로서의 그의 이러한 현실 인식과 예술 입장이 그대로 드러난다. 그는 이 작품에서 특히 일상생활에서 있는 그대로의 모습과 약점을 보여주기보다 가식적으로 살아가는 우리 현대인의 모습을 보여주려고 한다.

"이것은 단지 쇼일 뿐이다." 제목부터 이렇게 외쳐대는 'DV8'의 이번 공연은 제목 그대로 쇼의 형식을 띠고 있다. 무대도 쇼 공연장을 연상케 하는 모습이고 무용의 구성 자체도 쇼다. 전체 쇼를 이끌어가는 진행자가 한 명 있고, 그 진행자에 따라 막이 올라가고 내려가며 각 장면이 진행된다. 첫 시작은 스크린을 이용한 무대이다. 무용수들의 움직임과 스크린에 투영되는 홀로그램의 이미지가 서로 중첩되고 교차되면서 만들어내는 이 장면은 벌써 관객을 무한한 상상력의 세계에 젖어들게 한다. 이어서 쇼핑카트에 실린 여성이 완벽한 육체미를 뽐내며 등장한다. 마네킹 같은 형상을 한 이 여성의 신체를 검은색 양복 차림의 남자들이 마음대로 조작하면서 마치 조각처럼 분열시킨다. 반짝이는 드레스에 몸을 감싸고 신체의 아름다움과 역동성을 끊임없이 보여주는 동시에 유려한 스피치로 스스로의 외관을 포장하는 이 여성의 말솜씨는 그러나 내면성을 잃는다. 화려함의 이면에 드러나는 현실 속에서는 관습적인 속박을 나타내는 옷에 얽매인 채 관계 형성에 실패하고 있는 남성들과 여성들이 오가고 있다. 엘비스 프레슬리, 마술사, 옷 입고 벗기를 되풀이 하는 여자, 문신한 남자 등이 화려하고 신비한 영상과 함께 무대를 가득 채운다. 가끔 객석의 관객들에게 말을 걸고 이야기를 주고받는 행위들도 눈에 띤다. 이렇게 하여 아름답게 빛나던 쇼는 끝나고, 함께 했던 사람들은 피상적인 관계에서 쉽사리 찢겨져나가 뿔뿔이 흩어진다. 남은 것은 '쇼'프로그램이 끝난 후 치직거리는 화면뿐이다.

그냥 즐겨라, "이건 단지 쇼일 뿐이다."이렇게 외쳐대는 'DV8'의 이번 공연은 그렇다고 해서 순전한 쇼 이벤트 차원에 머물지 않는다. 이런 장면

DV8 Physical Theatre, 〈Just for Show〉(the performers: Paul White, Tanja Liedtke, Matthew Morris and Mikel Aristegui, photo by Jiin Her Wang)

사이사이에 무용수들의 움직임을 삽입하여 뉴슨은 자신의 사회적, 정치적 의미를 살려놓는다. 이를테면 어떤 여자 무용수가 옷 벗고 입기를 열심히 반복한다. 그 옆으로 한 남자 무용수가 등장해 역시 그녀와 함께 옷을 벗었다 입었다를 반복한다. 벗고 입는 동작 하나가 또 하나의 춤 동작을 만들어내며 다양한 율동을 선사하는데, 이들에게 있어 옷을 벗는다는 건 일종의 고통, 또는 심리적 압박, 또는 하고 싶지 않은 행위로 이해된다.

공연의 후반부가 되면 진행자가 모든 무용수들을 불러 모아 하나하나 소개해주는 장면이 있다. 거기서 진행자(서술자)는 말한다. 두 명의 남녀 무용수들은 서로 부부인데 남자가 지금 바람피우고 있는 중이며, 다른 남자 무용수를 가리키면서는 후천성 면역결핍증 양성 판정을 받았다고 한다. 또 다른 사람에게는 인종 문제를 걸고넘어지고, 또 다른 사람에겐 아직도 산타가 있다고 믿는다며 무시한다.

인간은 저마다 자기 내면을 감춘 채 가면을 쓴 외적 인격(페르소나)으로 살아간다. 그것을 애써 감추고 포장하기 위해 인간은 매번 이미지를 생산하고 그 이미지로 본연의 자신의 모습을 대신하고자 한다. 뉴슨이 이 공연에서 들추어내고 싶었던 것은 다름 아닌 외관(시뮬라크르)에 집착하는 현대인의 실존적 욕망이라 할 수 있다. 그는 우리의 이 같은 자화상을 정면으로 들여다보게 하기 위해 대 스펙터클 쇼의 형식을 빌고 있다.

이번 상호매체적 공연에서 두드러지는 특징은 우선 다각적인 조명 활용과 3D 입체 홀로그램 영상의 도입을 들 수 있다. 이는 "우리의 모든 감각을 깊은 상호작용 속에 참여시키는 촉각적, 청각적 미디어"[174]를 동원하여 감각적 몰입을 유도하려는 안무자 뉴슨의 수행적 연출 전략이다. 인간의 존재론적 불일치이기도 한, 실제와 이미지, 현실과 가상, 존재와 외관 사이의 영원히 메울 수 없는 간극을 주제화하는 이 작품에서 진짜와 가짜를 구별할 수 없게 만드는 디지털 매체의 착시효과를 십분 이용한 것은 뛰어난 아이디어라 할 수 있다. 무용수들이 무대 위 제4의 벽을 허물고 객석으로 내려와 환상을 깨뜨리는 것에서도 관객과 직접적인 소통을 통해 관객을 작품의 의미를 완성하는 진정한 주체로 격상시키고자 하는 안무자의 의도를 읽을 수 있다. 그러나 이번 공연의 가장 큰 문제점은 외면에 집착하는 인간을 주제화한다고 하면서 정작 그것을 무용의 언어로 전하는 과정에서 각 소재들을 길게 늘어놓기만 할 뿐 짜임새를 결여하고 있는 점이다.

페터 뵈니쉬는 디지털 매체가 사용됨으로써 '신체의 확장'이 일어나는 매체연극에서 관객은 단순히 바라보는 자가 아니라, "미디어의 매체성과

---

174 마샬 맥루언, 『미디어의 이해』, 김성기 · 이한우 옮김, (서울: 민음사, 2002), 466쪽.

연극성의 교차점에 위치하는" 감각하는 몸이 된다고 한다. 다시 말하면 매체를 단순히 결합하는 것이 아니라, 연극적으로 매개해야만 관객에게 감각적 체험을 유발할 수 있다는 것이다. 그는 연극이 정신이자 담론의 기능을 성취하기 위해서 상호매체성을 효율적으로 사용하는 방식을 다음과 같이 서술한다.

> [···] 퍼포먼스 연극은 기존의 익숙한 형식을 다시 정의하기 위해 인터미디어 요소들을 유희적으로 활용해야 한다. 또한 잘 연습된 배우와 그들의 연기 너머의 대안적 공간과 다른 세계로 공연을 이끌어가야 한다. 인터미디어 퍼포먼스 연극은 관객이 단일의 통일된 의미에 갇히지 않고, 다양한 기호들, 세계들, 메시지들, 복합적인 초점의 의미망을 뚫고 자신의 길을 찾아내도록 활성화시켜야만 한다.[175]

⟨Just for Show⟩ 공연에서 눈앞에서 현란하게 전개되는 이미지의 홍수 앞에서 지적, 정서적 감흥을 제대로 얻을 수가 없었던 것은 다양한 미디어 테크놀로지를 사용하는 매체연극이 감각적 몰입을 촉발하는 것에 비해 지각적 성찰을 유도하기 위한 노력이 부족한 결과이다. 이는 앞장의 ⟨달의 저 편⟩의 예에서도 공연의 상호매체적 양식에 비해 내러티브가 상대적으로 미약했던 데서 드러났듯이, 뉴미디어를 적극 응용하여 감각적 몰입을 강조하는 미디어 퍼포먼스가 앞으로 자칫 시장경제 논리에 의한 상업화에 빠지지 않도록 지속적으로 유념하며 풀어나가야 할 숙제 가운데 하나일 것이다. 몸의 현존과, 기술로 매개된 가상현실 간의 긴장과 충돌을 통하여 관객이 자아정체성에 대한 새로운 성찰과 이해에 도달하도록 유도하는 것

---

175 최영주, 「기술이 진화시킨 연극: 포스트드라마 연극과 미디어」, 김형기 외, 『포스트드라마 연극의 미학』, 151~184쪽 중, 168쪽에서 재인용.

이야말로 매체적 퍼포먼스가 지향하는 궁극적 목표일 터이다.

4.3.2. '미셸 르미유. 빅토르 필론 4D 아트'의 〈노만〉: 몸과 디지털 이미지의 인터페이스와 수행적 미학

〈노만〉(2009년 서울국제공연예술제 해외초청작, 대학로예술극장 대극장)은 "노만 맥라렌(Norman McLaren, 1914~1987)을 위한 헌정"이라는 부제에서 알 수 있듯이 애니메이션 작가이자 영화감독으로 활동했던 맥라렌을 기리기 위하여 캐나다 출신의 배우 미셸 르미유(Michele Lemieux, 1955)와 영상 전문가인 빅토르 필론(Victor Pilon)이 장르 간의 경계를 넘어서는 공동작업을 통해 만든 상호매체적 공연작품이다.

〈노만〉을 공동 제작한 르미유와 필론은 캐나다 퀘벡을 무대로 멀티미디어 퍼포먼스를 실천하는 예술가 그룹인 '르미유. 필론 4D 아트'(이하 '4D 아트'로 약칭함)의 주 멤버로서, 특히 총체예술로서의 공연예술을 지향하며 복합적인 예술 장르들과의 융합을 시도한다. 이들 중 르미유는 시간적 관점에, 필론은 공간적 구성에 각기 역점을 두면서 춤, 퍼포먼스, 영화, 비디오, 조명, 음악 등의 다양한 장르의 경계를 무대에서 해체하며 통합한다. 이들은 특히 시각적 이미지들을 무대에 입체적으로 투사함으로써 현실과 가상세계, 무대예술과 영상 이미지를 완벽하게 결합시킨다. 이처럼 움직임과 영상 이미지의 상호작용을 통해 관객과의 새로운 소통방식을 이끌어내고자 하는 지각 실험은 이미 2000년과 2004년에 각각 내한공연을 가진 바 있는 '4D아트'의 〈오르페오〉와 〈아니마〉에서도 확인할 수 있다.[176]

---

176 전자와 후자의 작품 모두 실연성을 갖는 연극적 요소와 움직임, 그리고 영상 이미지 기법을 유기적으로 통합하면서 예술 창조자와 수용자 모두에게 꿈과 현실, 가상과 실재에

〈노만: 노만 맥라렌을 위한 헌정〉은 맥라렌에 대한 일종의 오마주로서 다큐멘터리 퍼포먼스의 형식을 띤 공연이라 할 수 있다. 이 공연작품의 제목이기도 한 맥라렌은 영국에서 태어나 캐나다 국립영화제작소의 초청으로 캐나다로 건너가 1980년대까지 캐나다 애니메이션계의 거목으로 많은 영향을 미친 인물이다. 맥라렌은 영화감독이 되지 않았다면 무용수가 되고 싶다고 했을 만큼 춤에 대한 열정과 관심이 많았던 인물이다. 그는 춤과 동작을 영상 이미지의 주 실험 대상으로 삼아 움직임을 만들고 이를 영상으로 재구성하는 실험들을 시도하였다. 그런 점에서 〈노만〉의 유일한 등장인물인 무용수 피터 트로츠머(Peter Trosztmer)는 맥라렌이 춤에 대하여 가진 애정과 관심을 상징하는 인물이라고 볼 수 있다.[177]

〈노만〉의 극적 내러티브는 캐나다의 국립영화제작소로부터 '4D 아트'가 이 작품의 제작을 의뢰받고 국립영화제작소의 맥라렌 아카이브를 탐방하는 과정을 담고 있으며, 극의 구체적인 전개는 맥라렌의 업적을 추적해간 무용수의 탐구 과정을 회상하는 자전적인 구조로 이루어져 있다.

공연은 트로츠머가 등장하여 한국어로 "안녕하세요?" 하고 인사하며 자신을 소개하고 노만 맥라렌에 대하여 관심을 갖게 된 계기를 설명하는 내레이션으로 시작한다. 이때 주요 무대배경은 국립영화제작소의 아카이브로, 트로츠머는 그 곳에서 노만과 작업했거나 그의 영향을 받은 작가들과 인터뷰를 진행하며 그의 예술세계를 알아가는 과정을 보여준다.

인터뷰가 끝나고 노만의 자료보관소 문이 열림과 동시에 죽은 노만의 모습과 그의 애니메이션 작품들이 가상 이미지로 투사되며 무용수와 함께

대한 새로운 접근과 지각 방법을 보여준다.

177 이지선, 「디지털 영상매체 시대 춤의 환영성에 관한 고찰」, 이화여자대학교 대학원 박사학위 논문, 2010년(미간행), 92쪽 참조.

춤추는 장면들이 연속적으로 펼쳐진다. 여기서부터 가상과 실재를 넘나드는 무용수와 영상의 상호작용에 입각한 춤이 〈노만〉의 주된 흐름을 이끌어간다.[178]

4.3.2.1. 몸과 시공간의 탈경계화

이 공연작품에는 무용수가 한 명만 등장하고 나머지 캐릭터들, 예컨대 영상 속의 노만을 비롯해 인터뷰를 해주는 동료나 후배 작가들, 그리고 작품 속 등장인물이나 동물 등은 3차원의 가상 캐릭터로 제시되고 있다. '4D 아트'가 사용하고 있는 '가상 프로젝션'(virtual projection)이라는 기술은 2차원의 스크린에 투사하는 방식을 따르면서도 관객들이 매체에 의한 매개

르미유. 필론 4D아트, 〈노만〉(ⓒ2009 서울국제공연예술제)

---

[178] 각 장면에 대한 구체적인 묘사는 위의 이지선의 박사학위 논문, 93~96쪽 참조.

를 인지하지 못하도록 인터페이스(interface)를 숨기고 홀로그램의 효과를 빚어내 착시에 의한 지각적 환영을 구현하는 기법이다. 그 결과 관객은 더욱 현실감이 부여된 영상 이미지에 몰입할 수 있게 되어 이미지 신체를 실제 무용수와 거의 동등한 실재로 혹은 영상 속 캐릭터의 현존(presence)으로 지각하게 된다.

실제 무용수인 트로츠머는 맥라렌의 다큐멘터리에 출현하는 복제된 이미지들에 둘러싸여 있는 모습을 보인다. 이처럼 하나의 무대 위에 기술 복제와 합성, 편집에 의해 만들어진 초실재적(hyperrealistic) 가상의 몸과 실제 무용수의 몸을 동시에 배열하는 것은 복합적인 매체적 실재성을 활용하여 몸의 한계를 극복하고 관객을 변화된 감각의 세계로 인도하려는 지각실험에 다름 아니다.

〈노만〉의 공간성은 무대라는 3차원의 공간과 스크린이라는 2차원의 평면공간, 그리고 입체영상이라는 4차원의 가상공간 등과 같은 세 가지 층위의 복합적인 공간으로 구성되어 있다. 라이브의 춤과 영상예술의 통합이 이루어지는 것은 다름 아닌 가상공간에서이다. 즉 영상은 스크린 평면을 벗어나 가상의 형태로 무대공간에 위치하게 되고, 무용수는 무대를 벗어나 가상의 영상 공간에 머물게 된다. 〈노만〉의 공간성은 두 차원의 공간이 무대 위에 동시에 실재하면서 "유기적인 공간 합성"[179]이 이루어짐을 뜻한다. 이러한 가상적 공간성은 실제 무대공간의 경계를 허물고 확장하면서 관객의 감각 작용을 더욱 자극하고 활성화하는 의미를 갖는다.

한편 〈노만〉의 시간성 역시 이와 같이 무용수의 몸과 가상 프로젝션 등 다양한 매체들의 상호작용을 통해 구성되는 다층화된 공간성과 더불어 확

---

[179] 이지선, 103쪽.

장된다. 무대라는 현재와 맥라렌의 애니메이션 작품 속의 시간, 그리고 그에 관한 인터뷰 영상 속 인물들의 시간이 모두 현재라는 무대의 시공간 속으로 통합된다. 다양한 매체적 시간들은 모두 '지금'이라는 현재를 이루며 비선형적이고 단편(斷片)적이며 압축된 시간성을 구축한다. 시간상의 몽타주를 통해 무대 위 실시간으로 행해지는 춤 시간에 과거의 다양한 시점들이 관여하고 합성된 현재가 만들어진다.

이처럼 현실과 환영, 물질과 비(非)물질이 확연한 경계를 이루는 대신에 서로 혼합하고 침윤하면서 이루어지는 다층적 시공간성은 관객의 '이중시선'(double gazing)을 자극하여 현실과 가상공간의 동시적 지각을 가능케 한다. 이로써 물리적인 시공간이 영상 속 가상의 시공간과 만나 리얼리티의 재편성이 일어나고, 그 결과 관객은 새로운 지각과 의식을 체험하게 되는 것이다.[180]

4.3.2.2. 인터페이스에 의한 "운동적 공감각"과 매체적 수행성

〈노만〉의 공연은 무용수인 트로츠머의 몸과 가상적 프로젝션을 통해 제시되는 영상 이미지들과의 상호작용 속에서 완성된다. 여기서 무용수의 몸은 그 자체로 매체가 되어 무대 위에서 디지털 매체로 구현되는 다양한 시청각적 이미지들과 결합하며 공연을 만들어간다. 즉 노만의 애니메이션 작품들은 점·선·면·사물·동물 등 다양한 물체들을 형상화하면서 트로츠머에게 새로운 움직임과 공간 활용을 위한 충동과 상상의 근원이 되는 파트너가 됨으로써 상호텍스트성을 드러낸다.[181] 영상으로 매개되는 노

---

180 이지선, 104쪽.

181 심재민, 「복합장르: 상호매체성과 몸이 주축이 된 공연들」, 2009 서울국제공연예술제 (SPAF) 합평회 특집, 『연극평론』, 통권 55(2009, 겨울), 한국연극평론가협회, 181~192쪽

만의 애니메이션 원작에 트로츠머가 실시간의 춤과 움직임으로 반응을 나타내고 이것이 다시 카메라에 포착되어 무용수의 움직임에 반영될 때, 노만의 영화들은 인터페이스(interface)로 작용한다.

〈노만〉에서 관찰할 수 있는 이와 같은 디지털 가상의 무대 요소들과 아날로그적 몸의 상호작용(interaction)은 "움직임의 실재를 다중화"(multi-layered)하고 혼합된 현실(mixed reality)을 만들어낸다.[182] 여기서 가상과 실제의 구분은 모호해지며 사실상 무의미하다. 즉 무용수와 가상 이미지와의 긴밀한 상호작용은 유기적으로 반영되어 무용수의 움직임이 영상으로 옮겨지고, 또 영상의 움직임이 무용수의 움직임으로 확장되는 듯한 환영을 불러일으킨다. 여기서 관객은 마침내 운동감각적 움직임과 시각적 영상이 결합된 이중감각으로서 "'운동적 공감각'"[183](kinetic synaesthesia)을 지각할 수 있게 된다. 다시 말하면, 매체 간의 상호작용을 거쳐 완성되는 〈노만〉은 이제 관객에게 음악과 빛, 움직임, 가상 이미지, 확장된 공간성 등이 만들어내는 총체적 예술의 효과로서의 매체적 수행성(medial performativity)을 지각하고 감상할 수 있는 새로운 가능성과 기회를 부여하는 것이다.

무용수와 첨단 매체기술의 소통의 차원에서 보자면 상호작용(인터랙션)은 타 매체와의 대화라 할 수 있으며 컴퓨터와 더불어 춤을 추는 방식이라 할 수 있다.[184] 무용수의 동작에 따라 반응을 달리하는 디지털 매체와 이

중 183쪽 이하.

182 이지선, 106쪽.

183 이지선, 107쪽. 각주 217): "'운동감각'은 무용수가 움직이면서 자신의 신체의 운동감을 느끼는 몸감각(somesthesia)인 반면, 운동적 공감각은 관객이 움직임을 지각할 때 느끼는 유사감각적 운동감을 의미한다."

184 박서영, 「디지털 테크놀로지와 결합된 현대 춤의 확장성 고찰」, 한양대학교 대학원 박사학위 논문, 2013년 2월(미간행), 73쪽 참조.

렇게 산출된 결과에 무용수가 또다시 반응하는 이 같은 일련의 과정은 디지털 매체가 지닌 진정한 소통적 특성을 나타낸다. 기술적 매체성과 신체적 퍼포먼스의 결합 및 상호작용에서 빚어지는 이와 같은 매체적 수행성은 관객에게 새로운 감각적, 정서적 지각의 방식을 제공하는 동시에 무한한 상상과 연상을 거쳐 마침내 사유적 성찰에 이르게 하는 원동력으로 작용한다.

인쇄문화 시대에서 디지털 매체 시대로의 전이는 사물을 지각하는 방식에 있어서 오랜 문자 문화의 시각중심적 감각을 청각, 촉각을 내세운 복합 감각으로 변화하게 하였다. 다시 말하면 디지털 매체의 주요 산물인 움직이는 이미지가 우리의 인식 체계에 더욱 친숙하게 다가오게 하는 전반적인 인지 패러다임의 변화를 초래한 것이다. 〈노만〉에서처럼 테크놀로지가 몸과 결합하는 경우, 퍼포머인 무용수의 몸은 가상의 이미지 신체 개념으로 확장된다. 즉 무용 공연에서 실제의 몸이 주는 운동감각의 자리에 "공감각(synaesthesia)을 통한 역동성, 몰입감 같은 새로운 차원의 생동감(liveness)"[185]이 대신 들어선다.

이처럼 〈노만〉은 인간과 기계, 몸과 기술 매체, 몸의 현존과 부재, 실재와 가상의 상호작용, 다시 말해 아날로그적 몸(성)과 디지털 매체의 결합과 융합을 통한 매체적 수행성을 드러낸다. 디지털 매체는 환영과 가상의 세계를 창조하고, 관객은 총체적 감각을 동원하는 공감각의 영역으로까지 지각의 범위와 방식을 확장하게 된다.

여기서 디지털의 속성인 '상호작용성'(interactivity)은 더 나아가 열린 작품의 개념을 마련한다.[186] 이것이 포스트모더니즘과 매체 사회의 영향임은

---

185 박서영, 102쪽.
186 박서영, 101쪽.

의문의 여지가 없다. 작품의 비완결성은 관객에게 질문과 사유의 과정을 촉발시킨다. 작품은 이제 과정과 질문하기에 역점을 둘 뿐, 관객에게 답이나 혹은 그 의미를 직접 제시하지 않는다. 공연작품은 무대에서 산출되는 사건이나 행위에 관객이 감각적, 정서적으로 반응하고 응답하는 일련의 수행적 과정을 통해서 비로소 구성되고 완성될 수 있을 뿐이다. 다시 말해 예술의 생산과 수용 사이의 경계가 용해되고 관객이 행위자와 더불어 공동의 생산자가 되는 것이다.

5. 서술연극의 수행적 미학

1960년대의 네오아방가르드 운동과 더불어 시작된 포스트드라마 연극은 전후(戰後)에 등장한 포스트모더니즘과 후기구조주의의 영향 아래 객관적 진실과 역사의 연속성에 대한 믿음이 무너짐에 따라 이야기의 전통적인 전달방식인 재현을 몸과 물질성의 현존, 분위기와 에너지의 즉각적인 경험 등으로 대체한다. 극중 인물과 서사(narrative)에 대한 동일시를 통해서 자아를 발견하게 했던 전통적인 드라마 연극과는 달리, 포스트드라마 연극은 관객 스스로가 정서적 지각과 사변적 인식 행위의 주체가 되도록 한다. 여기서 '서사'란 사실 내지 진실을 있는 그대로 재현하는 것이 아니라, 주체의 의식적 욕망에 따라 사실과 경험을 허구적으로 구성해내는 서술 행위를 가리킨다. 텍스트보다 연출을 우위에 두는 포스트드라마 연극에서 드라마(희곡)는 이제 그 자체로 완결된 작품이 아니라, 관객의 인지와 사유, 연상 능력을 촉발하여 관객을 스스로 인식의 주체로 만들기 위한 과정에서 일종의 재료가 된다. 더욱이 디지털 매체기술에 의해 탈경계와 혼종, 장르 해체, 상호텍스트성 등이 촉발됨에 따라 서사의 구성 또한

'시작-중간-끝'으로 이어지는 선형적이고 인과적인 재현의 구조보다 불연속적이고 단편적(斷片的)이며 비약적인 구조를 띤다.

이처럼 포스트드라마 연극에서는 관객의 지각과 성찰을 유도하기 위한 방편으로 다양한 연극적 매체를 동원하는데, 그 가운데서도 배우의 몸의 현존과 물질성을 가장 중요한 소통과 교감의 수단으로 택함으로써 기존의 드라마 연극은 물론 브레히트의 서사적 연극(epic theatre)과도 경계 구분을 확실히 한다. 그러나 아무리 몸과 물질성이 전경화된 연극이라 할지라도, 그렇다고 포스트드라마 연극이 이야기(fable) 자체를 배제하는 것은 아니다. 포스트드라마 연극은 이야기를 무대에서 모방하거나 재현하는 배우 개인보다는 이야기의 구조, 배치, 형식 등과 같은 '스토리텔링 행위' 자체에 더 많이 비중을 둔다. 말하자면, 포스트드라마 연극에서는 서사의 무게중심이 스토리(아리스토텔레스적 연극)나 스토리텔러(서사적 연극)보다 스토리텔링 자체에 놓여 있는 것이다. 이에 따라 이야기 텍스트가 전통적인 드라마 연극에서 핵심을 이루었다면, 포스트드라마 연극에서는 연극적 사건이나 경험을 구성하는 다른 많은 요소들과 나란히 동등한 자격과 가치를 지니는 요소일 뿐이다. 다시 말해 포스트드라마 연극에서는 연극의 미메시스(mimesis, 사건 진행의 모방)적 기능보다 디에게시스(diegesis, 서술)적 기능, 말하자면 언어적 수행성이 더 강조된다고 할 수 있다. 여기서 말하는 언어적 수행성이란 비단 언어의 발화만이 아닌, 다양한 시청각적 기호를 동원하는 행위를 가리킨다.[187]

그러므로 포스트드라마 연극은 그 서술방식에 있어서 세상의 재현보다

---

[187] 최성희, 「포스트드라마 연극의 서사적 특징」, 김형기 외, 『포스트드라마 연극의 미학』, 185~212쪽 중 196, 206쪽 참조.

는 무엇보다도 현대의 기술공학과 미디어의 발달로 인해 초래된 동시적이고 다중시점에 입각한 지각, 비선형적 인식구조, 단편화된 몽환의 상태, 그리고 가상현실(버추얼 리얼리티) 등을 적극 활용하여 재현을 구성하는 물질성(언어, 이미지, 테크놀로지) 자체에 주목한다.

이 장에서는 벨기에 출신의 연출가 얀 라우어스 작/연출의 〈이사벨라의 방〉(2007. 3. 30~4. 1, LG아트센터)과 레프 도진 연출의 〈형제자매들〉(표도르 아브라모프 원작, 상트 페테르부르크 말리 극단, 2006. 5. 20~21, LG아트센터) 두 공연을 예로 삼아 포스트드라마적 서술연극(narration theatre)의 특징과 그 영향미학적 전략을 살펴보고자 한다.

5.1. 얀 라우어스 〈이사벨라의 방〉 — 서술과 기억 공간으로서의 연극[188]

5.1.1. '문화적 기억'과 연극

2004년 프랑스 아비뇽 연극제에서 초연된 얀 라우어스(Jan Lauwers, 1957)의 〈이사벨라의 방〉이 우리에게 제기하는 중요한 화두는 무엇보다도 연극을 기억과 서술 공간으로 파악하는 그의 철학적 입장이다. 문화와 예술이 저장(보존)과 변형의 메커니즘에 의해 동시에 작동된다는 점을 염두에 둔다면, 기억은 인간의 자아의식의 형성과 보존을 위해 없어서는 안 될 필수불가결한 요소이다. 자아의식(정체성)의 형성이란 자신의 과거에 대한 기억에 맞닿아 있기 때문이다. 따라서 기억의 문제는 포스트모던 시대

---

188 이 부분은 필자의 연극비평 「서술과 기억공간으로서의 연극 — 얀 라우어스의 연극철학」, 『연극평론』, 통권 46(2007, 가을), 39~51쪽을 이 책의 체제에 맞게 일부 수정·보완함.

에 접어들면서 회자되기 시작한 자아의 위기 혹은 해체의 문제와도 긴밀히 관련되어 있음을 알 수 있다. 서구에서 기억은 망각과 더불어 핵심적인 문화학적 주제 가운데 하나로 부상하였다. 독일의 문화학자 하르트무트 뵈메는 최근에 기억에 관한 논의가 활발해진 이유에 대하여 다음과 같은 세 가지 요인을 꼽는다.[189]

첫째 이유는 2차 세계대전이라는 가장 참혹하고 야만적인 파시즘의 범죄를 경험한 세대가 점차 사라지는 시점에서 이 역사적 사건에 대한 기억을 어떻게 보존해야 할 것인가 하는 것이다. 이것은 살아 있는 '의사소통적 기억'(kommunikatives Gedächtnis)을 어떻게 '문화적 기억'(kulturelles Gedächtnis)[190]의 차원에서 수용하고 해석해야 할 것인가의 문제로 연결된다.

둘째 이유는 새로운 문화혁명의 주체로 놀라운 인공 기억 능력을 갖춘 컴퓨터의 출현이다. 문자를 토대로 문화를 기록하고 구축해왔던 종래의 기억과 전자 매체를 토대로 한 새로운 형태의 기억 사이의 공통점과 차이점을 밝히는 일이 과제이다.

셋째 이유는 기존의 저장 기억 이론에 대한 회의적 태도이다. 기억은 단순히 뇌의 어느 특정 지점에 저장되어 있다가 언제든지 불러낼 수 있는 것이 아니라는 것이다. 최근의 신경과학 이론에 의하면 기억은 기억하는 시

---

189 Hartmut Böhme, Peter Matussek, Lothar Müller, *Orientierung Kulturwissenschaft. Was sie kann, was sie will*, (Reinbek bei Hamburg, 2002), 147~164쪽.

190 독일의 고대문화 연구가인 얀 아스만(Jan Assmann)은 '의사소통적 기억'과 '문화적 기억'을 구분한다. 전자가 "개인적 전기의 테두리 안에서 이루어지는 역사 경험"이라면, 후자는 주체와 무관하게 전승된 것을 약호화하고 연출하기로서, 개체 외부에서 이루어지는 기억의 심급을 가리킨다. H. Böhme, 153쪽 참조. '문화적 기억'에 관한 최근의 대표적인 문화학적 논의에 대하여는 알라이다 아스만, 『기억의 공간 · 문화적 기억의 형식과 변천』, 변학수 · 채연숙 옮김, (서울: 그린비, 2012) 참조.

점에서 항상 새롭게 재생산되고 구성된다.

기억에 관하여 최근의 인문학적, 문화학적 논의에 불을 지핀 이상 세 가지 요인들은 이 글에서 다루고자 하는 얀 라우어스의 공연작품 〈이사벨라의 방〉의 경우에도 그대로 적용된다. 연극이란 무엇인가? 과거의 궤적과 현재의 흐름을 비판적으로 반추하면서 또 다른 가능성의 미래를 진단하고 예시하는 데 예술 행위의 목적이 있지 아니한가? 얀 라우어스 역시 진행 중인 현재의 역사에 순응하기보다는 오히려 거리를 취한 채 조망하며 비판적으로 인식할 수 있는 아르키메데스의 점을 관객들에게 마련해주고자 한다. 다시 말해 오늘의 이성중심주의적, 포스트식민주의적, 가부장제적 현실의 뿌리에 대한 '기억의 행위'를 자신의 연극 철학의 좌표로 설정하고 있다. 이제 작품 안으로 들어가 라우어스가 관객과 더불어 기억하고자 하는 것은 무엇이며, 그 이유가 어떤 것인지 구체적으로 살펴보기로 하자.

막이 오르면 연출자인 얀 라우어스가 무대 중앙으로 나와 인사하며, 이 작품은 자신의 아버지가 개인적으로 남긴 5,800여 점에 달하는 유물 때문에 만들게 되었다고 소개한다. 의사이면서도 인류학에 관심을 기울였던 아버지로 인해 자신의 집안을 가득 채운 고대 이집트의 유물과 아프리카의 토산품들에 둘러싸여 성장기를 보냈던 라우어스는 아버지의 작고로 그 수집품을 모두 물려받게 되자 깊은 고민에 빠지게 되었다. 특히 그 수집품들이 열강의 침탈로 인하여 본래 있었던 곳에서 벗어나 유럽인의 손안에 들어온 것이 분명하다는 점이 고민이었고, 이를 예술로 풀어내고자 한 것이 바로 〈이사벨라의 방〉인 셈이다.

연출자는 공연 시작과 더불어 무대에서 자신을 소개하고 난 후 퇴장하지 않고 무대 왼쪽에 그대로 자리한다. 연출자의 무대 위 현존은 앞으로

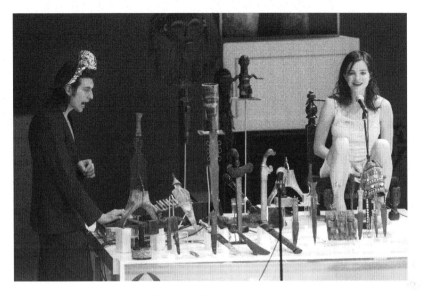

니드 컴퍼니, 〈이사벨라의 방〉(photo by LG Arts Center)

회상될 이야기에 자신 또한 관련되어 있으며, 따라서 기억되는 장면이 결국은 자신의 경험, 자신의 이야기에 다름 아님을 방증하는 것이다.

무대는 수평으로 이국적 가면, 목각 조각품, 칼, 벽화 등과 같은 이집트와 아프리카의 유물들로 가득 차 있다. 주인공 이사벨라의 방을 형상화하는 이 무대공간은 19세기 중후반부터 유럽의 열강들에 의해 본격적으로 시작된 침략과 약탈의 역사를 그대로 축소하여 옮겨놓은 듯한 전시장 내지 박물관을 연상케 한다. 순백의 바닥과 스크린으로 이루어진 〈이사벨라의 방〉의 무대는 주인공 이사벨라가 머무는 실제 삶의 공간이자 동시에 그녀의 기억과 이야기가 시작되는 장소이다. 기억은 이야기(서술)하는 순간부터 무대에서 현재화되며, 현재와 과거가 교직되어 나타난다. 여기에 늙은 여인 이사벨라와 나란히, 그녀의 죽은 부모인 아서와 안나, 그녀의 애인들, 그녀의 좌뇌와 우뇌, 그리고 그녀의 성감대가 자리하고 있다.

전체 4막과 에필로그로 이루어진 〈이사벨라의 방〉에서 이사벨라는 서술자(narrator)가 되어 자신의 일대기를 회상하며 이야기한다. 〈이사벨라의 방〉은 식민지 쟁탈을 위한 열강들의 탐욕이 노골화되었던 1차 세계대전이 끝난 1918년부터 시작된다. 제국주의적 욕망이 팽배해 있던 1910년대 초에 아서가 안나를 강간하여 태어나 바로 고아원에 맡겨졌던 이사벨라는 외딴섬의 등대지기인 아서와 안나 부부에게 다시 입양된다. 그러나 그녀에게 자신들은 양부모이며, 그녀의 친부모는 아프리카 탐험 도중에 실종된 펠릭스라는 '사막의 왕자'라고 소개한다. 세상 속에서 원만하게 살아가려면 별수 없이 같이 거짓을 일삼고, 거짓의 무리에 동조해야 하는 이 세상의 비열함 때문에 안나는 우울증으로 자살하고, 과음을 일삼던 아서는 이 섬을 버리고 떠난다. 이 장면에서 라우어스가 안나의 연대기적 서술로써 환기시키고자 하는 것은 다름 아닌 중층화된 폭력의 구조이다. 아서와 안나 사이에 벌어진 폭력에 의한 약탈과 소유 행위가 세계사적 차원에서의 침략과 강탈 행위와 내접원을 이루는 것이다. 이렇게 라우어스는 지극히 개인적이고 사적인 이야기를 통하여 금세기 인류사가 다름 아닌 폭력과 정복에 의한 기만과 약탈의 역사임을 상기시키려 한다.

안나가 죽자 아서는 뒷면에 파리의 주소가 씌어 있는 어떤 남자의 사진 한 장과 그가 죽은 후에만 열어볼 수 있는 편지 한 통을 남긴 채 이사벨라를 두고 섬을 떠난다. 그 사진이 자신의 친아버지와 관련이 있다는 믿음을 안고 이사벨라는 그 주소의 집을 찾아 파리로 떠난다. 그녀의 이름으로 되어 있는 그 아파트 방 안에는 이집트와 아프리카에서 건너온 수천 점의 수집품과 책들이 가득 차 있다. 이국적인 것에 대한 지적 호기심에서 이사벨라는 아프리카를 연구하는 인류학자가 되기 위해 소르본느 대학에 입학한다. 이로써 그녀는 새롭고 신비한 이방(異邦) 세계에 대한 정복과 소유의 욕망에서 그 많은 유물들을 전시하고 있는 상상 속의 허구적 남자인 '사막의 왕자'의 뒤를 잇게 된다. 때는 1930년대 후반. 그녀는 자주 들르던 서점에서 책을 읽다가 실수로 권총을 떨어뜨린 한 남자에 의해 총상을 입는데, 그가 바로 그녀의 두 번째 남자인 알렉산더이다. 유부남에 다섯 아이까지 있는 알렉산더는 2차 세계대전에 참전했다 일본군의 포로가 되어 히로시마로 보내지고 그곳에서 원자폭탄의 투하로 인한 지옥의 참상을 겪게 된다. 종전 후 파리로 돌아온 알렉산더는 "전쟁이 끝났다"는 것이야말로 가장 지독한 거짓말이고 우리 모두의 실존은 거짓말에 뿌리를 두고 있다며, 세상에 대해 증오와 적대감으로 가득 찬 모습을 보인다. 이렇게 알렉산더는 세상을 조롱하면서 미쳐가고, 이사벨라의 눈에는 하얀 섬광이 보이기 시작한다. 알렉산더의 정신이상과 이사벨라의 눈에 나타난 이상은 서구인들이 그토록 신화화하며 맹신해온 도구적 이성이 가져온 필연적 결과라 할 수 있다. 하지만 이사벨라는 현대의학의 도움으로 그녀의 눈을 대신할 수 있는 카메라가 장착된 안경을 씀으로써 이성 중심의, 서구 중심의 시각을 잃지 않고 그대로 견지할 수 있게 된다. 이사벨라는 알렉산더와 불륜의 사랑을 이어가는 동안에도 프라이데이라는 흑인과 정사를 나누며 둘 사이에서 아이를 낳는다.

제4막이 열리면 때는 70년대 중반. 그사이 69세가 된 이사벨라는 세 번째 남자인 열여섯 살의 프랑크와 새로운 사랑을 시작한다. 그녀는 프라이데이의 손자인 프랑크와의 쾌락적인 사랑을 통하여 양부모의 거짓과 기만, 알렉산더의 질투와 격분을 극복하고 삶에 대한 열기를 되찾고자 한다. 여기서 라우어스는 솔직하고 꾸밈없는 감각적, 성적 쾌락을 종래의 도구적 이성의 대안적 방편으로 제시하는 것으로 보인다. 이는 1968년 학생운동 이후 유럽의 정치, 사회, 문화, 예술 전반에 만연한 정신사적 흐름과 부합하는 것으로, 기존의 제도와 관습, 가치 체계 등에 대한 도전과 저항으로 압축된다. 아프리카를 향한 이사벨라의 열정에 감화되어 아프리카로 간 프랑크가 적십자 활동 중 총상을 입자 이사벨라는 난생처음 아프리카 땅을 밟게 된다. 그러나 수많은 전리품을 통해 알고 있는 아프리카와 자신이 직접 목격한 아프리카 사이에 엄청난 괴리가 있음을 확인하고 이사벨라는 큰 충격을 받는다. 유럽으로 돌아오던 중 사망한 프랑크의 장례식은 우익청년들의 난동으로 큰 혼란 속에 치러진다. 그가 흑인들에 의해 살해되었다는 이유에서이다.

이제 90년대가 열리며 에필로그가 시작된다. 89세가 된 이사벨라는 지나온 자신의 삶의 궤적을 되돌아본다. 이사벨라가 부르는 독백조의 노래에서 그대로 표현되듯이, 슬프고 잔혹하며 매우 일상적인 것, 그것이 바로 인생이라는 것이다.

이사벨라는 결국 눈이 먼다. 이성적 감각인 시각을 잃고 난 뒤에 그녀는 새로운 깨달음에 이른다. 이제야 허위와 환상을 제대로 알아볼 수 있게 되는 것이다. 이처럼 라우어스는 여성 캐릭터를 통하여 자신의 세계관을 드러낸다. 그의 작품 속에 등장하는 여성 인물들은 인간 실존에 대한 그의 심오한 통찰을 보여준다. 그렇다면 이사벨라의 회상은 궁극적으로 무엇을 위한 것인가?

"부당통"이라는 말이 공연의 중간중간에 던져지는데, 이 말은 부처를 의미하는 부다(Buddha)와 로마제국의 장군 안토니우스(Antonius)를 합성한 것으로 명상(contemplation)과 열정적인 지배(impassioned control)를 뜻하는 말이다. 대상을 적극적으로 욕망하고 소유하려는 의지와, 마음을 비워 집착에서 해방되고자 하는 태도를 각각 가리키는 상반된 두 단어가 결합하여 만들어진 이 말이 이사벨라에게 새로운 시각과 공간의 문을 열어주는 열쇠가 된다. 영원에 대한 환상과 불변에의 욕망을 안고서 그녀의 방을 가득 채운 아버지의 유물과 동일시하며 살아온 이사벨라가 마침내 그 유물들을 처분하기로 한다. 이것은 자신의 의식과 무의식을 사실상 지배해온 폭력성, 정복욕, 소유욕으로 점철된 과거 유물의 청산을 의미하며, 그 순간부터 이사벨라는 자유와 해방의 공간을 경험한다. 이제 진정한 눈을 얻게 된 그녀는 이전에는 보이지 않았던 "펠릭스"(Felix, 죽은 라틴어로 행복을 의미함)의 실체를, 다시 말해 서구인들이 거짓에 기반을 두고 만들어낸 '허위와 환상'을 똑똑히 보게 된다,

그녀의 방을 가득 채우고 있는 저 찬연한 전리품들을 경매에 내놓는 이사벨라의 결정은 자신들이 걸어온 역사적 과거의 행로를 더 이상 반복하지 않으려는 의지의 표현으로서 경쾌한 결말을 나타낸다.

그렇다면 여기서 얀 라우어스는 무엇을 왜 기억하고자 하는가? 자신의 아버지 펠릭스 라우어스를 추모(= 기억)하며 만든, 자전적 성격이 짙은 이 작품은 현실의 거짓을 되풀이하는 서구의 이성중심적, 가부장적, 식민주의적 욕망의 역사가 수많은 과거의 다른 사실들처럼 우리의 의식과 기억 속에 단순히 과거 사실로서 자동으로 기록되고 저장되는 것을 차단하고자 한다. 라우어스는 역사의 전승이라는 이름 아래 자행되어온 이와 같은 순응주의에 따르기보다는, 오히려 그대로 두면 망각 속에서 사라지고 말 기억에 거스르고 거역하려는, 푸코적 의미에서 "반(反)기억"(Gegen-Gedächtnis)으로서의 기억, 즉 '기억의 변증법'을 실천하고자 한다.[191] 라우

---

191 Lehmann 1999, 349쪽 참조; "이러한 '반(反)기억'이 지향하는 가치는 매번 바뀌는 현재의 상황에 기회주의적으로 적응하는 태도를 막는 데 있다." Aleida Assmann, *Einführung in die Kulturwissenschaft. Grundbegriffe, Themen, Fragestellungen*, 2., neu bearb. Aufl., (Ber-

어스에게 연극무대는 역사를 서술하고 기억하는 공간 바로 그것이다.

5.1.2. 기억과 아우라적 경험의 공간으로서 연극

얀 라우어스가 이 '기억의 변증법'을 실천하는 예술적 매개체가 왜 하필 연극인가? 라우어스는 자신이 밝히고 있듯이 화가에서 출발하였다. 한때 연극이 '가짜'라서 싫어하였던 사람이다. 그는 1985년 벨기에에서 '니드 컴퍼니'를 설립하고 연출가이자 극작가로서 활동을 시작하였다. 그렇다면 그에게 연극은 무엇이며 또 그가 연극을 하는 이유는 무엇인가? 그는 미국의 연극학자 에리카 런들과 2003년에 가졌던 인터뷰에서 21세기에 연극이 여전히 중요한 이유로 "연극이 우리에게 바라보는 방법을 가르쳐줄 수 있"기 때문이라고 밝힌 바 있다.[192] 여기서 그가 말하는 '바라보는 방법' 이 함의하는 것은 무엇인가?

라우어스가 볼 때 우리 시대는 인터넷과 텔레비전 외에 각종 미디어가 지배하는 세상이다. 우리는 대중매체가 쏟아내는 정보와 이미지의 홍수, 다시 말해 범람하는 시뮬라크르 속에 갇혀 실제의 사람들과 세상을 직접 바라보고 경험하는 방법을 잘 알지 못한다는 것이다. 따라서 "연극은 매스 미디어를 견제하는 평형추가 되어야 하고 그 자체의 현실을 창조해낼 수 있어야 한다"고 말한다.[193] 이는 매체기술의 발달에 의해 초래된 지각작용의 변화에 연극 연출가 라우어스가 아주 적극적이고 능동적으로 반응하고 있음을 보여주는 현상이다. 라우어스의 관심은 미디어 시대에 연극은 어

---

lin: Erich Schmidt, 2008), 196쪽 이하 참조.

192 Jan Lauwers 작/연출 〈이사벨라의 방〉 공연 프로그램, 라우어스 & 니드 컴퍼니, 서울 엘지 아트센터 2007. 3. 30~4. 1, 21쪽.

193 〈이사벨라의 방〉 공연 프로그램, 13쪽.

떻게 관객들의 지각과 경험에 작용해야 하는 것이며, 어떤 방식으로 존재해야 하는 것인가 하는 물음으로 이어져 철학적 범위로까지 확장된다고 볼 수 있다.

디지털 기술을 응용한 매체예술에서는 시간과 공간에 구속되지 않은 투사된 상(像, 이미지)들이 전통적인 시공간 관계나 혹은 배우의 실제 현존보다 훨씬 더 강하게 관객의 상상력을 건드린다. 이와 동시에 유발된 환영과 지각의 유희가 일어난다. 첫눈에 실재와 가상을 구분한다는 것은 더 이상 불가능하다. 이제 어느 것이 실재이고 어느 것이 시뮬라시옹인지를 분간하기가 더욱 더 어려워지고 있다. 오늘날에는 이렇게 새로운 기술공학에 힘입어 무한의 시뮬라시옹, 복제와 조작 등 모든 것이 가능하다.

이러한 새로운 지각방식의 결과로 관객의 역할도 새로이 정의된다. 즉 관객은 더 이상 관조하는 사람이 아니다. 빠르게 반복적으로 명멸하며 투사되는 이미지 덩어리를 바라보며 무엇이 현실이고 무엇이 환영인지를 관객 스스로 결정해야만 한다. 그리고 더 나아가 자신이 어떤 상상의 상대, 말하자면 순전히 투사된 상과 대면하고 있음을 보게 된다. 그 결과 연극은 물질적인 묘사방식에서 비물질적인 묘사방식으로, 구체적인 묘사방식에서 추상적인 묘사방식으로 전개된다.

이러한 시점에서 라우어스는 연극의 존재이유와 존재방식을 기억에서 찾는다. 라우어스에게 있어서 연극은 곧 '기억의 공간'이고, 자신의 과거에 뿌리를 둔 이야기를 현재의 지평에서 '서술하는 공간'이다. 여기서 배우는 물론 관객에게도 가장 중요한 지각작용은 몸의 현전에 의한 유일무이한 직접 경험이다. 발터 벤야민의 용어로 말하자면 기술복제 시대가 열리면서 원칙적으로 상실된 '아우라적 세계', 다시 말해 '진정성'의 경험이다. 디지털 매체가 발달하면서 지식과 정보의 저장과 전달 기술이 혁명적으로 향상된 반면에, 인간의 기억과 경험 능력은 종전의 활자 매체 시대와는 비교할 수 없을 정도로 약화되고 축소되었다. 인간의 경험과 기억 활동은 자신의 과거에 근거하여 현재의 자아를 구성하면서 동일성을 확립해나가는 데 필수불가결하다.

기술 매체에 힘입어 모든 것을 비실재의 공간 속에서 가상으로 체험하고 경험하게 해주는 시뮬라시옹의 시대에 배우와 관객이 '지금 그리고 여기'에 몸으로 현전하는 연극은 실제 경험의 교류 장소요, 기억의 공유 공간이다. 배우와 관객이 하나의 공간 속에서 몸을 매개로 현재하며 소통을 꾀하는 연극은 우선적으로 무의식의 영향에 직접 내맡겨져 있는 몸과 정서를 위한 기억 작업을, 그다음에 의식을 위한 기억 작업을 수행한다. 프로이트에 의하면 의식적으로 체험되지 않았던 것만이 '무의지적 기억'(프루스트)의 내용이 될 수 있는데, 이는 의식화한다는 것과 기억의 흔적을 남긴다는 것은 상치되는 과정이기 때문이다. 몸[육체]의 조직에 새겨지는 기억은 영원히 보존될 수 있는 기억의 흔적을 남기는 데 반하여, '지각-의식'의 조직은 지각된 것을 영구히 간직하지 못하고, 의식 속에서의 망각과 함께 소멸한다.[194] 마르셀 프루스트는 "사지(四肢)에 저장된 기억"이라는 표현을 사용했는데, 이것은 언젠가 한 번 취했던 자세를 다시 취하게 될 때 부지불식간에 일어나는 기억을 말한다.[195]

이런 의미에서 몸은 기억의 장소요, "준비된 사유와 감정을 위한 저장고"이다. 그러한 저장고로서 몸은, 그것의 시선이, 그 몸짓이 관찰자에게

---

194 정항균, 『므네모시네의 부활. 문화담론과 문학작품에 나타난 기억의 형식과 의미』, (뿌리와이파리, 2005), 98쪽 이하 참조.

195 윤미애, 「벤야민의 〈아우라〉 이론에 관한 연구」, 『독일문학』, 71(1999), 한국독어독문학회, 388~414쪽 중 404쪽 참조.

서 (자신의) 몸에 대한 "회상"을 불러일으킬 때 연극의 실재에서 체험될 수가 있다. 이것은 원천적으로 연극이라는 형식 속에 기획되어 있다. 왜냐하면 연극은 아무리 탈물질화, 탈육체화하고 "정신화"한다고 하더라도 인간의 몸의 자연스러운 현존을 그 대상으로 갖기 때문이다. 이런 의미에서 연극은 존재론적으로 또 구조적으로 기억과 역사성이라는 주제와의 연관성을 명백히 보여준다.[196] 특히 인간의 경험을 정보로 변형시키는 디지털 매체 사회로 진입하면서 역사와 사회에 대한 개인의 책임이나 의무가 자리할 공간이 사라지게 된 이후로 몸과 물질을 통한 체현과 기억의 예술인 연극에 부여되는 사회적, 역사적 책무는 더욱 더 증대하고 있다.

하지만 이러한 맥락에서 주의해야 할 것이 있다. 그것은 기억(Gedächtnis)이 언제나 같은 형태로 된 정보들의 저장고를 말하는 것이 아니며, 회상(Erinnerung) 또한 이미 앞장에서 지적한 바와 같이 특정한 기억저장고에 놓여 있는 데이터들을 임의로 가져오는 어떤 과정을 뜻하는 것이 아니라는 점이다.[197] 이런 점에서 레만 교수는 연극[극장]과 박물관을 근본적으로 구분한다. 그에 따르면 박물관은 여기서 말하는 '기억의 공간'이 아니다. 박물관은 하나의 수단, 하나의 매개체, 하나의 저장 매체이다. 그에 반해 연극 공연은 어떤 다른 것을 위한 수단이 아니다. 연극에서의 기억은 달리 일어난다. 연극을 '기억의 공간'으로, "죽은 자들과의 대화"[198]로 파악하였던 하이너 뮐러의 표현을 빌리면, "시선과 시선 사이에서 시대를 들여다보는 눈구멍이 열릴 때", 보이지 않던 것이 이미지와 이미지 사이에서 보이고, 미증유의 것이 음조와 음조 사이에서 들리며, 한번도 느껴보

---

196 Lehmann 1999, 347~348쪽.

197 '기억'과 '회상'의 개념구분과 형태들에 관해서는 A. Assmann 2008, 183~193쪽 참조.

198 Heiner Müller, *Theater-Arbeit*, (Berlin: Rotbuch, 1989), 7쪽.

지 못한 것이 감정들 사이에서 느껴질 때 기억은 일어난다.[199] 이 같은 기억에 대한 관념은 벤야민의 역사이론 및 "경험이론"과 매우 근접해 있다.[200] 그에 의하면 역사적 기억에서 중요한 것은 지난 과거를 원형대로 재구성하는 것이 아니라, 지금까지와는 다르게 유일무이한 의미로 '경험'하는 것이다. 여기서 벤야민이 말하는 '경험'이란 "기억 속에 엄격히 고정되어 기록된 개개의 사실들에 의해서 형성되는 것이 아니라, 종종 의식조차 되지 않는 자료들로 이루어진 종합적 기억의 산물"[201]이다. 바로 이 "종합적 기억 속에서 개인적 과거의 내용들과 집단적 과거의 내용들은 하나로 결합되어 있다".[202] 기술공학의 발달로 인하여 외부적 사건이 정보의 형식으로 전달되면 될수록, 엄밀한 의미에서의 '경험'은 우리의 현실로부터 점점 더 소원해진다. 벤야민, 하이너 뮐러의 뒤를 이어 라우어스가 그의 연극에서 '잃어버린 기억을 찾아' 떠나는 것도 예술가로서 역사적 책임을 회피하지 않으려는 의지의 소산이다. 즉 미디어 정보 시대에 박탈된 역사 '경험'의 기회와 능력을 회복시키기 위함인 것이다.

---

199 Lehmann 1999, 347쪽에서 재인용.

200 벤야민은 지나간 과거가 무의지적 회상을 통해 인식되는 것은 순전히 우연에 의존해 있는 것이 아니라, 어느 특정한 역사적 순간에 비로소 가능하다고 한다. 즉, 과거가 현재의 의식 속에 갑자기 떠오를 수 있는 것은 현재의 특수한 상황에 근거한다. 그는 현재가 특정한 과거와 이루는 역사적 배열 구도에서 섬광처럼 떠오르는 이미지를 '변증법적 이미지'(dialektisches Bild)라고 부른다. 이 변증법적 이미지가 섬광처럼 떠오르는 무의지적 회상의 순간은 벤야민에게 있어서 신학적 의미(구원)와 정치적 의미(해방)를 동시에 지닌다. 윤미애, 407쪽 이하 참조.

201 Walter Benjamin, *Gesammelte Schriften*. Unter Mitwirkung von Th. W. Adorno u. G. Scholem, hrgs. v. R. Tiedemann u. H. Schweppenhäuser. 7 Bde., Frankfurt a. M. 1971~1989(GS, I–VII), 벤야민 I, 608쪽.

202 Benjamin, *GS, I*, 611쪽.

5.1.3. 서술연극 〈이사벨라의 방〉의 수행적 미학

얀 라우어스가 추구하는 '기억의 공간'으로서의 연극은 어떠한 형상화 방식과 원리를 사용하는가? 라우어스는 "그림이나 연극을 기억하는 순간 이 바로 예술"이라고 말한다. 기억은 과거의 것을 현재화하는 인간의 능력 으로 정의내릴 수 있으며, 또는 인간에 의해 생산되고 축적된 어떤 역사적 산물 자체로 간주될 수도 있다. 혹은 무의식적으로 축적되어왔지만 언제 든지 현재화할 수 있는 그 무엇인가를 기억이라고 부를 수도 있을 것이며, 나아가 오늘날의 매체 시대와 관련하여 말할 때는 무한한 정보 공간 자체 로도 파악될 수 있을 것이다.[203]

이렇듯 과거의 것을 현재화하는 인간의 능력을 가리켜 기억이라고 한다 면, 기억은 곧 인간의 서술 행위, 즉 이미 일어난 이야기를 현재의 시점으 로 가져오는 것을 말하는 것이다. 그렇다면 서술하기 혹은 이야기하기는 연극과 어떤 연관성을 가지는가?

스위스 출신의 삶의 철학자 에밀 슈타이거가 『시학의 근본 개념』에서 언 급하고 있듯이, 전통적인 장르의 구분에 의하면 서술문학은 이미 일어난 과거의 이야기를 끄집어내어 현재화는 것을 그 특징으로 갖는다. 반면에 드라마와 연극은 등장인물 간에 지금 여기서 벌어지고 있는 사건이나 행 동을 통하여 이야기를 미래의 시간 차원으로 기획해나간다.[204] 이렇게 볼 때 연극과 서술, 회상은 일견 상충되거나 적어도 잘 어울리지 않는 것처럼 보인다.

---

203 A. Assmann 2008, 183~193쪽; 최문규 외, 『기억과 망각. 문학과 문화학의 교차점』, (책 세상, 2003), 361쪽.

204 Emil Staiger, *Grundbegriffe der Poetik*, (Zürich: Atlantis, 1963), 203~228쪽 참조.

연극사적으로 보자면 극중 인물들 간의 대화로 진행되는 "드라마 연극" 속에 브레히트가 서사문학의 장르에서나 가능한 서사적인 심급을 끌어들이기 시작한 이래로, 서사적 연극(epic theatre), "이야기 연극"(Erzähltheater) 은 오늘날 더 이상 낯설거나 드문 연극 형식이 아니다. 간파하기 어려운 사회의 구조적 모순 상태를 비판적으로 인식할 수 있게 하기 위해 서사적 수단들("생소화 효과")을 창조한 브레히트의 서사적 연극은 물론, 50~60년대의 손톤 와일더의 〈우리 읍내〉를 비롯하여 막스 프리쉬의 〈전기(傳記)〉, 피터 브룩의 〈마하바라타〉와 로버트 윌슨의 〈죽음이라는 병〉 등이 "이야기 연극"에 속한다. 그렇지만 "이야기 연극"이라고 해서 무대 위에서 말로 이야기를 전달하는 연극으로 국한하여 이해해서는 안 된다. 〈죽음이라는 병〉 처럼 텍스트와 인물들뿐만 아니라 공간, 빛, 소음 등을 사용하여 관객에게 이야기하고 보여주는 공연이 많기 때문이다.[205]

그렇다면 서사성과 서사적 구조가 강조되는 "이야기 연극"이 20세기 이후에 각광을 받는 이유는 무엇일까? 이에 대한 논의를 진행하기에 앞서 이야기 연극, 서술연극의 개념을 좀더 세분화할 필요가 있다. 한스-티스 레만 교수는 그의 저서 『포스트드라마 연극』(1999)에서 "브레히트 이후의 연극"(post-brechtsches Theater)을 가리켜 드라마 이후의 연극으로 부르고 있듯이, 서술의 개념과 기능도 브레히트의 서사적 연극과 그 이후의 "포스트서사적"(=탈서사적) 연극에서 각기 다르게 나타난다고 구분하여 설명한다.

---

205 Hajo Kurzenberger, "Erzähltheater. Zur Theatralisierung epischer Texte von Franz Kafka und Marguerite Duras", *Arbeitsfelder der Theaterwissenschaft*, hrsg. v. Erika Fischer-Lichte, Wolfgang Greisenegger u. Hans-Thies Lehmann, (Tübingen: Gunter Narr, 1994), 171~181쪽 참조.

서사극은 무대에서 연기되는 허구적 사건들의 재현을 변화시키고, 관객을 감정관, 전문가, 정치적 재판관으로 만들기 위해 무대 사건으로부터 저만치 거리를 취하게 한다. 이에 반해 포스트-서사적 형태의 서술(Narration)에서는 서술자의 제시하는 현전(現前, Anwesenheit)이 아닌, '개인적인'(persönlich) 현전을 드러내 보이는 것이 중요하다. 말하자면 관객과의 접촉이 갖는 자기지시적 강렬함이 중요하다. 즉 가까이 있는 것과 거리를 두는 것이 아니라, 거리를 둔 상태에서 가까이 있는 것이 중요하다.[206]

라우어스의 서술연극, 기억의 연극은 '포스트-서사적'(post-episch) 형태의 서술 행위에 기초해 있다. 그러면 어떤 이유에서 라우어스는 포스트드라마적 연극 시대에 '서술'의 연극을 하고 있는가?[207] 여기서 유념해야 할 점은 포스트드라마적 미학의 문맥에서 서술자는 전통적인 서사적-문학적 기능의 연장선에서 이해되어서는 안 된다는 것이다. 즉 라우어스의 포스트-드라마 연극에서 화자의 서술은 현전하는 관객과의 직접적인 접촉을 표방하기 위함이다.[208]

라우어스가 동시대의 여타 포스트드라마 연극의 연출가와 마찬가지로

---

206 Lehmann 1999, 198쪽.

207 라우어스가 시종일관 서술연극을 고수해온 것은 아니다. 1985년 니드컴퍼니를 설립한 후에 연출한 첫 번째 작품은 1988년 프랑크푸르트의 TAT극장에서 공연된 〈알고 싶은 욕구〉(Need to know)였다. 이 작품은 사랑과 죽음에 대한 장면 콜라주에서 이미 셰익스피어의 〈안토니우스와 클레오파트라〉의 텍스트 단편들을 차용하였다. 그 뒤를 이은 것이 〈오케이〉(Ça va)이었고 그 다음 1990년에 발표된 것이 놀랍게도 과거의 작업들과는 정반대로 텍스트가 주도적 역할을 한 〈줄리어스 시저〉였다. 1991년에 라우어스는 어니스트 헤밍웨이의 텍스트에 의거해 인습적이고 선형적인 묘사, 즉 화자라는 낡은 방법을 도입한 〈Invictos〉, 〈킬리만자로의 눈〉 등을 선보였다. 〈줄리어스 시저〉 이전에 그는 주로 이미지에 기초한 작품들을 만들었으며, 〈줄리어스 시저〉 이후에도 다시 무대 위에서 "구성이 가능한" 비-드라마 텍스트를 추구하였다.

208 Lehmann 1999, 194쪽 이하.

서술에 주목하는 이유는 무엇보다도 다양한 매체의 세계에서 상실하게 되는 이야기하기(Erzählen, narration)의 능력을 회복케 하기 위함이다. 이야기하기 능력은 왜 중요한가? 앞서 언급하였듯이, 이야기하기는 곧 기억하기이며, 기억의 행위는 과거의 것을 현재화하는 능력으로서 현재와 미래의 자아정체성의 확립에 없어서는 안 될 요소이다. 그런 점에서 라우어스는 연극을 기억의 공간, 서술의 공간으로 설정하고 있는 것이다. 그가 보기에, 매체가 지배하는 시대에 연극이 할 수 있는 일이 바로 여기에 있으며, 이것이 연극이 존재해야 할 이유이다.

그렇다면 그의 포스트드라마 연극에서의 특징 가운데 하나인 서술은 구체적으로 어떠한 방식으로 이루어지는가? 그저 서술문학에서 보이는 인습적이고 인과적인 서사의 전개방식을 답습하는 것뿐인가? 다시 그의 공연 〈이사벨라의 방〉 안으로 들어가 보자. 〈이사벨라의 방〉은 포스트-드라마 연극의 공연작품에서 쉽게 관찰이 가능한 특질들을 담고 있다. 그것은 무엇보다도 배우에 의한 허구의 재현이나 묘사보다 배우의 현전 그 자체, 즉 그의 현상학적 몸의 현존이 중요하며, 따라서 연극의 기호들도 지시적 기능보다 수행적 기능이 중시된다. 드라마 연극은 완성된 결말을 추구하는 완결되고 고정된 '작품'(ergon)의 성격이 짙다면, 포스트드라마 연극은 지금 여기서 벌어지고 있는 일종의 사건(Ereignis)으로, 다시 말해 결말이 아닌 과정에 초점이 주어지는 '역동적 행위'(energeia)로 이해된다.

〈이사벨라의 방〉의 공연에서도 이러한 특질들이 잘 구현되었다. "예술은 에너지를 소통하는 것"[209]이라는 자신의 예술관에 입각하여 라우어스는 작품 속에 다양한 에너지원을 담기 위한 노력을 기울여왔다. 그의 서술

---

[209] 〈이사벨라의 방〉 공연 프로그램, 12쪽.

방식은 바로 드라마 텍스트에만 집중하는 것을 지양하면서 음악, 미술, 무용, 연극과 다양한 신체 움직임 등과 같이 연극언어를 다채롭게 활용하는 데 있다. 그 결과 동시대 여타의 포스트드라마 연극 연출가들의 경우와 마찬가지로 그의 공연작품에서도 혼종성, 다성성, 상호텍스트성 등이 공연의 기본 문법으로 사용되고 있다. 서로 다른 언어들 사이의 긴장과 충돌, 조화와 균형, 말과 텍스트, 이미지의 일치와 모순 등에서 발생하는 복합 에너지야말로 라우어스가 즐겨 사용하는 서술방식으로서, 그의 탈인습적 작업의 핵심을 말해준다.

포스트드라마 연극의 본질적인 특질의 하나는 '서술'(Narration)이라는 원리이다.[210] 연극은 이야기 행위의 장소가 되어, 확장된 서술과 중간중간에 대화체로 삽입된 에피소드들 사이를 왕래한다. 여기서는 여전히 허구적 사건들을 서사화하는 서사극과는 확연히 구분되는 퍼포먼스의 연극형식으로 보고가 된다. 1970년대 이후로 '현전'을 재현보다 우위에 두는 데서 연극 작업의 의미를 발견하였다.[211]

이와 같은 포스트–서사적 서술(postepische Narration)의 연극에서는 자주 사건 진행이 단편화되고 다른 재료들이 섞여, 보고의 상태로 이야기되고 전달된다. 배우들이 역할을 맡아 행한다 하더라도 인물에 환영을 부여하지 않는다. 중간에 삽입되는 춤에 의해 대화가 중단되면서 무대 사건에서는 언제나 되풀이해서 긴장이 약화되는 한편, 그럴수록 관객은 물리적인 행동과 배우의 현전에 집중한다. 연극이 완성된 그림이 아니라 스케치로서 다가올 때, 연극은 관객에게 자신의 현전을 느끼고 성찰할 기회를 주

---

210 최성희, 「포스트드라마 연극의 서사적 특징」, 185~212쪽 참조.
211 Lehmann 1999, 196쪽 이하.

는 것이다.

레만 교수에 의하면 라우어스의 이와 같은 포스트드라마적 무대공간에서는 몸, 제스처, 움직임, 자세, 음색, 확성기, 템포, 음의 고저 등이 그것들의 익숙한 시공간적 연속체에서 떨어져나와 새롭게 결합되고 구성된다. 이리하여 그는 라우어스의 연극을 전체 무대수단들이 하나의 시적인 '언어'로 모여드는 일종의 "미학적 연금술"로 파악하고, 이와 같이 시, 연극 그리고 설치예술 '사이'에 자리를 잡은 형상물의 특징을 "장면 적시"(szenisches Gedicht)라고 표현한다. 즉 시인이 그러하듯이 연출가로서 라우어스는 말, 소음, 몸, 움직임, 빛과 오브제들 사이에서 연상의 장(場)들을 구성한다는 것이다.[212]

이렇게 포스트드라마 연극으로서 〈이사벨라의 방〉은 전통적인 스토리 재현을 포기하고 물질의 현상적 자극과 에너지로 충만한 즉각적인 경험을 통하여 관객으로 하여금 연기와 공연을 성찰하게 한다.

5.2. 레프 도진의 〈형제자매들〉 — 서술연극, 성찰의 연극[213]

5.2.1. 소설에서 연극으로: "산문연극" 혹은 이야기 연극

레프 도진(Lev Dodin, 1944)의 연출로 한국 무대에 오른 연극 〈형제자매들〉 공연(2006. 5. 20~21, LG아트센터)은 러시아 출신의 표도르 알렉산드로비치 아브라모프(F. A. Abramov, 1920~1983)가 쓴 4부작 소설을

---

212 Lehmann 1999, 199~203쪽.
213 이 부분은 필자의 연극비평 「"이야기 연극", 성찰의 연극—《형제자매들》」, 『연극평론』, 통권 42(2006, 가을), 132~139쪽을 이 책의 체제에 맞게 일부 수정·보완함.

토대로 하여 만들어졌다. 도진은 1980년 이 연작소설의 4부에 해당하는
〈집〉을 무대화하였고, 1985년에는 1~3부에 이르는 〈형제자매들〉을 연극
화하였다. 장편소설의 길이만큼이나 이 공연도 전체 7시간 30분 동안 진
행된다. 이 공연작품을 가리켜 마리아 셰프초바(Maria Shevtsova)는 "산문
연극"(theatre of prose)[214]이라고 칭한 바 있는데, 말리 극단의 공연 레퍼토
리가 대부분 이러한 산문연극으로 구성되어 있다. 이는 도진이 산문의 형
식에 적합한 '서사성'(narrativity)에 기초하여 동시대 관객들의 감성과 이
성에 호소하는 "이야기 연극"(Erzähltheater)의 영향 전략을 주로 택하기
때문이다.

주지하다시피 20세기 서양 연극의 흐름은 고대 그리스 비극 시대 이래
로 굳건히 지속되어온 사실주의적, 환영주의적 문학연극의 전통과, 이에
맞서 "연극의 재연극화"를 주장하는 역사적 아방가르드주의자들과 이들
의 정신을 계승한 1960년대 이후의 네오아방가르드 연극인들에 의한 반
(反)사실주의의 포스트드라마적, 비(非) 언어 중심의 연극으로 대별될 수
있다. 지난 세기 초부터 시작된 이 같은 변화의 조류는 관객에 대한 영향
미학적 작용방식의 변화에서 기인한다. 이 변화는 일차적으로 예술로서의
연극의 목적과 기능에 대하여 가지는 태도에서 비롯되며, 더 나아가 제도
와 기관으로서의 연극과 극장에 대해 그때마다의 사회와 시대정신이 요구
하는 바와의 긴장관계 속에서 진행되어왔다.

연극사적으로 보자면 브레히트가 극중 인물들 간의 대화로 진행되는
"드라마 연극" 속에 서사문학의 장르에서나 가능한 서사적인 극적 장치

---

214 Shomit Mitter, Maria Shevtsova(ed.), *Fifty Key Theatre Directors*, (London, New York:
Routledge, 2005), 203쪽 이하; 마리아 셰프초바, 『레프 도진과 말리 드라마 극장. 리허설
에서 공연까지』, 심정순, 김동욱 공역, (서울: 동인, 2010), 107~168쪽 참조.

들을 도입하기 시작한 이래로 서사적 연극, 즉 "산문연극", "이야기 연극"과 같은 연극형식은 오늘날 더 이상 낯설거나 드물지 않다. 그렇다면 서사성과 서사적 구조가 강조되는 "이야기 연극"이 20세기 이후에 각광을 받는 이유는 무엇일까? "이야기 연극"에는 연극미학적으로 기존의 지배적인 "드라마 연극"에 비해 어떠한 혁신적 기능이 있는가? 이는 도진이 아브라모프의 원작소설의 내러티브를 무대 위에서 관객들에게 들려주는 "산문연극" 내지 "이야기 연극"을 택한 까닭이 무엇일까 하는 물음과도 연관된다.

일찍이 도진은 아브라모프의 소설로부터 깊은 감동과 영향을 받아 1980년부터 이를 무대화하기 시작하였다. 러시아의 유장한 현대사를 바라보는 도진의 시각은 스스로도 밝히고 있듯이 원작자의 그것과 크게 다르지 않다. 도진은 연대기적 내러티브 구성을 빌려 '이야기'한다. 그러나 정작 이야기의 중심에 놓여 있는 것은 소비에트 연방의 정치사회사가 아니다. 오히려 2차 세계대전의 종반에서 시작하여 전후에 이르기까지 거의 30여 년동안 여전히 계속되고 있는 민중들의 삶의 고난이다. 시대적 진실을 넘어인간의 보편적 진실을 찾고자 하는 도진은 시공간의 자유로운 변화가 가능하고 각계각층의 다양한 인물의 출현이 가능한 서사문학의 장점이 살아있는 "산문연극"에 주목한다. 말하자면 그는 이른바 "서사적 자아"로서 내러티브를 종횡무진 펼쳐가며 20세기 러시아적 삶의 현실과 인간 실존에관해 발언을 하고자 "이야기 연극"의 형식을 택하고 있는 것이다.

그것의 실연성(實演性)과 생동감으로 인하여 작가의 예술이라기보다는연출가의 예술이라고 할 수 있는 연극에서는 고전이든 현대의 고전이든,소설이든 서사시이든 시대와 장르를 초월하여 모든 텍스트가 재료로서의'사용가치'를 지닌다. 굳이 "수용미학"(Rezeptionsästhetik)을 거론하지 않더라도, 연극은 '지금' '여기서' 공연을 수용하는 관객에 대한 영향을 미치기 위하여 이 재료의 "현재화", 다시 말해 "역사화"가 매번 필요한 예술이다. 도진은 아브라모프의 소설에서 읽어낸 인간과 사회에 관한 진실을 우리 시대의 관객에게 연극으로 제시하기 위해 매체의 전이 작업을 시작한다. 그의 고유한 연출미학은 여기서 출발한다.

5.2.2. 〈형제자매들〉의 수행적 미학: 총체적 연극언어와 "전염"의 연극

도진은 그의 여타 "산문연극"에서 그랬던 것처럼 선형적/시간적인 문자 텍스트로 고정되어 있는 내러티브를 언어와 비언어적 연극기호를 망라하는 시청각적 콜라주를 통해 3차원의 입체적/공간적인 공연 텍스트로 전이시킨다. 도진의 "산문연극"이 공연사적으로 주목을 끄는 이유는 바로 서사 텍스트로부터 공연 텍스트로의 이러한 매체의 전이가 독창적인 방식으로 일어나기 때문이다.

도진의 〈형제자매들〉 공연은 아브라모프의 소설의 내러티브를 차용하되, 그것을 단순히 언어와 배우의 연기로 재현하는 데 그치지 않는다. 매체의 전이과정에서 연출가 도진이 관심을 기울이는 것은 비언어적 무대 기호들을 다양하게 활용하여 인간의 자기모순, 인간과 정치·사회제도, 인간의 원초적 욕망과 양심, 동물적 욕구와 인간성 사이의 끝없는 갈등관계를 때로는 사실주의적으로, 때로는 표현주의적으로 형상화하는 일이다. 먼저 도진은 수십 년에 걸쳐 장소를 바꿔가며 전개되는 플롯의 원활한 묘사를 위해 영상화면과 음악을 사용한다. 여기서 사용되는 영상화면은 마치 고대 그리스 비극의 '전령보고'처럼 무대 바깥의 광활한 시공간 속에서 전개되는 역사적 사건을 압축해서 제시하는 효과뿐 아니라, 다음 장면의 배경과 내용을 미리 앞당겨 보여줌으로써 무대 사건에 대해 통찰하고 관

말리극단, 〈형제자매들〉(photo by LG Arts Center, Jun Seok LEE)

조할 수 있는 객관적인 거리를 유지하게 한다. 음악은 빠르고 느림, 세고
여림, 음감의 투박하고 화려함 등과 같은 고유의 자질로써 작품의 분위기
를 띄우는 장식적 역할을 하는 데서 멈추지 않고, 등장인물들의 성격과 작
품의 주제를 간접적으로 드러내기도 한다. 여기에 간소하면서도 다기능성
을 갖춘 무대미술이 빈번한 시공간의 변화는 물론 각각의 장면과 그 안의
인물들, 그리고 극중 정취와 느낌을 언어 이상으로 강렬하게 표현한다. 공
연이 진행되는 내내 무대 위에 설치되어 있으면서 30여 년에 걸친 온갖 삶
의 무대공간으로 변하는 뗏목 모양의 무대장치와, 황량하고 척박한 시골
의 숲을 연상시키는 헐벗은 나무들이 그것이다.

　이러한 무대미술을 배경으로 하고 등장하는 극중 미하일 프라슬린 가족
의 운명은 마을 공동체 전체의 운명을 대변한다. 시간의 경과와 더불어 진

행되는 이 가족의 해체는 곧 마을 공동체의 붕괴와 동의어가 되며, 작품의 후반부에서 머뭇거리면서도 다시 서로 가까이 다가서려는 움직임은 상호 존중 속에 새로운 시작의 가능성을 상징화하는 것이다. 이 공연작품의 전 반부에서는 시골 주민들이 겪는 물질적 곤궁과 그것의 개선을 위한 절망적 인 노력이 이야기의 핵심을 이룬다면, 후반부에서는 낡고 구태의연한 삶 의 형태를 파괴하고 새로운 이념적 가치들을 환기시키려는 사회심리학적 양상이 전면에 부각된다. 결국 "어떻게 해야 인간은 극한상황에서조차 저 마다 인간으로서의 존엄성을 잃지 않는 가운데 사회집단의 일원으로서 정 체성을 지니고 살아갈 수 있을 것인가" 하는 존재론적, 사회심리학적 질문 이 내러티브의 귀결점을 이룬다. 이때 도진이 "인간 자신으로부터 인간을 지키기" 위하여 연출에서 사용하는 영향미학의 코드는 농촌과 도회지의 삶, 개인과 공동체, 개체와 집단, 남자와 여자, 개인의 욕심과 사회의 도덕 적 양심 간의 이분법적 상호 대립과 충돌에서 파생하는 에너지를 작품 전 체를 견인하는 극적 갈등의 동력으로 사용하면서 궁극적으로 관객들에게 변증법적 사유를 촉발시키는 것이다. 이것은 브레히트가 자신의 서사적– 변증법적 연극으로 시도한 "예술이 지니는 작동 기능"(operative function of art)의 연장선상에 있다. 관객의 감관과 지성을 작동(operation)시킴으로 써 스스로를 돌아보게 하고 또 자기 안에서 "도구적 자아가 아닌 인간적 자 아"[215]를 발견하도록 하는 것이야말로 도진이 추구하는 연극의 핵심이다.

〈형제자매들〉의 공연이 전 세계의 관객들에게 주는 감동은 이렇게 '총체 연극'(total theatre)을 통해 초시대적 인생의 진리를 구현하는 데 있다. 각 각의 표현수단들은 선과 면, 색상과 빛, 선율, 박자, 질감 등과 같은 자신

---

215 〈형제자매들〉 공연 프로그램, 32쪽.

의 고유한 언어로 독자적으로 관객에게 작품에 관해 말하고 있다. 이와 함께 이 공연을 빛나게 하는 것은 무엇보다도 "내적 에너지"(inner energy)[216]에서 뿜어져나오는 배우들의 앙상블에서 찾을 수 있다. 이 앙상블은 먼저 스타니슬라프스키 시스템에 기초한 이들의 섬세한 심리적 사실주의 연기에서뿐 아니라, 즉흥 동작, 음악, 무용, 체조, 아크로바틱 등을 집중적으로 연마한 종합적인 연기 테크닉에서도 찾을 수 있다. 도진에게는 배우 훈련이 단순히 테크닉과 연습, 메소드의 차원에서 끝나는 것이 아니다. 이는 〈형제자매들〉의 공연을 위해서 극단 전체가 1977년에 러시아 북부 마을로 가서 수 개월 동안 그곳 사람들과 함께 일하고, 노래하고, 사투리를 배우며 작품의 배경이라든가 시대의 분위기, 그리고 그곳 마을 사람들의 사고를 체득하고자 노력한 데서 알 수 있다. 도진의 배우 훈련은 배우 개개인이 모두 독창적인 사고와 말하는 방법을 찾아내 마침내 "영혼으로 말하는" 단계에 이르도록 인도한다는 데 특징이 있다. 마리아 셰프초바는 이 같은 배우들의 훈련 과정을 갖는 도진의 연극을 가리켜 "전염"(infection)의 연극이라고 명명한 바 있다.[217] 비단 러시아의 무대뿐 아니라 전 세계의 관객들에게 페테르부르크 말리 극단의 작품들이 그토록 강렬한 호응을 불러일으키고 있는 것도 시대를 초월하여 존재하는 인간 본성과 실존의 문제들에 대한 진솔한 성찰을 "영혼의 언어"와 다양한 스펙트럼의 연극기호를 통해 유도하고 있기 때문이다.

그렇다면 도진에게 연극은 과연 무엇인가? 그는 한국 공연을 앞두고 국내 언론과 가진 인터뷰에서 연극을 하는 중요한 목적이 "인간을 지키는

---

216 Mitter, Shevtsova(ed.) 2005, 202쪽.
217 Mitter, Shevtsova(ed.) 2005, 201쪽.

일", 그것도 "인간 자신으로부터 인간을 지키는 일"이라고 말한 바 있다. 또 연극의 중요한 탐구 대상은 인간의 영혼이며, 따라서 연극을 통해 인간이 "스스로를 돌아보고 자기 안에서 진정한 인간을 발견하는 일"이야말로 가장 흥미롭고 중요한 일이라고 고백하고 있다.[218] 스탈린 치하에서의 강권정치와 농업 집단화가 야기한 민중들의 잃어버린 희망과 좌절된 환상(幻想)에 대하여 가혹할 정도로 가차 없이 이야기하는 도진에게서 인간에 대한 깊은 통찰력과 더불어 애정을 느끼기란 어렵지 않다. 1985년 〈형제자매들〉의 초연에 즈음하여 밝힌 술회는 예술가로서의 그의 진면목을 그대로 보여주는 대목이다:

> 현대의 예술가들에게 주어진 가장 중요한 책임은 과거의 계승자로서의 열정과 미래에 대한 해답을 제시해야 한다는 고뇌 그리고 우리 시대의 자식으로서 애정을 지니고 현재를 바라보는 것이다.[219]

도진은 말리 극단에서 배우들이 창의성과 즉흥성, 지적 자질과 예술적 상상력 등과 같은 문화적 소양을 키워나갈 수 있도록, 그리하여 배우들이 연출가의 의지에 따라 좌우되기보다는 스스로 작품 "탄생의 여정"에 "적극적인 공동 저작자"가 되도록 배우들을 독려하는 소위 "촉매" 역할을 자임하는 연출가이다.[220] 결국 배우들의 성장이 바로 작품의 성숙으로 이어진다는 믿음과 이에 기반한 창의적이고 자율적인 연극교육의 방법이 바로 오늘의 탁월한 작품해석과 앙상블로 세계의 관객을 감동시키고 있는 코스모폴리탄적 말리 극단을 있게 한 원동력인 셈이다.

---

218 〈형제자매들〉 공연 프로그램, 34쪽.
219 〈형제자매들〉 공연 프로그램, 9쪽.
220 〈형제자매들〉 공연 프로그램, 26쪽.

"산문연극", "이야기 연극" 〈형제자매들〉의 공연이 우리에게 던지는 의미 있는 화두는 첨단 디지털 기기로 매개화된 가상의 세계 속에서 점점 더 단속(斷續)적이고 부박(浮薄)한 유목의 생활을 하도록 운명지어진 오늘의 관객들에게 우리의 연극은 무엇으로 어떻게 접근하여 이들의 각질화된 감각과 닫아놓은 지성을 활성화할 수 있을 것인가 하는, 지각과 사유에 관한 물음으로 다시 귀결된다.

6. 뉴 다큐멘터리 연극의 수행적 미학

2009년 "페스티벌 봄"의 개막작으로 독일 리미니 프로토콜(Rimini Protokoll)의 〈칼 마르크스: 자본론, 제1권〉(Karl Marx: Das Kapital, Erster Band)(3. 27~28, 아르코예술극장 대극장)이 공연되었을 때 이 작품에 국내 관객의 이목이 남다르게 집중된 이유는 크게 두 가지 관점에서 찾을 수 있다. 하나는 자본주의가 전 세계적으로 신음을 하며 앓고 있는 이 시기에 마르크시즘의 경전인 『자본론』에 관한 퍼포먼스라는 점에서 이 공연이 갖는 특별한 시의성 때문이고, 또 다른 하나는 리미니 프로토콜이라는 연극 집단의 독특한 작업방식이 우리 시대에 '연극이란 무엇인가'에 대한 근원적 질문을 새삼스레 던지고 있기 때문이다.

리미니 프로토콜은 독일 중부에 위치한 기센대학의 응용연극학과에서 연극을 함께 공부한 헬가르트 하우크(Helgard Haug, 1969), 다니엘 베첼(Daniel Wetzel, 1969), 슈테판 캐기(Stefan Kaegi, 1972) 등이 각 프로젝트별로 둘 혹은 셋씩 짝을 이루어 작업을 하면서 자연스레 형성된 연극 집단이다. 공식적인 선언문도 없이, 또 특정하게 나누어진 역할도 없이 동등하게 수평적 구조를 띠며 조합되어 있는 자유 연출팀이 바로 이 리미니 프

로토콜이다.[221] 이는 한 명의 연출가를 중심으로 위계적 구조를 띠고 운영
되는 기존의 다른 연극 단체들과 구별된다. 이 팀의 구성원들이 집요하게
추구하는 목표는 기존의 서양 연극의 전체적인 지형이기도 했던 소위 '재
현'의 함정과 형이상학적 감상성(感傷性)으로부터 벗어나는 일이다. 이들
은 주어진 원본의 그럴듯한 모방과 완벽한 재현으로 대변되는 연극적 '환
영'(幻影) 대신에 일상과 그 안에서의 경험 자체를 무대에 올려놓음으로써
'진정성'을 추구하는 새로운 형태의 퍼포먼스를 시도한다. 이들의 시도는
16세기 르네상스 이래로 통상 경험하고 이해해온 '연극'과는 사뭇 다른 연
극의 작업 과정과 소통방식, 그리고 무대 형태를 띠고 있다.

이로써 연극의 개념, 목적, 연출의 개념, 연기와 진정성의 구분 등에 관
하여 새로운 인식의 전환을 불러일으키고 있는 리미니 프로토콜의 연극
작업을 포스트드라마 시대의 연극미학의 관점에서 살펴보고자 하는 것이
이 글의 목표이다.

6.1. 〈자본론, 제1권〉의 공연 분석 – 드라마 연극의 해체

이 연극에는 칼 마르크스의 주저인 『자본론』에 영향을 받은 아홉 명의
인물이 등장한다. 그런데 이들은 모두 직업배우가 아닌, 일상의 각 분야의
전문가들이다. 시각장애인인 베를린의 콜센터 직원 슈프렘베르크, 영국의

---

221 Florian Malzacher, "Dramaturgien der Fürsorge und der Verunsicherung. Die Geschichte
vonRimini Protokoll", Miriam Dreysse / Florian Malzacher(Hg.), *Experten des Alltags. Das
Theater von Rimini Protokoll*, (Berlin: Alexander 2007), 14~43쪽 참조; 이은기, 「리미니
프로토콜(Rimini Protokoll) ― 일상의 연극화, 연극의 일상화」, 최영주 외, 『동시대 연출
가론』, (서울: 연극과인간, 2010), 77~110쪽 참조.

경제사학자로서 현직 출판인인 쿠친스키, 독일의 행동주의 치료사 겸 프리랜서 작가 마이랜더, 뤼벡 출신의 영화감독이자 라트비아 대통령 고문 마르게비치, 베를린 출신의 서독중앙공산당위원회 창립멤버로 현재 중국어 강사인 노트, 통역 프리랜서 츠베르크, 독일공산당원이며 사회복지학을 수학 중인 바르네케, 그리고 진해 출신으로『자본론』을 한국 최초로 번역한 경제학 교수 강신준, 또 극중 통역을 담당하는 어떤 여인 등, 이들은 모두 실존하는 기성인(ready made)들이다.

〈자본론, 제1권〉 공연의 연출을 맡은 헬가르트 하우크와 다니엘 베첼은 거대한 책장들과 두 대의 모니터 그리고 칠판과 같은 교육과 학습용 도구들로 채워진 무대 위에 실존인물들을 진열한 다음, 이들로 하여금 이 연극의 주제이며 실제 주인공이기도 한『자본론』과 관련하여 자전적 경험을 회

리미니 프로토콜, 〈칼 마르크스: 자본론, 제1권〉(ⓒ2009 페스티벌 봄)

상하거나 서술하게 한다. 이렇게 무대 밖의 현실이 무대 위로 그대로 올라옴에 따라 이 작품은 현실에서 발견한 인물들과 그들이 발화하는 경험 자료들의 전시장으로 화한다. 각기 서술되는 이야기는 등장인물들의 차이나는 성장 배경이나 지식 정도, 사회적 위치만큼이나 지극히 다양하고 이질적이다. 이들의 개별적이고 주관적인 회상과 진술들의 내용에서 연결점을 찾아내고, 그로부터 상품의 교환과 부의 축적, 노동의 착취로 집약되는 자본주의의 이념과 실체를 이해하고 간파하는 일은 온전히 관객의 몫으로 돌려진다. 공연의 말미에서 인용되는 "모든 것을 의심하라"는 마르크스의 좌우명은 더욱 극단적으로 물신화, 상품화되어가는 신자유주의 체제를 냉철하게 의심하고 비판적으로 인식하는 것이 우리 모두의 과제임을 다시 한 번 강조한다. 그런데 이때 '리미니 프로토콜'의 연출가들이 겨누는 "의심"의 눈초리는 사회경제적 차원에서 그치지 않고, 더 나아가 연극미학의 차원으로까지 확장된다.

이는 무엇보다도 이 공연에서 텍스트가 만들어지는 과정, 배우들의 사실 진술, 또 무대와 관객이 상호 소통하는 방식 등에서 나타난다. 연극사적으로 다큐멘터리 연극(기록극)의 한 형태라고 볼 수 있는 이 작품은 '포스트드라마 연극'의 특징을 담고 있다. 즉 리미니 프로토콜의 연출가들은 어느 한 작가가 쓴 드라마의 의도를 전달하거나 재현하는 데 관심이 없다. 그보다 오히려 어떤 일에 관해 할 얘기가 있어서 자신에 대해 말하고 또 자기의 생각을 말하는 일반인들과 더불어 작업을 한다. 이제 무대에서 텍스트가 될 수 있는 것은 작가의 허구적 텍스트가 아니며, 실제적인 보고를 위한 자료들이다. 따라서 무대 위의 인물들도 드라마 속의 배역을 짐짓 살아낼(연기) 필요 없이, 자연스럽게 자신을 말하고 자신의 지식과 정보 그리고 경험에 바탕을 둔 견해를 서술하면 된다.

이렇다 보니 이 공연은 연출가의 위상과 작업방식에 대해서도 실험적 면모를 보여준다. 즉 '리미니 프로토콜'의 연출가들은 연기자 및 관객과의 관계에서 종래의 권위적이고 일방통행식인 '작가-연출가'(auteur-director)의 위치와 역할을 하지 않는다. 그 대신에 전시와 토론을 위하여 발견한 자료들을 정리하고 배열하는 '조직자' 내지 '편집자'로서, 민주적인 작업과 소통방식을 보여준다. 나아가 이 공연의 경우 토론의 재료로서 채택한『자본론』의 한국어 번역본을 공연 중 객석의 관객들이 무대 위의 등장인물(강신준 교수)의 인도하에 직접 함께 읽어가며 그 내용을 함께 사유하는 행위는 관객을 수동적 관극 자세로부터 해방시켜, 등장인물과 함께 무대 위의 사건을 함께 만들어가는 '공동 생산자'로 만드는 퍼포먼스에 다름 아니다.

결국 이 〈자본론, 제1권〉 공연은 작가에 의해 씌어진 텍스트의 사실적인 재구성이라는 종래의 연극을 부정하며 포스트드라마 연극 시대에 '글쓰기'가 무엇을 함의하는지, 텍스트가 어떻게 생성되는지, 또 그것으로 무엇을 할 수 있는지 등에 관해 질문을 던지는 소위 연극에 관한 연극인 점에서 메타연극이라고 할 수 있다.

6.2. 다큐멘터리 연극(기록극) vs. 뉴 다큐멘터리 연극

리미니 프로토콜의 작품은 일반적으로 '다큐멘터리 연극'이라 불린다. 그러나 이들이 추구하는 형태의 연극은 일찍이 1920년대 독일에서 에르빈 피스카토르가 계급 투쟁을 위해 시도했던 다큐멘터리 연극이나, 1960년대 중반에 전후 독일의 현대사에 대한 반성과 청산을 목적으로 당시의 젊은 지성인 극작가들이 시도하였던 혁명적 정치 다큐멘터리 연극의 연장선상에 있긴 하지만, 변별적 차이를 갖는다.

말하자면 피스카토르는 1920년대에 자신의 '정치연극'(politisches Theater)에서 가능한 최대의 신뢰성을 추구하기 위한 연극형식을 발전시켰다. 그는 자신의 연출 작업을 위해 연설, 정치 관련 논문, 신문스크랩, 삐라 등을 취합하여 공연에서 이 역사적 기록물들을 영화 장면, 사진들과 몽타주해 제시하였다. 피스카토르는 관객들에게 이러한 다큐 자료들에 근거한 무대 사건과 당시의 정치·사회적 상황을 비교하게 함으로써 현실 정치에 대한 비판의식을 고취시키고자 하였던 것이다.[222]

이러한 성향은 1960년대에 이르러 롤프 호흐후트(Rolf Hochhuth), 하이나 킵하르트(Heinar Kipphardt), 페터 바이스(Peter Weiss)의 기록극(Dokumentarstück)에서 다시 활성화되었다. 이 극작가들은 역사적 원천 자료를 사실에 대한 증빙으로, 다시 말해 문학적 가공 작업을 위한 직접적인 언어 수단 내지 근본 토대로 삼았다. 이렇게 함으로써 이들은 대부분 정치적으로 폭발력을 지닌 테마들을 무대화할 수 있었고, 테마에 관한 발언에서도 기록물을 통해 안전장치를 마련하였다. 예컨대 호흐후트는 〈대리인〉에서 교황이 나치즘에 연루된 사실을 기술하고, 킵하르트는 〈J. 로베르트 오펜하이머 사건에서〉에서 원자폭탄의 '아버지들'을 다루며, 바이스는 〈수사(搜査)〉에서 프랑크푸르트에서의 아우슈비츠 소송을 기술하고 있다.

이 같은 1960년대의 다큐멘터리 연극은 예술의 현실 참여를 요청하였던 당시 유럽 전역의 신좌파운동과 이념적으로 연대하여 최근의 과거 사안들을 객관적으로 탐구하고 또 역사적 사실 이면의 정치권력을 들추어냄으로써 연극무대를 역사에 대한 법정으로 만들었다.[223] 이런 맥락에서 볼

---

222 Brian Barton, *Das Dokumentartheater*, (Stuttgart: Metzler, 1987), 39~47쪽, 특히. 41쪽 참조.

223 이와 같은 입장을 잘 대변하는 글로 페터 바이스의 에세이가 있다: Peter Weiss, "Notizen

때 1960년대의 다큐멘터리 연극(Dokumentartheater)은 명백히 부분적으로 선동적인 특질을 지니는 정치적 연극이라 할 수 있다. 60년대에 다큐멘터리 연극은 서독 연극의 전개 과정에서 하나의 전환점을 가져왔다. 그것은 이 기록연극이 아데나워[224] 시대의 비정치적이고 친교와 여흥을 지향하는 연극과 단절을 꾀하고, 국가사회주의(나치즘)와의 논쟁을 공공의 관심사로 만들면서 연극과 사회의 관계에 대한 토론의 장을 펼친 데 근거한다. 물론 이 같은 단절은 정치·사회적인 관점에만 국한되지 않고, 연극미학과 또 극장의 조직 형태에 관해서도 새로운 논의의 장을 열었다.

그러나 마찬가지로 독일이 중심이 되고 있는 오늘날의 새로운 형식의 다큐멘터리 연극은 국립 혹은 공공 극장에서 흔히 보아온 극작가들의 출현에 맞서 연출가 프로젝트를 기반으로 하고 있으며, 또 과거가 아닌 현재의 해결되지 않은 문제들에 초점을 맞춘다. 토마스 이르머는 1990년대 이후의 독일 다큐멘터리 연극의 특징을 다음과 같이 설명한다.

> 새로운 형태의 다큐멘터리는 작가-연출가(auteur-director) 프로젝트에 기반을 두고 있고, 역사를 수긍된 원리와 사상에 의해서는 알 수 없는 열린 프로젝트로 탐구하면서 역사적 혹은 사회학적 지식생산에 대하여 비판적이다. 이러한 작업은 동시대 사건들의 이질성을 드러내는 복합적인 사회적 맥락들과 함께 더 작은 주제들을 종종 끌어들였다. 이 시기의 다큐멘터리 연극은 사회과학 내 온갖 종류의 방법에 개방되어 있었고, 또 입체주의자의 관점을 응용하였다.[225]

---

zum dokumentarischen Theater", Joachim Fiebach(Hrsg,), *Manifeste europäischen Theaters. Grotowski bis Schleef,* (Berlin: Theater der Zeit, 2003), 67~73쪽.

224 콘라드 아데나워(Konrad Adenauer, 1876~1967)는 전후 서독의 초대 총리(1949~1963)로 정치적 안정과 경제부흥을 이룩하였다.

225 Thomas Irmer, "A Search for New Realities. Documentary Theatre in Germany", *TDR*

이러한 방식으로 독일의 "뉴 다큐멘터리 연극"[226]의 예술가들은 기록, 파일, 문서들을 그들 연극의 주요 소재로 사용하면서 역사 서술과 역사 다시 쓰기에 더 많이 관심을 갖는 1960년대의 R. 호흐후트, P. 바이스, H. 킵하르트 등의 선행자들과 차이를 드러낸다.

이를테면 뉴 다큐멘터리 연극을 실천하는 연출가 집단인 리미니 프로토콜의 프로젝트들은 노령화라든가 죽음의 문제, 의회정치의 의식(儀式), 그리고 세계화, 자본과 고용 시장 등과 같은 주제들을 다루기 위한 연극적 전략들을 개발한다. 매일 발생하는 것에서 정치적인 것을 조사하고, 또 실험적인 연극과 동시대의 전시(展示)미학들로부터 차용한 기법들을 사용하는 새로운 경향을 실현한다.

2010년 봄에 서울에서 공연(3. 31~4. 1, 서강대학교 메리홀)을 가진 크리스 콘덱(Chris Kondek, 1962)의 프로젝트인 〈죽은 고양이의 반등〉(Dead Cat Bounce)도 뉴 다큐멘터리 연극에 속한다. '죽은 고양이 반등'이라는 제목은 주식시장에서 어떤 회사의 주가가 폭락하다가 약간 반등하고 다시 떨어지는 상황을 가리키는 용어에서 비롯한다. 이 공연에서는 전(全)지구적 자본 시장을 이해하는 한 방법으로서 당일 현장에서의 입장권 판매 금액이 관객 참여를 목표로 런던 증권거래소의 구매계약에 무대 위에서 실시간으로 투자된다. 여기서는 드라마 대본 없이 진행되는 일상, 즉 인터넷으로 생중계되는 런던 주식시장의 실시간 '드라마'가 곧 이 연극의 내용이고, 주가 등락에 따른 손익의 변화가 곧 이 연극의 긴장과 갈등을 형성한다. 다시 말해 이 공연에 주식 투자자로 참여한 퍼포머와 관객들은 주식의 시황(市

50:3(T191) Fall 2006, 16~28쪽 중 17쪽.

226 Irmer, 19쪽.

況)에 따라 내면의 욕망과 갈등, 그리고 긴장에서 자유로울 수 없으며, 이 때문에 관객은 이 공연에서 쾌락과 비극성을 동시에 맛볼 수 있는 것이다. 무대 위의 퍼포머들은 어떤 기성 드라마의 배역을 재현하지 않는다. 그 대신에 관객에게 주식 투자와 관련된 각종 자료와 정보를 제공하는 한편 수익 창출을 위해 관객과 협의하여 투자처를 결정한다. 이 공연의 퍼포머들은 의당 증권거래소나 금융기관에서 일어날 주식 투자 행위를 극장의 공간에서, 그것도 관객을 투자자로 또 동시에 공연의 주체로 삼아 '실제로' 수행함으로써, 이익을 좇아서 맹목적으로 질주하는 자본주의 사회의 논리와 욕망에 대한 관객들의 비판적 사유와 성찰을 유도하고 있다.[227]

〈자본론, 제1권〉이나 〈죽은 고양이의 반등〉같은 뉴 다큐멘터리 연극은 이처럼 과거의 사건들보다 동시대의 문제들에 초점을 맞추고, 또 사전에 씌어진 대본에 기초하지 않는 제작의 방식에서 그들의 선행자들과 차별화된다.[228]

6.3. 〈자본론, 제1권〉의 수행적 미학

6.3.1. 수행적 글쓰기(드라마투르기) – 실재와 허구의 상호 침윤

리미니 프로토콜의 공연작품은 일반적으로 '뉴 다큐멘터리 연극'으로 불린다. 이는 전문 배우가 아닌, 일상의 사람들이 등장하여 자신의 경험

---

227 크리스 콘덱의 드라마투르기와 연출기법에 대해서는 Christiane Kühl, "Wir begrüßen die Geister der Zukunft. Chris Kondeks verkabelter Theaterraum", Anke Roeder/Klaus Zehelein(Hg.), *Die Kunst der Dramaturgie. Theorie · Praxis · Ausbildung*, (Leipzig: Henschel, 2011), 161~167쪽.

228 Irmer, 26쪽 참조.

과 생각을 이야기하고 서로에 대한 상호작용을 일으키기 때문이다. 리미니 프로토콜의 멤버 가운데 한 사람인 슈테판 캐기는『이 시대의 연극』(10/2006)에서 니나 페터(Nina Peter)와 행한 인터뷰에서 연극을 "요양소"가 아니라 "박물관"이라고 주장하였다.[229] 캐기의 이 인터뷰 발언의 핵심은 무대를 "관객의 계몽"에 기여하고 또 관객을 성숙한 인간으로 교육하는 도덕적 교화장소로 파악하는 태도에 반대하는 것이다.

> '그래서 마치 저널리스트나 다큐멘터리 영화제작자처럼 오리지널 목소리를 찾아 나서는 겁니다. 아르헨티나의 수위, 바젤의 모형기차제작자, 벨기에의 연설문작성자, 취리히의 심장전문의들이 그들이지요. […] 이야기들은 이미 다 존재합니다. 필요한 것은 이제 관객이 그 이야기들을 자신의 해석−현미경을 가지고 비춰보고 싶은 재미를 얻게끔 그 이야기들을 끼워 맞추고 선별하고 초점을 맞추는 일입니다'.[230]

리미니 프로토콜의 작업이 뉴 다큐멘터리 연극으로 언제나 반복해서 구분되고 표기되어온 것은 바로 이와 같은 텍스트 구성방법 때문이다. 이로써 위의 '일상의 전문가들'은 사물들이 자기 스스로 말하는 박물관의 맥락 속으로 들어온다. 다시 말하면 리미니 프로토콜의 연기자들은 우리가 보고 듣고 또 기억할 수 있도록 특정한 방식으로 '자신들을 전시'하는 것이다. 따라서 리미니 프로토콜의 멤버들이 무대 밖에서 실존하는 사람들의 목소리를 경청하고 '프로토콜'을 기록하는 작업 과정에서 맡는 역할은 작

---

229 Caroline Schließmann, *Das Theater von Rimini−Protokoll. Studienarbeit*, (München: Grin, 2009), 12쪽에서 재인용.

230 Gerald Siegmund, "Die Kunst des Erinnerns. Fiktion als Verführung zur Realität", Miriam Dreysse / Florian Malzacher(Hg.), *Experten des Alltags. Das Theater von Rimini Protokoll*, (Berlin: Alexander 2007), 182~205쪽 중 182쪽.

가보다 "편집부원"에 더 가깝다.

그렇다면 리미니 프로토콜의 공연에 등장하는 '일상의 전문가들'의 말과 행동은 과연 무엇인가? 이들은 연극 바깥의 현실을 전기(傳記)의 형식으로, 또 다큐적 재료의 형식으로 단순히 연극 속으로 옮기는 것뿐인가? 아니면 무대에 올라 실재(Realität)로부터 거리를 취한 채 이른바 낯설게 하기의 의미에서 행동하는 것인가? 실제로 무대 위의 행위자들은 어떤 연기훈련도 받지 않았으며 오직 자기 자신을 대변한다. 그러나 연극 바깥의 현실을 연극의 틀과 문맥 안으로 옮기는 일은 언제나 일종의 개작이고, 실재의 변화를 뜻한다.

다시 말해서 그들의 말과 행동은 오히려 일상적인 것에 대한 거리두기요, 이를 통한 '기억의 행위'로서 이해될 수 있는데, 이 일상적인 것을 끄집어내고 상기시키며 살아 있는 연관성 속에 세워놓는 것이 바로 '예술행위'로서의 연극과 무대가 갖는 맥락이다. 즉 이 '전문가들'은 예정되어 있는 장소에서 자신들을 위해서가 아니라 관객을 위해 행동한다. 이들의 말과 행동이 아무리 "진정하게" 보이고 또 아무리 "진정하게" 들릴지라도, 여기서는 허구의 가능성과 긴밀히 결합되어 있다. 말하자면 연극의 틀이 동시에 불가피하게 거리를 취하게 만드는 것이다. 즉, "일상의 전문가들"이 상기시키고자 하는 사실(事實)은 여기서 항상 이미 하나의 "만들어진 것"(Gemachtes, factum)이며 또 항상 다시 새로이 만들어져야만 하는 어떤 것이다.[231] 이런 점에서 "'사실들'과 '픽션'은 분리될 수 없으며, 다큐멘터리적인 것의 기법이 리미니 프로토콜에 있어서는 […] 이야기를 서술하는 기

---

231 Siegmund, 183쪽.

법이지, 사실에 입각한 진실의 기법이 아니다"[232]라는 지적은 타당하다.

이러한 입장은 이미 1960년대의 다큐멘터리 극작방식에서도 찾아볼 수 있다. 이를테면 페터 바이스에게 다큐멘터리 연극은 "보고의 연극"(Theater der Berichterstattung)이다. 즉, "온갖 허구를 삼가고, 신빙성 있는 자료를 받아들이되, 그것은 내용은 변화시키지 않고 형식만 가공하여 무대에서 다시 제공한다". 페터 바이스는 「다큐멘터리 연극에 대한 주해」에서 계속해서 이렇게 말한다.

> 매일 사방에서 들이닥치는 뉴스 자료들의 정리되지 않은 성격과 달리, 무대에서는 대개 사회적 혹은 정치적 주제에 집중하는 어떤 특정한 선택이 제시된다. 이와 같은 비판적 선택과, 그리고 실재의 단면들이 조립되는 원리가 다큐멘터리극의 질을 결정한다.[233]

페터 바이스의 다큐멘터리 연극은 사실을 왜곡하는 대중매체에 저항하기 위하여 독자나 관객에게 사실을 추상적으로 전달하는 방법을 택한다. 이를 통해서 궁극적으로 그는 복잡한 현실을 관객에게 단순한 연관성 속에서 이해시키면서 정치적·도덕적 계몽을 성취하고자 한다. 이런 관점에서 보자면 바이스의 다큐멘터리 연극은 사실을 토대로 하여 재구성한 비판적 허구로서의 "팩션"(faction)이라 할 수 있다.[234]

결국 어떤 실재가 역사적으로 이루어진 것의 형태로 무대에서 다시 경험되기 위해서는 그것이 재구성되고 허구화되어야만 한다. 다시 말해 리

---

232 Malzacher, 38쪽.

233 P. Weiss, *Notizen zum dokumentarischen Theater*, 67쪽 이하.

234 이상복, 「'팩션'으로서의 '기록극'-페터 바이스의 〈수사〉를 중심으로」, 『세계문학비교연구』, 28(2009), 세계문학비교학회, 283~312쪽 중, 291쪽.

미니 프로토콜의 경우 실재는 "대본으로 씌어진 실재"(Geskriptete Realität) 이다.[235] 허구를 통하여 관객의 주의를 보편적이고, 상징적인 것으로 유혹 하는 일은 잊혀져가기 쉬운 것을 다시 상기시키고자 하는 리미니 프로토 콜의 드라마투르기에 근간이 되고 있다. 바로 이 점이 리미니 프로토콜의 작업이 고유한 법칙을 지닌 특별한 장소로서의 연극이라는 기구에 끈질기 게 매달리는 이유이다.

6.3.2. 근대 이후의 이상적 연기술에 대한 거리두기

리미니 프로토콜이 수행하는 프로젝트의 특징은 이른바 일상의 "현실 에서 나온 전문가들" 또는 "특수 전문가들"과의 작업이다. 즉 공연에 함께 참여하는 자들의 경우 그들 자신의 연기자로서 등장하며 또 예술가들로부 터는 "전문가들"이나 "레디메이드 연기자들"로 지칭된다. 여기서 전문가 들이란 공연 중에 그들이 "보고하는" 특정한 경험과 지식, 능력 등을 대표 하는 사람들을 말한다. 이러한 구상은 주인공들이 그들의 연기적 재능이 아니라, 단순히 그들의 개인적 전문성으로 평가된다는 사실에 기인하며 그리고 이로써 의식적으로 문외한들에 의한 연극의 반대가 된다.

> '문외한'이란 기꺼이 하고자 하지만 그러나 할 능력이 없는 자들이다. 그 런데 우리는 뭔가를 특별히 잘 할 수 있는 사람들, 그러니까 전문가인 사 람들과 함께 작업한다. 이들은 칼 마르크스에 대한 전문가일 수 있고 또 어떤 특정한 삶의 상황에 대한 전문가일 수도 있다.[236]

---

235 Malzacher, 39쪽.
236 Schließmann, 5쪽에서 재인용.

리미니 프로토콜의 행위자들의 연기방식에서 눈에 두드러지는 점은 소위 문외한들의 연극에서 흔히 볼 수 있는 스테레오타입의 인습적 연기들을 전혀 혹은 거의 사용하지 않는다는 것이다. 리미니 프로토콜에서는 연기자들이 침착하고 통제된 상태로 행동한다. 눈에 띄는 점은 이들의 장면상의 행동이 강하게 형식화되어 있다는 사실이다. 그리하여 즉흥적 행위가 아닌, 계산된 실행이라는 인상이 생긴다. 이러한 연기방식은 1960년대의 행위예술 전통에서 유래한다.

그렇다면 연기자들이 일상에서 자신을 보여주는 것과 극장에서 등장하는 것 사이에는 어떤 차이점이 있는가? 그 차이는 리미니 프로토콜에서는 등장이 '연출'되어 있다는 것이 감춰지지 않고, 심지어 특수한 지각의 상황이 전시된다는 데 있다. 리미니 프로토콜의 공연들이 제공하는 연기된 기록(protocol)은 브레히트가 즐겨 사용한 서사화의 수법이라고도 표현될 수 있다. 브레히트도 자신이 서사극의 기본 모델로 제시한 〈거리장면〉(Straßenszene)에서 비전문적 연기자를 생각하긴 했지만, 리미니 프로토콜의 행위자들은 그들 자신이 관여해 있을 뿐만 아니라 자신의 삶에도 지속적으로 영향을 미치는 어떤 사건(전기, Biografie)에 관해 관객에게 보고하고 말을 건다는 점에서 차이가 난다.[237]

그러나 리미니 프로토콜의 작업에서 정작 중요한 것은 전문가와 문외한의 대립이 아니라, 완벽성과 비완벽성의 대치(對峙)이다. 장면 상 잘 정렬된 것의 완벽함이 비(非)완벽한 연기자들의 등장으로 인해 언제나 반복해서 깨진다는 데 리미니 프로토콜의 공연의 특징이 있다. 완벽한 것을 지향

---

237 Jens Roselt 2007, "In Erscheinung treten. Zur Darstellungspraxis des Sich-Zeigens", Miriam Dreysse / Florian Malzacher(Hg.), 앞의 책, 46~63쪽 중 60쪽 이하.

하는 작업은 완결, 완전성 혹은 완성이라는 이상(理想)을 함축한다.

반면에 비완벽한 것을 향한 작업은 완성의 이상을 기피하는 것일 뿐 아니라, 어떤 이상에다 인간과 그의 연기의 방향을 맞추는 것 자체를 수상한 것으로 만든다. 전문적인 완벽한 연기가 신체를 명징한 표현수단으로 훈련시키는 반면에, 비완벽한 것은 오히려 신체적인 저항과 한계를 들추어내고 불일치와 모순, 이질성, 개방성 등을 경험하게 한다. 이러한 차원이 특별히 명확하게 드러나는 순간은 예컨대 목소리에 과부하가 걸린 경우라든가, 어떤 텍스트를 외우거나 혹은 자유자재로 낭독할 수 없을 때 등을 생각할 수 있다. 이런 관점에서 볼 때 리미니 프로토콜의 연기자들의 몸에서 경험할 수 있는 비완벽성은 옌스 로젤트가 정확하게 지적하듯이, 몸의 통제와 지배가능성이라는 18세기 이래의 근대적 연기술의 이상에 조소를 보내는 것이기도 하다.[238]

연기한다는 것은 미학적이며 동시에 윤리적인 행동이다. 관객 앞에서 자신의 전기적 자료와 대면하는 것은 개개의 연기자들이 연출에 대하여 갖는 관계를 알게 해준다. 즉, 리미니 프로토콜의 연기자들이 비록 주어진 형식적 틀 안에서 움직인다 하더라도, 소위 "더 높은 차원의" 연출 의도를 충족시키는 조수로서만 나타나는 것이 아니라, 동시에 그들의 비완벽한 연기로 제작자와 관객에 의한 완벽한 전유(專有)를 차단하는 것이다. 극장 경영의 면에서 볼 때 연기에 관한 규약과 더불어 연극에 관한 담론이 동시에 변화를 겪는다는 점에서, 이러한 실천 행위는 일종의 도발로 드러나게 된다.[239]

---

238 Roselt 2007, "In Erscheinung treten", 62쪽 이하.
239 Roselt 2007, "In Erscheinung treten", 63쪽.

6.3.3. 연출 전략: 반환영주의적 허구화

환영(Illusion)의 개념은 라틴어 illudere라는 동사에서 비롯하는데, 이것은 속이다, 가지고 놀다, 조롱하다의 뜻을 갖는다. 이 같은 단어의 뜻에 따르자면, 환영은 우선 미적 영향의 범주로 이해할 수 있으며, 이로써 관객에 의한 수용과 관련이 있다. 이를 부르주아의 환영연극의 모델과 연관지어 설명하면, 환영은 연극 바깥의 현실을 속아 넘어가게끔 사실적으로 재구성하거나 모사하는 것을 뜻한다. 이러한 연극적 환영에 관한 이해는 18세기 계몽주의의 흐름 속에서 예컨대 레싱과 디드로의 연기론의 저술에 의해 그 토대가 형성되었다.[240]

이러한 의미의 연극적 환영에서 중요한 것은 무엇보다도 그 환영의 산출 과정, 즉 '마치 …인 양'의 성격을 은폐하는 일이다. 실재와의 거리감이 모두 사라져야 하고, 연기가 연기 대상과 함께 녹아들어야 한다. 눈속임의 개념이 함축하듯이 환영에서는 관극하는 자의 지각이 중요하고, 관객에 미치는 영향이 본질적이며, 관극하는 자들이 연극적 연기를 실재로 간주하기를 희망한다.[241]

이상과 같은 환영의 관념과 비교하면, 리미니 프로토콜의 연극은 단연 반(反)환영주의적이다. 무대 밖의 현실을 모사하는 것이 아니라, 실재가 그대로 무대 위로 올라오기 때문이다. 이때 연기자들의 비완벽한 연기로 인하여 반사적으로 "진정성"이 자주 거론된다. 그러나 자신들의 전기(傳

---

240 Jean-Jacques Roubine, *Introduction Aux Grandes Theories Du Theatre*, 장-자크 루빈, 『연극이론의 역사』, 김애련 옮김, (서울: 폴리미디어, 1993), 101~109쪽, 특히 101~102쪽 참조.

241 Miriam Dreysse, "Die Aufführung beginnt jetzt. Zum Verhältnis von Realität und Fiktion", Miriam Dreysse / Florian Malzacher(Hg.) 2007, 앞의 책, 76~97쪽 중 83쪽 이하 참조.

記)를 동시에 이렇게 연극 속으로 '옮겨오는' 행위를 통하여 실재에 대한 거리(distance)가 형성된다. 리미니 프로토콜은 여기서 브레히트처럼 몰입에 대한 중단과 분리, 그리고 연극적 제 수단을 노출하는 방식으로 작업한다. 개별적인 구성요소들이 직접적으로 몽타주되면서 환영주의적인 통일된 전체가 차단되고, 주관적인 접근과 소통을 위한 공간이 만들어진다. 내용상의 연결이 이루어지기는 하나, 연관망을 밝히는 것은 종국적으로 개별 관객에 의해 일어난다. 이때 브레히트가 말하는 소위 "연습한 것"(das Geprobte)이 나타나는데, 그것은 연기자들이 언제나 관객을 앞에 두고서 자신의 등장과 발화를 해보이기 때문이다. 따라서 리미니 프로토콜의 퍼포먼스에서 무대 안의 허구 속에 갇힌 폐쇄된 대화는 거의 없다. 이와 같은 방식으로 만들어지는 거리는 전문가들이 자기 자신에 대하여, 또 자신의 이야기에 대하여 갖는 거리이기도 하다.[242] 무대 위의 진술의 진위(진실과 허구)에 대한 의혹과 공방이 일어나는 것은 바로 관객을 앞에 둔 연기자들이 자신들의 전기에 대하여 갖는 이러한 거리두기의 효과 때문이다.

한편, 허구(Fiktion)와 허구성(Fiktionalität)의 개념은 원래 '짓다, 형성하다, 형상화하다'를 뜻하는 라틴어 fingere에서 유래하며, 형태를 부여하는 의도적인 행위를 말한다. 이 라틴어 동사의 더 넓은 의미는 꾸며 짓다, 눈속임하다 등이며, 이 때문에 허구하에서 우리가 일반적으로 이해하는 세계는 허구화된, 특히 언어로 만들어진 세계를 가리킨다.

그러나 우리가 볼프강 이저(Wolfgang Iser)의 개념을 빌려서 허구적인 것(das Fiktive)을 실재와의 반대가 아니라, 허구로 꾸미는 의도적인 행위(fingieren)로 파악한다면, 연극에서도 현실과 허구의 명확한 구분이 유지

---

242 Dreysse, 84쪽 참조.

될 수 없다. 이저에 따르면, 본질적으로 허구적인 행위는 선택과 결합이다. 따라서 무대 위 "전문가들"의 선택과 보고 그리고 이에 따르는 탈문맥화는 이들의 드라마투르기, 장면상의 배열과 마찬가지로 허구화하는 행위와 다르지 않다. 상상적인 것을 구체적인 형상으로 옮기고 또 실재를 변형시키면서 실재에 대한 새로운 관점을 열어주는 것은 다름 아닌 허구적인 것이다. 이저는 『허구적인 것과 상상적인 것』[243]이라는 저서에서 "세상에 대한 모든 '자연스러운' 입장"을 중지시키고 실재를 "관찰의 대상"으로 만들기 위해서는 허구성을 폭로하고 또 그 자체를 연출된 것으로 인식시키지 않으면 안 되는 것이 바로 허구적인 것이라고 말한다. 이와 같은 허구의 관념은 실재와의 일치를 목표로 하고 또 실재에 대한 "자연스러운 입장"을 수긍하는 환영의 관념과 명백히 구분된다.[244]

그렇다면 리미니 프로토콜의 무대작업에서는 실재와 허구의 관계가 어떻게 나타나는가? 여기서는 실재가 재현되거나 모방되지 않고, 의식적으로 형성된다. 그리하여 내용 차원에서도 또 장면 차원에서도 실재와 허구를 구분하는 경계가 불안정하게 된다. 이를테면 전기적 이야기와 보고들은 '일상의 전문가들'에 의해 직접 제시되기 때문에 "진실한" 것으로 다가오지만, 관객의 입장에서 보자면 존재론적인 일관성이 없는 데다 '공연'의 상황에서 구두로 발생하기 때문에 허구적 성격도 동시에 갖는다.

진정성을 나타내는 기호들, 그러니까 비전문적이라는 인상을 갖게 하는 연기자들의 불안정성이라든가 말실수 등과 같은 것들은 무대 위의 상황이 연출된 것임을 밝히는 거리두기 효과의 수단들과 긴밀하게 결합된다. 그

---

243 Wolfgang Iser, *Das Fiktive und das Imaginäre. Perspektiven literarischer Anthropologie*, (Frankfurt a. M.: Suhrkamp, 1993).

244 Dreysse, 85쪽 참조.

리하여 리미니 프로토콜의 전기적인 보고들은 이러한 방식으로 진정성과 자유로이 창작된 것(허구, 연출된 것) 사이에서 줄곧 왕복 운동하며 전달되고 있다고 할 수 있다.[245] 게세 바르테만은 이러한 연기의 현상을 가리켜 "'매개된 직접성의 패러독스'"[246]라고 부른다.

6.4. 이론적 담론의 포스트드라마 연극

레디메이드의 전통 속에서 리미니 프로토콜은 단지 대상들(objéts)만이 아니라 실제의 인물을 비롯해, 사안에 대한 지식과 이론적인 것도 얼마든지 정당하게 연극 속으로 수용하고자 한다. 일상의 각기 특수한 분야에서 '발견된' 사람들이 무대에서 말할 수 있는 것처럼, 지식과 텍스트, 이론과 학문도—〈자본론, 제1권〉이 그 예이다—포스트드라마의 형태로 그 연극적 현전을 주장할 수 있고, 그러한 것으로서 진열될 수 있다고 보는 것이다. 여기서 연극은 이중의 의미로 탐구를 보여준다. 즉, 먼저 양로원의 노인들, 10대 청소년들, 경비원들, 트럭 운전자 등과 같이 연기자들부터가 '발견된' 사람들이다. 그리고 이들의 생활 세계의 실재가 공개되고 면밀히 조사되며 그 사회적 연관성의 의미에서 밝혀지는데, 물론 그 사회적 연관성을 명확하게 해석하지는 않는다. 리미니 프로토콜이 보여주는 것은 알지 못하는 현재에 대한 '기억'의 연극이며, 일종의 경험적 사회 탐구이고,

---

245 Dreysse, 86쪽 참조.

246 Jens Roselt, "Die Arbeit am Nicht-Perfekten", Erika Fischer-Lichte, Barbara Gronau, Sabine Schouten, Christel Weiler(Hg.), *Wege der Wahrnehmung. Authentizität, Reflexivität und Aufmerksamkeit im zeitgenössischen Theater*, (Berlin: Theater der Zeit, 2006), 28~38쪽 중 35쪽에서 재인용.

연극적으로 조직된 지식체계, 실존하는 인물들이 활용된 설치예술 작품이라 할 수 있다. 한스-티스 레만은 이러한 작업방식이 '연극'이라고 부르는 것과 너무 동떨어져 있다고 생각하는 사람이 있다면, 그는 드라마의 내용을 서술하는 것이 곧 연극이라는 통념이야말로 아주 최근에야 나타난 시대적 현상임을 상기할 필요가 있다고 지적한다.[247]

그의 설명에 의하면 르네상스와 휴머니즘 시대만 하더라도 '연극'(Theater)이라는 단어는 지극히 다양한 형태의 '보는' 행위를 가리키기 위해 사용되었다. '극장'이라 할 때 지칭되는 장소 역시 저택이나 정원의 공간적-건축적 배열을 포함하였고, 나아가 계단이나 분수 장면으로 구체화되기도 하였다. 또한 '연극'이라는 단어에서 사람들은 지식과 성찰하는 관조의 대상을 생각했다. 실로 '연극'이 뜻하는 것은 전적으로 theoria(사유), 즉 축적된 지식을 정돈되고 훈련된 방식으로 제시하는 것이었다. 그리고 이러한 의미는 무대 위에서 말로 행해지는 (혹은 오페라에서 노래로 불려지는) 서술의 의미와 거의 동등하다고 인정받았던 것으로 보인다. 이런 점에서 보자면, 결국 오늘날의 리미니 프로토콜의 연극은 더 오래되고 훨씬 먼 연극 개념의 전통과 맞닿아 있는 셈이다. 그러므로 리미니 프로토콜 연극이 정보와 서사적(narrative) 지식을 연극 안에 주체적으로 끌어들일 때, 다시 말해 "일상의 전문가들"의 지식과 경험 그리고 사유의 전시가 허구적 연기를 폭넓게 대체할 때, 그것은 지극히 논리적이고 자연스러운 일이라는 것이다.[248]

요컨대, 레만은 유럽의 담론사의 맥락 안에서 '연극'의 개념을 그것의 정

---

247 Hans-Thies Lehmann, "Theorie im Theater? Anmerkungen zu einer alten Frage", Miriam Dreysse / Florian Malzacher(Hg.) 2007, 앞의 책, 164~179쪽 중 169쪽 이하.
248 Lehmann 2007, "Theorie im Theater?", 170쪽.

체성과 본질, 그리고 기능의 관점에서 추적하고 분석하면서 리미니 프로토콜이 실천하고 있는 형태의 '연극성'이 엄밀한 의미에서 '연극'을 이탈하거나 부정하는 것이 아님을 강조하고 있다. 리미니 프로토콜의 연극 작업들은 〈자본론, 제1권〉 이전에 벌써 정보를 강하게 포함하면서 지식과 인식과정을 보여주고 또 자극해왔다. 이들의 연극 작업은 이로써 포스트-드라마적 현대연극의 발전이라는 광범위한 맥락 속에 위치한다. 21세기 초의 포스트드라마 연극은 다양한 방식으로 언어 형식을 창출하는데, 레만에 의하면 리미니 프로토콜 극단은 "정치적 경제학의 비판"에 관한 이론 담론으로써 새로운 연극언어 형식으로의 진입을 시도한 것이다.[249]

이렇게 리미니 프로토콜의 연극은 일상의 레디메이드와 다큐멘터리즘 그리고 허구 사이를 끊임없이 왕복 운동하며 관객의 기억에 의한 비판적 사유를 촉발하고 관객을 그의 고유한 윤리적, 정치적 책임과 결단 앞에 세워 놓는다는 점에서 의식(意識)의 연극으로 자리매김할 수 있을 것이다.

6.5. 일상의 퍼포먼스화 — 연극의 탈영토화

연극은 신체적 모방과 표현에 의한 소통을 본질로 삼는다는 점에서 인류의 출현과 역사를 함께하고 있다. 그러나 연극은 이러한 사회적 소통을 위한 기구요 제도일 뿐만 아니라, 인간에게 자신의 생각과 경험, 또 시대와 사회를 반영하면서 이에 대해 관조하고 성찰할 수 있는 거리를 부여한다는 점에서 미학적 매체이기도 하다. 연극과 연극성 그리고 그것의 핵심인 연출은 우리가 의식하고 있든 아니든, 이미 우리 삶의 실재와 불가분의

---

249 Lehmann 2007, "Theorie im Theater?", 171쪽.

관계에 있다. 셰익스피어가 말한 '삶 자체가 곧 연극'이라는 말은 연극학적, 인류학적 관점에서의 메타포를 넘어서 가히 동시대 일상의 환경을 문화학적, 사회학적으로 규정하는 말이기도 하다.

돌이켜보면 오늘처럼 연극과 연극성이 삶의 현실 곳곳에 깊숙이 작용하며 문화적, 정치적 영향을 미치고 있는 경우도 일찍이 없다. 그러나 우리가 시민적 삶 속으로 밀접히 다가오게 된 예술로서의 연극과 함께 각별히 주목해야 할 또 다른 연극(성)이 있으니, 텔레비전과 인터넷이 지배하는 미디어 세계 속에서 연출되고 실행되고 있는 사회적 · 정치적 소통 형태로서의 연극(성)이 그것이다. 작금에 전국적으로 문화적 이벤트로서 치러지는 각종 연극제가 "연극의 생활화"를 실현하고자 한다면, 오늘의 미디어 사회에서는 무엇보다도 사회적 연관성 속에서 "생활의 연극화" 내지 "생활의 미학화"가 재발견되고 또 새로이 발견되고 있다. 전자가 전통적 의미에서의 미학적, 예술적 형태의 연극(성)에 관계한다면, 후자는 사회적 소통 형태로서의 정치적이고 이데올로기적인 연극(성)에 관계한다고 볼 수 있다. 바로 여기서 연극(성) 개념에 세분화가 일어난다.

오늘날 예술학과 문화학 그리고 매체학을 가로지르는 학제적 학문으로 점차 인식되고 있는 연극학 연구에서 '퍼포먼스의 일상화'와 '일상의 퍼포먼스화'의 문제가 중요 화두로 대두하는 것은 이미 언급한 바처럼 우리의 사회적 소통 형태가 연극(성)과 긴밀히 연관되어 있기 때문이다. 우리가 일상에서 쉽게 접할 수 있는 국가적 차원에서 벌이는 각종 의례라든가 시민단체에 의한 정치집회나 문화행사, 스포츠 경기의 응원전, 심지어 연극을 모르는 문외한들이 각기 자기 생활 분야의 "전문가들"로서 무대 위에서 자신의 경험과 생각을 이야기하고 보여주는 뉴 다큐멘터리 연극의 예들만 보더라도 우리의 사회적 소통 형태가 연극(성)은 물론 그것을 주조하는 핵심인 연출과 얼마나 긴밀히 연관되어 있는가를 단적으로 알 수 있다.

이제 우리 시대의 연극은 더 이상 '배우-(A)가 배역(B)을 관객(C) 앞에서 연기하는 것'(에릭 벤틀리의 고전적인 'A-B-C 공식')을 의미하지 않는다. 오히려 "'우리가 현실(연극)로서 경험하는 것은 어떤 행위자가 특별히 설정된 장소에서 특정 시간에 자기 자신이나 타인 혹은 무엇을 다른 사람들(관객)이 보는 앞에서 표현하거나 보여주는 상황'"[250]이라는 것이 오늘날 연극학자들의 시각이다. 연극에 관한 이 같은 새로운 관념을 따르면, 우리들 모두가 연극을 할 수 있거나, 아니면 특정 시간에 무엇인가를 보여줄 수 있다. 이로써 제기되는 질문은 결국 일상생활 속의 연극적인 것으로서, 도대체 연극과 삶의 구분이 가능한가 하는 것이다. 그러나 동시에 이 문제는 현재 우리가 살고 있는 각종 디지털 매스미디어 사회에서 첨예하게 대두하고 있는 연극성(가상, 허위, 거짓)과 진정성(실재, 사실, 진실)을 둘러싼 담론으로 더 확산된다. 다시 말해서 매개화된(mediatized) 사회에서 허구성을 대변하는 연극과 진정성을 대변하는 삶[실재] 사이의 명확한 구분이 가능한가에 대해서는 여전히 논의가 진행 중이다.

〈칼 마르크스: 자본론, 제1권〉을 중심으로 살펴본 리미니 프로토콜의 연극 작업은 이른바 포스트드라마 연극의 드라마투르기와 자기반영적 연출 전략들을 명확히 내포하고 있다. 그것은 무엇보다도 연극적 재현의 체계, 다시 말해 배우들에 의한 '마치 …인 양'의 연기에 대한 불신에서 드러난다. 이것은 비전문적 연기자들과의 작업으로 이어져서, '가짜'와 '진실' 사이의 경계에 대해서뿐만 아니라 '연극 그 자체'란 무엇인가에 대해서까지

---

250 Hajo Kurzenberger, "Theatralität und populäre Kultur", Gabriele Klein, Wolfgang Sting (Hg.), *Performance. Positionen zur zeitgenössischen szenischen Kunst*, (Bielefeld: transcript, 2005), 107~120쪽 중 110쪽.

도 질문을 던진다.

또한 리미니 프로토콜은 그들의 이른바 '전문가 연극'으로서 종래의 다큐멘터리 연극의 개념과 의미차원을 한 단계 확장하였다. 에르빈 피스카토르가 1920년대에 자신의 연출 작업에 다큐멘터리 사진과 영화 자료를 몽타주함으로써 당시의 정치적, 사회적 상황을 연극 안에다 집어넣으려고 시도하였다면, 1960년대의 다큐멘터리 연극은 가장 가까운 과거의 주제를 객관적으로 탐구하기 위해 진정성 있는 역사 자료와 언론의 조사를 작품들의 기본 토대로 이용하였다.

리미니 프로토콜도 언론식의 조사와 인터뷰 방식으로 작업하기는 마찬가지다. 하지만 퍼포머로 선별된 일상생활의 어느 특정 영역에 대한 '전문가들'은 '그들 자신의 대리인'으로서 그들의 그때마다의 경험과 전기를 배경으로 하여 명백히 주관적인 입장을 취한다. 리미니 프로토콜의 다큐멘터리 퍼포먼스는 이로써 일반적으로 공적인 이목의 중심에 서 있지 않은 사람들에게 하나의 목소리를 부여하는 것이다. 하지만 이들의 경험과 지식은 동시에 매우 전달의 가치가 있으며 또 연출과 드라마투르기를 경유하여 개인적인 관점을 넘어서는 의미와 예시성을 획득한다.[251]

우리가 뉴 다큐멘터리 연극으로서의 〈자본론, 제1권〉을 중심으로 확장된 '연극'과 '연극성' 개념, 그리고 연극이라는 현실을 구성하는 핵심으로서의 '연출', 연기, 진정성 등의 개념에 주목하는 이유는 우리의 현재 문화가 점점 더 작품의 상태가 아니라 연극적 과정의 상태로 구성되기 때문이다. 또한 연극(성)이야말로 어떤 고착된 것이 아니라, 매 시대 및 사회와

---

251 Kerstin Evert, "'Verortung' als Konzept: Rimini Protokoll und Gob Squad", Gabriele Klein, Wolfgang Sting (Hg.) 2005, 앞의 책, 121~129쪽 중 124쪽.

영향을 주고받으면서 얼마든지 새롭게 변화하고 확장해나갈 수 있는 것이라는 인식에서 비롯한다.[252]

이런 점에서 〈자본론, 제1권〉의 공연이 우리에게 갖는 의미와 가치는 자본주의의 속성에 대해 냉철한 통찰과 비판적 인식을 얻는 것에 국한되지 않는다. 그에 못지않게 중요한 화두는 무엇보다도 우리 시대에 연극이 과연 무엇이며, 어떻게 존재해야 하고 어떠한 방식으로 작용해야 하며, 나아가 무엇을 할 수 있는가 하는 근본적인 질문이다. 연극은 시대와 삶을 반영하고 또 거꾸로 영향을 미치는 예술이다. 그러기에 언제 어디서든 유효한 연극의 문법이란 있을 수 없다. 리미니 프로토콜과 같은 연출팀이 인습과 타성에 젖지 않기 위해서 '친숙한' 연극에 "의심"을 품고 끊임없이 사유하며 변화를 모색하는 이유가 여기에 있다.

---

252 앞의 제2장 1. 연극성 개념 참조.

제 4 장

포스트드라마 연극에서
관객의 지각방식과 미적 경험

포스트드라마 연극에서
관객의 지각방식과 미적 경험

■ ■ ■

1. 지각인습의 변화와 포스트드라마 연극[1]

연극에서 일어나는 모든 소통은 무엇보다도 먼저 감각에 의한 인상에서 출발한다. 공연에 참여한 사람들(연기자와 관객)의 지각은 연극적 공간 안에 존재하는 사람들과 그 주변, 그리고 거기서 뿜어져나오는 에너지, 분위기에 향해 있다. 한 공연의 지각 과정에 연기자는 개체이자 앙상블 단원으로서, 또 관객은 개인이면서 동시에 집단으로서 참여한다. 연기자와 관객들의 지각 과정을 돕기 위하여 연극은 매 시대마다 또 장르마다 규약을 발전시켜 왔다. 그리고 어떤 특정 시점에서는 연극과 예술의 규약에 대한 위반이 의식적으로 일어나 관찰방식의 변화를 실제로 초래하기도 했는데, 그 대표적인 예가 20세기 초의 아방가르드 운동이다.

---

1   이 부분은 김형기 2008, 「다매체 시대 연극의 탈영토화」, 43~45쪽 참조.

20세기 초에 유럽 연극에서는 소위 역사적 아방가르드 운동을 전개한 연극인들의 주도 아래 연극적 소통 구조[2]에 큰 변화가 일어났다. 신흥 시민계층의 부상과 더불어 시민연극이 탄생하고 프로시니엄 극장이 건립된 18세기 이래로 연극에서는 '심리화' 현상이 일어나면서 드라마 속 등장인물들을 진실임직하게 '전달'하는 배우들의 연기가 연극사의 중심에 서고, 또 그로써 무대 위의 허구적 인물과 이들의 내적 소통에 관심이 집중되기 시작하였다. 그러다 20세기에 접어들면서 사진, 영화 등의 대량복제가 가능한 기술 매체가 등장함에 따라 이른바 '구텐베르크 은하계와의 작별'을 맞이하면서 무대와 관객의 관계, 다시 말하면 무대와 관객들 간의 외적인 소통 체계에 중점이 놓이게 되었던 것이다. 그리하여 게오르크 푹스(Georg Fuchs)는 「연극의 혁명」이란 글에서 연극의 목적이 "극적 체험"이라고 정의하며 다음과 같이 강조하였다.

> 극적 예술작품은 체험될 때,—그것도 각각의 관객에게서 다르게 체험될 때 비로소 창조가 이루어지는바, 그것이 실제로 일어나는 것은 관객이다. 극적 예술작품은 무대나 책 속에 그 본질이 있는 것이 아니라, 그것이 시간·공간상의 규정된 움직임으로서 체험되는 매 순간에 새롭게 생성된다.[3]

이러한 연극 내 허구적 인물들 간의 내적 소통에서 무대와 관객들 간의 외적 소통으로의 중심 이동은 당시의 문화적, 시대사적 맥락과 긴밀히 관련되어 있으니, 무엇보다도 문화 위기에 빠진 서구 사회를 구해내기 위해

---

2 연극에서의 내적, 외적 소통구조에 관한 구분과 개념 설명은 Manfred Pfister, *Das Drama. Eine Einführung*, (München: Wilhelm Fink, 1977), 20~21쪽 참조. 서명수, 「연극에서 서술자의 유형」, 『내러티브』, 창간호(2000, 봄·여름), 한국서사연구회, 104~129쪽 참조.

3 Fischer-Lichte 1997, 9쪽에서 재인용.

관객의 역할과 기능을 혁신하고자 한 데서 기인한다. 즉 그들은 연극이 관객을 능동적 주체로 움직이게 함으로써, 시대병으로 진단된 이성 중심의 서양문화나 시민자본주의 사회의 심각한 위기를 극복하는 데 기여할 수 있다고 믿었던 것이다. 이러한 목표를 달성하기 위해서는 무엇보다도 관객을 이른바 "새로운" 인간으로 "변화"시켜야 했는데, 그들이 택한 연극의 개혁은 "기존의 수용 태도와 습관을 근본적으로 변화시키거나 새로운 지각의 가능성을 열어놓는 일"이었다.

이리하여 게오르크 푹스, 메이어홀드, 아르토, 케르첸체프, 브레히트 등과 같은 아방가르드 연극인들은 공연 활동의 목표를 달성하고자 각자 자신들의 세계관, 이념, 미학적 입장에 기초하여 상이한 전략들을 고안해내었다. 그러나 이들이 세운 영향 전략들은 서로 차이를 보이면서도 공통점이 있으니, 그것은 크게 종래 프로시니엄 무대에서의 공간 개념의 변화와 기호사용방식의 변화로 집약된다. 그리고 이러한 혁신이 지향하는 목표는 관객을 수동적 수용자에서 능동적 "관찰자"로 변모시키는 것이었다.[4]

그런데 이들이 수동적 관객을 능동적 "관찰자"—메이어홀드의 말을 빌면 "제2의 창조자"—로 변신시키기 위해서는 먼저 공연을 바라보는 태도가 근본적으로 바뀌지 않으면 안 되었다. 즉 전통적인 개념의 '연극'에서는 텍스트에 큰 의미가 주어졌고, 공연은 텍스트가 생산하는 의미를 배우가 연극적 기호로써 전달하는 것으로 여겨져왔다. 이때 배우의 몸은 '기

---

4 Erika Fischer-Lichte, *Die Entdeckung des Zuschauers. Paradigmenwechsel auf dem Therater des 20. Jahrhunderts*, (Tübingen/Basel: Francke, 1997), 15쪽 참조; Hans-Christian von Herrmann, *Das Archiv der Bühne. Eine Archäologie des Theaters und seiner Wissenschaft*, (München: Wilhelm Fink, 2005), 11~31쪽; Erika Fischer-Lichte(Hrsg,) "Wahrnehmung-Körper-Sprache. Kultureller Wandel und Theateravantgarde", *TheaterAvantgarde*, (Tübingen/Basel: Francke, 1995), 1~14쪽 참조.

호학적 몸'에 불과하였다. 하지만 연극 아방가르드주의자들은 이처럼 문학에 종속되어온 연극을 그것의 매체적 특수성에 입각하여 "재연극화"하려고 했다. 따라서 이들의 관심은 심리적, 상징적, 담론적이고 기호적인 것에서부터 무대에서의 신체[물질]적이고 수행적인 것의 지각과 소통 방식으로 옮겨오게 되었다. 이러한 현상은 약 30년의 긴 공백 기간을 지나 1960년대부터 이번에는 포스트모더니즘과 매체의 혁명이라는 문화적 토양에서 다시 성장한 네오아방가르드 예술의 흐름 속에서 오늘의 포스트드라마 연극에 이르기까지 지속적으로 이어지고 있다. 이런 관점에서 볼 때 연극의 역사는 곧 지각인습의 변화와 궤를 같이한다고 볼 수 있다.

포스트드라마 연극은 공연에 들어 있는 특수 인자들을 위해서 텍스트를 눈에 띄게 평가절하하기 때문에 "탈문학화"[5]의 경향이 있으며, 텍스트로부터 벗어나서 춤과 퍼포먼스 그리고 전통적인 연극에서의 연기 틈새에 새로운 공간을 조성한다. 이때 얻어지는 연극성은 연극이라는 장르의 복합매체적 속성에서 기인한다고 말할 수 있다. 공연에 대한 텍스트의 이러한 종속관계를 레만은 다음과 같이 강조한다.

> 포스트드라마 연극은 연관성 없이 드라마의 "저 건너편"에 위치해 있는 연극을 뜻하지는 않는다. 오히려 드라마 자체 내에 있는 붕괴, 탈구성, 해체의 잠재력이 전개되고 꽃피운 것으로 파악할 수 있다.[6]

---

5 Gerda Poschmann, *Der nicht mehr dramatische Theatertext*, 56쪽. 그녀에 의하면 이러한 탈문학화 경향은 작금의 연극이 사건 진행뿐만 아니라, 텍스트로부터도 독립해 있는 데서 나타난다. 이에 따라 그녀는 자신의 연구 대상을 "더 이상 드라마적이지 않은 연극텍스트"라고 부른다.

6 Lehmann 1999, 68쪽.

그리하여 레만은 드라마적인 것이 포스트드라마 연극으로 침투하는 것은 유일하게 객석을 경유해서만 가능하다고 말한다.

> 드라마 '이후'('Nach' dem Drama)라고 하는 것이 뜻하는 바는 드라마가 비록 약해지고 파산하긴 했더라도 '통상적인' 연극의 구조로서 존속한다는 것이다. 다시 말하면, 대다수 드라마 관객의 기대로서, 드라마 연기방식의 토대로서, 거의 자동으로 기능하다시피 하는 드라마적 연극의 드라마투르기의 규범으로서 존속한다는 것이다.[7]

즉 포스트드라마 연극은 드라마의 재현에 대한 거부라기보다 '재현' 행위에 대한 새로운 연극적 탐색이고 실험이라고 말할 수 있다. 이런 의미에서 포스트드라마 연극을 가리켜 "드라마의 허구적 세계"(imaginary dramatic world)에서 "실제 연극적 상황"(real theatrical situation)으로 이동하는 "과정의 드라마투르기"(dramaturgy of process)라고 부르며, 과거에 "씌어진"(written) 텍스트에 현재형인 공연의 "현존"을 기입하는 것이라고 한 캐시 터너의 지적은 타당한 것으로 여겨진다.[8]

관객들의 드라마적 연극에 대한 기대를 방해하는가 하면 가지고 놀고, 또 실망시키면서 그 기대를 명백히 들추어내는 것이야말로 포스트드라마 연극의 과제에 속한다. 바로 여기서부터 포스트드라마 연극은 경계 초월의 연극이다. 이 경계 초월의 연극은 기대의 구축과 실망을 둘러싼 지속적인 유희 속에서 관객과 연결되어 있으며, 바로 이것을 통하여 포스트드라마 연극은 보는 곳이라는 의미의 극장(theatron)을 한층 더 활성화하기에

---

7 Lehmann 1999, 30쪽.

8 최성희, 「포스트드라마 연극의 서사적 특징」, 김형기 외, 『포스트드라마 연극의 미학』, 207쪽 이하에서 재인용.

이른다. 이때 레만이 대표적인 아방가르드 연극에 속하는 서사극으로부터 거리를 취하는 것은 브레히트가 연극의 영혼으로서의 이야기(fable)에 여전히 확고히 매달리기 때문에 서사극이 "전래하는 것에 대한 혁명적인 대안으로서 더 이상 일방적으로 이해될 수 없다"[9]는 판단에서 비롯한다. 브레히트의 서사극은 아리스토텔레스에까지 이르는 이전의 규범적 시학과 마찬가지로 "고전적 드라마투르기의 혁신이면서 동시에 완성"[10]이라는 것이다. 아리스토텔레스적 연극의 실질적인 극복은 사건 진행/이야기/신화에 집중하는 연극장르의 특징이 극복되는 포스트드라마 연극에 와서야 비로소 일어난다. 왜냐하면 포스트드라마 연극에서는 "언어 이외의 연극 수단들이 텍스트와 동등한 자격을 띠게 되고 텍스트 없이도 체계적으로 사고할 수 있기" 때문이다. 그러므로 연극사 안에서의 진정한 균열과 패러다임의 전환은 "허구적이고 꾸며진 텍스트-우주를 우세한 것으로서 제시하는 것"[11]과 결별을 선언하는 포스트드라마 연극에 와서 처음으로 발생한다고 볼 수 있다.

그렇다면 포스트드라마 연극이 다양한 비언어적 연극수단들로써 유발하는 새로운 지각방식과 미적 경험은 어떠한 양태로 나타나는가? 이 문제에 접근하기 위해서는 후기구조주의의 미학에 대한 이해가 수반되어야 한다.

---

9 Lehmann 1999, 48쪽.
10 Lehmann 1999, 48쪽.
11 Lehmann 1999, 89쪽.

2. 후기구조주의 미학의 핵심: 사건(성), 반해석, 표현할 수 없는 것을 말하기

포스트드라마 연극이 포스트모더니즘과 후기구조주의의 정신사적 영향하에 배태된 것이라는 점은 잘 알려져 있다. 즉 후기구조주의는 모든 것을 하나의 근원에서 도출해내고 다시 그 근원으로 환원시키는 종래의 구조주의, 형이상학, 해석학을 거부한다. 리오타르에 의하면 후기구조주의는 "단지 이런 저런 작품이 미에 관한 규칙에 일치하는가 여부만을 가리도록 요구"하는 "예술적 판단" 내지 "미에 관한 선험적 기준"을 거부한다.[12] 그 대신에 후기구조주의는 해석이라는 근대미학의 요구를 단호하게 버리고, 그 구조와 틀 속에서 고통받고 침묵당하는 것들을 예술로 되돌려주고자 한다.

> 우리는 전체성과 단일성에의 향수, 개념과 감성의 조화, 투명한 경험과 소통 가능한 경험 사이의 조화를 얻기 위해 충분히 많은 대가를 치렀다. […] 총체성에 전쟁을 선포하자. 표현할 수 없는 것의 증인이 되면서 차이들을 활성화하고 그 이름의 명예를 구출하자.[13]

이와 같이 "표현할 수 없는 것"을 지향하는 예술은 해석의 대상으로 고정될 수 없는 것이며, 그 자체로 열려 있는 독립된 기표이자 "흔적들의 조직체"[14]로서 부단하게 움직인다. 후기구조주의는 예술을 어떤 작가나 저자의 의미 전달의 수단으로 파악하지 않는다. 오히려 이 같은 형이상학적

---

12 리오타르, 171쪽 이하.

13 리오타르, 181쪽.

14 자크 데리다, 『글쓰기와 차이』, 남수인 옮김, (서울: 동문선, 2001), 443쪽.

질서 내지 체계의 폐해로부터 구출해낸 '지금, 여기'에 유일하게 존재하는 것(presence)을 예술 속에서 추구한다.

후기구조주의의 관점에서 볼 때 예술은 완결된 작품(ergon)— 이는 지금까지 전통적 미학의 대상이었다 — 이 아니라, 끊임없이 유동하고 생성하는 에너지(energeia), 다시 말해 어떤 의도나 목적으로 환원되지 않고 다수의 의미들로 끊임없이 전위되는 과정 내지 행위라 할 수 있다. 어떤 상징적 암시도 구체적인 전언도 포함하지 않고, 오히려 상징적 기호 체계를 서로 교차시켜 붕괴시키며 도식적인 서사를 허용하지 않는 이러한 예술이 강조하는 것이 다름 아닌 '수행적인 것'(수행성)으로, 미학(Ästhetik)의 대안인 "지각학"(Aisthetik)의 관찰 대상이 된다.

여태까지 미학은 기호에 대한 이해와 해석을 특권화하는 과정에서 자신의 특정 규범이나 체계에서 벗어난 빈틈, 즉 '차이'들의 존재를 일방적으로 무시하고 배제해왔다. 그러나 '수행적인 것의 미학'(으로서의 "지각학")은 기존 미학이 부정하고 간과해온 이 같은 빈틈에 주목하고, 해석이 불가능한 이 빈틈 속에서 오히려 인간과 세계에 대한 또 다른 경험의 지평을 새로이 확대하고자 한다. 자체 내에서 종합적이고 완결된 서사의 존재를 거부하고, 기표를 안정된 기의의 그물망 속으로 끌어들이기보다 끊임없이 미끄러지면서 서로 충돌하고 교차하게 하는 수행적 예술은 기표들을 해방시켜 이들이 빚어내는 무수한 차이들이 원심적으로 작동하는 과정을 지향한다.[15]

의미를 고정시키기보다, 오히려 차이들을 끊임없이 만들어내는 이 같은

---

15 이경미 2009, 『현대연극에 나타난 포스트아방가르드적 전환 및 관객의 미적 경험』, 215쪽 참조.

과정을 서양의 후기구조주의자들은 '사건'(Ereignis)이란 이름으로 표기하였다. 예컨대 미셸 푸코는 "사건은 물질적인 요소들의 관계와 공존 속에서 그것들이 서로 겹쳐지고 포개어지는 가운데, 그리고 그 요소들을 선택하는 가운데에 존재하는 것이다"[16]라고 말하고 있다. 그런가 하면 리오타르는 바넷 뉴먼 등의 현대 회화에서 행해지는 다양한 예술 실험의 예를 통하여 사건의 개념을 설명한다.

> 우리가 규정할 수 없는 것은 무엇인가가 일어나고 있다는 것dass etwas geschieht이다. 혹은 더 간단히 표현하자면 그것이 일어난다는 것dass es geschieht이다. 이것은 전달매체의 주목을 받는 주요 사건도 아니고 그렇다고 작은 사건도 아니다. 이것은 인과율로 설명될 수 없는 우연한 사건 occurence이다.[17]

즉 기존의 미학적 시선으로는 볼 수도 없고 해석할 수도 없지만, '뭔가가 일어나고 있다'는 물질적 현존의 경험은 모방의 원리나 재현 스타일, 예술에 대한 선험적 개념들에 의문을 갖게 만든다. 동시에, 그림을 보는 사람으로 하여금 기존의 경험과 인식의 체계를 깨고 복수의 가치와 의미 그리고 지각 행위가 공존하는 사건성(Ereignishaftigkeit, eventness)에 주목하고 몰두하게 한다. 리오타르가 말하는 '우연한 사건'은 마틴 하이데거의 사건 개념과 동일한 것으로 매우 단순하다. 그러나 사건이 가지는 이 단순성은 사고가, 즉 지적 능력이 "박탈된 상태"(state of privation)에서만 비로소 접근이 가능하다. 이처럼 모든 것을 개념으로 파악하려는 지적 능력이 무장해제된 상태에서 느낄 수 있는 감정과 정서를 리오타르는 "숭

---

16 Michel Foucault, *Ordnung der Dinge*, (Frankfurt a. M.: Suhrkamp, 1971), 39쪽.

17 리오타르, 204쪽.

고"(sublimity)라고 부르고, 예측할 수 없는 이러한 사건과 숭고를 보호하는 것이 곧 '아방가르드'의 정신이라고 강조한다.[18] 그는 사람들이 이제 숭고의 감정 속에서 기존의 사고 체계를 벗어나 "결정되어지지 않고 남아 있는 나머지"를 위해 스스로의 감각을 개방한다고 말하며, 이렇게 끊임 없이 계속되는 진동과 전위의 과정을 "동요"(agitation)라는 용어로써 설명한다.[19]

후기구조주의의 미학은 사건성과 수행성에 주목하는 사건의 미학으로서, 60년대 이후의 네오아방가르드와 오늘의 포스트드라마 연극에서 실천적으로 계승된다. 특히 정신적 주체의 권위가 무너진 뒤 예술에 남겨진 것은 사유와 해석의 그물에서 벗어나 그 자체로서 복수(複數)의 의미를 향해 열려 있는 물질적 현존과 행위이다. 즉 후기구조주의 예술은 그것이 회화든 문학이든 연극이든 간에 표현 불가능한 것이며 예술이 증언해야 하는 것은 바로 '지금, 여기'에서 일어나는 것으로서의 사건(성) 그 자체로 파악한다. 따라서 예술가도 시대를 초월한 이상적 이념과 가치를 전달하는 존재가 아니라, 이성적인 서사의 허상을 깨뜨리면서 물질적 현존과 수행성을 통해 수용자에게 정치적, 문화적, 미적 층위의 다양한 경험을 일깨우는 "활동가"(Beweger), "샤먼" 혹은 "혁명가"로 이해된다.[20]

---

18 리오타르, 209쪽.

19 리오타르, 206쪽: " […] 이 동요는 어떤 것이 앞으로 결정되어야 하는 것으로, 아직까지 결정되어지지 않은 것으로 남아 있을 때만이 가능하다. […] 또한 우리는 결정되어지지 않고 남아 있는 나머지를 추구하여, 이 비결정적인 것을 의문부호의 모습으로 표시할 수도 있다."

20 Dieter Mersch, *Ereignis und Aura: Untersuchungen zu einer Ästhetik des Performativen*, (Frankfurt a. M.: Suhrkamp, 2002), 211쪽.

3. 종합감각의 경험 공간으로서의 연극

3.1. 포스트드라마 연극의 지각방식과 미적 경험: '분위기', '사물의 황홀경', '드러남'

지난 수십 년간 유럽과 미국에서 포스트모더니즘과 후기구조주의의 영향하에 등장한 실험적 네오아방가르드 연극이 공유하는 특징들은 이미 앞의 제3장에서 시도한 여러 공연 사례에 대한 분석에서 밝혀진 바와 같이, 텍스트 중심에서 사건 중심의 공연으로의 전환, 담론의 재현을 넘어 현존과 경험 자체를 전경화하기, 그리고 몸과 이미지, 소리가 텍스트를 대체하기 등으로 요약할 수 있다.

포스트드라마 연극에는 전달해야 할 의미나 재현해야 할 진실이 존재하지 않는다. 이 새로운 연극은 전통적인 연극이 사용해온 재현의 방식을 감각적 자극과 에너지로 충만한 현존의 경험으로 대체하기 때문이다. 레만에 따르면 포스트드라마 연극이 이처럼 의미의 부담으로부터 해방되어 이른바 "표면"에 머물며 재현의 내용보다는 재현을 구성하는 물질성(언어, 이미지, 테크놀로지) 자체에 주목하는 것은 새로운 지각과 감수성을 유발시킨 현대 기술공학과 미디어의 발달에 기인한다.

그 결과 공연의 제반 요소들 사이에 존재해온 위계질서가 붕괴된다. 이들은 각자 동등한 자격으로 독자성을 가지고 전면에 부각되면서 질서 잡힌 서사가 아닌 의도적으로 계산된 현상적 물질성의 과잉과 혼돈이 무대를 채우게 된다. 관객은 이로써 주어진 의미를 일방적으로 수용하는 태도가 아니라, 자신의 선택과 조합을 통해 모자이크를 완성하듯 최종적인 의미를 스스로 구성하고 창출할 것을 요구받는다. 이제 포스트드라마 연극에서 배우는 캐릭터를 재현하지 않고, 텍스트는 상황을 재현하지 않으며, 무대는 장소를 재현하지 않는다. 그렇다면 이 포스트드라마 연극의 공연을 채우는 것은 무엇인가?

오늘날 연극은 몸과 퍼포먼스를 전면에 부각시키는 가운데 몸의 행위 자체와, 또 그로 인해 의미가 끊임없이 유보되고 연기되는 변화와 생성의 과정 자체를 표현과 지각의 주요 기제로 삼고 있다. 동시대의 연극이 이렇게 몸과 몸의 물질성에 집중하는 이유는 1960년대에 사용가치보다 교환가치가, 존재보다 가상이 우위를 점하는 미학화[심미화]된 사회로 접어들기 시작할 때, 현상학적 몸이 미디어에 의해 박탈된 현장성, 직접성, 진정성을 회복하고 지킬 수 있는 보루로 간주되었기 때문이다. 다시 말해 60년대 당시에 행위예술과 신체예술 등이 왕성한 활동을 보인 것도 몸과 몸의 진정성을 통해 비인간적인 자본주의 체제와 문명화의 과정 속에서 빼앗긴 몸의 아우라를 되찾고, 더 나아가 상업화와 비이성적 문명화 과정을 고발하고 도전하기 위함이었다.

한편 오늘과 같은 멀티미디어 사회에서 몸은 인간의 신체적 기능을 연장하고 확장해주는 미디어 기술에 의해 점점 더 다중화되어간다. 연극은 복합매체적 예술로서 언제나 새로운 매체와 기술들을 사용해왔는데, 이는 익숙한 지각방식을 깨뜨림으로써 관객을 새로운 미적 경험의 세계로 인도하기 위함에서 비롯한다. 디지털 미디어에 의해 현실과 가상현실이 중첩되는 가운데 배우의 몸이 탈현재화, 탈육체화, 탈의미화되는 과정 역시 관객에게 기호학적 의미와 정보를 전달하려는 것이 아니다. 그것은 오히려 인간의 몸에 대한 다시점적인 관찰과 경험을 가능하게 하고 그 어떤 의미의 고정도 거부한 채 무한한 기표로서 "유희"하는 수행적 사건으로서 존재한다. 이때 '유희'라는 표현은 마틴 젤에 의하면, "여러 가지 특질들이 동

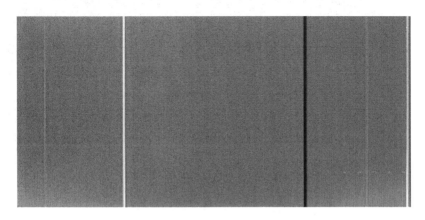

바넷 뉴먼 〈숭고한 영웅〉(1950~51, 242x543cm, 근대미술관, 뉴욕)

시적으로 그리고 순간적으로 존재해서, 그것들이 서로 포개지고 배열되면
서 개념적으로 확인할 수 있는 지각의 범주를 벗어나는 상황을 강조하는
것이다".[21]

오늘날 현대 연극은 바넷 뉴먼의 추상 표현의 그림들처럼 아무것도 재
현하지 않고 아무것도 의미하지 않으면서 관객들과 인간과 삶에 대해 소
통하기 위한 접근방법을 모색한다. 그리하여 연극적 기표들은 공연이 진
행되는 동안 특정한 의미를 지니는 기호로 작용하기에 앞서 자신의 현상
적이고 물질적인 자질들을 동시적으로 또 매 순간마다 주변을 향해 계속
확산시켜나간다. 이때 주목해야 할 것은 그 기표들이 어떤 의미를 갖는가
가 아니라, '지금, 여기'에 어떤 방식으로 그 자체로서 존재하는가이다. 포
스트드라마 연극이 관심을 기울이는 것은 어떤 사물을 해석의 대상으로서
가 아니라, 사물이 그 고유한 물질적 현상성을 주위공간 속으로 분산시키
며 연속적으로 빚어내는 출렁임이다. 마틴 젤의 표현을 빌리자면 사물을

---

21 Martin Seel, *Ästhetik des Erscheinens*, 82쪽 이하.

구성하고 있는 다양한 속성들의 "드러남"(Erscheinen) 내지 "유희"의 방식에 포스트드라마 연극은 관심을 집중한다.

지난 2010년 가을 서울연극올림픽의 일환으로 한국에서 공연된 〈아이아스〉(Ajax, 소포클레스 원작, 테오도로스 테르조포울로스 연출, 아르코예술극장 소극장)를 예로 들어 설명해보자. 먼저 이 공연의 무대는 기본적으로 텅 빈 무대이다. 바닥에는 네모난 모양의 함지박들이 십자 모양으로 줄지어 놓여 있다. 연극이 시작되면 조명이 어슴푸레 비치는 가운데 내부가 핏빛으로 칠해진 함지박에 몸을 앞으로 기댄 채 고개를 숙인 세 명의 남자 배우들이 무릎을 꿇고 앉아 있다. 상반신을 벗은 긴 바지 차림의 배우들은 고개를 들어 머리를 서서히 올렸다가 다시 천천히 고개를 숙이는 동작을 반복하며, 웃음과 울음이 뒤섞인 절규와 비명, 흐느낌, 한숨을 토해낸다.

〈아이아스〉(ⓒ2010 서울연극올림픽)

때로는 군대의 구령 소리, 때로는 짐승의 소리와 흡사한 괴성, 또 때로는 배우들의 양손에 쥐어진 단도가 빚어내는 칼부림 소리가 무대의 고요를 불안하게 가른다. 배우들의 신체 움직임과 화술은 불규칙적이고 반복적인 리듬으로 아이아스의 분노와 광기, 수치심과 죄의식을 변주한다. 배우들의 동선은 주로 아이아스의 살육과 죄의식을 표상하는 함지박으로 이루어진 십자가에 한정된다. 이 사각형 함지박들은 트로이 전쟁에 나갔던 전사들의 배를 연상시킨다. 어떤 전쟁도 명분 없는 허울에 불과할 뿐이라는 메시지는 함지박의 핏빛 색깔을 통해 암시된다.

이 공연에서 무대를 휘감고 있는 어둠이나, 배우들이 내뱉는 비명과 한숨, 배우의 동작, 십자가 형태로 줄지어 놓여진 사각의 함지박 등은 처음부터 특정한 의미를 지니는 단위로 작용하지 않는다. 무대 위 이 같은 기표들의 경우 그것을 구성하고 있는 다양한 물질적 특질들이 동시성을 띠고 일시적이고 찰나적으로 존재한다. 즉, 무대공간을 채우고 있는 배우의 몸과 동작, 소리, 색채, 리듬, 명암 등은 그때마다 자기 안의 모든 물질적 속성들을 주변 공간으로 동시적으로 확산시킨다. 따라서 이들은 "사실적으로"(faktisch) 존재한다기보다, 하나의 대상에서 감각적으로 지각할 수 있는 서로 다른 다양한 측면들이 동시에 "현상적"(phänomenal)으로 존재하는 것이다.[22] 이것은 사물이 무한한 잠재력을 가진 것으로서 본래의 물질성을 회복하고, 물질 그 자체로서 공간에 영향을 미치는 새로운 존재방식을 말하는데, 지각학자인 게르노트 뵈메는 이렇게 사물이 그 자체로 현존하면서 충만한 형태로 공간 속으로 발산되는 방식을 사물의 "황홀경"(Ekstase)이라고 명명하였다.[23]

---

22 Seel, 83쪽 이하.
23 G. Böhme 2001, *Aisthetik*, 131쪽 이하; 이경미 2009, 222쪽 이하 참조.

이런 맥락에서 오늘의 포스트드라마 연극이 사용하고 있는 기표들을 개념적이고 해석학적 차원에서 인식론적으로 접근할 때는, 그 기표를 구성하는 근원적 물질적 속성은 당연히 간과될 수밖에 없다. 그러나 이는 명백히 어떤 지각 대상의 존재방식에 역행하는 것이고, 그 대상을 일정한 틀 안에 감금시키는 일종의 폭력이라 할 수 있다.

포스트드라마 연극에서 공연을 채우고 있는 것은 지극히 일시적이고 순간마다 일어났다 사라지는 것들이다. 배우의 몸과 소리, 음향과 조명, 오브제 등은 의미를 갖기 이전에 먼저 서로 만나고 부딪치고 섞이고 다시 흩어졌다 모아지면서 자신이 기표로서 갖는 성질을 바꾼다. 따라서 이 모든 기표들을 담고 있는 무대공간도 연속적으로 출렁인다. 옌스 로젤트는 이러한 무대공간을 "현상학적 공간"이라고 설명하면서 기하학적이고 수학적인 공간의 개념과 구분한다.[24] 이 무대공간은 사물들의 속성이 확산되면서 무수한 흔적을 남기는 공간으로, 끊임없는 긴장과 운동으로 출렁인다. 이처럼 기호학적 관찰로는 파악되지 않지만, 사물의 다양한 속성들이 동시적으로 분출되고 확산되는 연속적 흐름과 출렁임을 중시하는 포스트드라마 연극에 핵심 화두로 등장하는 개념이 바로 "분위기"(Atmosphäre)이다.

오늘날 지각학에서 논의되는 분위기란 사물들이 물질적으로 현존하는 현상학적 공간이다. 리오타르의 표현을 따르자면, 그것은 '숭고'(das Erhabene, sublimity)의 감정을 유발하는 장소, 즉 사물이 "지금, 여기로서, 무언가 일어

---

24 현상학적 공간은 객관적으로 측정할 수도 서술할 수도 없으며, 그 공간을 지각하고 느끼는 주체에 따라 공간의 질감이 달라진다. Jens Roselt, "Wo die Gefühle wohnen—Zur Performativität von Räumen", Hajo Kurzenberger, Annemarie Matzke(Hg.), *TheorieTheaterPraxis*, (Berlin: Theater der Zeit, 2002), 66~76쪽 중 66쪽 참조.

난다로서 존재"하는 곳이다.[25] 동시에 이는 일찍이 벤야민이 "아무리 가까이 있더라도 먼 것의 일회적 나타남"이라고 말한 아우라 개념과도 상통한다.

분위기는 끊임없이 무수한 시각들이 교차하는 가운데 사물들의 의미를 지속적으로 기화(氣化)시키고 증발시키는 공간을 말한다. 어떤 특정의 것으로 귀속되지 않은 채 색상과 이미지, 감각 작용의 연속적 흐름으로 채워진 이 공간은 부단히 차이들을 만들어내는 생성만이 있을 뿐이다. 따라서 포스트드라마 연극에서 아우라 내지 분위기는 상징적 공간이 아니라 철저히 '수행적인 공간'이다. 분위기는 어떠한 서사나 메시지도 전달하지 않으며, 쉼 없이 상징적 질서를 교란하면서 텍스트와 기표, 그리고 장면들 사이에 존재한다.[26]

그런데 분위기를 지각의 문제와 연관지어 이해할 때, 뵈메는 분위기가 오로지 지각의 대상에만 국한하는 것도, 또 지각의 주체에게만 귀속되는 것도 아니라고 말한다. 그에 의하면 분위기란 현상학적으로 자신의 물질성을 드러내는 사물(지각 대상)들의 현존과 또 그것을 몸으로 지각하는 주체의 현존에 의해 '동시적으로' 조성되는 공간적 특질로서 일종의 "사이현상"(Zwischenphänomen)이다.[27] 따라서 분위기를 지각한다는 것은 객체와 주체가 구분되기 전, 그러니까 사물의 황홀경에 대해 주체가 느끼는 정서적 당혹감이 한꺼번에 동시에 존재하는 중간 단계에 해당한다.

게르노트 뵈메는 분위기에 대한 지각의 영역을 주체와 객체가 구분되기 이전의 순수하게 감각적인 상태로 국한한다. 분위기를 지각한다는 것은 몸을 통해 분위기에 사로잡힌다는 것 자체를 뜻한다. 해석은 그러한 지각

---

25 리오타르, 209쪽.

26 G. Böhme, *Atmosphäre*, 34쪽 참조; 이경미 2009, 224쪽.

27 Sabine Schouten 2007, 29쪽 참조.

행위 다음에 일어나는 것이다. 한마디로 분위기를 대상의 물질성과 주체의 몸성이 하나로 합쳐진 일종의 감각적 덩어리로 파악하면서 뵈메는 감각을 새로운 미학, 즉 지각학의 중심으로 삼는다.[28]

그러나 현대 예술이 지향하는 '의미 없음'의 상태는 의미의 절대적 부재 내지 부인을 말하는 것이 아니라, 잠재되어 있는 다수의 의미를 향한 적극적 승인의 과정이라 할 수 있다. 따라서 포스트드라마 연극이 추구하는 영향 전략은 기호학적 시선을 원천적으로 배제하는 것이 아니다. 오히려 그 기호학적 시선의 진정성을 지속적으로 상대화시키면서 그 외에도 다양한 시선이 존재할 수 있음을 보여주고자 한다.

이런 까닭에서 에리카 피셔-리히테는 분위기에 대한 지각을 오직 몸을 통한 순수한 감각의 문제로만 파악한 뵈메와는 달리, 지각의 과정에는 물질적, 현상학적 층위와 지시적, 기호학적 층위가 동시에 상호작용한다고 주장한다. 말하자면 주체가 사물의 물질성을 지각함과 동시에 그 주체에게는 그 물질성이 내포하고 있는 의미가 '신체적으로'(leiblich) 드러난다는 것이다.

> 사물의 물질성은 […] 주체의 지각 과정 속에서 바로 그 물질성, 즉 그것의 현상적 존재가 함축하고 있는 의미를 획득하게 된다. 사물이 무언가로 지각될 때, 지각하는 사람에게 드러나는 바로 그것이 그 사물이 의미하는 바다.[29]

요컨대 어떤 사물이나 분위기를 지각할 때 지시적 차원과 감각적 차원

---

28 G. Böhme, *Aisthetik*, 45~58쪽 참조; 앞의 제1장 3. 매체와 지각의 변화: 미학에서 지각학으로 참조.

29 Erika Fischer-Lichte 2006, "Perzeptive Multistabilität", 131쪽.

은 서로 대립하는 것이 아니라, 상호 보완적 관계 속에서 서로에게 끊임없이 작용하면서 지각의 공간을 형성하는 것이다.

이런 맥락에서 에리카 피셔-리히테는 일찍이 연극기호학에서 출발하였으나 70년대 이후 수행적 미학이 강화된 공연들에 적용하기에 뚜렷한 한계를 보이는 이 연극기호학적 연구방법의 대안으로 현상학적 연구방법을 제안하고 있다.[30] 여기서 그녀가 말하는 현상학적 방법론은 몸이나 사물의 물질성에 단순히 감각적으로 다가가는 것을 이르는 것이 아니다. 그것은 현상적 물질성을 충만한 상태로 온전히 지각하는 동시에 이에 대해 의미를 부여하는 성찰적 행위가 발생할 때 비로소 이루어지는 것이다. 이런 점에서 몸이나 오브제의 '의미'는 지각의 층위와 사유의 층위가 지속적으로 상호작용하는 가운데, 즉 사물의 물질성이 공간으로 확장되고 그것에 대해 수용자가 사유하는 가운데 형성된다. 이러한 입장은 "미적 체험을 '현존의 효과'와 '의미의 효과' 사이의 왕복 순환 운동(혹은 상호 간섭)으로 파악하는" 한스 울리히 굼브레히트에게서도 발견된다.[31] 따라서 이러한 현상학적 방법론에서는 물질적 지각과 사변적 성찰이라는 이분법의 경계가 지양되면서 합일된다.

관객은 동시다발적으로 공존하는 기표들 가운데 감각적으로 유난히 두드러지는 기표에 주목하고 이를 지각하게 된다. 관객은 그 기표들을 다른 기표들과 자의적으로 연결하고, 또 그것들이 만들어내는 분위기와 울림

---

30 이는 프랑스 연극학자 파트리스 파비스도 마찬가지다. 그는 공연 분석(performance analysis) 시에 기호학적 방법론과 현상학적 방법론을 종합적으로 활용할 때 비로소 공연의 전모가 밝혀질 수 있다고 한다. Patrice Pavis, *Analyzing Performance. Theater, Dance, and Film*, (Ann Arbor: Univ. of Michgan, 2003) 참조.

31 Hans Ulrich Gumbrecht, *Diesseits der Hermeneutik. Die Produktion von Präsenz*, (Frankfurt a. M.: Suhrkamp, 2004), 18쪽.

(Klang)에 감각적이면서 동시에 사변적으로 다가간다. 다시 말해 관객의 지각은 무대 위의 사물이 빚어내는 공명 속에서 줄곧 교차하고 도전받으며 어떤 의미를 구성하는가 하면 또 해체하고 다시 다른 의미로 전이되는 과정을 반복하면서 끊임없이 흔들리고 출렁인다. 피셔-리히테에게서 현상학적 존재로서의 의미는 물질성과 기호(기표, 기의)가 서로 충돌하고 겹쳐지면서 생겨난다. 그리고 이렇게 생성된 의미는 공연이 진행되는 동안 잠재적인 또 다른 의미들로 무수히 증폭되고 확산될 수 있는 것이다. 이러한 현상을 피셔-리히테는 "현존의 질서"(Ordnung der Präsenz)라고 부르는데, 이 현존의 질서는 소위 "재현의 질서"(Ordnung der Repräsentation)와는 달리 연속적으로 충돌하는 기표들과 그 기표들의 물질성 및 지시성 사이에 위치한다. 그녀가 관객의 지각은 "다중(多重)적 안정성"(perzeptive Multistabilität)을 띤다고 주장하는 것도 이와 같은 맥락에서 비롯한다.[32]

포스트드라마 연극이 주요 표현기제로 사용하는 어떤 지각 대상의 분위기, 에너지 등과 같은 물질성은 그 자체로 주체와 분리되어 그렇게 주어져 있는(Sosein) 것이 아니라, 관객이 "그 현상의 순간적인 충만함 속에서" 그것을 느끼고 지각할 때 비로소 유의미한 감각적 현존으로서 드러난다(Erscheinen).[33] 이때 관객의 시선은 눈앞에 주어져 있는 어떤 것을 그냥 바라보는 것이 아니다. 관객의 보는 행위는 눈앞에 제시되는 것들로부터 다양한 이미지들을 스스로 구성하는 "수행적 실천"이고, "도상적 실

---

32 Erika Fischer-Lichte, "Perzeptive Multistabilität und ästhetische Wahrnehmung", Erika Fischer-Lichte, Barbara Gronau, Sabine Schouten, Christel Weiler(Hg.), *Wege der Wahrnehumg. Authentizität, Reflexivität undAufmerksamkeit im zeitgenössischen Theater*, (Berlin: Theater der Zeit, 2006), 129~139쪽 중 132쪽 이하.

33 Seel, 82쪽 이하; Fischer-Lichte 2006, 131쪽 이하 참조.

천"(ikonische Praxis)이다.[34] 이것은 예술작품이 갖는 '지시적인'(deiktisch) 성격과 그 수용과정에서의 '종합감각적인'(aisthetisch) 성격 사이에 형성되는 상관관계에서 기인한다.

결국 포스트드라마 연극에서 관객의 지각의 과정은 사물을 통해 정적인 의미를 확인하는 안정적 질서에 기초하기보다, 사물과 그 기표들이 끊임없이 교차하고 단절되고 중첩되는 가운데 이루어지는 정서적 체험과 성찰적 지각을 바탕으로 인간과 역사와 사회에 대한 자신의 태도와 입장을 스스로 구성해가는 과정이라 할 수 있다. 이것이 바로 "현존의 질서"를 추구하는 포스트드라마 연극이 재현의 질서를 좇는 종래의 드라마 연극과 차이를 보이며 관객에게 제공하고자 하는 미적 체험이요 경험이다. 게르노트 뵈메, 볼프강 벨쉬, 마틴 젤, 한스 울리히 굼브레히트 등과 같은 철학자들이 오늘의 예술은 더 이상 전통적인 미학의 영역이 아니라, 종합감각론으로서의 지각학(Aisthetik)의 영역이라고 주장하며, 우리 시대의 미학에 관한 논쟁을 펼치는 이유도 이처럼 지각 주체로서의 관객에게 변화된 시대와 사회가 요구하는 위상과 역할을 새롭게 자리매김하고자 하는 의도에서 비롯한다.

3.2. 포스트드라마 연극에서 관객의 위상과 역할

위에서 살펴본 바와 같이, 오늘의 포스트드라마 연극에서의 미적 체험은 단순히 작품의 메시지를 수동적으로 수용하는 것이 아니라, 관객 자신이 지각의 대상을 감각적으로 느끼고 체험하며 그로부터 의미를 구성

---

34 Eva Schürmann, "Kunstsehen als Performanz einer ikonischen Praxis", Erika Fischer-Lichte, Clemens Risi, Jens Roselt(Hg.), *Kunst der Aufführung-Aufführung der Kunst*, (Berlin: Theater der Zeit, 2004), 77쪽 이하.

하는 형태로 나타난다. 이때 대상에 대한 두 가지 지각방식, 즉 감각적 · 정서적 지각과 성찰적 지각은 서로 대립되거나 배타적인 관계에 있지 않고, 동전의 앞뒤처럼 서로 불가분의 보완적 관계에 있다. 다만 오늘날 예술의 미적 경험에서는 감각의 내용을 규칙과 틀에 따라 통합적 인식 속으로 수렴시키는 주체가 아니라, 사물의 감각적인 황홀경, 즉 분위기와 아우라 속에 스스로를 맡긴 채 지각 대상의 다층적 의미를 적극적으로 구축해가는 과정 속의 현상학적 주체가 중심을 이룬다. 즉 관객은 물질적 현존에 대한 감각에서 의미를 끄집어내고, 다시 다른 물질적 속성에 의해 그 의미를 수정하거나 재구(再構)하고 확장하면서 인간과 세계 속에 잠재된 다양한 의미의 가능성에 주목하게 되는데, 이것이 오늘날 관객이 갖는 미적 경험의 요체이다. 이러한 경험은 매체학자 디터 메르쉬에 의하면 "도착도 없고 설명 가능한 목표도 없는 남용된 운동"과 같은 "'사이 공간'"(Zwischenraum)에서 일어난다.[35] 그런가 하면 피셔-리히테는 이러한 경험을 "문지방 경험"(Schwellenerfahrung)[36]이라고 부르고, 또 쇼우텐은 기존의 가치와 지각 체계가 더 이상 효력을 지니지 못하는 경험이란 뜻에서 "중지 경험"(Entzugserfahrung)[37]이라고 말하기도 한다. 이 모두는 리처드 셰크너가 말하는 전이성(liminaltiy) 체험의 또 다른 표현이라고 할 수 있다.

포스트드라마 연극은 최종적인 기의의 확정을 거부한 채 어떤 미리 주어진 전언도 없이, 다양한 기표들의 우연한 조우와 충돌이 빚어내는 울림과 에너지 그리고 분위기에 집중한다. 하지만 그렇다고 해서 포스트드라

---

35 Mersch 2002, *Ereignis und Aura*, 199쪽.

36 Fischer-Lichte 2004, *Ästhetik des Performativen*, 342쪽.

37 Sabine Schouten, "Zuschauer auf Entzug. Zur Wahrnehmung von Aufführungen", Erika Fischer-Lichte, Clemens Risi, Jens Roselt(Hg.), 앞의 책, 104~118쪽 참조.

마 연극이 의미를 완전히 부정하는 것은 아니다. 포스트드라마 연극에서 관객들은 수많은 기표들의 상호작용에 정서적·감각적으로 주목하면서, 동시에 이들 기표가 벌이는 사건에 성찰적·해석학적으로 접근하면서 무한히 잠재된 복수의 다층적 의미를 구축하게 되는 것이다. 이로써 의미와 감각적 소통을 동시에 추구하는 관객은 세계를 지각하고 인식하는 주체로서 연출, 배우, 디자이너 등과 같이 공연의 '공동 생산자'(Ko-Produzent)로 부상한다. 또한 포스트드라마 공연은 지각의 대상을 한편의 시(詩) 내지 풍경처럼 암시와 상징, 은유와 환유를 통해 표현함으로써 관객의 능동적 역할을 한층 더 활성화한다.

이처럼 포스트드라마 연극이 서로 아무런 연관성 없이 일견 혼돈스러워 보이는 기호들을 동시다발적으로 제시하는 정신사 및 문화사적 배경에는 서사의 권위적인 재현이나 전달에 의한 종합(synthesis)과 동일성을 거부하고, 도리어 차이들의 생성에 의한 상대성, 다원성, 혼돈, 불확실성 등과 같은 가치를 인정하는 후기자본주의 사회의 포스트모더니즘적 시대정신 및 세계 인식이 자리하고 있다.

물론 포스트드라마 연극이 지향하는 이 같은 형태의 소통과 미적 경험 방식은 무대와 객석 간에 합의된 코드를 전제하지 않기 때문에, 관객에게 심리적 부담과 당혹감을 넘어 불안과 위기감을 불러일으킬 수도 있다.

하지만 포스트드라마 연극은 단순히 주어져 있는 어떤 사물이나 거대 서사 등을 그대로 전하거나 재현하는 것이 아니라, 관객으로 하여금 선험적으로 규정된 개념의 틀을 벗어나, 있는 그대로의 물질적 현존과 그 기표들의 '유희'를 감각적으로 경험할 수 있게 한다. 이러한 지각방식은 관객을 이성중심주의의 논리적 규범의 억압과 구속으로부터 해방시켜 자유롭게 능동적이고 윤리적인 주체로 재탄생할 수 있게 하는 후기구조주의 시대의 매우 독특한 산물이다.

이제 공연의 의미 형성 과정은 어느 누구도 사전에 계획하거나 예측할수 없으며, 단지 공연(퍼포먼스)이 진행되는 동안 관객과 배우가 공동으로현존하는 가운데 일어나는 돌발적인 사건이다. 이는 지금까지 전통적인드라마 연극에서와는 달리, 관객을 무대 사건에 대해 주체적으로 성찰하고 그 답변을 마련하는 실질적인 '공동 생산자'이자 '공동 주체'로 만든다.지각은 수동적으로 대상을 수용하는 행위 내지 정적인 대상에 대한 지적인 몰두가 아니라, 적극적인 참여를 통해 스스로 의미를 구성해가는 감각적이면서도 육체적 사건이기 때문이다.

여기에는 공연의 의도가 감각적으로 실현되는 공간으로서의 무대도 일조를 한다. 전통적 의미에서 무대공간이라 함은 작품의 의미를 시각적이고 공간적으로 담아 표현하는 기하학적이고 건축학적인 공간으로 여겨져왔다. 즉, 기존의 드라마 연극에서는 무대가 텍스트를 예시하거나 명확히진술하는 배우의 연기만을 수용하는 절대적 공간이었다. 이에 비해 포스트드라마 연극에서의 무대공간은 객석까지 통합한 확장된 공간으로 텍스트로부터 사회·심리학적 상황이 아니라, 새로운 관점을 드러내주는 어떤시각적인 충동 및 연기의 장치들을 고안한다. 포스트드라마 연극의 무대공간은 배우와 관객이 움직임, 진행, 시간적 연속체 그리고 동력 등과 같은 수행적인 것을 통해서 서로 "만나는 공간이고, 명상의 장소이며, 대결을 위한 공연장"이 되는 것이다.[38]

---

38 Jens Roselt, "Wo die Gefühle wohnen – Zur Performativität von Räumen", Hajo Kurzenberger/Annemarie Matzke(Hg.), *Theorie Theater Praxis*, (Berlin: Theater der Zeit, 2002), 68쪽.

포스트모던 시대에 수행적인 것의 미학

― 성과와 한계

포스트모던 시대에 수행적인 것의 미학
―성과와 한계

■■■

지금까지 우리는 '포스트드라마 연극'의 개념과 그것의 공연사적 맥락, 그리고 포스트드라마 연극의 지각방식과 그 핵심적인 작동기제로서의 '수행적 미학'이 나타나는 제 양상을 다양한 형태의 포스트드라마 공연작품을 통해 자세히 고찰하였다. 포스트드라마 연극이 지향하는 수행적 미학의 본질적 특징을 '드라마 연극'과 대비시켜 그 차이점을 요약하자면 아래와 같이 도표로 나타낼 수 있다.[1]

연극의 드라마적 형식	연극의 포스트드라마적 형식
사건 진행	고전적 사건 진행(이야기)으로부터의 이반
연기(표현)한다	자기반영적
환영(허구 세계를 뜻하는 무대)	연극이 연극임을 알게 한다

---

1   Christian Steltz, *Zwischen Leinwand und Bühne. Interfmedialität im Drama der Gegenwart und die Vermittlung von Medienkompetenz*, (Bielefeld: transcript, 2010), 78쪽 이하.

연극의 드라마적 형식	연극의 포스트드라마적 형식
생산물, 작품	과정
극적인 재현	현재/현존, 고유성
대화	독백, 다중대화, 다성성, 합창
무대를 위한 텍스트	텍스트와 연출 작업 간의 상호 방해
모방(Mimesis)	수행(Performanz 퍼포먼스)
이성(Logos, 언어)	탈위계화된 연극수단들: 몸, 음성, 공간, 시간
의미	감각성
관객은 극적 "허구의 무대"에 제시된 것을 소비한다.	관객은 활성화되며, 그들 고유의 관념을 구성하고, 공동—행위자이며, '시선 연출'을 수행하고 연극기호들의 동시성을 통하여 자신의 지각의 경계 너머에서 의식을 획득한다.

이 도표의 비교 내용을 간략히 부연 설명하면 다음과 같다. 드라마 연극이 고전적 의미의 사건 진행(극행동, mythos)을 절대화한다면, 포스트드라마 연극은 텍스트가 이야기하는 바를 재현하거나 허구적으로 형상화하는 데서 벗어나고자 한다. 도리어 포스트드라마 연극은 텍스트를 하나의 소리나는 오브제로 다루면서 언어의 메커니즘을 현시하거나 노출하고, 단어의 지시대상에 관심을 두지 않는다. 포스트드라마 연극의 배우는 드라마 연극에서와는 달리 하나의 인물을 극적으로 구성하거나 모방하려 하지 않고, "힘들의 교차 속에, 코러스 속에, 자신의 행위 및 육체적 퍼포먼스의 앙상블을 재편성하는 어떤 장치 속에 스스로를 위치시킨다".[2] 이처럼 포스트드라마 연극은 물질적 현존성에 기초한 수행적인 원리를 우선시하며,

---

2   파트리스 파비스, 「포스트드라마 연극에 관한 고찰들」, 김형기 외, 『포스트드라마 연극의 미학』, 292쪽.

그 결과 씌어진 '작품'보다 '진행 과정 중에 있는 작품'으로서의 공연된 연극을 선호한다.

무대를 텍스트보다 앞에/위에 두는 이러한 포스트드라마 연극의 태도는 텍스트를 안정적이고 예측 가능한 무대로 옮겨놓는 고전적 의미의 연출 개념과 필연적으로 충돌을 빚는다. 이로써 포스트드라마 연극에서 연출 행위는 이성(언어) 중심의 드라마 텍스트를 해체하고, 그 대신 텍스트의 잠재력을 실현하기 위해 물질적이고 수행적인 공연텍스트성을 전시하고 노출하는 데서 새로운 위상과 의미를 지니게 된다.

포스트드라마 연극은 무대와 관객 간에 언어기호에 의해 이루어지는 재현과 소통을 물질적 자극과 충만한 에너지에 의한 현상적이고 직접적인 경험으로 대체한다. 즉, 시작—중간—끝이라는 완결된 서사구조를 통해 관객에게 극중 허구적 인물과의 동일시를 유도하고 어떤 신념이나 메시지를 제공하는 드라마 연극과는 달리, 포스트드라마 연극은 무수히 다양하고 열려 있는 기표들로 현시되는 사건에 능동적으로 질문하고 답변하게 함으로써 관객에게 지각의 경계 너머로 인식 과정을 촉발한다. 이렇게 해서 포스트드라마 연극에서 관객은 허구 세계의 단순한 소비자가 아니라, 공연이라는 실제 '사건'의 공동 생산자이자 주체로 활성화된다.

그렇다면 지금까지 살펴본 포스트드라마 연극이 동시대의 문화와 예술에서 거둔 성과와 의의는 무엇이고, 또 문제 내지 한계는 무엇인가?

20세기 후반의 "수행적 전환"을 계기로 서양 연극에서는 대화로부터 상호대화성(Dialogizität) 내지 상호텍스트성으로의 운동이, 또 매체들이 지배하는 주위 환경 속에서 의미를 전달하는 언어적인 것보다 시각적인 것과 사건적인 것을 더 선호하는 쪽으로의 변화가 뚜렷하게 나타나기 시작하였다. 이와 같은 사건을 장-프랑수아 리오타르는 그의 『현실긍정적인 미학』에서

"에너지가 충만한 연극"이라고 말하고, 이런 연극은 "존 케이지, 머스 커닝햄, 로버트 라우셴버그에 의한 공동 창작의 특징을 잘 드러내는 음조/소음, 단어, 몸-형상, 이미지 등의 독립성과 동시성"을 다름 아닌 "기호 관계들과 이것의 간극이 철폐"되는 것을 통하여 달성한다고 한다.[3] 그는 또 "어떤 '내용'이 존재한다면, 그것은 '순간적인 것'이다. […] 시작은 […] (무엇이) 존재한다는 것이다; 세계는 존재하는 것 바로 그것이다"라고 말했는데, 이 말은 곧 '수행적인 것'이 갖는 현실긍정적인 모멘트를 암시하는 것이며, 수행적인 것의 불가피성 또는 비환원성을 가리키는 것이다. 이로써 리오타르가 말하고자 하는 바는 결과적으로 연극이나 회화, 음악 등은 재현이나 전래적 의미에서의 비평에 복무하는 것이 아니라, 에너지와 성향(dispositive)을 '변형'시키는 존재들(Transformatoren)이며, 이 변형자들에 공통적으로 들어 있는 유일한 규칙은 강렬한 '영향'을 생산하는 일이라는 것이다.[4]

그런가 하면 에리카 피셔-리히테는 이미 앞에서 상세히 서술한바, "공연들이 갖는 사건성", 다시 말해 "배우와 관객 간의 신체적 공동 현존, 물질성의 수행적 생산, 의미의 돌발 속에서 표현되고 나타나는" 사건성에 힘입어 수행적인 예술은 '변형'의 과정을 가능케 할 뿐 아니라 그것에 영향을 미친다고 한다. 그런 점에서 그녀는 "세계를 재마법화(Wiederverzauberung der Welt)하고 또 퍼포먼스에 참여한 자들을 변화시키는 것"[5]이야말로 수행적 예술로서 포스트드라마 연극의 위대한 업적이요, 나아가 "'새로운' 계몽주의"[6]라고 평가한다. 그것은 '퍼포먼스'가 참여하는 자들 모두에게

---

3 Jean-Francois Lyotard, *Essays zu einer affirmativen Ästhetik*, (Berlin: Merve, 1980), 21쪽.

4 Lyotard 1980, 11~23쪽 참조.

5 Fischer-Lichte 2004, *Ästhetik des Performativen*, 316쪽.

6 Fischer-Lichte 2004, *Ästhetik des Performativen*, 362쪽.

공연이 진행되는 동안 자기 자신을 주체로 경험할 수 있는 가능성을 열어 주고, 또 직접 초래하지는 않았으나 관여해 있는 어떤 상황에 대해 책임을 지는 주체로서 자신을 경험할 수 있는 가능성을 부여하기 때문이다.[7] 최근에 퍼포먼스를 통한 교육과 나란히 연극치료가 각광을 받는 것도 수행적 예술로서의 포스트드라마적 퍼포먼스가 갖는 이러한 "변화"의 효과에 기인한다.

한편 매체학자인 디터 메르쉬에 의하면 행위는 의미와 의도, 그러니까 전해지고 표현되는 메시지를 지니면서, 동시에 물질성과 몸성을 가지고 있기 때문에 행위에는 '잉여성'이 함의되어 있다. 이는 비트겐슈타인이 『논리철학 논고』에서 언급한 '기호체계'(Semiosis)로서의 '말하기'(Sagen)와, '물질성과 설정' 및 '현존의 순간'을 가리키는 '보여주기'(Zeigen) 간의 차이와 마찬가지 것으로, 이 둘은 어떤 화해도 불가능한 일종의 해결될 수 없는 교차나 혼란을 드러낸다. 그러나 메르쉬가 볼 때 '수행적인 것'의 개념은 바로 여기서 특별한 폭발력을 갖는다. 그 이유는 '수행적인 것'은 의미 발생의 한 가운데서 잡을 수 없는 것, '해석할 수 없는 것'을 가리키기 때문이다. 이리하여 수행적인 것의 구조에 대한 고찰에서 메르쉬가 마침내 다다르는 명제는, 수행적인 예술은 상징적 질서나 새로운 가능성의 확정을 '전도(顚倒)'시키기 위해 이와 같은 '말하기'와 '보여주기'의 교차배열적 구조를 체계적이고 효과적으로 잘 이용한다는 것이다.[8]

그러므로 포스트드라마 연극과 같은 수행적 예술은 어떤 자율적인 예술

---

7   Erika Fischer-Lichte, "Die Wiederverzauberung der Welt. Eine Nachbemerkung zum be-griff des postdramatischen Theaters", Patrick Primavesi/Olaf A. Schmitt (Hg.), *Aufbrüche. Theaterarbeit zwischen Text und Situation*, (Berlin: Theater der Zeit, 2004), 36~43쪽 참조.

8   Mersch 2005, 43쪽 이하.

이 아니라, 새로운 예술적 '윤리주의'를 구성한다. 예술의 수행성과 수행적인 것의 예술에서 중요한 것은 예술의 아방가르드적 자기성찰 대신에, 일어나는 사건에 직접 개입하는 역전(逆轉)과 갈등을 연출함으로써 미학적 주권을 다시 획득하는 일이다. 수행적인 것의 미학에서 이것은 전개되는 사건의 상황에 참여자가 직접 '답변한다'(Antworten, response)는 의미에서 책임(Ver-Antwortlichkeit, responsibility)을 지는 것을 말한다. 모든 대응이 행동의 차원에서 일어나고, 예술은 이 같은 답변하기의 방식으로 진행되는 것이다. 포스트드라마의 '수행적인 것'의 미학이 단순한 예술적 양식 실험에 그치는 것이 아니라, 오히려 '정치적'이며 새로운 윤리주의 구성에 특별한 중요성을 지니는 것은 바로 이러한 '미적인 것의 윤리' 때문이다.[9]

레만이 그의 동명의 저서에서 상론(詳論)한 포스트드라마 연극은 드라마의 우세에서 해방되고, 재현보다 현전, 전달되는 것보다 공유되는 경험, 결과보다 과정, 의미화보다 현시, 정보보다 에너지 역학을 더 많이 강조하는 연극이다. 즉 포스트드라마 연극은 메시지를 전달하는 의미 대신에, 결코 끝나지 않는 의미 생산의 수행적 행위를 시작하면서 수행적 행위로서의 지각과 그리고 지각 과정의 매체성으로 이목을 집중시키고자 한다. 이같은 퍼포먼스 중심의 연극에서 레만은 또한 탈중심화, 서사의 다중화, 그리고 수용미학과 같은 포스트모더니즘 이론과 화합을 이루면서 지배적인 권력구조로부터의 해방이라는 긍정적 모멘트를 끌어낸다.

그러나 포스트드라마 연극과 그것의 영향미학적 메커니즘인 '수행적인 것'에 관한 철학자, 연극학자, 매체학자 등의 온갖 긍정적인 평가에도 불

---

9 Mersch 2005, 46쪽; Hans-Thies Lehmann, "Wie politisch ist postdramatisches Theater?", ders., *Das politische Schreiben. Essays zu Theatertexten*, (Berlin: Theater der Zeit, 2002), 11~21쪽.

구하고 이들의 철학적 사유와 담론에서 단순히 지나치기 어려운 문제점들도 눈에 띈다.[10] 우선 레만은 그의 저서에서 고대 그리스 연극부터 오늘의 포스트드라마 연극까지의 변천 과정을 모방과 재현이라는 기호학적 프레임에 입각하여 하나의 선으로 구획함으로써 시간과 공간이라는 칸트의 범주를 파괴한다. 아리스토텔레스적 희곡을 해체하는 것이 그의 출발점이기 때문에 레만은 연극사의 통시적 발전을 중단시킨다. 이 점에서 레만은 '드라마 이후'(nachdramatisch)의 연극에 관한 이론을 전개한 게르다 포쉬만의 테제를 따르고 있다. 하지만 포쉬만이 '드라마 이전'(prä-dramatisch)의 고대 그리스 연극과 '드라마 이후'(post-dramatisch)의 연극의 유사성을 겨우 암시하기만 한 데 반해, 레만은 소위 이들의 제식적(ceremonial) 연극성을 토대로 이러한 관계를 확충하고 있다.[11] 즉 레만은 유럽 연극의 역사적 전개 과정에 대하여 신화를 소재로 한 고대 그리스의 제의적 연극을 '드라마 이전'의 연극으로, 르네상스와 현대 사이에 전개된 연극을 '드라마 연극'으로, 그리고 20세기 초의 역사적 아방가르드 이후 서사화라든가 행위예술 등을 거쳐 오늘의 매체연극에까지 이르는 연극을 '포스트-드라마 연극'으로 다소 도식적이고 포괄적으로 구분한다. 이로 인하여 레만은 개개의 예술가들의 작품 속에 들어 있는 다양한 변화도 또 퍼포먼스 컨셉트의 다채로운 변화도 소홀히 할 수밖에 없게 되는 것이다.

레만의 두 번째 주요노선이자 문제는 수용미학에 대한 언급이다. 즉, 포

---

10 레만이 『포스트드라마 연극』에서 제시하고 있는 주요 테제들에 대한 비판적 관점들에 관해서는 Birgit Haas, *Plädoyer für ein dramatisches Drama*, (Wien: Passagen, 2007), 23~44쪽 참조.

11 Hans-Thies Lehmann, "Ein Schritt fort von der Kunst (des Theaters). Überlegungen zum postdramatischen Theater", Christoph Menke/Juliane Rebentisch(Hgg.), *Kunst Fortschritt Geschichte*, (Berlin: Kadmos, 2006), 169~177쪽 참조.

스트드라마 연극은 어떤 의미도 중개하지 않기 때문에, 의미를 구성하는 것은 관객에게 맡겨져 있다는 것이다. 예술적 퍼포먼스는 빅터 터너, 리처드 셰크너와 같은 연극인류학자들이 일찍이 설파한 바와 같이, 일상의 질서를 중단시키고 관객들에게 새로운 경험을 중개해주는 일종의 사건이다. 그러므로 어떤 사건을 예술적 퍼포먼스로 만드는 데는 행위자와 나란히 시·공간적 맥락과, 무엇보다도 사건을 구성하는 관객의 역할이 필요하다. 퍼포먼스는 예술적 행동이 관객과 관계를 맺을 때 비로소 발생한다.[12] 이는 관극이라는 수행적 과정에서 처음으로 의미가 산출되고, 퍼포먼스와의 만남을 통해 개인적으로 어떤 가능성의 공간이 극장 공간 속에서 반복해서 새롭게 체험되고 창출됨을 강조하는 것이다. 이런 관점에서 볼 때 연극을 공연하는 것은 수행성 그 이상이라고 할 수 있다.[13]

하지만 레만이 철학적 에세이에서 강조한 바에 따르면 포스트드라마 연극은 리오타르가 말하는 '에너지가 충만한 현존'의 토대 위에서 "힘" 내지 "밀도"로 새로운 연극을 창조하며[14], 소위 '현전의 연극'을 위하여 의미와 재현과 작별을 고한다. 즉, 포스트드라마 연극에서는 물질적 현존이 의미의 지평을 대체하고, "감각성이 의미를 마비시킨다"는 것이다.[15] 그러나 포

---

12 Christoph Wulf/ Michael Göhlich/ Jörg Zirfas, "Sprache, Macht und Handeln – Aspekte des Performativen", Dies.(Hrsg.), *Grundlagen des Performativen. Eine Einführung indie Zusammenhänge von Sprache, Macht und Handeln*, (Weinheim u. München: Juventa, 2001), 9~24쪽 중 특히 11쪽 참조.

13 Kristin Westphal, "Lernen als Ereignis: Schultheater als performative Praxis. Zur Aufführungspraxis von Theater", Wulf, Christoph/Zirfas, Jörg (Hrsg.), *Pädagogik des Performativen. Theorien, Methoden, Perspektiven*, (Weinheim u. Basel: Beltz, 2007), 49~58쪽 중 특히 51쪽 참조.

14 Lehmann 1999, 56쪽 참조.

15 Lehmann 1999, 365쪽. 같은 책에서 레만은 "포스트드라마 연극에서는 호흡과, 리듬, 그

342   포스트드라마 연극의 지각방식과 관객의 역할

스트드라마 연극을 이와 같이 물리적인 것을 강조하면서 의미를 내던지는 연극이라고 말하는 것은, 그가 그리스 연극부터 19세기 말까지의 유럽 연극을 통틀어 텍스트의 사실주의적 모방과 재현의 연극으로 구분할 때와 마찬가지로, 20세기 후반의 포스트모더니즘에 바탕을 둔 네오방가르드 연극의 폭넓고 다양한 스펙트럼을 지나치게 단순 논리화하는 오류를 또 다시 범하는 것이다.

더욱이 전래의 이성 중심의 억압적인 구조에 맞서서 탈의미화를 외치며 지시적 성격의 모방과 재현을 거부하는 이러한 포스트드라마 연극의 태도가 1960년대에는 저항과 해방의 몸짓으로 일종의 도상(圖上)적 허무주의를 드러냈다면, 오늘의 21세기 초에 와서는 '해체'라는 형식주의에 대한 회의적이고 비판적인 시각에서 자유롭지 못하다. 이는 현실긍정적인 '에너지가 충만한 것의 미학'(Ästhetik des Energetischen)으로는 의미와 중심 그리고 진실 부재의 유희에 효과적으로 대적할 수 없다는 것을 이미 체득하게 된 오늘의 젊은 세대에게서 특히 잘 나타난다. 그 이유는 이들이 날마다 체험하는 일상세계적인 퍼포먼스에서의 불안정이 더 이상 탈중심화와 움직임 그리고 해체를 향한 동경을 불러일으키지 않기 때문이다. 이들

리고 몸의 육체적 현존이 갖는 지금 시간이 이성(Logos)에 앞서 나타난다"(Lehmann, 262)고 말한다. 레만은 이러한 특성이 포스트드라마 연극을 포함한 "예술형식으로서의 연극에 고유한 특수한 무기교성(無技巧性)"에서 비롯하는 것임을 다음과 같이 설명한다: "연극은 항상 시간이 펼쳐지는 중에 의미를 표출한다. 그리하여 새로운 (의미의) 계기가 나타나게 되면 어떤 것들은 벌써 가라앉는다. 연극은 틀에 끼우고 미학적으로 묶는 등의 의미를 살리는 힘을 늘 반복해서 해체하고, 유희를 통해 의미 구성을 끊임없이 파괴한다. 모든 것이, 가장 심오한 의미조차도 이와 같은 연기(延期)의 유희에 빠진다. 이 연기(延期)는 의미 부여를 보류하며, 해석할 수 없는 육체의 소란과 의미 부여를 혼합한다."(Lehmann, 1999, 365쪽 이하).

의 동경은 더 이상 대안 없는 해체를 향하는 대신에, "안정성에 대한 동경과 잃어버린 형이상학, 가면 뒤의 리얼리티(실재), 또 새로운 실체성 등에 대한 추구" [16]로 나타난다. 이러한 사실은 '다시 드라마 텍스트를' 을 가능하게 하여 주인공이 귀환하거나 이야기가 되살아나고 있으며, 이는 또 드라마적 세계에 대한 공감, 감정이입과 결부되어 있다. [17] 이것이 바로 포스트드라마 연극과 그것의 수행적인 것의 미학의 성과와 한계가 노정되는 지점이고, 이 부분에 대한 비판적 성찰과 더불어 동시에 "포스트-포스트드라마 연극" 내지 "드라마적 연극의 옹호" [18]가 논의되기 시작하는 이유이다.

더 나아가 포스트드라마 연극이 갖는 엘리티즘도 중요한 한계로 지적된다. 포스트드라마 연극은 드라마에 요구되는 사건 진행(극행동, 서사)의 범주가 지양된 연극으로 이해된다. 이를테면 브레히트 이후의 최고의 극작가이자 연출가의 한 사람으로 평가받는 하이너 뮐러는 일찍이 드라마적 형식과 사회현실과의 괴리가 점점 더 크게 드러남에 따라 '드라마적 구조의 죽음'을 선언하고, 이른바 텍스트의 변형과 인용을 통한 패러디 기법을 활용하여 포스트모던적 글쓰기를 실행에 옮겼다. [19]

포스트모던적 극작가로서 하이너 뮐러는 다른 텍스트들을 참조하고 인

---

16 Jörg Brincken/Andreas Englhart, *Einführung in die moderne Theaterwissenschaft*, (Darmstadt: WBG, 2008), 105쪽.

17 마리우스 폰 마에엔부르크, 루카스 베어푸스, 롤란트 쉼멜페니히, 데아 로어, 올리버 부코프스키, 모리츠 링케, 이고르 바우어지마와 욘 포세 등의 최근 드라마들이 그 예이다.

18 동명의 이 책에서 저자 하스는 레만의 저술에 나타난 주요 테제들의 논리적 모순, 개념의 모호성 등에 관해 자세히 지적하며, '드라마 연극'의 회귀를 옹호하고 있다.

19 Lehmann 1999, 30쪽. 하이너 뮐러에 관해서는 김형기·김명찬·정민영·구승모·손양근·김용대·박설호·오동식·강승희, 『하이너 뮐러 연구』, (서울: 한마당, 1998) 참조.

용함으로써 스촌디가 드라마적 연극의 특징으로 지적한 '완결된 드라마의 절대성'을 파괴한다.[20] 그런데 이러한 혁신적인 글쓰기와 공연은 출처가 된 원본에 대한 이해력을 갖춘 소수의 교양 있는 관객에 의해서만 겨우 인식되고 또 그 가치가 부여될 수 있을 뿐이다. 그러므로 모더니즘의 유물인 기존의 규범적이고 지배적인 드라마적 연극 문법을 탈피하고 '수행성'에 기반한 연극적 영향 전략의 혁신을 통하여 관객에게 새로운 미적 경험의 세계를 열어주고자 한 포스트드라마 연극의 실천가들과 또 그 옹호자들은 정작 그들만의 엘리트적인 동아리나 마니아 관객층을 형성하게 되는 문제를 낳는다.[21]

이와 함께 고려해야 할 또 다른 문제는 소위 '수행적 전환' 이후로 드라마적인 재현에서 현존으로 강조점이 이동함에 따라 포스트드라마 연극에서 "아우라적인 것", "수행적인 것"이 맹목적으로 절대화되는 결과로 이어질 때 일어날 수가 있다. 즉 수행적인 것에 의한 소통과 체험을 "구원의 가능성"(Möglichkeit der Erlösung)[22] 내지 "육체적 현전의 마법"(Magie leiblicher Gegenwart)[23] 등으로 부르는 것은 연극이 갖는 고유한 특질을 나타내는 것이기는 하다. 그러나 이러한 독특한 어법은 자신의 연구 대상을 흡사 사랑의 대상으로 격상시키고 또 그로써 학문의 위상을 높이려는 시도처럼

---

20 예를 들면, 하이너 뮐러는 자신의 희곡 〈베를린에서의 게르마니아 죽음〉에서 자연주의 극작가 게르하르트 하우프트만의 작품 〈직조공들〉에서 빌려온 어떤 인물을 늙은 힐제와 함께 등장시킨다.

21 독일어권에서는 하이너 뮐러, 라이날트 괴츠, 비엔나 그룹, 바촌, 브룩, 페터 한트케, 엘프리데 옐리넥 등의 작가를 들 수 있다.(Lehmann, 25)

22 Peter Brook, *Der leere Raum*, (Berlin: Alexander, 2004), 77쪽.

23 Erika Fischer-Lichte, Von der Magie leiblicher Gegenwat, 155~166쪽 참조.

보일 수 있다. 포스트드라마 연극이 지향하는 '수행적인 것의 미학'에 관한 담론을 전개하면서 자신의 연구 대상을 이렇게 신비화하고 신화화할 때, 연극학자들의 객관적 시선과 학문적 태도는 의심받을 우려가 있다는 사실을 상기해야 할 것이다.[24]

---

24 Steltz, 81쪽 참조.

A. 국내문헌

고프만, 어빙, 『자아표현과 인상관리』, (서울: 경문사, 1987).

〈게차이텐〉(자샤 발츠 안무, 2009. 9. 25, 서울 LG아트센터)의 공연 프로그램.

골드버그, 로스리, 『행위예술』, 심우성 역, (서울: 동문선, 1995).

김기란, 「현재 독일 연극학의 주요 쟁점들(IV) — 샤샤 발츠(Sasha Waltz)가 새로 쓰는 춤극(Tanztheater)의 역사」, 『공연과 리뷰』 45(2004 여름), 17~24쪽.

김상구, 「들뢰즈의 차이의 개념에 의한 존 바드의 〈선원 어떤 이의 마지막 항해〉 해석」, 정정호 편, 『들뢰즈 철학과 영미문학 읽기』, (서울: 동인, 2003), 355~374쪽.

김용수, 『연극이론의 탐구 — 대립적인 시각들의 대화』, (서울: 서강대학교 출판부, 2012).

김욱동, 「서론: 포스트모더니즘과 포스트구조주의」, 『포스트모더니즘과 포스트구조주의』, (서울: 현암사, 1991), 11~55쪽.

김유동, 「니체와 아도르노 — 총체적인 니체상 정립을 위한 시론」, 『성곡논총』, 24(1993), 1969~2015쪽.

김정헌,『니체의 몸 철학』, (서울: 문학과현실사, 2000).

김형기,「베르톨트 브레히트의 "놋쇠매입" 연구 ― 〈학습극〉의 한 예」, 김병옥 편,『현
　　실인식과 독일문학』, (서울: 열음사, 1991), 440~463쪽.

김형기 · 김명찬 · 정민영 · 구승모 · 손양근 · 김용대 · 박설호 · 오동식 · 강승희,『하
　　이너 뮐러 연구』, (서울: 한마당, 1998).

김형기,「다중매체 시대의 "포스트드라마 연극" ― 브레히트 이후의 "탈인간 중심적
　　연극": 로버트 윌슨을 중심으로」,『브레히트와 현대연극』, 8(2000), 한국브레
　　히트학회, 5~29쪽.

김형기,「"연극성" 개념의 변형과 확장」,『한국연극학』, 23(2004), 한국연극학회, 269
　　~295쪽.

김형기,「독일의 현대 '춤연극' 연구 ― 피나 바우쉬를 중심으로」,『헤세연구』, 13
　　(2005), 한국헤세학회, 413~437쪽.

김형기,「동시대 무용의 두 모습: 이미지의 범람 대(對) 미니멀리즘 ― DV8 무용단
　　〈Just for Show〉와 ROSAS 무용단 〈Bitches Brew/Tacoma Narrows〉」,『연극평
　　론』, 통권 37(2005, 여름), 한국연극평론가협회.

김형기,「"이야기 연극", 성찰의 연극 ― 〈형제자매들〉」,『연극평론』, 통권 42(2006, 가
　　을), 한국연극평론가협회.

김형기,「서술과 기억공간으로서의 연극 ― 얀 라우어스의 연극철학」,『연극평론』, 통
　　권 46(2007, 가을), 한국연극평론가협회, 39~51쪽.

김형기,「다매체 시대 연극의 탈영토화: 연출가 연극 – 춤연극 – 매체연극」,『한국연극
　　학』, 34(2008), 한국연극학회, 39~99쪽.

김형기,「춤연극의 몸과 사회 · 정치적 진술 ― 〈제7의 인간〉, 〈카페 뮐러〉, 〈봄의 제전〉」,
　　『연극평론』, 통권 57(2010, 여름), 한국연극평론가협회, 103~113쪽.

김형기,「'포스트드라마 연극'의 개념과 영향미학」,『브레히트와 현대연극』, 24(2011),
　　한국브레히트학회, 113~145쪽.

김형기 · 심재민 · 김기란 · 최영주 · 최성희 · 이진아 · 파트리스 파비스,『포스트드

라마 연극의 미학』, (서울: 푸른사상. 2011).

뉘닝, 안스가/조머, 로이, 『문화이론과 문학연구』, (서울: 연세대학교 출판부, 2008).

닉체비치, 산야(Sanja Nikcevic), 「영국의 In-Yer-Face, 'New European Drama', 그리
고 연출가의 역할」, 손원정 역, 『연극평론』, 통권 44(2007 봄), 8~33쪽.

데리다, 자크, 『글쓰기와 차이』, 남수인 역, (서울: 동문선, 2001).

라르토마, 피에르 외, 『연극의 이론』, 이인성 편, (서울: 청하, 1988).

레만, 한스-티스, 『포스드라마 연극』, 김기란 역, (서울: 현대미학사, 2014).

루빈, 장-자크, 『연극이론의 역사』, 김애련 역, (서울: 폴리미디어, 1993).

리오타르, 장 프랑수아, 『포스트모던의 조건』, 유정완 · 이삼출 · 민승기 역, (서울: 민
음사, 1992).

리오타르, 장 프랑수아, 「'포스트모던이란 무엇인가?'에 대한 답변」, 박상선 편역, 『포
스트모던의 예술과 철학』, (서울: 흙과 생기, 2011), 215~229쪽.

맥루언, 마셜, 『미디어의 이해』, 김성기 · 이한우 역, (서울: 민음사, 2002).

메르쉬, 디터, 『매체이론』, 문화학연구회 역, (서울: 연세대학교 출판부, 2006).

메를로-퐁티, 모리스, 『지각의 현상학』, 류의근 역, (서울: 문학과지성사, 2008).

무스너, 루츠/욀, 하이데마리 편, 『문화학과 퍼포먼스 ─ 우리는 어떻게 행동하는가』,
문화학연구회 역, (서울: 유로, 2009).

〈바다의 여인〉(로버트 윌슨 연출, 2000. 8. 27~9. 3, 문예회관대극장) 공연프로그램.

바르바, 유제니오, 『연극인류학 ─ 종이로 만든 배』, 안치운, 이준재 역, (서울: 문학과
지성사, 2001).

박서영, 「디지털 테크놀로지와 결합된 현대 춤의 확장성 고찰」, 한양대학교 대학원
박사학위 논문, 2013년 2월(미간행).

백로라, 「현대 공연학 이론의 주요 쟁점과 미디어테크놀로지 연극 ─ '라이브니스
(Liveness)' 이론과 우스터 그룹(Wooster Group)의 〈햄릿〉(Hamlet)을 중심으
로」, 『한국연극학』, 34(2008), 127~158쪽.

백현미, 『한국창극사 연구』, (서울: 태학사, 1997).

베인스, 샐리, 『포스트모던 댄스』, 박명숙 역, (서울: 삼신각, 1994).

벨슈, 볼프강, 『미학의 경계를 넘어— 현대 미학의 새로운 시나리오, 진단, 전망』, 심
　　혜련 역, (서울: 향연, 2005).

보드리야르, 장, 『시뮬라시옹. 포스트모던 사회문화론』, 하태환 역, (서울: 민음사,
　　1992).

뵈메, 하르트무트 · 마투섹, 페터 · 뮐러, 로타, 『문화학이란 무엇인가』, (서울: 성균관
　　대학교 출판부, 2005).

뷔르거, 페터, 『아방가르드의 이론』, 최성만 역, (서울: 지식을만드는지식, 2009).

브라우넥, 『만프레드: 20세기 연극. 선언문, 양식, 개혁모델』, 김미혜 · 이경미 역, (서
　　울: 연극과인간, 2000).

브루스타인, 로버트, 「고전극 다시 상상하기」, 『공연과 리뷰』59(2007 겨울), 51~57.

생크, 테오도르, 『연극미학』, 김문환 역, (서울: 서광사, 2001).

서명수, 「연극에서 서술자의 유형」, 『내러티브』, 창간호(2000, 봄 · 여름), 한국서사연
　　구회, 104~129쪽.

셰크너, 리처드, 『민족연극학— 연극과 인류학 사이』, 김익두 역, (서울: 한국문화사,
　　2005).

셰프초바, 마리아, 『레프 도진과 말리 드라마 극장. 리허설에서 공연까지』, 심정순 ·
　　김동욱 공역, (서울: 동인, 2010).

손탁, 수잔 , 『해석에 반대한다』, 이민아 역, (서울: 이후, 2002).

쉐위이, 돈, 「영화처럼: 현대 매체극(Mediatheatrer)의 이해」, 박윤정 역, 『공연과 리뷰』
　　45(2004 여름) 176~188쪽.

순천향대학교 인문과학연구소 편, 『수행성과 매채성: 21세기 인문학의 쟁점』, (서울:
　　푸른사상, 2011).

스촌디, 페터, 『현대 드라마의 이론(1880~1950)』, 송동준 역, (서울: 탐구당, 1983).

스톨니쯔, 제롬,『미학과 비평철학』, 오병남 역, (서울: 이론과실천, 1999).

심재민,「몸의 연극성과 수행성」,『2009년 한국드라마학회 춘계 정기학술대회 발표
　　　문집: 드라마와 퍼포먼스의 만남』, 2009. 4. 25, 50~59쪽.

심재민,「복합장르: 상호매체성과 몸이 주축이 된 공연들. 2009 서울국제공연예술제
　　　(SPAF) 합평회 특집」,『연극평론』, 복간 25(2009, 겨울), 한국연극평론가협
　　　회, 181~192쪽.

심재민,「연극적 사유, 예술적 인식」,『심재민 연극평론집』, (서울: 연극과인간, 2009).

심정순,「오스터마이어〈햄릿〉: 몸, 감각, 이미지의 포스트모던적 미장센」,『동시대
　　　세계연극의 연출미학』, 연극평론가협회 편, (서울: 푸른사상, 2010), 169~
　　　176쪽.

아도르노, T. W.,『미학이론』, 홍승용 역, (서울: 문학과지성사, 1984).

아스만, 알라이다,『기억의 공간 — 문화적 기억의 형식과 변천』, 변학수・채연숙 역,
　　　(서울: 그린비, 2012).

앙토냉 아르토,『잔혹연극론』, 박형섭 역, (서울: 현대미학사, 2000).

오스틴, J. L.,『말과 행위 — 오스틴의 언어철학, 의미론, 화용론』, 김영진 역, (서울:
　　　서광사, 2005).

유봉근,「레만의 포스트드라마 연극론에서 수행성과 매체성의 문제」, 순천향대학교
　　　인문과학연구소 편,『수행성과 매체성: 21세기 인문학의 쟁점』, (서울: 푸른
　　　사상, 2011), 83~114쪽.

〈육체〉(자샤 발츠 안무, 2004. 4. 29~5. 2, 서울 LG아트센터)의 공연 프로그램.

윤미애,「벤야민의〈아우라〉이론에 관한 연구」,『독일문학』, 71(1999), 한국독어독문
　　　학회, 388~414쪽.

이경미,「현대공연예술의 수행성과 그 의미」,『한국연극학』 31(2007), 한국연극학회,
　　　135~167쪽.

이경미,「현대연극의 반–연극적 지형 — 부재와 직조의 미학」,『한국연극학』, 40(2010),
　　　한국연극학회, 277~305쪽.

이경미, 「현대연극에 나타난 포스트아방가르드적 전환 및 관객의 미적 경험」, 『한국 연극학』 37(2009), 한국연극학회, 205~244쪽.

이경미, 「매체성의 관점에서 바라본 연극, 연극성 — 디지털 미디어 시대와 'inter-'의 미학」, 『한국연극학』, 43(2011), 한국연극학회, 153~187쪽.

이미원, 『연극과 인류학』, (서울: 연극과인간, 2005).

이미원, 「전통장르의 새로운 실험: 창극의 세계화와 정가(正歌)의 사랑노래 〈수궁 가〉〈이생규장전〉」, 『연극평론』, 통권 63(2011, 겨울), 한국연극평론가협회, 18~22쪽.

이미원, 「한국연극에서의 포스트드라마」, 『한국연극학』, 43(2011), 한국연극학회, 5~40쪽.

〈이사벨라의 방〉(라우어스, 얀 작/연출, 2007. 3. 30~4. 1, 서울 LG아트센터) 공연 프로그램.

이상복, 「'팩션'으로서의 '기록극' — 페터 바이스의 〈수사〉를 중심으로」, 『세계문학비 교연구』, 28(2009), 세계문학비교학회, 283~312쪽.

이상일, 『굿, 그 황홀한 연극. 민족예술의 지평을 넘어서』, (서울: 강천, 1991).

이선형, 「로베르 르빠주의 연극세계 — 무대적 메타언어」, 『드라마연구』 25(2006), 151 ~170쪽.

이선형, 「로베르 르빠주의 〈오타강의 일곱 지류〉에 나타난 이미지의 진실성」, 『한국 연극학』, 33(2007), 한국연극학회, 223~246쪽.

이영금, 『해원과 상생의 퍼포먼스 — 호남지역 巫문화』, (서울: 민속원, 2011).

이은기, 「토마스 오스터마이어 — 21세기 정치적 연극의 풍경화」, 최영주 외, 『동시대 연출가론 — 서구편 I』, (서울: 연극과인간, 2007), 451~482쪽.

이은기, 「리미니 프로토콜(Rimini Protokoll) — 일상의 연극화, 연극의 일상화」, 최영 주 외, 『동시대 연출가론』, (서울: 연극과인간, 2010), 77~110쪽.

이인순, 「공연 분석: 오스터마이어의 〈햄릿〉(프랑스 2008, 한국 2010)」, 『한국연극학』,

52(2014), 한국연극학회, 229~270쪽.

이정호, 「휘트먼의 근경적 글쓰기 — 들뢰즈/가타리의 정신분열증 분석학 이론으로 읽은 휘트먼」, 『들뢰즈 철학과 영미문학 읽기』, (서울: 동인, 2003), 229~272쪽.

이주영, 『예술론 특강』, (서울: 미술문화, 2007).

이지선, 「디지털 영상매체 시대 춤의 환영성에 관한 고찰」, 이화여자대학교 대학원 박사학위 논문, 2010년(미간행).

이진우, 「기술 시대의 환경윤리」, 『인간과 자연』, 계명대학교 철학연구소 편, (서울: 서광사, 1995).

입센, 헨릭(수잔 손탁 각색, 허순자 역): 「바다의 여인」, 『한국연극』, 2000년 10월호, 112~122쪽.

장은수, 「베를린 샤우뷔네 탄츠테아터 〈육체〉 안무가 사샤 발츠 특별인터뷰(2004. 4. 24)」, 『연극평론』, (2004, 가을), 한국연극평론가협회, 298~310쪽.

정항균, 『므네모시네의 부활 — 문화담론과 문학작품에 나타난 기억의 형식과 의미』, (뿌리와이파리, 2005).

조광제, 『몸의 세계, 세계의 몸』, (서울: 이학사, 2004).

지 혜, 「마부 마인의 〈인형집〉(Dollhouse) 공연 분석 — 연극성과 수행적 성별(performative gednder)의 전경화(foregrounding)」, 『한국연극학』, 36(2008), 한국연극학회, 175~198쪽.

최문규 외, 『기억과 망각. 문학과 문화학의 교차점』, (서울: 책세상, 2003).

최성희, 「첨단 기술이 빚어낸 신화의 세계 — 서울연극제 개막공연 〈바다의 여인〉」, 『한국연극』, 2000년 10월호, 한국연극협회, 108~110쪽.

최성희, 「Robert Wilson의 연극에 나타난 Transculturation: 서울연극제 참가작 〈바다의 여인〉을 중심으로, 문화의 번역」, 『이화여자대학교 영미학연구소 제2회 학술대회논문집』, 2000. 11. 3, 35~41쪽.

최성희, 「포스트드라마 연극의 서사적 특징 — '이야기'할 수 없는 것을 이야기 '하기'」, 김형기 외, 『포스트드라마 연극의 미학』, (서울: 푸른사상, 2011), 185~212쪽.

최영주, 「연극성의 실천적 개념」, 『한국연극학』 31(2007), 243~278쪽.

최영주, 「기술이 진화시킨 연극: 포스트드라마 연극과 미디어」, 김형기 외, 『포스트드라마 연극의 미학』, (서울: 푸른사상, 2011), 151~184쪽.

최준호, 「미학에서 지각학으로의 전환과 그 함의」, 순천향대학교 인문과학연구소 편, 『수행성과 매체성: 21세기 인문학의 쟁점』, (서울: 푸른사상, 2011), 49~82쪽.

카피타, 잔프랑코, 「로버트 윌슨, 만능예술가?」, 〈바다의 여인〉 공연 팜플렛(2000. 8. 27~9. 3).

크레이그, E. 고든, 『연극예술론』, 남상식 역, (서울: 현대미학사, 1999).

키스터, 다니엘 A., 『무속극과 부조리극. 원형극에 관한 비교연구』, (서울: 서강대학교 출판부, 1986).

키스터, 다니엘 A., 『삶의 드라마. 굿의 종교적 상상력 연구』, (서울: 서강대학교 출판부, 1997).

터너, 빅터, 「틀·흐름·반성 — 공동체의 리미널리티로서의 제의와 연극」, 『제의에서 연극으로』, (서울: 현대미학사, 1996), 207~242쪽.

파비스, 파트리스, 「포스트드라마 연극에 관한 고찰들」, 김형기 외, 『포스트드라마 연극의 미학』, (서울: 푸른사상, 2011), 281~312쪽.

파비스, 파트리스, 「21세기 인문학에서의 수행성과 매체성」, 순천향대학교 인문과학연구소 편, 『수행성과 매체성: 21세기 인문학의 쟁점』, (서울: 푸른사상, 2011), 15~48쪽.

파우저, 마르쿠스, 『문화학의 이해』, 김연순 역, (서울: 성균관대학교 출판부, 2008).

프라이어, 아힘, 〈수궁가〉 공연(2011. 9) 보도자료, 국립창극단(미간행).

피셔-리히테, 에리카, 「몸의 한계 제거 — 영향미학과 몸이론의 관계에 대하여」, 심재민 역, 『연극평론』 36(2005 봄), 182~197쪽.

피셔-리히테, 에리카, 「기호학적 차이, 연극에서의 몸과 언어 — 아방가르드에서 포스트모던으로」, 심재민 역, 『연극평론』 37(2005 여름), 한국연극평론가협회, 238~258쪽.

하우저, 아놀드, 『예술의 사회학』, 최성만·이병진 역, (서울: 한길사. 1983).

한국연극평론가협회 편, 『동시대 세계연극의 미학』, (서울: 푸른사상, 2010).

한국연극학회 편, 『퍼포먼스 연구와 연극』, (서울: 연극과인간, 2010).

한국연극학회 편, 『한국연극학회 국제학술심포지엄 II 자료집. 주제: 21세기 공연미학의 현상과 비전 — 경계를 넘어: 퍼포먼스/몸/미디어』, 2010년 10월 30일, 중앙대학교 공연예술원.

한국연극학회 편, 『포스트아방가르드 이후 연극의 방향성, 2012 국제심포지엄 자료집』, 2012년 10월 19일, 한국종합예술학교.

허순자, 「〈바다의 여인〉 원작과 각색의 비교. 헨릭 입센과 수잔 손탁 그 사이」, 『한국연극』, 2000년 9월호, 50~53쪽.

〈형제자매들〉(레프 도진 연출, 2006. 5. 20~21, 서울 LG아트센터) 공연 프로그램.

2010 서울연극올림픽 집행위원회, 『2010 서울연극올림픽 백서』, 2010.

B. 외국문헌

Aronson, Arnold, *American Avant-garde Theatre. A history*, (London & New York: Routledge, 2000).

Artaud, Antonin: "Das Theater der Grausamkeit (Erstes Manifest)", ders., *Das Theater und sein Double. Das Théatre de Séraphin*, (Frankfurt a. M.: Fischer, 1987), 95~130쪽.

Assmann, Aleida, *Einführung in die Kulturwissenschaft. Grundbegriffe, Themen, Fragestellungen*, 2., neu bearb. Aufl., (Berlin: Erich Schmidt, 2008).

Bachmann–Medick, Doris, *Cultural Turns. Neuorientierungen in den Kulturwissenschaften*, (Reinbek bei Hamburg: Rowohlt, 2007).

Balme, Christopher, "Stages of Vision: Bild, Körper und Medium im Theater", Chr. Balme/Erika Fischer–Lichte/Stephan Grätzel(Hrsg.), *Theater als Paradigma der Moderne? Positionen zwischen historischer Avantgarde und Medienzeitalter*, (Tübingen/Basel: Francke, 2003), 49~68쪽.

Balme, Christopher, "Münchner Barock: Zum postkonzeptuellen Bildertheater", Katti Röttger, Alexander Jackob(Hg.), *Theater und Bild. Inszenierungen des Sehens*, (Bielefeld: transcript, 2009), 267~285쪽.

Bark, Karlheinz, Gente, Peter, Paris, Heidi, Richter, Stefan(Hrsg.), AISTHESIS. *Wahrnehmung heute oder Perspektiven einer anderen Ästhetik. Essais*, (Leipzig: Reclam, 1993).

Barton, Brian, *Das Dokumentartheater*, (Stuttgart: Metzler, 1987).

Bausch, Pina, *Tanztheater Wuppertal*, LG아트센터 공연(2010. 3. 18~21) 공연 프로그램.

Becker, Peter von, *Das Jahrhundert des Theaters. Das Buch zur Fernsehserie*, hrsg. v. Wolfgang Bergmann, (Köln: Dumont, 2002).

Benjamin, Walter, *Gesammelte Schriften*. Unter Mitwirkung von Th. W. Adorno u. G. Scholem, hrgs. v. R. Tiedemann u. H. Schweppenhäuser. 7 Bde., Frankfurt a.

M. 1971~1989. (GS, I–VII)

Berghaus, Günter, *Avant-garde Performance. Live Events and Electronic Technologies*, (New York: Pelgrave, 2005).

Boenisch, Peter M., "Thomas Ostermeier. Mission neo(n)realism and a theatre of actors and authors", Maria M. Delgado & Dan Rebellato(Ed.), *Contemporary European Theatre Directors*, (London & New York: Routledge, 2010), 339~359쪽.

Böhme, Gernot, *Für eine ökologische Naturästhetik*, (Frankfurt a. M.: Suhrkamp, 1989).

Böhme, Gernot, *Atmosphäre*, (Frankfurt a. M.: Suhrkamp, 1995).

Böhme, Gernot, *Aisthetik. Vorlesungen über Ästhetik als allgemeine Wahrnehungslehre*, (München: Fink, 2001).

Böhme, Hartmut, "Kulturwissenschaft", Harald Fricke(Hrsg.), *Reallexikon der deutschen Literaturwissenschaft. Neubearbeitung des Reallexikons der deutschen Literaturgeschichte*, Bd. II: H–O, (Berlin, New York: Walter de Gruyter, 2000), 356~359쪽.

Böhme, Hartmut, Matussek, Peter, Müller, Lothar, *Orientierung Kulturwissenschaft. Was sie kann, was sie will*, (Reinbek bei Hamburg: rowohlt, 2002).

Böhn, Andreas, *Reallexikon der deutschen Literaturwissenschaft. Neubearbeitung des Reallexikons der deutschen Literaturgeschichte*, hrsg. v. Jan Dirk Müller, Bd. III: P–Z, (Berlin, New York: de Gruyter, 2003).

Brandstetter, Gabrielle, *Bild-Sprung. TanzTheterBewegung im Wechsel der Medien*, (Berlin: Theater der Zeit, 2005).

Brauneck, Manfred, *Theater im 20. Jahrhundert. Programmschriften, Stilperioden, Reformmodelle*, 김미혜, 이경미 역,『20세기 연극. 선언문, 양식, 개혁모델』, (서울: 연극과인간, 2000).

Brecht, Bertolt, *Arbeitsjournal, Bd. 1: 1938-1942*, hrsg. v. Werner Hecht, (Frankfurt a. M.: Suhrkamp, 1973).

Brecht, Stefan: *The Theatre of Visions: Robert Wilson*, (London, Auckland, Melbourne, Singapore, Toronto: Methuen Drama, 1994).

Brincken, Jörg von, Englhart, Andreas, *Einführung in die moderne Theaterwissenschaft*, (Darmstadt: WBG, 2008).

Brook, Peter, *Der leere Raum*, (Berlin: Alexander, 2004).

Butler, Judith, "Performative Akte und Geschleichterkonstitution. Phänomenologie und feministische Theorie", *Performanz. Zwischen Sprachphilosophie und Kulturwissenschaften*, hrsg. v. Uwe Wirth, (Frankfurt a. M.: Suhrkamp 2002), 301~320쪽.

Carlson, Marvin: *Performance: a critical introduction*, (London/New York: Routledge, 1998).

Dahms, Sibylle(Hg.), *Tanz*, (Kassel: Bärenreiter, 2001).

Deck, Jan, Sieburg, Angelika(Hg.), *Paradoxien des Zuschauens. Die Rolle des Publikums im zeitgenössischen Theater*, (Bielefeld: script, 2008.)

Drewes, Miriam, *Theater als Ort der Utopie. Zur Ästhetik von Ereignis und Präsenz*, (Bielefeld: transcript, 2010).

Dreysse, Miriam, "Die Aufführung beginnt jetzt. Zum Verhältnis von Realität und Fiktion", Miriam Dreysse/Florian Malzacher(Hg.), *Experten des Alltags. Das Theater von Rimini Protokoll*, (Berlin: Alexander 2007), 76~97쪽.

Evert, Kerstin, "'Verortung' als Konzept: Rimini Protokoll und Gob Squad", Gabriele Klein, Wolfgang Sting (Hg.), *Performance. Positionen zur zeitgenössischen szenischen Kunst*, (Bielefeld: transcript, 2005), 121~129쪽.

Fernandes, Ciane, *Pina Bausch and the Wuppertal Dance Theater. The Aesthetics of Repetition and Transformation*, (New York etc.: Peter Lang, 2001).

Fiebach, Joachim, *Inseln der Unordnung. Fünf Versuche zu Heiner Müllers Theatertexten*, (Berlin_ Henschel, 1990).

Fiebach, Joachim, *Keine Hoffnung Keine Verzweiflung. Versuche um Theaterkunst und Theatralität*, (Berlin: Vistas, 1998).

Fischer-Lichte, Erika, *Semiotik des Theaters. Eine Einführung, Bd. 1: Das System der theatralischen Zeichen*, (Tübingen: Gunter Narr, 1983).

Fischer-Lichte, Erika, *Das eigene und das fremde Theater*, (Tübingen u. Basel: Francke, 1999).

Fischer-Lichte, Erika, *Ästhetische Erfahrung. Das Semiotische und das Performative*, (Tübingen u. Basel: Francke, 2001).

Fischer-Lichte, Erika(Hrsg.), *Theatralität und die Krisen der Repräsentation*, (Stuttgart u. Weimar: Metzler, 2001).

Fischer-Lichte, Erika(Hrsg.), "Verkörperung/Embodiment. Zum Wandel einer alten theaterwissenschaftlichen in eine neue kulturwissenschaftliche Kategorie", *Verkörperung*, hrsg. v. dies., Christian Horn u. Matthias Warstat, (Tübingen u. Basel: Francke, 2001), 11~25쪽.

Fischer-Lichte, Erika, *Kurze Geschichte des deutschen Theaters*, (Tübingen/Basel: Francke, 1993).

Fischer-Lichte, Erika(Hrsg.), *TheaterAvantgarde. Wahrnemung-Körper-Sprache*, (Tübingen/Basel: Francke, 1995).

Fischer-Lichte, Erika, *Die Entdeckung des Zuschauers. Paradigmenwechsel auf dem Theater des 20. Jahrhunderts*, (Tübingen u. Basel: Francke, 1997).

Fischer-Lichte, Erika, "Die Entdeckung des Performativen. Verwandlung als ästhetische Kategorie. Zur Entwicklung einer neuen Ästhetik des Performativen", Erika Fischer-Lichte/Friedemann Kreuder/Isabel Pflug(Hrsg.): *Theater seit den 60er Jahren. Grenzgänge der Neo-Avantgarde*, (Tübingen u. Basel, 1998), 1~91쪽.

Fischer-Lichte, Erika, "Entgrenzungen des Körpers. Über das Verhältnis von Wirkungsästhetik und Körpertheorie", Erika Fischer-Lichte/Anne Fleig(Hg.), *Körper-Inszenierungen: Präsenz und kultureller Wandel*, (Tübingen: Attempto, 2000), 19~34쪽.

Fischer-Lichte, Erika, "Theater als Modell für eine Ästhetik des Performativen", Jens Kertscher, Dieter Mersch(Hrsg.), *Performativität und Praxis*, (München: Wilhlem Fink, 2003), 97~111쪽.

Fischer-Lichte, Erika, *Ästhetik des Performativen*, (Frankfurt a. M.: Suhrkamp, 2004).

Fischer-Lichte, Erika, "Einleitung. Theatralität als kulturelles Modell", Erika Fischer-Lichte, Christian Horn, Sandra Umathum u. Matthias Warstat(Hrsg.), *Theatralität als kulturelles Modell in den Kulturwissenschaften*, (Tübingen/Basel, 2004), 7~26쪽.

Fischer-Lichte, Erika, Risi, Clemens, Roselt, Jens(Hg.), *Kunst der Aufführung - Aufführung der Kunst*, (Berlin: Theater der Zeit, 2004).

Fischer-Lichte, Erika, "Die Wiederverzauberung der Welt. Eine Nachbemerkung zum begriff des postdramatischen Theaters", Patrick Primavesi/Olaf A. Schmitt (Hg.), *Aufbrüche. Theaterarbeit zwischen Text and Situation*, (Berlin: Theater der Zeit, 2004), 36~43쪽.

Fischer-Lichte, Erika, "Performativität/performativ", *Metzler Lexikon Theatertheorie*, hrsg. v. Erika Fischer-Lichte, Doris Kolesch, Matthias Warstat, (Stuttgart/Weimar: Metzler, 2005), 234~242쪽.

Fischer-Lichte, Erika, "Diskurse des Theatralen", hrsg. v. Erika Fischer-Lichte, Christian Horn, Sandra Umathum und Matthias Warstat, *Diskurse des Theatralen*, (Tübingen u. Basel: Francke, 2005), 11~32쪽.

Fischer-Lichte, Erika, 「우리는 어떻게 행동하는가. 행동개념에 대한 성찰들」, 루츠 무스너, 하이데마리 울(편), 『우리는 어떻게 행동하는가. 문화학과 퍼포먼스』, 문화학연구회 역, (서울: 유로, 2009), 19~34쪽. Lutz Musner/Heidemarie Uhl(Hrsg.), *Wie wir uns aufführen. Performanz als Thema der Kulturwissenschaften*, (Wine 2006).

Fischer-Lichte, Erika, "Perzeptive Multistabilität und asthetische Wahrnehmung", Erika Fischer-Lichte, Barbara Gronau, Sabine Schouten, Christel Weiler(Hg.), *Wege der Wahrnehmung. Authentizität, Reflexivität und Aufmerksamkeit im zeitgenössischen Theater*, (Berlin: Theater der Zeit, 2006), 129~139쪽.

Fischer-Lichte, Erika, *The Transformative Power of Performance. A new aesthetics*, translated by Saskya Iris Jain, (London/New York: Routledge, 2008).

Fischer-Lichte, Erika, *Theaterwissenschaft*, (Tübingen u. Basel: Francke, 2010).

Fischer-Lichte, Erika, *Performativität. Eine Einführung*, (Bielefeld: transcript, 2012).

Fischer−Lichte, Erika, Von der Magie leiblicher Gegenwart, 155~166쪽.

Freyer, Achim, "Theater−Bild−Sprache. Rede zum Jubliläum '75 Jahre Littmann−Bau' der Stuttgarter Oper(1987)", Peter Simhandl, *Bildertheater. Bildende Künstler des 20. Jahrhunderts als Theaterreformer*, (Berlin: Gadegast, 1993), 143쪽.

Gumbrecht, Hans Ulrich, *Production of Presence. What Meaning Cannot Convey*, (Stanford & California: Stanford University Press, 2004).

Gumbrecht, Hans Ulrich, *Diesseits der Hermeneutik. Die Produktion von Präsenz*, (Frankfurt a. M.: Suhrkamp, 2004).

Haas, Birgit, *Plädoyer für ein dramatisches Drama*, (Wien: Passagen, 2007).

Hasche, Christa, Kalisch, Eleonore, Kuhla, Holger, Mühl−Benninghaus, Wolfgang (Hrsg.), "'Ich verstehe die Arbeit als eine gemeinsame Reise.' Ein Gespräch mit Sasha Waltz, Choreographin und Mitglied der künstlerischen Leitung der Schaubühne am Lehniner Platz, und Jochen Sandig," *Theater an der Schwelle zum 21. Jahrhundert*, (Berlin: Vistas, 2002), 149~159쪽.

Hassan, Ihab, *An Intorduction to Postmodernism. Essays in Postmodern Theory and Culture*, 『포스트모더니즘 개론. 현대문화와 문학이론』, 정정호 · 이소영 편/역, (서울: 한신문화사, 1991).

Hentschel, Ulrike, "Das so genannte Reale. Realitätsspiele im Theater und in der Theaterpädagogik", Gabriele Klein, Wolfgang Sting(Hg.), *Performance. Positionen zur zeitgenössischen szenischen Kunst*, (Bielefeld: transcript, 2005), 131~146쪽.

Herrmann, Hans−Christian von, *Das Archiv der Bühne. Eine Archäologie des Theaters und seiner Wissenschaft*, (München: Wilhelm Fink, 2005).

Herrmann, Max, "Forschungen zur deutschen Theatergeschichte des Mittelalters und der Renaissance. Einleitung", *Texte zur Theorie des Theaters*, hrsg. u. komment. v. Klaus Lazarowicz u. Christopher Balme, (Stuttgart: Philipp Reclam jun., 1991), 61~66쪽.

Hiß, Guido, *Der Theatralische Blick. Einführung in die Aufführungsanalyse*, (Berlin: Reimer, 1993).

Huschka, Sabine, *Moderner Tanz. Konzepte-Stile-Utopien*, (Reinbek bei Hamburg: Rowohlt, 2002).

Irmer, Thomas, "A Search for New Realities. Documentary Theatre in Germany", *TDR* 50:3(T191) Fall 2006, 16~28쪽.

Iser, Wolfgang, *Das Fiktive und das Imaginäre. Perspektiven literarischer Anthropologie*, (Frankfurt a. M.: Suhrkamp, 1993).

Kattenbelt, Chiel, "Theater als Artefakt, ästhetisches Objekt und szenische Kunst", *Forum Modernes Theater*, 12(1997), H. 2, 132~159쪽.

Kim, Jeong Suk, *Pathos und Ekstase. Performativität und Körperinszenierung im schamanistischen Ritual kut und seine Transformation im koreanischen Gegenwartstheater*, Diss. (Berlin: 2007).

Kirchmann, Kay, "Umstellte Räume. Gewalt, Gender und Genre in zwei Videochoreographien des DV8 Pysical Theatre", Gabriele Klein(Hg.), *Tanz Bild Medien*, (Münster-Hamburg-London: LIT, 2003), 187~207쪽.

Kleber, Pia, "Die Hochzeit von Mensch und Maschine: Oralität und Mediatisierung im Theater von Robert Lepage", *Horizonte der Emanzipation. Texte zu Theater und Theatralität*, hrsg. v. Christopher B. Balme, Christa Hasche u. Wolfgang Mühl-Benninghaus, (Berlin: Vistas, 1999), 319~325쪽.

Klein, Gabriele, Sting, Wolfgang(Hg.), *Performance. Positionen zur zeitgenössischen szenischen Kunst*, (Bielefeld: transcript, 2005).

Klotz, Volker, *Geschlossene und offene Form im Drama*, (München: Carl Hanser, 1980).

Kolesch, Doris, "Ästhetik", *Metzler Lexikon Theatertheorie*, hrsg. v. Erika Fischer-Lichte, Doris Kolesch, Matthias Warstat, (Stuttgart/Weimar: Metzler, 2005), 6~13쪽.

Kotte, Andreas, *Theaterwissenschaft*, (Köln · Weimar · Wien: Bählau, 2005).

Kühl, Christiane, "Wir begrüßen die Geister der Zukunft. Chris Kondeks verkabelter Theaterraum", Anke Roeder/Klaus Zehelein(Hg.), *Die Kunst der Dramaturgie. Theorie · Praxis · Ausbildung*, (Leipzig: Henschel, 2011), 161~167쪽.

Kurzenberger, Hajo, "Erzähltheater. Zur Theatralisierung epischer Texte von Franz Kafka und Marguerite Duras", *Arbeitsfelder der Theaterwissenschaft*, hrsg. v. Erika Fischer-Lichte, Wolfgang Greisenegger u. Hans-Thies Lehmann, (Tübingen: Gunter Narr, 1994).

Kurzenberger, Hajo, "Theatralität und populäre Kultur", Gabriele Klein, Wolfgang Sting (Hg.), 앞의 책, 107~120쪽.

Kurzenberger, Hajo, Matzke, Annemarie(Hg.), *TheorieTheaterPraxis*, (Berlin: Theater der Zeit, 2002).

Lazarowicz, Klaus, "Einleitung", *Texte zur Theorie des Theaters*, hrsg. u. komment. v. Klaus Lazarowicz u. Christopher Balme, (Stuttgart: Philipp Reclam jun., 1991), 19~38쪽.

Leeker, Martina, "Vorschläge zu einer medientheoretischen Betrachtung des Theaters. Ein versuchsweiser Beitrag zur Theatertheorie," Hans-Wolfgang Nickel(Hrsg.), *Symposion Theatertheorie*, (Berlin: Lowtec, 1999), 33~54쪽.

Leeker, Martina, "Theater und Medien. Eine (un-)mögliche Verbindung? Zur Einleitung", Martina Leeker(Hg.), *Maschinen, Medien, Performances. Theater an der Schnittstelle zu digitalen Welten*, (Berlin: Alexander, 2001), 10~33쪽.

Lehmann, Hans-Thies, "Theatralität", Manfred Brauneck, Gérard Schneilin(Hrsg.), *Theaterlexikon. Begriffe und Epochen, Bühnen und Ensembles*, (Reinbek bei Hamburg: Rowohlt, 1986).

Lehmann, Hans-Thies, *Postdramatisches Theater*, (Frankfurt a. M.: Verlag der Autoren, 1999).

Lehmann, Hans-Thies, "Wie politisch ist postdramatisches Theater?", ders. *Das politische Schreiben. Essays zu Theatertexten*, (Berlin: Theater der Zeit, 2002), 11~21쪽.

Lehmann, Hans-Thies, *Postdramatic Theatre*, trans. Karen Jürs-Munby, (London and New York, 2006).

Lehmann, Hans-Thies, "Theorie im Theater? Anmerkungen zu einer alten Frage", Miriam Dreysse / Florian Malzacher(Hg.), 앞의 책, 164~179쪽.

Lehmann, Hans-Thies, "Ein Schritt fort von der Kůnst (des Theaters). Überlegungen zum postdramatischen Theater", Christoph Menke/Juliane Rebentisch(Hgg.), *Kunst Fortschritt Geschichte*, (Berlin: Kadmos, 2006), 169~177쪽.

Lotringer, Sylvère, "Es gibt eine Sprache, die universell ist." Sylvère Lotringer im Gespräch mit Bob Wilson, *AISTHESIS. Wahrnehmung heute oder Perspektiven einer anderen Ästhetik. Essais*, hrsg. v. Karlheinz Bark, Peter Gente, Heidi Paris, Stefan Richter, (Leipzig, 1993), 372~378쪽.

Lyotard, Jean-Francois, *Essays zu einer affirmativen Ästhetik*, (Berlin: Merve, 1980).

Malzacher, Florian, "Dramaturgien der Fürsorge und der Verunsicherung. Die Geschichte von Rimini Protokoll", Miriam Dreysse / Florian Malzacher(Hg.), 앞의 책, 14~43쪽.

Mersch, Dieter, *Ereignis und Aura. Untersuchungen zu einer Ästhetik des Performativen*, (Frankfurt a. M.: Suhrkamp, 2002).

Mersch, Dieter, "Life-Acts. Die Kunst des Performativen und die Performativität der Künste", Gabriele Klein, Wolfgang Sting(Hg.), *Performance. Positionen zur zeitgenössischen szenischen Kunst*, (Bielefeld: transcript, 2005), 33~50쪽.

Meyerhold, Wsewolod E., "Der Schauspieler der Zukunft und die Biomechanik(1922)", Manfred Brauneck, *Theater im 20. Jahrhundert. Programmschriften, Stilperioden, Reformmodelle*, (Reinbek bei Hamburg: Rowohlt, 1986), 248~251쪽.

Mitter, Shomit, Shevtsova, Maria(ed.), *Fifty Key Theatre Directors*, (London and New York, 2005).

Müller, Heiner, *Theater-Arbeit*, (Berlin: Rotbuch, 1989).

Münz, Rudolf, *Theatralität und Theater. Zur Historiographie von Theatralitätsgefügen*, (Berlin: Schwarzkopf & Schwarzkopf, 1998).

Neumann, Sven, "Der einzig wahre Raum ist der, der im Kopf des Zuschauers entsteht". Das Theater des Achim Freyer, *Das Bild der Bühne. Arbeitsbuch*, hrsg. v. Volker Pfüller/Hans-Joachim Ruckhäberle, (Berlin: Theater der Zeit, 1998), 28~37쪽.

Nietzsche, Friedrich, *Kritische Studienausgabe in 15 Bänden*(KSA), Bd. 10, (München: dtv, de Gruyter, 1980).

Nietzsche, Friedrich, *Die Geburt der Tragödie aus dem Geiste der Musik*. Mit einem Nachwort v. Peter Sloterdijk, (Frankfurt a. M.: Insel, 1987).

Odenthal, Johannes, "Zeitgenössischer Tanz in Deutschland. Eine Einleitung," *tanz.de. Zeitgenössischer Tanz in Deutschland – Strukturen im Wandel – Eine neue Wissenschaft. Arbeitsbuch 2005*, hrsg. v. Johannes Odenthal, (Berlin: Theater der Zeit, 2005), 6~11쪽.

Ostermeier, Thomas, Schaubühne am Lehniner Platz(2000) 'Der Auftrag', originally published in the inaugural programme brochure for the spring season 2000, reprinted as 'Wir müssen von vorn anfangen' in *Die Tageszeitung*, 20 January: 15.

Paul, Arno, "Theater als Lehre vom theatralischen Handeln", H. Klier(Hrsg.), *Theaterwissenschaft im deutschsprachigen Raum*, hrsg. v. Helmar Klier, (Darmstadt: Wissenschaftliche Buchgesellschaft, 1981), 208~237쪽.

Paul, Arno, "Theater als Kommunikationsprozess. Medienspezifische Erörterungen zur Entwöhnung vom Literaturtheater", Helmar Klier(Hrsg.), *Theaterwissenschaft im deutschsprachigen Raum: Texte zum Selbstverständnis*, (Darmstadt: Wissenschaftliche Buchgesellschaft, 1981), 238~289쪽.

Pavis, Patrice, *Analyzing Performance. Theater, Dance, and Film*, (Ann Arbor: Univ. of Michgan, 2003).

Pfister, Manfred, *Das Drama. Eine Einführung*, (München: Wilhelm Fink, 1977), 20~21쪽.

Poschmann, Gerda, *Der nicht mehr dramatische Theatertext. Aktuelle Bühnenkunst und ihre dramaturgische Analyse*, (Tübingen: Niemeyer, 1997).

Postlewait, Thomas, Davis, Tracy C., "Theatricality: an Introduction", Tracy C. Davis, Thomas Postlewait(Ed.), *Theatricality*, (Cambridge: Cambridge Univ., 2003), 1~39쪽.

Roselt, Jens, "Wo die Gefühle wohnen – Zur Performativität von Räu,men", Hajo Kurzenberger, Annemarie Matzke(Hg.), *TheorieTheaterPraxis*, (Berlin: Theater der Zeit, 2002), 66~76쪽.

Roselt, Jens, "Die Arbeit am Nicht-Perfekten", Erika Fischer-Lichte, Barbara Gronau, Sabine Schouten, Christel Weiler(Hg.), *Wege der Wahrnehmung. Authentizität, Reflexivität und Aufmerksamkeit im zeitgenössischen Theater*, (Berlin: Theater der Zeit, 2006), 28~38쪽.

Roselt, Jens, "In Erscheinung treten. Zur Darstellungspraxis des Sich-Zeigens", Miriam Dreysse / Florian Malzacher(Hg.), 앞의 책, 46~63쪽.

Schechner, Richard, *Performance Theory*, (New York: Routledge, 1988).

Schlicher, Susanne, *Tanz Theater. Traditionen und Freiheiten. Pina Bausch, Gerhard Bohner, Reinhild Hoffmann, Hans Kresnik, Susanne Linke*, (Reinbek bei Hamburg: rowohlt, 1987).

Schließmann, Caroline, *Das Theater von Rimini-Protokoll. Studienarbeit*, (München/Ravensburg: Grin, 2009).

Schmidt, Jochen, *Tanztheater in Deutschland*, (Frankfurt a. M./Berlin: Propyläen Verlag, 1992).

Schouten, Sabine, "Zuschauer auf Entzug. Zur Wahrnehmung von Aufführungen", Erika Fischer-Lichte, Clemens Risi, Jens Roselt(Hg.), *Kunst der Aufführung − Aufführung der Kunst*, (Berlin: Theater der Zeit, 2004), 104~118쪽.

Schouten, Sabine, *Sinnliches Spüren. Wahrnehmung und Erzeugung von Atmosphären im Theater*, (Berlin: Theater der Zeit, 2007).

Schürmann, Eva, "Kunstsehen als Performanz einer ikonischen Praxis", Erika Fischer-Lichte, Clemens Risi, Jens Roselt(Hg.), *Kunst der Aufführung − Aufführung der Kunst*, (Berlin: Theater der Zeit, 2004).

Seel, Martin, "Inszenieren als Erscheinenlassen. Thesen über die Reichweite eines Begriffs", *Ästhetik der Inszenierung*, hrsg. v. Josef Früchtl u. Jörg Zimmermann, (Frankfurt a. M.: Suhrkamp, 2001), 48~62쪽.

Seel, Martin, *Ästhetik des Erscheinens*, (Frankfurt a. M.: Suhrkamp, 2003).

Servos, Norvert, *Pina Bausch. Tanztheater*, (München: K. Kieser, 2003).

Shank, Theodore: *American Alternative Theatre*, (London & Basingstoke: The Macmillan, 1982).

Siegmund, Gerald, "Die Kunst des Erinnerns. Fiktion als Verführung zur Realität", Miriam Dreysse / Florian Malzacher(Hg.), 앞의 책, 182~205쪽.

Simhandl, Peter, *Bildertheater. Bildende Künstler des 20. Jahrhunderts als Theaterreformer*, (Berlin: Gadegast, 1993).

Simhandl, Peter, *Theatergeschichte in einem Band*, (Berlin: Henschel, 2007).

Staiger, Staiger, *Grundbegriffe der Poetik*, (Zürich: Atlantis, 1963).

Steltz, Christian, *Zwischen Leinwand und Bühne. Interfmedialität im Drama der Gegenwart und die Vermittlung von Medienkompetenz*, (Bielefeld: transcript, 2010).

Theater 1999. Das Jahrbuch der Zeitschrift *Theater heute*, (Berlin: Friedrich, 1999). 66~76쪽.

Traub, Susanne, "Zeitgegnössischer Tanz", Sibylle Dahms(Hg.), *Tanz*, (Kassel: Bärenreiter, 2001), 181~188쪽.

Turner, Victor, "Das Liminale und das Liminoide in Spiel, Fluß und Ritual. Ein Essay zur vergleichenden Symbologie", ders., *Vom Ritual zum Theater. Der Ernst des menschlichen Spiels*, (Frankfurt a. M.: Campus, 1989), 28~94쪽.

Vitebsky, Piers, *Schamanismus. Reisen der Seele, Magische Kräfte, Ekstase und Heilung*, (Köln: Taschen, 2001).

Walkenhorst, Birgit, *Intermedialität und Wahrnehmung. Untersuchungen zur Regiearbeit von John Jusurun und Robert Lepage*, (Marburg: Tectum, 2005).

Weiler, Christel, "Postdramatisches Theater", *Metzler Lexikon. Theatertheorie*, hrsg. v. Erika Fischer-Lichte, Doris Kolesch, Matthias Warstat, (Stuttgart Weimar: Metzler, 2005), 245~248쪽.

Weintz, Jürgen, *Theaterpädagogik und Schauspielkunst. Ästhetische und psychosoziale Erfahrung durch Rollenarbeit*, (Berlin: Afra, 2003).

Weiss, Peter, "Notizen zum dokumentarischen Theater", Joachim Fiebach(Hrsg.), *Manifeste europäischen Theaters. Grotowski bis Schleef*, (Berlin: Theater der Zeit,

2003), 67~73쪽.

Welsch, Wolfgang, "Das Ästhetische - Eine Schlüsselkategorie unserer Zeit?", ders.
(Hrsg.), *Die Aktualität des Ästhetischen*, (München: Wilhelm Fink, 1993),
13~47쪽.

Welsch, Wolfgang(Hrsg.), *Die Aktualität des Ästhetischen*, (München: Wilhelm Fink,
1993).

Welsch, Wolfgang, Pries, Christine(Hrsg.), *Ästhetik im Widerstreit. Interventionen zum
Werk von Jean-Francois Lyotard*, (Weinheim: Acta humaniora, 1991).

Westphal, Kristin, "Lernen als Ereignis: Schultheater als performative Praxis. Zur Auffüh-
rungspraxis von Theater", Wulf, Christoph / Zirfas, Jörg (Hrsg.), *Pädagogik des
Performativen. Theorien, Methoden, Perspektiven*, (Weinheim u. Basel: Beltz,
2007), 49~58쪽.

Wille, Franz, "Ab die Post! Hans-Thies Lehmann sucht eine Theorie zum 'neuen The-
ater'", *Theater heute*, 12(1999), 26~31쪽.

Wulf, Christoph / Zirfas, Jörg (Hrsg.), *Pädagogik des Performativen. Theorien, Methoden,
Perspektiven*, (Weinheim u. Basel: Beltz, 2007).

Wulf, Christoph / Göhlich, Michael / Zirfas, Jörg, "Sprache, Macht und Handeln -
Aspekte des Performativen", dies.(Hrsg.), *Grundlagen des Performativen. Eine
Einführung in die Zusammenhänge von Sprache, Macht und Handeln*, (Weinheim
u. München: Juventa, 2001), 9~24쪽.

Xander, Harald, "Theatralität im vorrevolutionären russischen Theater. Evreinovs Ent-
grenzung des Theaterbegriffs", Erika Fischer-Lichte, Wolfgang Greisenegger u.
Hans-Thoes Lehmann(Hrsg.), *Arbeitsfelder der Theaterwissenschaft*, (Tübingen:
Gunter Narr 1994), 111~124쪽.

Zeppenfeld, Inge, *Anti-illusionistische Spielräume. Die ästhetischen Konzepte des Surreal-
ismus, Symbolismus und der abstrakten Kunst im Spiegel der Theaterarbeit Achim
Freyers und Axel Mantheys*, (Tübingen: Niemeyer, 1998).

40 Jahre Schaubühne Berlin 1962-2002, hrsg. v. Harald Müller, Jürgen Schitthelm,
(Berlin: Theater der Zeit, 2002).

사항 찾아보기

theatre) · 282, 286, 289

인명, 작품 찾아보기

포스트드라마 연극의 지각방식과 관객의 역할

— 수행적인 것의 미학의 성과와 한계

김 형 기